DEIN COACH ZUM ERFOLG!

Dein ActiveBook auf My**STARK**:

Du kannst auf alle digitalen Inhalte zu diesem Band online zugreifen. Registriere dich dazu unter **www.stark-verlag.de/mystark** mit deinem **persönlichen Zugangscode**:

C06580-002716

Die Inhalte dieser Auflage stehen bis Schuljahresende zur Verfügung.

My**STARK**

Das Active**Book** *bietet dir:*

- Die Original-Prüfungsaufgaben von 2022 mit vollständigen Lösungsvorschlägen
- Interaktive Aufgaben mit sofortiger Ergebnisauswertung zu den Themenbereichen *Weimarer Republik, Nationalsozialismus* und *Deutschland ab 1945*
- Videos zur Veranschaulichung der Quellenanalyse

DEIN COACH ZUM ERFOLG!

So kannst du interaktiv lernen:

Interaktive Aufgaben

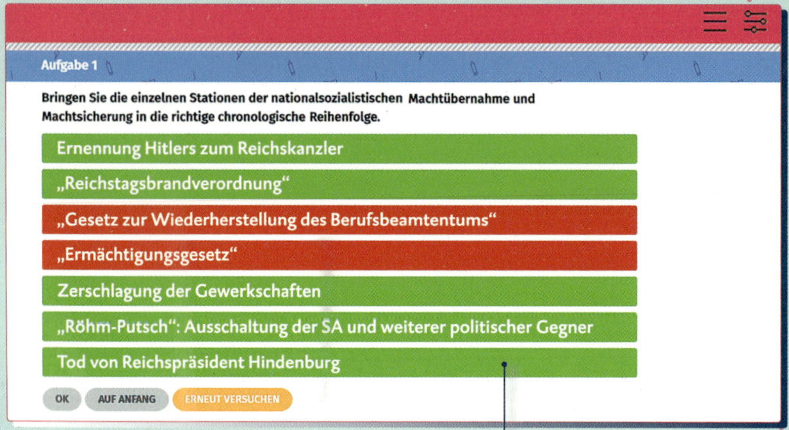

Sofortige Ergebnisauswertung

Lernvideos

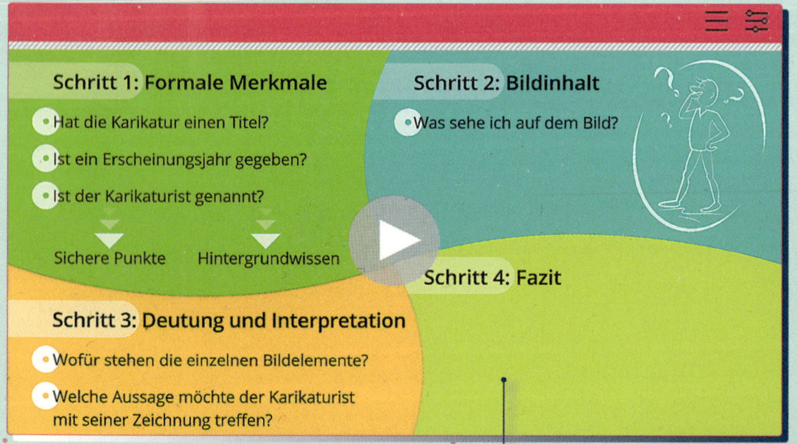

Anschauliche Erklärungen zur Analyse von Textquellen und Karikaturen

Systemvoraussetzungen:
- Mindestens 1024×768 Pixel Bildschirmauflösung
- Chrome, Firefox oder ähnlicher Webbrowser
- Internetzugang

2023

Abitur

Original-Prüfungsaufgaben
mit Lösungen

Hessen

Geschichte

STARK

17. ergänzte Auflage
www.stark-verlag.de

Inhaltsverzeichnis

Vorwort

Hinweise und Tipps zum Abitur im Fach Geschichte

Übungsaufgaben zur schriftlichen Abiturprüfung

Vorwort

Liebe Schülerinnen und liebe Schüler,

mit dem vorliegenden Band wollen wir Ihnen alle wesentlichen Fragen zum hessischen Landesabitur beantworten und Ihnen helfen, sich effektiv auf Ihre mündliche oder schriftliche Abiturprüfung vorzubereiten.

Das einführende Kapitel **Tipps und Hinweise** gibt Ihnen zunächst einen Überblick über den Ablauf und die Anforderungen des Zentralabiturs. Sie erfahren

- **Grundsätzliches** zur Abiturprüfung 2023,
- **welche Themen** (Lehrplan und Schwerpunkte), **Quellen** und **Methoden** (zum Beispiel Textanalyse) in der Prüfung vorkommen können,
- wie **Prüfungsaufgaben** formuliert sind,
- **nach** welchen **Bewertungskriterien** Ihre Abiturklausur beurteilt wird.

Außerdem erhalten Sie viele gut umsetzbare **Tipps** zum Verfassen der Abiturklausur sowie zum Verhalten in mündlichen Prüfungen. Sollten nach Erscheinen dieses Bandes noch wichtige Änderungen in der Abiturprüfung 2023 vom Kultusministerium bekannt gegeben werden, finden Sie aktuelle Informationen dazu im Internet unter: *www.stark-verlag.de/mystark.*

Mit diesem Band bekommen Sie überdies vier komplett ausgearbeitete **Übungsklausuren** für das schriftliche Abitur im Grund- und Leistungskurs entsprechend den Bedingungen des hessischen Landesabiturs 2023, zwei Übungsaufgaben für die mündlichen Prüfungsformate sowie eine Auswahl an thematisch passenden offiziellen, vom Kultusministerium gestellten **Abitur-Prüfungsaufgaben der Jahre 2007 bis 2022** mit von erfahrenen Lehrkräften ausgearbeiteten ausführlichen **Musterlösungen**, jeweils mit **Hinweisen und Tipps** zur Vorgehensweise.

Autorinnen, Autoren und Verlag wünschen Ihnen eine gute Vorbereitungsphase und natürlich viel Erfolg bei Ihrer Abiturprüfung!

HINWEISE UND TIPPS

Hinweise und Tipps zum Abitur im Fach Geschichte

1 Das hessische Landesabitur im Überblick

Zentrale Prüfungsanforderungen

Das Besondere am schriftlichen Abitur ist, dass nicht Ihr Fachlehrer, sondern das Hessische Kultusministerium die Prüfungsaufgaben stellt. Dadurch sind die Aufgaben für alle hessischen Abiturienten gleich; die mündlichen Prüfungsaufgaben (im 4. und 5. Prüfungsfach) dagegen konzipiert Ihr Fachlehrer. Sie (und Ihr Lehrer) müssen sich also genau mit den vom Kultusministerium festgelegten **Prüfungsanforderungen** für das schriftliche Abitur auseinandersetzen: Sie müssen wissen, welche **Themen** vorkommen können und welche fachspezifischen **Kompetenzen** von Ihnen erwartet werden.

Prüfungsthemen

Grundlage für Ihre schriftliche Abiturprüfung sind jeweils drei **Themenfelder** des Kerncurriculums gymnasiale Oberstufe (KCGO) Geschichte aus den Halbjahren Q 1 bis Q 3, die das Kultusministerium für Ihren Jahrgang ausgewählt hat (**prüfungsdidaktische Schwerpunkte**, siehe Seite V ff.).

Aufgabenstellung

Die Arbeitsanweisungen der einzelnen Teilaufgaben werden mithilfe sogenannter **Operatoren** („wiedergeben“, „erörtern“ usw.) formuliert. Damit Sie die Teilaufgaben zielgerichtet bearbeiten können, müssen Sie genau wissen, was mit diesen Aufforderungsverben jeweils gemeint ist (siehe Seite IX–XI).

Erlaubte Hilfsmittel

Die Liste der Operatoren dürfen Sie während der Klausur genauso benutzen wie ein **Wörterbuch der deutschen Rechtschreibung** und eine unkommentierte aktuelle Ausgabe des Grundgesetzes für die Bundesrepublik Deutschland. Bei bilingualen Prüfungsaufgaben (Englisch/Französisch) darf zusätzlich ein ein- sowie ein zweisprachiges Wörterbuch verwendet werden. Wörterbuch und Grundgesetz dürfen keinerlei zusätzliche Eintragungen (Markierungen, Unterstreichungen, Haftnotizen) enthalten.

Bewertung
Ihre Abiturarbeit wird von Ihrem Prüfer und einem weiteren Lehrer einer anderen Schule korrigiert. Bei ihrer Bewertung und Beurteilung der Abiturklausuren sind die Lehrkräfte an die Vorgaben des Kultusministeriums zur Lösung der Teilaufgaben und zur **erwarteten Leistung** für 5 und für 11 Punkte gebunden. Auch die **Gewichtung** der Teilaufgaben ist vorgegeben. Diese Gewichtung ist auch auf Ihrem Aufgabenblatt angegeben (in Bewertungseinheiten, BE).

Wahlaufgaben und Prüfungsdauer
Im Abitur bekommen Sie **drei Aufgabenvorschläge**, von denen Sie einen zur Bearbeitung auswählen müssen. Wie lange Sie sich für die Auswahl Zeit nehmen, ist Ihnen überlassen. Ihre Bearbeitungszeit insgesamt beträgt für die **Leistungskursklausur 300 Minuten** und für die **Grundkursklausur 255 Minuten**. Jede Prüfungsaufgabe kann noch **alternative Arbeitsanweisungen** enthalten, sodass Sie sich ggf. auch zwischen zwei Teilaufgaben entscheiden müssen.

Termine
Die schriftlichen Abiturprüfungen im Jahr 2023 finden zwischen Mittwoch, dem 26. April 2023, und Donnerstag, dem 11. Mai 2023, statt. Die genauen Termine des Geschichtsabiturs (GK und LK) finden Sie ab ca. Mitte Juli 2022 auf der Homepage des Kultusministeriums.

Rechtliche Bestimmungen
Über alle rechtlichen Bestimmungen Ihrer Abiturprüfung in Geschichte informieren wir Sie in diesem Band umfassend und verständlich – gemäß den einschlägigen Rechtsvorschriften, die Sie auf der Homepage des Kultusministeriums (Oberstufen- und Abiturverordnung, i. d. F. vom 18. 03. 2021; Kerncurriculum von 2021, dreiteiliger Abiturerlass mit den prüfungsdidaktischen Schwerpunkten für 2023, Prüfungstermine 2023, aktuelle Liste der Operatoren) und auf der Homepage der Kultusministerkonferenz (Einheitliche Prüfungsanforderungen im Fach Geschichte, i. d. F. vom 10. 02. 2005) finden.

Die folgenden Seiten erläutern Ihnen die wesentlichen Bestimmungen zur Abiturprüfung 2023 in Geschichte. In Verbindung mit dieser Einführung sollten Sie unbedingt die **Übungsaufgaben** in diesem Band (Seite 1–57) sowie die ausgewählten ministeriellen **Prüfungsaufgaben** des Landesabiturs 2007 bis 2022 durcharbeiten. Alle Aufgaben veranschaulichen Ihnen die offiziellen Prüfungsanforderungen durch **konkrete Hinweise** und **ausgearbeitete Lösungen**.

Im Folgenden werden Ihnen zunächst **allgemeine Tipps** und Hinweise, u. a. zur **Quellen- und Methodenarbeit**, gegeben. Danach folgen ausführlich die Anforderungen in den schriftlichen Abiturprüfungen (ab S. V), und zwar:
- die **Themen**, auf die sich die Prüfungsaufgaben schwerpunktmäßig beziehen,
- die Art der **Aufgabenstellung** und
- die Kriterien für die **Bewertung** der Prüfungsleistungen.

2 Die methodische Auseinandersetzung mit Quellen

Im Laufe Ihrer Schulzeit haben Sie in Geschichte und in anderen Fächern **Verfahren zur Analyse und Interpretation** von Texten (besonders im Fach Deutsch), Bildern, Grafiken usw. kennengelernt. Angesprochen werden im Folgenden die in Geschichte am häufigsten vorkommenden Materialien: **Texte, Karikaturen, Plakate** und **Grafiken**.

Materialien werden in Geschichte grundsätzlich in **drei Schritten** bearbeitet:

1. Analyse der Form:
   - äußere Gestalt,
   - Anlass,
   - Datierung,
   - Verfasser,
   - Adressat,
   - besondere Umstände usw.
2. Analyse des Inhalts:
   - inhaltlicher und gedanklicher Aufbau,
   - historischer Hintergrund und Kontext,
   - Erkenntniswert,
   - Deutung,
   - Vergleich usw.
3. Reflexion und Problematisierung:
   - Bewertung,
   - Beurteilung,
   - Auseinandersetzung usw.

Dieser dreigliedrige Aufbau kann sich bei den unterschiedlichen Quellenarten jeweils verändern, aber das **Grundmuster: Form – Inhalt – Reflexion** bleibt immer gleich. Bei der Analyse und Interpretation einer Quelle sollten die einzelnen Schritte nicht unvermittelt nebeneinanderstehen, sondern argumentativ miteinander verbunden werden.

Texte

Texte stellen für den Geschichtsunterricht die überwiegende Anzahl **historischer Quellen** dar. Sie kommen in verschiedener Form vor: offizielle Dokumente, Reden, Beschlüsse, aber auch Memoiren, Berichte von Zeitzeugen, Liedtexte usw. Zudem kennen Sie **wissenschaftliche Texte** als Materialgrundlage von Prüfungsaufgaben, vor allem im Leistungskurs (zum Beispiel zum Historikerstreit); bei solchen Forschermeinungen handelt es sich nicht um historische Quellen, sondern um **Sekundärliteratur**, die sich um die Deutung und Auslegung eines bestimmten Sachverhalts bemüht. Als Dokument ihrer Zeit und des Zeitgeists können aber auch wissenschaftliche Texte als historische Quellen dienen.

Die Analyse von Textquellen orientiert sich grundsätzlich an folgenden Aspekten:
1. Beschreibung des Textes (Autor, Anlass, Datierung usw.) und seines Inhalts (Gliederung, Paraphrase des Inhalts usw.)
2. Klärung der Zeitbezüge (historischer Kontext) und Deutung der Absicht
3. Bewertung und Auseinandersetzung

Bildquellen

Bildliche Quellen kennen Sie aus dem Unterricht in vielfältiger Form: als Gemälde, Karikaturen, Plakate, Fotografien, Postkarten usw. Im Folgenden seien **Karikaturen** und **Plakate** herausgegriffen, da ihre Analyse auch für andere Bildquellen beispielhaft ist und sie in Prüfungsaufgaben am ehesten vorkommen.

Karikaturen

Eine Karikatur ist bildliche **Satire** und gezeichneter **Kommentar** in einem. Sie wird geprägt von der **kritischen Aussageabsicht** des Karikaturisten. Diese Aussageabsicht kommt in der Regel durch eine pointierte und überspitzte Darstellung zum Ausdruck und ist trotzdem nicht immer leicht zu erkennen. Denn Karikaturen verwenden einerseits eine symbolträchtige Zeichen- und Bildsprache, die man verstehen muss (zum Beispiel Figuren wie den deutschen Michel). Andererseits beziehen sich Karikaturen in der Regel auf zeitgenössische politische Auseinandersetzungen, sodass man entsprechende Anspielungen und Bezüge durch historisches Wissen rekonstruieren muss. Oft hilft zum Verständnis einer Karikatur allerdings ihr Titel oder hinzugefügte Textzeilen (zum Beispiel ein kurzer Dialog zwischen den abgebildeten Personen).
Folgende Aspekte sollten Sie bei der Analyse einer Karikatur berücksichtigen:
1. Benennung und Beschreibung relevanter Bildelemente samt besonderer Gestaltungsmittel
2. Entschlüsselung der Zeitbezüge und Deutung der Aussageabsicht
3. Einordnung der Karikatur in ihren historischen Zusammenhang sowie ihre Bewertung

Plakate

Plakate dienen der öffentlichen Information (Bekanntmachung, Ankündigung) oder der Werbung (für Parteien, Veranstaltungen, Produkte). Besonders geläufig im Geschichtsunterricht sind Wahlplakate politischer Parteien. Die meisten Plakate enthalten sowohl bildliche Elemente als auch Text; es gibt aber auch reine Bild- oder reine Textplakate.
Ähnlich wie bei der Karikatur sollten Sie folgende Aspekte bei der Analyse eines Plakates berücksichtigen:
1. Benennung und Beschreibung sowohl relevanter Bild- und Textelemente sowie ihres Zusammenwirkens als auch besonderer Gestaltungsmittel
2. Entschlüsselung der Zeitbezüge und Deutung der Funktion und Aussageabsicht
3. Einordnung des Plakats in den historischen Zusammenhang und Bewertung des Plakats

Grafische Darstellungen

Sie kennen grafische Darstellungen in unterschiedlichsten Verwendungszusammenhängen: als Schema einer Staatsverfassung, als Diagramm mit Wahlergebnissen, als

Tabelle mit Nahrungsmittelpreisen, als Landkarte usw. Wesentlich bei der Analyse und Interpretation grafischer Darstellungen ist, dass Sie sich genau darüber klarwerden, was in einer Grafik jeweils dargestellt ist und was nicht. Sie müssen sich fragen, wie weit die Angaben reichen, wo ihre Grenzen sind, was sie ggf. unterschlagen. Nur so können Sie zuverlässig den Aussagewert einer Grafik bestimmen.

Insgesamt sollten Sie diese Aspekte bei der Auswertung einer Grafik berücksichtigen:
1. Benennung der Rahmendaten (Gegenstand und Elemente der Grafik) sowie Beschreibung des Inhalts und seiner Besonderheiten
2. Erläuterung der erkannten Aussagen vor ihrem historischen Kontext (Ursachen, Trends, Querverbindungen usw.)
3. Bewertung der Aussagekraft oder Aussageabsicht

3 Das schriftliche Abitur

Als **Leistungskursschüler** müssen Sie in Geschichte eine Abiturklausur schreiben. Wenn Sie im **Grundkurs** sind, haben Sie die Wahl, ob Sie sich in Geschichte oder in einem anderen Fach des zweiten Aufgabenfeldes prüfen lassen wollen, gleichgültig ob schriftlich oder mündlich.

3.1 Themen

Kerncurriculum mit Schwerpunktthemen

Im Kerncurriculum (KCGO) ist jedem Kurshalbjahr ein **Thema** zugeordnet (für Q 2 zum Beispiel „Die Welt zwischen Demokratie und Diktatur (1917–1945)“). Zu den Halbjahresthemen gehören jeweils sechs **Themenfelder** (etwa Q 2.1 „Die Weimarer Republik als erste deutsche Demokratie“), die durch **inhaltliche Aspekte** und **Stichpunkte** konkretisiert werden (etwa „Ziele, Methoden und Ergebnisse der Weimarer Außenpolitik (Versailler Vertrag)“).

Für Ihre schriftliche Abiturprüfung hat das Kultusministerium pro Halbjahr (Q 1 bis Q 3) **drei Themenfelder** als verbindlich ausgewählt und innerhalb dieser Themenfelder **Schwerpunkte** gesetzt und **Konkretisierungen** vorgenommen, die nachfolgend abgedruckt sind. Sicherheitshalber sei aber gesagt: Diese prüfungsdidaktischen Schwerpunkte treten nicht an die Stelle des eigentlichen KCGO. Es können in der Prüfung auch Kenntnisse aus den drei verbindlichen Themenfeldern verlangt werden, die über die gesetzten Schwerpunkte hinausgehen (siehe dazu Aufgabe LK 2007/C auf Seite 61 ff.).

Für den Grundkurs gelten die Schwerpunkte des „grundlegenden Niveaus“, für den Leistungskurs zusätzlich die Vertiefungen und Ergänzungen des „erhöhten Niveaus“. Die Schwerpunktthemen für den bilingualen Geschichtsunterricht entnehmen Sie bitte den „Hinweisen zur Vorbereitung auf die schriftliche Abiturprüfung im Landesabitur 2023 (Abiturerlass)“ auf der Homepage des Hessischen Kultusministeriums.

Q 1.1 Die deutsche Revolution von 1848/49 – Markstein auf dem Weg zu Parlamentarismus, Demokratie und Nationalstaat?

- Entstehung, Entwicklung und Unterdrückung der liberal-nationalen Bewegung im europäischen Kontext (1813/15–1848)
- Kernprobleme der Revolution: politische Strömungen, soziale und politische Forderungen, Verfassungsfragen (Staatsorganisation, Wahlrecht), nationale Frage (kleindeutsch vs. großdeutsch)
- Ursachen des Scheiterns der Revolution und bleibende Errungenschaften (Vergleich 1849 und Reichsgründung 1871 – Parallele und Kontrast)
- *nur für den Leistungskurs:* nationale Bewegungen in Europa an einem Beispiel

Q 1.3 Herrschaft und Gesellschaft im europäischen Vergleich – ein liberaler Nationalstaat für alle Bürger?

- das Kaiserreich zwischen Tradition und Moderne (Verfassung, Obrigkeitsstaat, rapide Industrialisierung und moderne Klassengesellschaft)
- Politik und Gesellschaft im Kaiserreich: Inklusions- und Exklusionsstrategien (z. B. Bismarcks Verhältnis zu den Parteien, Ausgrenzung von „Reichsfeinden", Antisemitismus, Militarismus)
- *nur für den Leistungskurs:* die Diskussion über die These vom deutschen „Sonderweg" (Hans-Ulrich Wehler) – Kritik und Gegenentwürfe

Q 1.6 Der Erste Weltkrieg – Zerstörung der alten europäischen Ordnung

- außenpolitische Wende von Bismarck zu Wilhelm II.
- der Weg in den Ersten Weltkrieg als Folge von aggressivem Nationalismus, Militarismus und europäischen Bündnissystemen (Marokkokrisen, Balkankriege, Julikrise)
- *nur für den Leistungskurs:* vertiefende Auseinandersetzung mit Interpretationen und Kontroversen zum Kriegsausbruch

Q 2.1 Die Weimarer Republik als erste deutsche Demokratie

- Entstehungsbedingungen und innenpolitische Entwicklung (Novemberrevolution, Parteien, Verfassung, Krisenjahr 1923, Stabilisierung, Präsidialregierungen und nationalsozialistische „Machtergreifung")
- Ziele, Methoden und Ergebnisse der Weimarer Außenpolitik (Versailler Vertrag, Revisionismus, West- versus Ostorientierung, Strategie Stresemanns, Haltung der Siegermächte und der UdSSR)
- *nur für den Leistungskurs:* vertiefende Auseinandersetzung mit Interpretationen und Kontroversen über die Beurteilung der Deutschen Revolution 1918/19 (z. B. Sieg der Demokratie versus „steckengebliebene" Revolution)

Q 2.2 Aushöhlung der Demokratie und Errichtung der Diktatur in Deutschland

- Entstehung und Entwicklung der NSDAP (Ideologie und Strategie, Aufstieg zur Massenpartei)
- Ursachen des Scheiterns der Weimarer Republik (strukturelle Belastungen und politische Fehlentscheidungen 1930–1933)
- Errichtung des totalitären Staates (Zerstörung von Rechtsstaat, Parlamentarismus und Pluralismus, Einparteienstaat und Führerdiktatur)
- *nur für den Leistungskurs:* War die Weimarer Republik zum Scheitern verurteilt? Vertiefende Auseinandersetzung mit unterschiedlichen Analysen und Darstellungen

Q 2.3 Die nationalsozialistische Diktatur – Zerstörung von Demokratie und Menschenrechten in Deutschland und Europa

- Grundzüge des NS-Staats: Terror und Propaganda, „Volksgemeinschaft", Exklusion von „Gemeinschaftsfremden" (Juden, Sinti und Roma, Homosexuelle, Menschen mit Behinderungen, als „asozial" diffamierte Menschen)
- NS-Außenpolitik im Kontext der internationalen Beziehungen (außenpolitische Ziele der Nationalsozialisten, Kriegsvorbereitung und Expansion, Appeasementpolitik des Westens, Rolle der UdSSR)
- Völkermord und Vernichtungspolitik im Rahmen des Zweiten Weltkriegs (rassenideologischer Vernichtungskrieg gegen die Sowjetunion, Rolle von SS und Wehrmacht, Holocaust [Shoah] und Völkermord an Sinti und Roma)
- *nur für den Leistungskurs:* lokal-/regionalgeschichtliche Recherche

Q 3.2 Die Teilung Deutschlands – eine Nation, zwei Staaten

- Nachkriegszeit, Entstehung des Kalten Krieges und Teilung Deutschlands (Konferenzen von Jalta und Potsdam, Besatzungspolitik, Währungsreform und Berlin-Blockade, Gründung der beiden deutschen Staaten)
- Westorientierung der Bundesrepublik

Q 3.3 Deutschland von der Teilung zur Einheit

- Entwicklung der innerdeutschen Beziehungen (Hallsteindoktrin, Neue Ostpolitik)
- Revolution in der DDR und Prozess der deutschen Einigung (Glasnost und Perestroika, oppositionelle Bewegung in der DDR und Mauerfall, der Weg zur Vereinigung der beiden deutschen Staaten im internationalen Kontext)
- *nur für den Leistungskurs:* vertiefende Auseinandersetzung mit Interpretationen und Kontroversen zu den Auswirkungen der Entspannungspolitik (z. B. „Wandel durch Annäherung" oder Stabilisierung der DDR durch die Entspannungspolitik?)

Zu den verbindlichen Unterrichtsinhalten des Kerncurriculums (über die prüfungsdidaktischen Schwerpunkte hinaus) gehören in diesen drei Halbjahren Q 1 bis Q 3 alle inhaltlichen Aspekte der ausgewählten Themenfelder (also z. B. auch „Krisen und Konsolidierung in der DDR" aus Q 3.2) mit allen Stichworten in Klammern.

3.2 Aufgabenstellung

Aufgabenart

Als Aufgabenart ist eine **historische Argumentation** auf der Grundlage von Quellen vorgesehen. Als Material kommen dafür Textquellen ggf. in Verbindung mit Bildquellen (Grafik, Karikatur usw.) in Betracht; dabei kann auch eine **kreative und produktorientierte Gestaltung** verlangt werden (zum Beispiel das Entwerfen einer Rede, eines Briefs, eines Plädoyers).

Kursübergreifender Bezug

Die Aufgabenstellung darf sich **nicht nur auf die Sachgebiete *eines* Schulhalbjahres** beschränken. Sie müssen sich also darauf einstellen, dass jede Prüfungsaufgabe einen kursübergreifenden Bezug aufweist. Zum Beispiel durch die Gegenüberstellung des Strebens nach Einheit im 19. Jahrhundert bzw. in der zweiten Hälfte des 20. Jahrhunderts wie in Aufgabe LK 2021-1 ff.

Arbeitsanweisungen

Trotz eines kursübergreifenden Bezugs stellt jede Prüfungsaufgabe eine thematische Einheit dar. Diese **thematische Einheit** bleibt auch durch die **Unterteilung der Aufgabenstellung in einzelne Arbeitsanweisungen** gewahrt. Denn die Arbeitsanweisungen sind keine unzusammenhängenden selbstständigen Teilaufgaben, sondern sie helfen, die Aufgabenstellung zu strukturieren: Sie grenzen diese ein, akzentuieren und präzisieren sie. Dadurch wird es Ihnen erleichtert, die Aufgabe zu lösen, und Ihr Prüfer kann später Ihre Leistung gezielter bewerten und beurteilen.

Operatoren

Die Arbeitsanweisungen werden mithilfe **festgelegter einheitlicher Operatoren** formuliert. Operatoren sind Aufforderungsverben wie „wiedergeben", „erläutern", „vergleichen" usw. Die Definition dieser Operatoren müssen Sie genau kennen, um zu wissen, was von Ihnen verlangt wird. Während der Abiturklausur liegt Ihnen die aktuelle Liste sämtlicher Operatoren vor.[1]

Die Operatoren sind drei **Anforderungsbereichen** zugeordnet. Damit erfolgt eine Strukturierung der Aufgabenstellung und Ihrer Prüfungsleistung. Wenn Sie zum Beispiel einen Text wiedergeben müssen, handelt es sich eher um eine reproduktive Leistung (AFB I), während das Erklären (AFB II) und erst recht das Beurteilen (AFB III) ein größeres Maß an intellektueller Selbstständigkeit verlangt. Die Zuordnung eines Operators zu einem Anforderungsbereich zeigt Ihnen, auf welchem Anforderungsniveau Sie die Aufgabe lösen sollen. In der Praxis ergeben sich allerdings auch Überschneidungen zwischen den Anforderungsbereichen (siehe Tabellen).

1 Sollten sich bei den auf den Seiten IX – XI aufgeführten Operatoren nach Erscheinen dieses Bandes noch Änderungen für das Landesabitur 2023 ergeben, erhalten Sie aktuelle Informationen dazu im Internet unter: www.stark-verlag.de/pruefung-aktuell

Anforderungsbereich I

Im Anforderungsbereich I wird von Ihnen nicht nur die Wiedergabe von Sachverhalten aus einem abgegrenzten Gebiet im gelernten Zusammenhang, sondern auch die Beschreibung sowie Verwendung gelernter, eingeübter Arbeitstechniken in einem begrenzten Gebiet und einem wiederholenden Zusammenhang erwartet.

Operatoren	Definitionen
beschreiben (I – II)	Aussagen, Sachverhalte, Strukturen o. Ä. in eigenen Worten strukturiert und fachsprachlich verdeutlichen
nennen (I)	zielgerichtet Informationen zusammentragen, ohne diese zu kommentieren
skizzieren (I – II)	einen Sachverhalt oder Gedankengang in seinen Grundzügen angeben
wiedergeben (I)	ausgehend von einem Einleitungssatz Informationen aus dem vorliegenden Material unter Verwendung der Fachsprache in eigenen Worten ausdrücken
zusammenfassen (I – II)	ausgehend von einem Einleitungssatz die wesentlichen Aussagen eines Textes in strukturierter und komprimierter Form unter Verwendung der Fachsprache in eigenen Worten herausstellen

Beispiel:

Fassen Sie die Ausführungen von Koch-Weser zusammen.

Bei der Zusammenfassung ist zu beachten, dass Sie nach einer kurzen Einführung in die Quelle alle wesentlichen Aussagen des Textes gut gegliedert und in knapper Form zusammenstellen. Für die Lösung siehe GK 2021-4 f.

Anforderungsbereich II

Hier wird Folgendes von Ihnen erwartet: selbstständiges Auswählen, Erklären, Anordnen, Ordnen, Verarbeiten, Bearbeiten und Darstellen bekannter Sachverhalte unter vorgegebenen Gesichtspunkten und Fragestellungen sowie das selbstständige Anwenden und Übertragen des Gelernten auf vergleichbare neue Sachverhalte und Situationen. Dabei kann es sich entweder um veränderte Fragestellungen, um veränderte Sachzusammenhänge oder um abgewandelte Verfahrensweisen handeln.

Operatoren	Definitionen
analysieren (II)	Merkmale eines Textes, Sachverhaltes oder Zusammenhanges kriterienorientiert bzw. aspektgeleitet erschließen und zusammenhängend verdeutlichen
anwenden (II)	einen bekannten Sachverhalt oder eine bekannte Methode auf eine neue Problemstellung beziehen
auswerten (II)	Daten, Einzelergebnisse oder Sachverhalte zu einer abschließenden Gesamtaussage zusammenführen
charakterisieren (II)	Vorgänge, Sachverhalte, Personen/Figuren in ihrer jeweiligen Eigenart treffend und anschaulich kennzeichnen und ggf. unter einem bestimmten Gesichtspunkt zusammenführen
darstellen (I–II)	Sachverhalte o. Ä. und deren Bezüge sowie Zusammenhänge aufzeigen
einordnen/zuordnen (I–II)	Texte oder Sachverhalte unter Verwendung von Vorwissen begründet in einen genannten Zusammenhang stellen
erklären (II)	Materialien, Sachverhalte o. Ä. in einen Begründungszusammenhang stellen, z. B. durch Rückführung auf fachliche Grundprinzipien, Gesetzmäßigkeiten, Funktionszusammenhänge, Modelle oder Regeln
erläutern (II)	Materialien, Sachverhalte o. Ä. mit zusätzlichen Informationen und Beispielen verdeutlichen
herausarbeiten (II)	aus Materialien nicht explizit genannte Sachverhalte erschließen
in Beziehung setzen (II)	Zusammenhänge unter vorgegebenen oder selbst gewählten Gesichtspunkten begründet herstellen
untersuchen (II)	Sachverhalte unter bestimmten Aspekten betrachten und belegen
vergleichen/gegenüberstellen (II–III)	nach vorgegebenen oder selbst gewählten Gesichtspunkten Gemeinsamkeiten, Ähnlichkeiten und Unterschiede begründet darlegen

Beispiel:
Erläutern Sie, auch unter Bezugnahme auf die Rede Kästners, den Prozess der nationalsozialistischen „Machtergreifung“ 1933/34.
Hier sollen Sie sowohl mithilfe des Materials als auch auf der Grundlage eigener Kenntnisse bestimmte Aspekte (Prozess der „Machtergreifung“) verdeutlichen. Für die Lösung siehe GK 2020-10 f.

Anforderungsbereich III
In diesem Anforderungsbereich wird von Ihnen planmäßiges Verarbeiten komplexer Gegebenheiten mit dem Ziel erwartet, zu selbstständigen Begründungen, Folgerungen, Deutungen, Wertungen, Lösungen und Gestaltungen zu gelangen. Dabei werden aus

gelernten Methoden bzw. Lösungsverfahren die zur Bewältigung der Aufgabe geeigneten selbstständig ausgewählt oder einer neuen Problemstellung angepasst.

Operatoren	Definitionen
begründen (II–III)	einen Sachverhalt bzw. eine Aussage durch Argumente stützen
beurteilen (III)	zu einem Sachverhalt oder einer Aussage unter Verwendung von Fachwissen und Fachmethoden eine begründete Einschätzung geben
bewerten / Stellung nehmen (III)	wie Operator „beurteilen", aber zusätzlich die eigenen Maßstäbe begründet darlegen
diskutieren / sich auseinandersetzen mit (III)	zu einer Aussage, Problemstellung oder These eine Argumentation entwickeln, die zu einer begründeten Bewertung führt
entwickeln (III)	einen eigenen Gedankengang bzw. ein Konzept zu einem Thema entfalten und Schlussfolgerungen ziehen
erörtern (II–III)	eine These oder Problemstellung unter Abwägen von Pro- und Kontraargumenten hinterfragen und zu einem eigenen Urteil gelangen
gestalten / entwerfen (III)	Aufgabenstellungen kreativ und produktorientiert bearbeiten, z. B. auf der Grundlage eines Materials und seiner inhaltlichen oder stilistischen Gegebenheiten eine kreative Idee in ein selbstständiges Produkt umsetzen
interpretieren (I–III)	auf der Grundlage einer Analyse Sinnzusammenhänge aus Materialien methodisch reflektiert erschließen, um zu einer schlüssigen Gesamtauslegung zu gelangen
überprüfen (III)	Aussagen auf der Grundlage von Fachkenntnissen kritisch hinterfragen und auf ihre Angemessenheit hin begründet einschätzen
verfassen (I–III)	auf der Grundlage einer Auswertung von Materialien wesentliche Aspekte eines Sachverhaltes in argumentierender Form darlegen

Beispiel:
[…] Diskutieren Sie, inwieweit dieser Befund auch auf den Umbruch in der DDR 1989/90 zutrifft.
Hier liegt eine These vor, zu der Sie eine passende Argumentation mit einer abschließenden Bewertung entwickeln müssen. Für die Lösung der Aufgabe siehe GK 2020-7 ff.

Gewichtung der Teilaufgaben

In der Praxis sind die Anforderungsbereiche nicht scharf voneinander zu trennen, es kommt vielmehr zu Überschneidungen. Die zu erbringenden Prüfungsleistungen werden deshalb gelegentlich auch zwei oder gar allen drei Anforderungsbereichen zugeordnet, wie Sie an den **Kästen** mit den Bearbeitungshinweisen im Aufgabenteil dieses

Buches erkennen können. Diesen können Sie auch entnehmen, dass der **Schwerpunkt** der von Ihnen zu erbringenden Prüfungsleistung stets **im Anforderungsbereich II** (in der Regel im LK 40 %, im GK 45 %) liegt. Die beiden anderen Anforderungsbereiche werden entsprechend weniger gewichtet (in der Regel im LK AFB I 30 %, AFB III 30 %; im GK AFB I 30 %, AFB III 25 %). Die prozentuale Verteilung der Anforderungsbereiche, die Sie im schriftlichen Abitur den auf Ihrem Aufgabenblatt angegebenen **Berechnungseinheiten (BE)** entnehmen können, wird sowohl durch den Aufbau der Aufgabe als auch durch die Gewichtung der Arbeitsanweisungen deutlich.

Fazit: Die Festlegung der Operatoren und ihre Zuordnung zu den drei Anforderungsbereichen sowie die prozentuale Verteilung der Anforderungsbereiche machen für Sie transparent und nachvollziehbar, welche Prüfungsleistung Sie erbringen sollen.

3.3 Bewertungskriterien

Grundlage der Bewertung Ihrer Prüfungsleistung sind die mit den einzelnen Operatoren verbundenen allgemeinen Anforderungen sowie die Gewichtung der einzelnen Teilaufgaben. Konkretisiert werden diese Anforderungen durch die Hinweise des Kultusministeriums zur Korrektur und Bewertung: Sie konzentrieren sich auf die inhaltlichen Aspekte der jeweils vorliegenden Aufgabe und skizzieren beispielhaft eine Leistung, wie sie für 5 und für 11 Punkte zu erbringen wäre.

Als übergeordnete **allgemeine Kriterien** zur Bewertung von Abiturprüfungen gelten neben der **Selbstständigkeit** die Qualität, die Quantität und die Kommunikationsfähigkeit. Die **Qualität** Ihrer Ausführungen misst sich etwa an der Genauigkeit Ihrer Kenntnisse und Einsichten, an der Sicherheit in der Anwendung der Fachsprache und fachspezifischer Methoden, an der Konzentration auf das Wesentliche, an der Differenziertheit Ihrer Aussagen und an Ihrer Fähigkeit, die Bedingtheit und Problematik eigener und fremder Aussagen kritisch zu würdigen. Zum Kriterium der **Quantität** gehören der Umfang Ihrer Kenntnisse und Einsichten, die Vielfalt der Methoden, Aspekte und Bezüge sowie die Breite Ihrer Argumentationsbasis. Eine gute **Kommunikationsfähigkeit** zeichnet sich dadurch aus, dass Sie die Aufgabenstellung genau erfassen, sich präzise ausdrücken und Ihre Ausführungen klar gliedern.

Wie in allen Geschichtsklausuren in der Oberstufe gilt auch in Ihrer Abiturklausur der offizielle **Fehlerindex**. Gewertet werden Fehler der Rechtschreibung, der Zeichensetzung, der Grammatik und des Ausdrucks (zum Beispiel auch der fehlende Gebrauch von Fachausdrücken: „in dem Text vorne im Grundgesetz“ statt „in der Präambel des Grundgesetzes“).

Wenn Sie in Ihrer Klausur im Durchschnitt drei solcher Fehler auf einhundert Wörter machen, haben Sie den **Fehlerindex 3** und bekommen **einen Notenpunkt** abgezogen, bei sechs solcher Fehler pro einhundert Wörter haben Sie den **Fehlerindex 6** und verlieren **zwei Notenpunkte**.

3.4 Tipps zum schriftlichen Abitur

1. Zur Vorbereitung auf das schriftliche Abitur sollten Sie sich mit den **Prüfungsanforderungen** vertraut machen. Lernen Sie den **Stoff** (am besten auch durch dessen Umgestaltung in grafische Übersichten) und bearbeiten Sie frühere Aufgaben aus dem Landesabitur, die Sie in diesem Buch finden. Üben Sie gezielt die **Operatoren**, damit Sie die Arbeitsanweisungen später richtig umsetzen.
2. Bereiten Sie unbedingt den **gesamten Prüfungsstoff** vor, auch wenn Sie in der Prüfung zwei Aufgabenvorschläge weglegen können. Sie schränken sonst Ihre Wahlmöglichkeit erheblich ein. Außerdem ist nicht ausgeschlossen, dass ein und derselbe Themenbereich in allen drei Aufgaben vorkommt.
3. Diskutieren Sie beizeiten in Ihrem Kurs und mit Ihrem Lehrer vernünftige Kriterien für eine angemessene Entscheidung bei der **Auswahl der Abituraufgabe**.
4. Bemühen Sie sich, in **allen drei Anforderungsbereichen** gut zu sein: Sie brauchen gute Grundkenntnisse, die Sie aber auch anwenden und problematisieren können müssen. Verlieren Sie sich einerseits nicht in Gedankenspielen und bleiben Sie andererseits nicht nur auf der Faktenebene.
5. Üben Sie **Schreiben**. Da Sie eine schriftliche Prüfung vorbereiten, sollten Sie sich auch schriftlich vorbereiten. Begnügen Sie sich nicht damit, Übungsaufgaben „im Kopf" durchzugehen, sondern formulieren Sie Ihre Lösungen tatsächlich schriftlich aus und überarbeiten Sie diese.
6. Nutzen Sie als Leistungskursschüler die **Klausur unter Abiturbedingungen** in Q 3 bewusst als Generalprobe für das Abitur. Überzeugen Sie Ihren Lehrer davon, die Abiturbedingungen möglichst realitätsnah zu simulieren, nicht nur durch eine längere Arbeitszeit (Zeiteinteilung üben!), sondern vielleicht auch durch Auswahlaufgaben oder alternative Arbeitsanweisungen.
7. Befolgen Sie die **Operatoren** gewissenhaft und verlieren Sie diese beim Schreiben nie aus den Augen. Die Arbeitsanweisungen bestimmen, wie Sie Ihre Aufgabe aufbauen und wonach Sie diese durchweg ausrichten müssen. Achtung: Gelegentlich sind in einer Teilaufgabe zwei Operatoren untergebracht!
8. Formulieren Sie einen **Einleitungs- und einen Schlusssatz**, der zur jeweiligen Aufgabenstellung passt: Was ist mein Ziel? Was ist mein Fazit?
9. **Skizzieren** Sie Ihre Lösung auf Ihrem Konzeptpapier, bevor Sie mit der Ausformulierung beginnen. So gelingt es Ihnen besser, Ihre Ausführungen sinnvoll aufzubauen und zu gliedern.
10. Nach Abschluss jeder Teilaufgabe sollten Sie sich die Arbeitsanweisung und das Material noch einmal anschauen, um zu **überprüfen**, ob Ihre Lösung vollständig ist und tatsächlich zu der Aufgabe passt („prüfender Rückblick").
11. Wenn Sie ein Wort nicht verstehen, schlagen Sie im zugelassenen **Wörterbuch zur Rechtschreibung** nach: Vielleicht haben Sie Glück und es wird dort erklärt.
12. Planen Sie genügend Zeit zum **Überarbeiten** und **Korrekturlesen** ein.

4 Das mündliche Abitur

Wenn Sie sich in Geschichte mündlich prüfen lassen wollen, können Sie entweder im 4. oder 5. Prüfungsfach eine **mündliche Prüfung** ablegen oder im 5. Prüfungsfach eine **Präsentation** machen.[2] Den Termin für den Beginn des mündlichen Abiturs finden Sie ab ca. Mitte Juli 2021 auf der Homepage des Kultusministeriums. Dabei gilt für die Themen und Fachmethoden sowie für die Aufgabenstellung und für die Bewertung und Beurteilung Ihrer Prüfungsleistung im Prinzip das Gleiche wie für die schriftliche Prüfung. Orientieren Sie sich an den Ausführungen zu Operatoren und Anforderungsbereichen im Abschnitt 3.2 zur schriftlichen Prüfung in diesem Band.

4.1 Inhalte und Aufgabenstellung

Ein grundsätzlicher Unterschied zum schriftlichen Abitur besteht darin, dass im mündlichen Abitur die **Aufgabe von dem Lehrer**, der Sie prüft, und nicht vom Kultusministerium gestellt wird. Es gelten also keine prüfungsdidaktischen Schwerpunktthemen und der Prüfungsstoff schließt das Halbjahr Q 4 mit ein (für die Präsentation ist Q 4 nur bis zur Ausgabe der Prüfungsaufgabe relevant). Aber auch im mündlichen Abitur haben die Aufgaben einen **kursübergreifenden Bezug** (zum Beispiel Q 2 mit Q 4).

Für das Prüfungshalbjahr Q 4 stellt das Kerncurriculum folgende fünf Themenfelder zur Auswahl. Ihre Lehrerin/Ihr Lehrer muss sich für zwei davon entscheiden.

Q 4 Geschichtskultur, Erinnerungskultur und Geschichtspolitik – öffentlicher Umgang mit Geschichte in der Gegenwart

1. Öffentliche Debatten über die Vergangenheit als Selbstverständigung der Gesellschaft
2. Erinnerungs- und Geschichtspolitik – Akteure und Interessen
3. Welche Funktion haben Mythen und Legenden?
4. Wie wird an Verbrechen erinnert? – Nationale Erinnerungskulturen in Europa und Asien
5. Wie wird Vergangenheit medial (re)konstruiert?

Allerdings ist Ihre Lehrkraft nicht gezwungen, Q 4 bei der Themenstellung für die mündliche Prüfung zu berücksichtigen. Diese kann auch nur Inhalte aus Q 1 bis Q 3 umfassen.

4.2 Bewertungskriterien

Mündliche Prüfungen und Präsentationen werden von einer **Prüfungskommission** Ihrer Schule abgenommen. Sie besteht aus einem dreiköpfigen Fachausschuss: Ihrem Prüfer, einem Protokollanten und einem Vorsitzenden. Diese drei Mitglieder des Fachausschusses sind in der Regel Lehrer Ihrer Schule. Die Aufgabe und Fragen stellt Ihr

2 Auf die Möglichkeit, eine „Besondere Lernleistung (BLL)" zu machen, soll hier nicht eingegangen werden; eine BLL ist grundsätzlich keinem bestimmten Fach zugeordnet und unterliegt ganz anderen Anforderungen und Bewertungskriterien als eine mündliche Prüfung oder eine Präsentation.

Prüfer, Protokollant und Vorsitzender können ergänzende Zusatzfragen stellen. Die Prüfer werden Ihnen dabei keine unzusammenhängenden Fragen stellen, sondern sich auf die Aufgabenstellung und auf Ihren Vortrag beziehen. Damit bleibt die thematische Einheit der Aufgabenstellung auch im Prüfungsgespräch gewahrt.

Außer der Prüfungskommission dürfen Sie in Ihrer Prüfung auch **Gäste** erwarten. In der Regel sind das Lehrer Ihrer Schule. Wenn Sie es erlauben (was Sie tun sollten!), können sogar Schüler der Stufe Q 2 bei Ihrer Prüfung mit dabei sein.

Die Bewertung Ihrer Prüfungsleistung erfolgt auf Vorschlag Ihres Prüfers durch die Prüfungskommission nach einer kurzen Aussprache im Anschluss an Ihre Prüfung. Die Kriterien für eine gute Prüfungsleistung im mündlichen Abitur sind die gleichen wie im schriftlichen Abitur: Wichtig sind wieder die **Selbstständigkeit**, die **Qualität** und die **Quantität** Ihrer Leistung sowie – im Mündlichen naturgemäß besonders – Ihre **Kommunikationsfähigkeit**.

4.3 Die mündliche Prüfung

Die mündlichen Prüfungen finden in der Regel Ende Mai, Anfang Juni statt. Vor der Prüfung haben Sie zwanzig bis dreißig Minuten Zeit, sich in einem **Vorbereitungsraum** mit der Aufgabenstellung vertraut zu machen und Ihre Lösungen zu notieren. Die Prüfung selbst dauert rund zwanzig Minuten. In den ersten etwa zehn Minuten stellen Sie in einem kurzen, möglichst frei gehaltenen **Vortrag** Ihre Ergebnisse zu den einzelnen Arbeitsanweisungen dar. Darauf folgt ein circa zehnminütiges **Prüfungsgespräch** mit den Mitgliedern der Prüfungskommission.

Aufgabenstellung

Aufgabenstellung und Materialvorgabe sind weniger umfassend als im schriftlichen Abitur, entsprechend der kürzeren Vorbereitungs- und Prüfungszeit. Zur Vorbereitung können Sie die mündliche Übungsaufgabe in diesem Buch bearbeiten (siehe Seite 40–50).

Bewertungskriterien

Besondere Bewertungskriterien der mündlichen Prüfung sind folgende: Sie sollten Ihren kurzen **Vortrag** möglichst zusammenhängend sowie in sprachlich korrekter und angemessener Weise halten, im **Prüfungsgespräch** auf Fragen ebenso wie auf Einwände sachgerecht eingehen, Hilfen verwerten und Ihren Standpunkt begründet darstellen.

Tipps zur mündlichen Prüfung

Für eine erfolgreiche Prüfung sollten Sie die folgenden Tipps beachten:

1. Üben Sie – im Unterricht oder in Ihrer Freizeit – zur Vorbereitung das, was in der mündlichen Prüfung von Ihnen verlangt wird: Halten Sie **kleine Vorträge** zu einschlägigen Aufgabenstellungen und **diskutieren** Sie mit anderen über Ihre Ausführungen.

Als Kriterien zur Bewertung der einzelnen Kompetenzbereiche kann man sich folgende Aspekte vorstellen, die die Vielfältigkeit der Erwartungen andeuten:

Fachkompetenz
- Art der Problembeschreibung (differenziert, logisch, verständlich, sachlich richtig, umfassend)
- Reflexionsfähigkeit (selbstständig, kritisch, begründet, schlüssig, vertiefend)
- Problemorientierung und Lösungsansätze (aktuell, kreativ, originell, nachvollziehbar)
- Art der Darstellung (gegliedert, systematisch, logisch, problemorientiert, gewichtet, glaubwürdig)
- Sprachliche Gestaltung (klarer Satzbau, Wortwahl, Terminologie)

Medienkompetenz
- Medieneinsatz (angemessen bezüglich der Problemstellung, Reflexion des Einsatzes, Alternativen denkbar)
- Gestaltung des Materials (formal einwandfrei, übersichtlich, ansprechend, gut erkennbar, strukturiert)
- Ablauf der Präsentation (technisch reibungslos, zeitlich angemessen, Zusammenspiel Vortrag – Material)

Kommunikationskompetenz (im Vortrag und im Kolloquium)
- freier Vortrag
- Vortragstechnik (Tempo, Betonung, Pausen)
- Körpersprache (Mimik, Gestik, Blickkontakt)
- Einbringen der eigenen Person (engagiert, überzeugend, selbstbewusst, flexibel, anregend, adressatenbezogen)
- Gesprächsverhalten (dialogfähig, reflektiert, flexibel, offen, kritisch, sprachlich variationsfähig)

Die **Fachkompetenz** ist die Leitkompetenz und gibt letztendlich den Ausschlag.

Tipps zur Präsentation

Die meisten Tipps für die mündliche Prüfung gelten auch für die Präsentationsprüfung. Außerdem ist zu beachten:

1. Bevor Sie sich für eine Präsentationsprüfung entscheiden, sollten Sie eine Präsentation mit genauer Zeitbegrenzung (15 Min.) und Medieneinsatz im Unterricht **ausprobiert haben**.
2. Lassen Sie Ihren **Ablaufplan** (Dokumentation) von Ihrem Prüfer schon ein, zwei Tage vor dem Abgabetermin durchsehen, damit Sie durch ggf. notwendige Ergänzungen nicht in Zeitnot geraten. Sie müssen den Ablaufplan unbedingt pünktlich abgeben!
3. Gerade wenn Sie sich bei der (technischen) Vorbereitung Ihrer Präsentation helfen lassen, sollten Sie bis zur Prüfung den Umgang mit Ihren **Medien** und das Thema Ihres Vortrages perfekt **beherrschen**.

4. **Üben Sie das Präsentieren!** Probieren Sie die Technik der Medien vor Ort aus und halten Sie den Vortrag vor Freunden. Überladen Sie Ihre Folien nicht und schreiben Sie ausreichend groß. Setzen Sie Folien nicht zum Mitlesen Ihres Vortrags ein, sondern zur übersichtlichen Visualisierung von Inhalten und Strukturen.
5. Lernen Sie Ihren Vortrag **nicht auswendig**! Das engt Sie ein und hört sich gekünstelt an. Orientieren Sie sich beim Vortragen – wie Ihr Publikum – an Ihrer medialen Unterstützung, zum Beispiel an dem, was auf Ihren Folien steht.
6. Halten Sie die 15 Minuten Vortragsdauer möglichst genau ein! Wenn Sie die **Zeitvorgabe** überschreiten, wird Ihr Vortrag notfalls abgebrochen. Gönnen Sie sich zwischen Vortrag und Kolloquium eine kurze Pause; vielleicht wollen Sie sich für das Gespräch mit den Prüfern auch hinsetzen.
7. Ihr Vortrag stützt sich auf Ihre Präsentationsmethode. Das Präsentieren darf **nicht zum Selbstzweck** werden. Andererseits stört es Ihren Vortrag sehr, wenn das Präsentieren nicht funktioniert.
8. Was eine gute oder schlechte Präsentation ist, kann im Einzelnen umstritten sein. Informieren Sie sich über allgemein anerkannte Kriterien einer guten Präsentation (Fachbücher, Internet). Vergessen Sie aber nicht, dass **das Entscheidende der Inhalt** Ihres Vortrages ist und dass es im Kolloquium auf Ihr Fachwissen und Ihre fachspezifischen Fähigkeiten ankommt.
9. Achten Sie nicht zu sehr auf separate Handlungsanweisungen wie Blickkontakt halten, laut sprechen usw. Dröseln Sie Ihr Verhalten nicht in solche Einzelhandlungen auf, die Sie in der Aufregung dann doch nur zur Hälfte umsetzen können. In erster Linie müssen Sie sich **mit dem Inhalt** Ihres Vortrages **identifizieren**, Sie müssen ihn zu Ihrer Sache machen (auch wenn Ihr Lehrer das Thema ausgesucht hat) und Sie müssen Ihren Inhalt Ihrem Publikum tatsächlich vermitteln wollen. Dann werden Sie Ihre Zuhörer von alleine anschauen und laut und deutlich zu ihnen sprechen: Sie wollen ja, dass man Ihnen zuhört und Sie versteht! So werden Sie authentisch und überzeugend sein!

ÜBUNGSAUFGABEN

Hessen Geschichte

Grundkurs ▪ Übungsaufgabe 1

Außenpolitik der Weimarer Republik und des Kaiserreichs

Aufgabenstellung

1 Geben Sie die in der Rede zum Ausdruck kommenden Vorstellungen Stresemanns zur deutschen Außenpolitik wieder. (30 BE)

2 Erläutern Sie, inwiefern Stresemann die in der Rede dargelegten Vorstellungen von 1923 bis zu seinem Tod 1929 umsetzte. (25 BE)

3 Stresemann spricht in seiner Rede von der „Realpolitik“ (Z. 75) Bismarcks und rühmt ihn als „großen Staatsman[n]“ (Z. 76). Vergleichen Sie die Grundzüge der Außenpolitik Bismarcks (1871–1890) und Stresemanns (1923–1929) und erläutern Sie, inwiefern Bismarck und Stresemann „Realpolitik“ betrieben. (25 BE)

4 Beurteilen Sie die These, Stresemann habe in seiner Frankreichpolitik aus den Fehlern Bismarcks gelernt. (20 BE)

Hinweis:
Gustav Stresemann (1878–1929) war Vorsitzender der Deutschen Volkspartei (DVP) und vom 13. August 1923 bis zum 30. November 1923 deutscher Reichskanzler. In den nachfolgenden Kabinetten bekleidete er bis zu seinem Tod am 3. Oktober 1929 das Amt des Reichsaußenministers.
Die Rechtschreibung entspricht der Textvorlage. Hervorhebungen durch Fettdruck werden nicht wiedergegeben.

M **Rede Gustav Stresemanns im Deutschen Reichstag, 17. April 1923** (Auszug)

Wir haben in den letzten Tagen in der Öffentlichkeit eine lebhafte Erörterung darüber gehabt, daß die deutsche Reichsregierung mehr aktive Politik entfalten solle. […]

Was bedeutet aktive Politik? Es bedeutet schließlich: gegenüber jeder internationalen Situation gerüstet sein, um für Deutschland handelnd eingreifen zu können. […]

Aber was bedeutet denn Handeln in der internationalen Situation, in der wir uns befinden? Handeln bedeutet doch in unserer Situation den Weg freimachen für internationale Abmachungen und die Reparationsfrage endgültig lösen, um uns dadurch die Freiheit des Ruhrgebiets und des Rheinlandes wiederzuschaffen. […]

Dieses Handeln kann nach außen in verschiedener Art zum Ausdruck kommen: Es kann bestehen in parlamentarischen und diplomatischen Fühlungnahmen, parlamentarischen Reden, in Noten, in Vorschlägen. Welche Form gewählt wird, das muß die Situation ergeben. […]

Welche Phasen hat nicht schon diese Reparationsdebatte international durchlaufen! Ist es denn nicht die schärfste Kritik an dem Versailler Vertrag […], daß die Welt eine internationale Konferenz nach der anderen erlebt, die alle nur aus der Idee herausgeboren sind, die Schäden, die man in der ganzen Welt als Folgen dieses Vertrages spürt, wieder gut zu machen! [...]

Ein großer Teil, ja mehr als die Hälfte [der ersten Reparationsforderungen] [...] ist durch das geleistet worden, was inzwischen von Deutschland an die Entente abgegeben worden ist. [...]

Der Frieden wird für Frankreich immer teurer! [...]

Wie ist denn die Situation, in der sich Frankreich befindet? Es weist darauf hin, daß es durch den Krieg am meisten gelitten hat. Es führt die Propaganda gegen uns in den Vereinigten Staaten von Amerika, indem es darlegt, was es für den Wiederaufbau seiner zerstörten Gebiete ausgegeben habe, es weist hin auf seine Menschenverluste, auf zerstörte Gebiete, auf zerstörte Finanzen. Wir können das ruhig zugeben: so liegen die Dinge. Aber sehr, sehr falsch ist auch, abgesehen von den tatsächlichen Leistungen Deutschlands durch direkte Hergaben, ganz falsch ist auch, abgesehen davon, die Gegenüberstellung von den zerstörten Gebieten in Frankreich und einem angeblich unzerstörten Deutschland. [...]

Will man denn in Frankreich, will man in der Welt an der Tatsache vorbeigehen, daß doch ein ganz großer Teil des deutschen Volks direkt durch den Verlust des Krieges enteignet worden ist? [...]

Den Menschen, die ihr Heim in den zerstörten Gebieten verloren haben, wird es durch ihre Regierung wieder aufgebaut, in irgendeiner Form erhalten sie Entschädigung dafür. Wer entschädigt denn die Menschen, die deutsche Kriegsanleihe gezeichnet haben?

[...] [W]enn man zugibt, daß Frankreich zerstörte Finanzen hat – das ist gar kein Zweifel –, daß es eminente Aufwendungen für die zerstörten Gebiete gemacht hat [...], so ist und bleibt es ein volkswirtschaftlicher und politischer Unsinn, die Beseitigung aller Kriegsschäden der Alliierten von Deutschland fordern zu wollen [...].

Deutschlands Leistungsfähigkeit und Deutschlands Kredit muß der Ausgangspunkt [für die Bemessung der Reparationen] sein. [...]

Das sage ich nicht als deutscher Parlamentarier, das ist nicht nur die egoistische Auffassung Deutschlands. Darf ich Sie darauf hinweisen, [...] daß der englische erste Minister Bonar Law[1] auf der Pariser Konferenz[2] ganz denselben Gedanken ausgesprochen hat, ganz entschieden zurückgewiesen hat, daß zum Ausgangspunkt das gemacht wird, was die Alliierten brauchten, sondern verlangt hat, daß zum Ausgang das gemacht wird, was Deutschland leisten könne.

[...] [Bonar Law hat gesagt:] Die einzige Chance, die wir haben, frühzeitig Zahlungen von Deutschland zu erhalten, ist der Weg der internationalen Anleihe, und ohne daß wir den deutschen Kredit wiederherstellen, ist diese internationale Anleihe unmöglich. [...]

Ist die deutsche Freiheit und Selbständigkeit [...] damit zu erringen, daß Industrie, Finanz und Landwirtschaft veranlaßt werden, sich dem Staate zur Verfügung zu stellen als Garanten für deutsche übernommene internationale Leistungen, dann werden sie sich dieser Situation gegenüber nicht sträuben. [...]

[…] [M]eine Herren, ich bin der Meinung, daß es notwendig ist, gerade mit Absicht einmal vor der ganzen Welt festzustellen, daß eine Verständigung in der Frage der Reparationen nicht an Deutschland scheitert. […]

Wir erstreben mit aller Kraft die endgültige Lösung der Reparationsfrage. […]

[…] [D]iese Frage der Reparationen ist eine Frage des Kompromisses, eine Frage der Verhandlungen, eine Frage, bei der von der Höhe, von der Verteilung der Annuitäten[3] und von Einzelheiten Leben und Sterben des deutschen Volkes nicht abzuhängen braucht. Wenn man aber an Stelle der Reparationspolitik eine andere Politik treibt, die uns Rhein und Ruhr nehmen will, müssen wir mit derselben Klarheit sagen: Hier gibt es keine Verhandlungen und kein [sic!] Kompromiß, hier geht es um Leben und Sterben des deutschen Volkes und um unsere Zukunft. […]

Der Seelenzustand des deutschen Volkes wird durch all die Ereignisse seit dem 11. Januar[4] auf eine außerordentlich harte Probe gestellt, auch politisch. Man kann sich gar nicht darüber wundern, wenn im Innern die Extreme gestärkt worden sind.

[…] Töricht diejenigen, die da glauben, diesen ganzen Fragenkomplex lösen zu können, indem sie nach dem starken Mann rufen gegenüber den angeblich schwächlichen Naturen, die sich vergeblich an der Lösung dieses Problems versuchen. […]

Seltsam diejenigen, die sich auf Bismarck beziehen und von der Realpolitik dieses großen Staatsmannes in ihrer Beurteilung der außen- und innerpolitischen Verhältnisse nicht das geringste merken lassen. […]

Sonst würden sie verstehen, daß wir in einer Übergangszeit leben, in der es darauf ankommt, alle Kräfte zusammenzufassen, um die Einheit des Volks und des Reichs, um den Staat zu retten gegenüber dem Ansturm, der von außen kommt. […]

Unsere Aufgabe ist es meines Erachtens, mit aller Entschiedenheit den Staat, wie er ist, zu stützen, […], uns um ihn zu scharen und ihn zu verteidigen, seine Führung zu unterstützen und durch eine Politik nationaler Besonnenheit, durch Zusammenfassung der Kräfte diejenige Zukunft uns zu sichern, auf der einmal […] andere weiter aufbauen werden […].

Verhandlungen des Reichstags. I. Wahlperiode 1920, Band 359, Stenographische Berichte, Berlin 1923, S. 10572–10580.

Anmerkungen

1 Andrew Bonar Law: Politiker der Konservativen Partei, britischer Premierminister 1922–1923
2 Auf der Pariser Konferenz vom 2. bis 4. Januar 1923 bemühten sich die Alliierten, ihre Reparationsforderungen gegenüber Deutschland neu zu regeln; die Konferenz scheiterte aber insbesondere am Gegensatz zwischen England und Frankreich.
3 Annuität: regelmäßige jährliche Zahlung bestehend aus Zins und Tilgung
4 Am 11. Januar 1923 besetzten belgische und französische Truppen das Ruhrgebiet, um ausstehende deutsche Reparationsleistungen (z. B. Kohle) zu sichern. Die Ruhrbesetzung endete im August 1925.

TIPP **Inhaltliche Schwerpunkte**

Der Schwerpunkt dieser Aufgabe liegt auf dem Thema „Die Weimarer Republik als erste deutsche Demokratie". Sämtliche Stichpunkte zur „Weimarer Außenpolitik" („Versailler Vertrag", „Revisionismus", „West- versus Ostorientierung", „Strategie Stresemanns", „Haltung der Siegermächte und der UdSSR") sind für die Lösung der Aufgabe relevant. Der kursübergreifende Bezug entsteht durch den Vergleich mit der Außenpolitik Bismarcks aus dem Themenbereich „außenpolitische Wende von Bismarck zu Wilhelm II." des übergeordneten Themenfelds „Der Erste Weltkrieg – Zerstörung der alten europäischen Ordnung".

Lösungsvorschlag

1 **TIPP** *Anforderungsbereich: I/II, Bewertungseinheiten: AFB I: 25/AFB II: 5*

Beginnen Sie mit einem Einleitungssatz, der die Quelle einordnet (Autor, Quellenart, Datierung, historischer Hintergrund, Thema). Für die geforderte Wiedergabe dürfen Sie nicht einfach den gesamten Text zusammenfassen, sondern Sie müssen sich auf die in der Aufgabenstellung genannten Aspekte konzentrieren: die von Stresemann dargelegten Vorstellungen zur deutschen Außenpolitik. Formulieren Sie die Textwiedergabe in indirekter Rede (Konjunktiv, Redeeinleitungen usw.) und belegen Sie Ihre Aussagen mithilfe von Zitaten an der Quelle.

Einleitung

Autor, Quelle, Datierung, historischer Hintergrund, Thema

Gustav Stresemann spricht am 17. April 1923 in einer Rede vor dem Reichstag über die Handlungsmöglichkeiten, Ziele und Aufgaben einer künftigen deutschen Außenpolitik. Der DVP-Politiker hält seine Rede vor dem Hintergrund des Konflikts um die deutschen Reparationsleistungen. Dieser hatte im Januar 1923 mit der französisch-belgischen Besetzung des Ruhrgebiets einen neuen Höhepunkt erreicht. In seiner Rede greift Stresemann die in der Öffentlichkeit diskutierte Forderung auf, dass Deutschland dem Ausland gegenüber eine aktivere Politik betreiben müsse (vgl. Z. 1 f.).

außenpolitische Vorstellungen Stresemanns

konkrete Vorstellungen

Für eine solche Politik sieht Stresemann in der aktuellen Situation mehrere Möglichkeiten: Man könne etwa die **Diplomatie** bemühen, im Parlament **Reden** halten oder **Vorschläge** entwickeln (vgl. Z. 9–11). Ziel müsse es sein, „internationale Abmachungen" zu schließen „und die Reparationsfrage endgültig" (Z. 6 f.) zu lösen. Darin erblickt Stresemann den Schlüssel zur **Beendigung der Rheinland- und Ruhrgebietsbesetzung** (vgl. Z. 6–8). Die Höhe der deutschen Zahlungen dürfe sich nicht daran ausrichten, „was die Alliierten brauchten", sondern müsse sich daran orientieren, „was Deutschland leisten könne" (Z. 48 f.).

Die Erfüllung der Reparationsforderungen gelinge am besten dann, wenn Deutschland mithilfe des Auslands wieder kreditwürdig werde. Stresemann greift dazu einen entsprechenden Vorschlag Englands auf, Deutschland mit einer **internationalen Anleihe** den Wiederaufbau seiner Wirtschaft und die Gesundung seiner Staatsfinanzen zu ermöglichen (vgl. Z. 50–53). Der DVP-Vorsitzende gibt sich zuversichtlich, „daß eine **Verständigung in der Frage der Reparationen** nicht an Deutschland" (Z. 59 f.) scheitern werde. Im Gegensatz zu den Reparationsleistungen (vgl. Z. 62–65) könne es aber bei der **territorialen Zugehörigkeit** von Rheinland und Ruhrgebiet keine Kompromisse geben, da es hierbei „um Leben und Sterben des deutschen Volkes und um unsere Zukunft" (Z. 67 f.) gehe.

Umgang mit Reparationsforderungen

Angesichts der gegenwärtigen Krise sei die Situation in Deutschland stark angespannt und die **radikalen Kräfte** seien gestärkt worden (vgl. Z. 69–71). Gleichwohl lehnt Stresemann den **Ruf nach** einem „**starken Mann**" (Z. 73) ab und mahnt zu einer „Politik nationaler Besonnenheit" (Z. 83). Deutschland befinde sich in einer „**Übergangszeit**" (Z. 78), in der es darum gehe, **zusammenzustehen** und die eigene Staatsführung zu unterstützen, um so den Staat vor „dem Ansturm, der von außen kommt" (Z. 80), zu bewahren.

Reaktionen auf Krise

Stresemann betrachtet es als vordringliches Ziel der Außenpolitik, durch **Verhandlungen** einen **Kompromiss in der Reparationsfrage** zu erzielen und dadurch die **Besetzung** des Rheinlands und des Ruhrgebiets zu **beenden**.

Ziel

2 **TIPP** *Anforderungsbereich: I/II, Bewertungseinheiten: AFB I: 5/AFB II: 20*

Bei dieser Aufgabe müssen Sie Ihre Kenntnisse zur Außenpolitik Stresemanns einbringen und sie in Beziehung zu dessen außenpolitischen Vorstellungen vom April 1923 setzen. Verweisen Sie in Ihrer Darstellung der Außenpolitik Stresemanns immer wieder auf Übereinstimmungen mit den in der Rede dargelegten Grundsätzen.

Erläuterung der Politik Stresemanns

innenpolitische Maßnahmen

Im April 1923 hatte Stresemann im Reichstag als Redner der Opposition für eine Außenpolitik der „nationale[n] Besonnenheit" (Z. 83) plädiert und die endgültige Klärung der Reparationsfrage sowie das Ende der Ruhr- und Rheinlandbesetzung als vorrangige Ziele propagiert. Als er vier Monate später, im August 1923, zum Reichskanzler ernannt wurde, war er neben der anhaltenden französisch-belgischen **Ruhrbesetzung** mit dem Problem des sich inzwischen dramatisch beschleunigenden Wertverlusts der Reichsmark (**Hyperinflation**) konfrontiert. Letzterer war u. a. dadurch zustande gekommen, dass das Reich über keine ausreichenden Einnahmen verfügte, um die im Ruhrgebiet gegen die Besatzungsherrschaft streikenden Arbeiter (passiver Widerstand) zu entlohnen. Die Reichsregierung hatte deshalb die Geldmenge durch Inbetriebnahme der Notenpresse steigern lassen. Stresemann reagierte auf diese doppelte Krise, indem er den **passiven Widerstand** im Ruhrgebiet **beenden** ließ und eine **Währungsreform** (Einführung der Rentenmark) durchführte.

wirtschaftspolitische Maßnahmen

Neben der Beruhigung der inneren Lage ging es Stresemann vor allem darum, die wirtschafts- und währungspolitische Glaubwürdigkeit Deutschlands im Ausland wiederherzustellen. Sein mittelfristiges Ziel war die Reduzierung der deutschen Reparationsleistungen – dies erreichte er schließlich 1924 mit dem **Dawes-Plan**. Diese internationale Vereinbarung passte die Reparationsraten an die deutsche Wirtschaftskraft an, stärkte das Vertrauen in die deutsche Währung und stellte das Ende der Ruhrbesetzung in Aussicht. Sie war Grundlage für ausländische Investitionen und Kredite, die zu einem Aufschwung der deutschen Wirtschaft in den darauffolgenden „Goldenen Zwanzigerjahren" beitrugen. Wie der DVP-Vorsitzende bereits im April 1923 im Reichstag dargelegt hatte, ließen sich die Reparationsfrage und die Ruhrkrise nur auf diplomatischem Wege und durch „internationale Abmachungen" (Z. 6 f.) lösen.

außenpolitische Maßnahmen

Stresemanns Politik, die darauf angelegt war, durch vertrauensbildende Maßnahmen die internationale Stellung Deutschlands zu stärken, fand im Herbst 1925 ihren Höhepunkt: Im **Locarno-Pakt** sicherte das Deutsche Reich Frankreich und Belgien die Einhaltung seiner im Versailler Vertrag neu festgelegten Westgrenze zu und unterstellte sich bei Streitigkeiten der internationalen Schiedsgerichtsbarkeit. Mit diesem durch den Reichsaußenminister verhandelten Abkommen betrieb das Deutsche Reich eine versöhnliche Politik und suchte die Verständigung mit seinen westlichen Nachbarstaaten – eine Vorstellung, die bereits in Stresemanns Rede aus dem Frühjahr 1923 anklingt (vgl. Z. 23–27, 38–41). Ein Jahr nach Abschluss des Locarno-Pakts wurde Deutschland in den **Völkerbund** aufgenommen. Stresemann war es gelungen, die außenpolitische Isolation Deutschlands nach dem Ersten Weltkrieg zu überwinden. Für seine politische **Verständigung und Aussöhnung**, vor allem mit Frankreich, wurde der DVP-Politiker zwar von den rechtskonservativen Parteien in Deutschland heftig angefeindet, bei den republikanischen Parteien und international stieß seine Politik aber auf Zustimmung. Zusammen mit seinem französischen Amtskollegen Aristide Briand wurde er 1926 für seine Verdienste um den Frieden in Europa mit dem **Friedensnobelpreis** ausgezeichnet.

Lösung der Reparationsfrage

Einen letzten großen Erfolg erzielte Stresemann im Sommer 1929 mit dem **Young-Plan**. Dieser legte die Reparationsleistungen Deutschlands endgültig fest und bedeutete eine finanzielle Entlastung im Vergleich zu den bestehenden Verträgen. Damit hatte der DVP-Vorsitzende das erreicht, was er im April 1923 im Reichstag angemahnt hatte: Durch Verhandlungen und Kompromisse (vgl. Z. 62 f.) war es zu einer „**endgültige[n] Lösung der Reparationsfrage**" (Z. 61) gekommen. Den weiteren Verlauf der Entwicklungen mitzuerleben, blieb **Stresemann** allerdings verwehrt. Am 3. Oktober 1929 – noch vor Inkrafttreten des Young-Plans – **starb** der Außenminister.

Fazit

Insgesamt war es ihm gelungen, die Vorstellungen und Perspektiven umzusetzen, die er mit einem **rationalen Blick für das Realisierbare** in seiner Rede im April 1923 aufgezeigt hatte. Unter Stresemann als Kanzler und Außenminister verständigte sich das Deutsche Reich mit den ehemaligen Kriegsgegnern auf eine Anpassung der Reparationsleistungen, leitete Schritte zur Aussöhnung mit Frankreich ein und wurde in die internationale Gemeinschaft des Völkerbunds aufgenommen. In den „**Goldenen Zwanzigerjahren**" hatte sich die politische und wirtschaftliche Lage Deutschlands nicht zuletzt durch Stresemanns außenpolitische Erfolge stabilisiert.

3 **TIPP** *Anforderungsbereich: II/III, Bewertungseinheiten: AFB II: 20/AFB III: 5*

Für den geforderten Vergleich sollten Sie zweierlei beachten: Zum einen benötigen Sie einen guten Überblick über die Grundzüge der Außenpolitik der beiden Staatsmänner, zum anderen müssen Sie diejenigen Aspekte erkennen, die sich sinnvoll miteinander vergleichen lassen. Dies könnten z. B. die jeweilige politische Ausgangslage und die daraus resultierenden zeitbedingten Handlungsmöglichkeiten beider Politiker sein. Abschließend müssen Sie erläutern, was es bedeutet, „Realpolitik" zu betreiben.

Vergleich Bismarck – Stresemann

außenpolitische Ausgangslage bei Bismarck

Für Reichskanzler Bismarck waren die **außenpolitische Ausgangslage** und seine **Handlungsmöglichkeiten** ungleich günstiger als für Stresemann: Preußen hatte unter Bismarcks Führung zwischen 1864 und 1871 drei Kriege – u. a. gegen Österreich und Frankreich – gewonnen (**Einigungskriege**). Durch die Gründung des Deutschen Kaiserreichs war die langersehnte **nationale Einheit** errungen worden. Zudem erhielt das Deutsche Reich **Reparationsleistungen** und **Gebiete** (z. B. Elsass) von Frankreich; Deutschland war nach den Worten Bismarcks „**saturiert**" – strebte also nicht nach Expansion.

außenpolitische Ausgangslage bei Stresemann

Stresemanns Situation und seine Möglichkeiten entsprachen dagegen in fast allen Bereichen genau dem Gegenteil. Er wähnte sich 1923 in einer krisenhaften „Übergangszeit" (Z. 78): Das Deutsche Reich hatte den **Ersten Weltkrieg verloren** und musste **hohe Reparationen** an seine ehemaligen Kriegsgegner zahlen. Zudem waren viele **Gebiete verloren** (u. a. das Elsass) **oder besetzt** (Rheinland,

Ruhrgebiet). Die Wirtschaft war ruiniert (**Inflation**) und innere Unruhen erschütterten die nationale Einheit (**Abspaltungsversuche, Aufstände, Attentate**).

internationale Position des Kaiserreichs

Bismarck konnte aus einer **Position der Stärke** heraus handeln und seine Außenpolitik gestalten. Er wurde durch seine umfassende Vertragsdiplomatie zu dem bestimmenden Staatsmann in Europa, der die Beziehungen der Großmächte zueinander beeinflusste und prägte. Mit einem **System von Bündnissen** gelang es ihm, den **Frieden in Europa** und den **Status quo Deutschlands** zu wahren sowie den **wirtschaftlichen Aufstieg** des Reichs zu fördern. Eine Verständigung mit dem ehemaligen Kriegsgegner Frankreich suchte Bismarck – im Gegensatz zu Stresemann – allerdings nicht.

internationale Position der Weimarer Republik

Stresemann dagegen stand vor der Aufgabe, das besiegte Deutschland, das zudem für den Kriegsausbruch verantwortlich gemacht wurde, erst wieder schrittweise **in Europa und in die internationale Staatengemeinschaft zu integrieren**. Dafür musste er vor allem auf Frankreich zugehen, Zugeständnisse bei den Reparationsforderungen machen (Dawes-Plan) und die im Versailler Vertrag gezogene Westgrenze anerkennen (Locarno-Pakt). Durch diese Maßnahmen erreichte Stresemann sein Ziel, Deutschland zu konsolidieren und es außenpolitisch wieder handlungsfähig zu machen.

Erläuterung Realpolitik

Zusammenfassend lässt sich sagen, dass sowohl Bismarck als auch Stresemann gleichermaßen als **erfolgreiche Realpolitiker** gelten können. Sie orientierten sich jeweils eher an den realen Gegebenheiten und Möglichkeiten als an ideologischen Vorstellungen und erreichten damit das, was in ihrer Zeit möglich war. Daher geht Stresemann bei der Darlegung seiner außenpolitischen Überlegungen zu Recht auf Bismarck ein (vgl. Z. 75–77), dem es durch seine erfolgreiche Realpolitik gelungen war, die außenpolitische Stellung des Kaiserreichs zu sichern.

4 **TIPP** *Anforderungsbereich: III, Bewertungseinheiten: 20*

Diese Aufgabe knüpft an den vorangegangenen Vergleich zwischen Bismarcks und Stresemanns Außenpolitik an und verlangt von Ihnen eine Beurteilung. Ausgangspunkt hierfür ist die in der Aufgabenstellung dargelegte These. Da diese davon ausgeht, dass Bismarck in seiner Frankreichpolitik Fehler gemacht habe, sollten Sie mit der Darstellung dieser Fehler beginnen. In einem zweiten Schritt müssen Sie, um zu einer begründeten Einschätzung gelangen zu können, die Frankreichpolitik Bismarcks und diejenige Stresemanns einander gegenüberstellen. Formulieren Sie abschließend ein Fazit.

Ein wesentlicher Fehler in Bismarcks Frankreichpolitik dürfte darin bestanden haben, dass er Frankreich nach dessen Niederlage im Deutsch-Französischen Krieg von 1870/71 zu großen Entschädigungsleistungen zwang. Neben hohen **Reparationszahlungen** musste Frankreich **Elsass und Lothringen** an das Deutsche Reich abtreten. Frankreich fühlte sich dadurch gedemütigt und in seiner **nationalen Ehre** gekränkt. Der deutsche „Siegfrieden" ließ Frankreich auf Revanche sinnen und machte eine Aussöhnung unmöglich. Um sich gegen eine französische Vergeltung zu schützen, musste Bismarck in der Folge Vorkehrungen treffen. Daher schuf er ein **Bündnissystem** zwischen den europäischen Großmächten, das zum Ziel hatte, **Frankreich zu isolieren**. Frankreich sollte keinen Partner findet, mit dem es sich gegen Deutschland verbünden könnte. Vor allem versuchte Bismarck, eine Koalition Frankreichs mit Russland, die zu einer für Deutschland gefährlichen Zweifrontenstellung geführt hätte, zu verhindern.

Fehler in Bismarcks Frankreichpolitik

Umgang mit Frankreich nach Deutsch-Französischem Krieg

Bündnissystem zur Isolation Frankreichs

Welche Probleme die bismarcksche Frankreichpolitik mit sich brachte, zeigte sich deutlich nach 1890: Da **Bismarcks Bündnissystem** sehr eng **an seine Person** und seine realpolitischen Überzeugungen **gebunden** war, zerfiel es nach seinem Ausscheiden aus dem Amt rasch. Frankreich, Russland und Großbritannien schlossen nun ein Bündnis. Damit bildeten sich die beiden Machtblöcke, die sich später auch im Ersten Weltkrieg feindlich gegenüberstanden: einerseits die Mittelmächte Deutschland und Österreich-Ungarn, andererseits die Entente bestehend aus Russland, Frankreich und Großbritannien.

Abhängigkeit der Außenpolitik von der Position Bismarcks

Aus diesem mittelfristigen Scheitern von Bismarcks Frankreichpolitik dürfte **Gustav Stresemann** seine Lehren gezogen haben. So bemühte er sich nach dem Ersten Weltkrieg intensiv um eine **Verständigung** mit dem ehemaligen Kriegsgegner. Dabei erkannte er die Kriegsverluste Frankreichs an und nahm die französische Furcht vor einem erstarkenden Deutschland ernst. In dem von ihm ausgehandelten Locarno-Pakt garantierte das Deutsche Reich die **Unverletzlichkeit von Frankreichs Ostgrenze**, sodass das Nachbarland vor einer militärischen Revanche Deutschlands sicher sein konnte.

Beurteilung der These

Streben nach Versöhnung und Verständigung

Stresemanns Bemühen um Frieden und Verständigung in Europa basierte dabei nicht – wie zu Zeiten Bismarcks – auf einer stark an einzelne Personen gebundenen Geheimdiplomatie, sondern auf den Prinzipien einer öffentlichen **Vertragsdiplomatie**. Durch den Abschluss von internationalen Verträgen und durch die Aufnahme Deutschlands in den **Völkerbund** wurden Strukturen geschaffen, die – **unabhängig von einzelnen Staatsmännern** – den Frieden in Europa fördern und bewahren sollten.

Abschluss dauerhafter Verträge

Stresemann wollte nicht wie Bismarck die Isolation Frankreichs erreichen, sondern strebte eine **Integration Deutschlands und**

Bemühung um Integration

Frankreichs in das europäische Mächtesystem an. Nur so erschienen ihm ein dauerhafter Frieden und der Wiederaufstieg Deutschlands möglich.

Fazit

Zusammenfassend lässt sich also festhalten, dass **Gustav Stresemann aus den frankreichpolitischen Fehlern Bismarcks „gelernt“** hat. Im Gegensatz zu Bismarcks Politik der Isolation Frankreichs, die die Feindschaft mit dem Nachbarland zementierte, bemühte sich Stresemann mittels internationaler Verträge um eine Verständigung und Aussöhnung sowie um die Integration der beiden ehemaligen Kriegsgegner in die europäische Staatengemeinschaft.

Hessen Geschichte
Grundkurs ▪ Übungsaufgabe 2

Die deutsch-russischen Beziehungen von 1871–1963 und die Neue Ostpolitik

Aufgabenstellung

1 Geben Sie Willy Brandts Rede (M 1) in Ihren eigenen Worten wieder und ordnen Sie sie in den historischen Kontext ein.

2 Analysieren Sie die Karikatur (M 2) unter Berücksichtigung von M 1 sowie der historischen Bezüge.

3 Diskutieren Sie, inwiefern die deutsche Außenpolitik der 1970er-Jahre zur deutschen Wiedervereinigung 1989/90 beigetragen hat.

M 1 Willy Brandt: Rede zur Neuen Ostpolitik, 10. Mai 1972

„Unser nationales Interesse erlaubt es nicht, zwischen dem Westen und dem Osten zu stehen, unser Land braucht die Zusammenarbeit und Abstimmung mit dem Westen und die Verständigung mit dem Osten." Mit diesem Satz aus der Regierungserklärung vom 28. Oktober 1969 möchte ich meinen Beitrag zur heutigen Entscheidung einleiten. Bei den Verträgen, über die der deutsche Bundestag zu befinden hat, geht es also darum, die bewährte Freundschaft mit dem Westen zu ergänzen, durch den jetzt möglichen sachlichen Ausgleich mit dem Osten. Es geht darum, dass wir unseren eigenen konkreten Beitrag zur Entspannung leisten und dass wir uns im Rahmen einer illusionslosen Friedenspolitik beharrlich um unsere eigenen Interessen kümmern. Bei beiden Verträgen handelt es sich um Antworten auf bittere Fragen, die uns der Zweite Weltkrieg hinterlassen hat. Aber es handelt sich nicht nur um einen Abschluss, sondern vor allem auch um einen neuen Anfang. Die Verträge bieten die Chance, die Beziehungen zu den unmittelbaren Vertragspartnern, aber auch zur Gesamtheit der osteuropäischen Staaten zu verbessern und die sachliche Zusammenarbeit mit ihnen auszubauen. Wenn die Verträge in Kraft getreten sind, werden wir Ostpolitik unter gleichen Bedingungen betreiben können wie andere westliche Länder auch, nicht mehr und nicht weniger. […] Niemand kann erwarten, dass hier jeder Satz, jede einzelne Formulierung des Vertragswerks freudig begrüßt würde. Bei aller Unvergleichbarkeit im Einzelnen gab es ja übrigens auch damals, als die Bundesrepublik ihr Verhältnis zu den drei Mächten normalisierte, manche Formulierung, die uns klar werden ließ, dass Deutschland den Krieg verloren hat und dass wir Hypotheken übernommen haben, die nur langsam abzutragen sind. Lassen Sie mich bitte wiederholen dürfen, was ich am 12. August 1970 im Kreml gesagt habe. Ich sagte, es sei wahr, dass kein Volk auf die

Dauer leben kann ohne Stolz und ohne die Aussicht, seinen Willen friedlich zu vollenden. Und ich fuhr fort: Die Geschichte darf nicht zu einem Mühlenstein werden, der uns niemals aus der Vergangenheit entlässt. Ich verstehe diesen Vertrag in gewisser Hinsicht als einen Schlussstrich und als einen neuen Anfang, der unseren beiden Staaten[1] gestattet, den Blick nach vorne zu richten in eine bessere Zukunft, als einen Vertrag, der uns von den Schatten und Belastungen der Vergangenheit befreien soll. Sie wie uns, der ihnen wie uns die Chance eines neuen Anfangs gibt.

Quelle: Bundeskanzler Brandt: Ansprache im Bundestag zu den Ostverträgen/Willy Brandt – Bonn: 10. 05. 1972

Anmerkung

1 Gemeint sind die Bundesrepublik und die Sowjetunion.

M 2 Ernst Maria Lang: Geisterstunde im Kreml, 1970

Ernst Maria Lang/Süddeutsche Zeitung

Anmerkung

Rechts am Tisch sitzt Andrei Gromyko (Außenminister der Sowjetunion von 1957 bis 1985). Ihm gegenüber sitzt der Außenminister der Bundesrepublik Deutschland, Walter Scheel (FDP). Hinter diesem stehen weitere Politiker, die in der deutschen Geschichte eine große Rolle gespielt haben: Konrad Adenauer, Adolf Hitler, Paul von Hindenburg und Otto von Bismarck.

TIPP **Inhaltliche Schwerpunkte**

Die vorliegende Übungsaufgabe stützt sich schwerpunktmäßig auf den Aspekt „Entwicklung der innerdeutschen Beziehungen“ aus dem Themenfeld „Deutschland von der Teilung zur Einheit“. Dabei steht besonders die „Neue Ostpolitik“ im Fokus. In der dritten Teilaufgabe wird auf den Aspekt „Revolution in der DDR und Prozess der deutschen Einigung“ Bezug genommen. Ein Halbjahresübergriff erfolgt mithilfe der Karikatur auf das Themenfeld „Der Erste Weltkrieg – Zerstörung der alten europäischen Ordnung“ (Bismarck, Hindenburg) sowie auf „Die nationalsozialistische Diktatur – Zerstörung von Demokratie und Menschenrechten in Deutschland und Europa“ (Hitler). Über Konrad Adenauer wird auch die Anfangszeit der innerdeutschen Beziehungen und die „Hallsteindoktrin“ thematisiert.

Lösungsvorschlag

1 **TIPP** *Anforderungsbereich: I/II, Bewertungseinheiten: 30*

Die erste Teilaufgabe verlangt von Ihnen, Willy Brandts zentrale Äußerungen aus seiner Rede herauszuarbeiten und in Ihren eigenen Worten wiederzugeben. Das bedeutet, dass Sie auf direkte Zitate weitgehend verzichten sollten, obwohl Zeilenverweise an passenden Stellen durchaus sinnvoll sind. Denken Sie daran, die Quelle zunächst kurz vorzustellen, indem Sie ihren Autor, ihren Erscheinungszeitpunkt und ihr Thema nennen. Die Wiedergabe des Inhalts sollte mit Distanz zum Verfasser erfolgen. Dies gelingt Ihnen durch die indirekte Rede und die Verwendung des Konjunktivs. In der Quelle gibt es einige Anspielungen, die Ihnen dabei helfen können, Brandts Rede in den historischen Kontext einzuordnen. Achten Sie dabei darauf, sich nicht in zu weitschweifigen Erläuterungen zu verlieren, sondern knapp und präzise den historischen Hintergrund darzustellen.

Einleitung
Erscheinungszeitpunkt
Verfasser
Thema

In seiner **Rede** vom 10. Mai 1972 vor dem deutschen Bundestag in Bonn verteidigt der damalige Bundeskanzler Willy Brandt seine **Neue Ostpolitik** und wirbt um Verständnis für die bereits abgeschlossenen Verträge (Moskauer Vertrag 1970, Warschauer Vertrag 1970) sowie für den geplanten Grundlagenvertrag zwischen der Bundesrepublik und der DDR (Abschluss im Dezember 1972). Das Ziel der Ostverträge war es, zunächst über eine **Verständigung mit der Sowjetunion und** dann mit **Polen** die Beziehungen zwischen Bundesrepublik und DDR zu normalisieren, um dadurch das **Alltagsleben im geteilten Deutschland** zu **erleichtern**. Da mit den Verträgen eine Anerkennung der bestehenden Ostgrenzen einherging und die Forderung nach einer Wiedervereinigung der beiden

historischer Kontext

Teile Deutschlands vorerst zurückgestellt wurde, war Brandts **Ostpolitik** in der Bundesrepublik durchaus **umstritten**. Vor allem die Opposition aus CDU und CSU befürchtete negative Folgen einer **Aufhebung des Alleinvertretungsanspruchs** der Bundesrepublik.

Wiedergabe der Redeinhalte

Verteidigung der Neuen Ostpolitik

In seiner Rede hebt der Bundeskanzler hervor, dass es sich bei seiner Neuen Ostpolitik nicht um eine Abgrenzung vom Westen handle, sondern nur um eine zusätzliche **Verständigung mit dem Osten** (vgl. Z. 5 ff.). Diese Zusammenarbeit, vor allem mit der Sowjetunion, sei in deutschem Interesse und **Teil der westlichen Entspannungspolitik** (vgl. Z. 7 ff.). Brandt räumt jedoch ein, dass die Ostverträge auch „Antworten auf bittere Fragen“ (Z. 10) bedeuten würden. Hiermit meint er vor allem die Akzeptanz des **Verlusts der deutschen Ostgebiete** sowie die **De-facto-Anerkennung der deutschen Teilung**. Trotzdem betont er die **Chancen auf einen Neuanfang** in der Zusammenarbeit mit Osteuropa, die seiner Meinung nach in den Verträgen liegen (vgl. Z. 11 ff.).

Reaktion Brandts auf Kritik an Ostpolitik

Brandt deutet in seiner Rede auch die an seiner Politik geübte **Kritik** an, indem er vermutet, dass nicht „jede einzelne Formulierung des Vertragswerks“ (Z. 17 f.) auf Anklang stoßen würde. Er erinnert aber an **Adenauers Westintegration** in der Nachkriegszeit, als ebenfalls unangenehme Wahrheiten (damals von der SPD) hätten akzeptiert werden müssen (vgl. Z. 19 ff.). Brandt verweist außerdem darauf, dass er in Moskau die **Hoffnung auf** eine **Wiedervereinigung** der beiden deutschen Staaten betont habe, die als langfristiges Ziel also keinesfalls aufgegeben worden sei (vgl. Z. 23 ff.). Der **Moskauer Vertrag** gebe somit sowohl der Bundesrepublik als auch der Sowjetunion die Möglichkeit, sich „**von** den Schatten und Belastungen der **Vergangenheit** [zu] **befreien**“ (Z. 29). Hiermit spielt Brandt auf die Feindschaft der beiden Länder während des Zweiten Weltkriegs sowie auf die Besatzungszeit und die Teilung Deutschlands an. Die Ostverträge sollen es allen Beteiligten ermöglichen, zu einem **friedlichen Umgang** miteinander zurückzufinden.

2 **TIPP** *Anforderungsbereich: II/III, Bewertungseinheiten: 30*

Im Mittelpunkt der zweiten Teilaufgabe steht die Analyse einer Karikatur. Wie jede Quelle muss auch diese zunächst kurz vorgestellt und in ihren historischen Kontext eingeordnet werden. Anschließend müssen Sie genau beschreiben, wie die Karikatur aufgebaut und wer darauf zu sehen ist. Erst danach können Sie zur Deutung der einzelnen Elemente übergehen. Stellen Sie dabei, wie von der Aufgabenstellung gefordert, immer wieder Bezüge zu Willy Brandts Rede (M 1) her und berücksichtigen Sie besonders die vielfältigen Anspielungen auf historische Personen und Ereignisse. Am Ende sollten Sie darlegen, welche Gesamtaussage die Karikatur hat. Fragen Sie sich, welche Intention der Zeichner mit seiner Darstellung verfolgt haben könnte und wie er die abgebildete Situation bewertet. Beschließen Sie Ihre Ausführungen mit einem abrundenden Fazit.

Einleitung
Quelle, Autor, Erscheinungszeitpunkt, Thema

Die **Karikatur** „Geisterstunde im Kreml" von Ernst Maria Lang stammt aus dem Jahr 1970 und thematisiert die **Verhandlungen** der deutschen Bundesregierung mit der Sowjetunion, die im Vorfeld des **Moskauer Vertrags** von August 1970 stattfanden.

Analyse
strukturierte Beschreibung

Langs Zeichnung zeigt den deutschen Außenminister **Walter Scheel** und den sowjetischen Außenminister **Andrei Gromyko**, die sich am Verhandlungstisch gegenübersitzen. Dabei ist der mit der linken Hand gestikulierende, scheinbar ins Gespräch vertiefte **Scheel wesentlich kleiner dargestellt** als sein sowjetischer Amtskollege. Dessen Blick fällt deshalb nicht auf seinen Gesprächspartner, sondern auf die von Person zu Person größer werdenden **Gestalten**, die eine lange Reihe **hinter dem Stuhl von Scheel** bilden. Bei ihnen allen handelt es sich um ehemalige **deutsche Staatsmänner**, die für die wechselvolle Geschichte der **deutsch-russischen** bzw. deutsch-sowjetischen **Beziehungen** stehen. Direkt hinter Scheel befindet sich Konrad Adenauer, der von Adolf Hitler, Paul von Hindenburg und Otto von Bismarck überragt wird.

Deutung einzelner Elemente
- Konrad Adenauer

Adenauer weist zurück auf die Anfangsjahre der Bundesrepublik, die von seiner Kanzlerschaft geprägt wurden („**Ära Adenauer**" 1949–1963). Er steht für die Politik der **Westbindung** der Bundesrepublik und für die **Wiedererlangung der Souveränität** (z. B. Montanunion 1951/52, Pariser Verträge 1954, Wiederbewaffnung 1955, NATO-Beitritt 1955, Römische Verträge 1957/58). Davon spricht auch Willy Brandt in seiner Rede, wenn er die Zeit thematisiert, „als die Bundesrepublik ihr Verhältnis zu den drei Mächten normalisierte" (M 1, Z. 19 f.). Adenauer symbolisiert in der Karikatur außerdem die **Hallstein-Doktrin**, die das Ziel hatte, die DDR zu isolieren, indem sie Sanktionen gegen Drittstaaten androhte, die diplomatische Beziehungen zum ostdeutschen Teilstaat unterhielten. So sollten der **Alleinvertretungsanspruch** der Bundesrepublik und die **Unrechtmäßigkeit der DDR** betont werden.

- Adolf Hitler

Der hinter Adenauer aufragende **Hitler** steht für die Phase der **NS-Diktatur** in Deutschland (1933–1945) und für den ab 1941 geführten deutschen **Vernichtungskrieg** gegen die Sowjetunion. Dass die damals **von Deutschen begangenen Verbrechen** das deutsch-russische Verhältnis noch Jahrzehnte später belasteten, zeigt Willy Brandts Erwähnung der „Schatten und Belastungen der Vergangenheit" (M 1, Z. 29).

Hindenburg erinnert an die Zeit des **Ersten Weltkriegs**, in dem sich Deutschland und Russland als Feinde gegenüberstanden. Hindenburg war zunächst Befehlshaber der beiden deutschen Armeen, die im Osten gegen Russland kämpften und bei **Tannenberg** einen Sieg errangen, später war er Chef der Obersten Heeresleitung. Für Gromyko symbolisiert er sicher auch den **Friedensvertrag von Brest-Litowsk**, der im März 1918 zwischen dem deutschen Kaiserreich und Russland geschlossen wurde. Ähnlich wie der Versailler Vertrag ein Jahr später für Deutschland war der Vertrag von 1918 eine **Demütigung für Russland** und wurde als rücksichtsloser „Diktatfrieden“ empfunden.

– Paul von Hindenburg

Bismarck schließlich steht zwar einerseits für Phasen der **Kooperation mit Russland** – Dreikaiserabkommen (1873), Dreikaiserbund (1881), Rückversicherungsvertrag (1887) –, andererseits aber auch für eine allein an der Sicherheit Deutschlands interessierte „**Schaukelpolitik**“. So stieß er 1878 auf dem **Berliner Kongress** in seiner Funktion als „ehrlicher Makler“ den russischen Zaren vor den Kopf, der sich durch Bismarcks Entscheidungen um die Früchte seines Siegs im Krieg gegen das Osmanische Reich gebracht sah. Im Hinblick auf diese Spannungen schloss Bismarck 1879 den **Zweibund mit Österreich**, den Russland als weitere Provokation verstehen konnte, da Österreich und Russland ähnliche Interessen auf dem Balkan verfolgten. Insgesamt manifestiert sich in der Person Bismarcks die **Erstarkung Deutschlands durch die Reichsgründung**, die Gromyko im Rückblick durchaus bedrohlich erscheinen kann. Darauf deutet nicht nur der skeptisch-misstrauische Blick des sowjetischen Außenministers hin, sondern auch die Tatsache, dass **Bismarck** für Gromyko **in einer Reihe mit anderen deutschen Staatsmännern** steht, die eindeutig konfrontative Phasen in der deutsch-russischen Geschichte symbolisieren.

– Otto von Bismarck

Walter Scheel verhandelt 1970 also vor dem **Hintergrund** einer wechselvollen, teils von freundschaftlichen, teils von feindlichen Beziehungen geprägten **deutsch-russischen Geschichte** mit seinem Amtskollegen. Dies scheint ihm selbst jedoch viel weniger bewusst zu sein als Gromyko, dem die deutsche Vergangenheit deutlicher vor Augen steht als sein gegenwärtiger Verhandlungspartner und dessen Argumente. Ernst Maria Lang will mit seiner Karikatur also darauf aufmerksam machen, dass die **Vergangenheit** bei den aktuellen Verhandlungen immer mitgedacht werden muss und **nicht außer Acht gelassen werden** darf.

Fazit
Gesamtdeutung

3 **TIPP** *Anforderungsbereich: III, Bewertungseinheiten: 40*

Die dritte Teilaufgabe stellt einen Bezug zwischen der Außenpolitik der 1970er-Jahre und der deutschen Wiedervereinigung her. Der Operator „diskutieren" fordert Sie dazu auf, abzuwägen, inwiefern die Neue Ostpolitik zu den Ereignissen der friedlichen Revolution 1989/90 beigetragen hat. Dazu stellen Sie am besten Pro- und Kontra-Argumente einander gegenüber. Dies verleiht Ihrem Aufsatz eine klare Struktur und zeigt, dass Sie beide Seiten der Fragestellung angemessen berücksichtigen. Fragen Sie sich, inwiefern Brandts Außenpolitik die Wiedervereinigung vorbereitet hat, inwiefern diese aber auch unabhängig von der Politik der 1970er-Jahre war. Ziehen Sie am Ende ein abrundendes Fazit.

Hinführung zum Thema

Im Jahr 1990 unterzeichneten die Bundesrepublik und die DDR den **Einigungsvertrag** (31. August 1990) sowie mit den vier ehemaligen Besatzungsmächten den **„Zwei-plus-Vier"-Vertrag** (12. September 1990). Damit waren die beiden deutschen Staaten 20 Jahre nach den Ostverträgen wiedervereinigt, die **Teilung Deutschlands**, aber auch die der Welt überwunden und der **Kalte Krieg beendet**. Rückblickend lässt sich die Frage stellen, inwieweit Willy Brandts **Neue Ostpolitik** zu den weitreichenden Ereignissen der Jahre 1989/90 beigetragen hat.

Pro-Argumente

Annäherung zwischen Bundesrepublik und DDR

Die Auswirkungen der Neuen Ostpolitik auf die Wiedervereinigung sind grundsätzlicher Natur. So sahen sich die beiden deutschen Staaten durch die **versöhnliche Politik Brandts** immer weniger als Gegner. Die durch den Grundlagenvertrag ermöglichten **Kontakte der Bevölkerung** von Bundesrepublik und DDR trugen zu einem zunehmenden **Austausch zwischen Ost und West** bei, was die SED-Propaganda von den „Faschisten im Westen" immer unglaubwürdiger erscheinen ließ und den Boden für die Wiedervereinigung bereitete. Bei gegenseitigen Besuchen wurde der DDR-Bevölkerung außerdem ihr Mangel an wirtschaftlichen Gütern bewusst, die im Westen frei verfügbar waren. Dies sorgte für eine **starke Anziehungskraft des Weststaats**, dessen materieller Wohlstand ein zentraler Aspekt der **Forderungen nach** einer **Wiedervereinigung** war.

Versöhnung mit der Sowjetunion

Daneben gelang es der Regierung Brandt/Scheel, einen **Kontrapunkt zur bisherigen deutsch-sowjetischen Geschichte** zu setzen und einen versöhnlichen Weg einzuschlagen. Dies leistete einen wichtigen Beitrag für die **Zustimmung der Sowjetunion zu** einer **Wiedervereinigung** 1989/90. Sicher hätte Gorbatschow Schwierigkeiten gehabt, sein Einverständnis mit der deutschen Wiedervereinigung und der NATO-Mitgliedschaft Gesamtdeutschlands zu erklären, wenn in der Sowjetunion die Bundesrepublik noch als Gegner wahrgenommen worden wäre. Durch die Neue Ostpolitik, die von

Brandts Nachfolgern fortgeführt wurde, konnte **Vertrauen aufgebaut** werden, was einen zentralen Schritt auf dem Weg zur Wiedervereinigung darstellte.

Kontra-Argumente

weiterhin Unterdrückung im Inneren der DDR

Allerdings kann man die Frage aufwerfen, inwiefern sich die DDR durch die Annäherung an die Bundesrepublik im Inneren wirklich wandelte. Die **Mauer** blieb als **beinahe unüberwindliche Grenze** stehen, die **Stasi** überwachte weiterhin die Bevölkerung in der DDR, **Wahlen** wurden **gefälscht** und **Oppositionelle verfolgt**. Während es auf staatlicher Ebene zu einer Verständigung kam, wurden die **Unterdrückungsmaßnahmen** im Inneren der DDR nicht gelockert, sondern eher noch **verstärkt**.

Stabilisierung der DDR durch Ostpolitik

Des Weiteren ist der **Vorwurf** der CDU/CSU-Opposition der 1970er-Jahre, dass die **DDR durch** die **Neue Ostpolitik** der Bundesrepublik **stabilisiert** werde, nicht ganz von der Hand zu weisen. Schließlich waren damit die Aufnahme der DDR in die UNO, die diplomatische Anerkennung durch die westlichen Staaten (de facto auch durch die Bundesrepublik) und Kredite aus dem Westen verbunden. Dies **verzögerte** den **Zusammenbruch** der DDR und trug zu ihrem Weiterbestehen bei.

andere Faktoren für Wiedervereinigung

Grundsätzlich stellt sich außerdem die Frage, ob es sich bei der Wiedervereinigung nicht eher um das **Zusammenwirken von ganz besonderen Umständen** handelte als um eine Folge vorheriger Politik. In der Sowjetunion war durch die Auswirkungen von Misswirtschaft und Kriegsniederlagen (z. B. in Afghanistan) ein liberaler Reformer wie Michail **Gorbatschow** an die Macht gekommen. Die Opposition in der DDR war aufgrund der nicht eingehaltenen Versprechen, die die SED-Führung auf der **KSZE** (Konferenz für Sicherheit und Zusammenarbeit in Europa) in Helsinki gegeben hatte, bereit, mit den **Montagsdemonstrationen** ihren Protest offen zu formulieren. Und die Bundesrepublik hatte mit Helmut **Kohl** einen Bundeskanzler, der schon vor der Wiedervereinigung an seiner europäischen Gesinnung keinen Zweifel gelassen hatte und der nun den **Einigungsprozess** vorantrieb. Man könnte also den Eindruck gewinnen, als hätte es auch ohne Brandts Ostpolitik zur Wiedervereinigung kommen können.

Fazit

Jedoch wurde durch die Neue Ostpolitik erst ein **Klima des Vertrauens** zwischen der Bundesrepublik und der DDR, vor allem aber auch zwischen der Sowjetunion und dem deutschen Weststaat geschaffen, in dem die **besonderen Umstände** der Jahre 1989/90 ihre **volle Wirkung entfalten** konnten. Sicher führte Brandts Ostpolitik nicht auf direktem Weg zur Wiedervereinigung, doch kann man den von Egon Bahr propagierten „**Wandel durch Annäherung**" durchaus als Wegbereiter der Einheit verstehen.

Hessen Geschichte
Leistungskurs ▪ Übungsaufgabe 3

Ausbruch und Verlauf des Ersten Weltkriegs und Ursachen des Kalten Kriegs

Aufgabenstellung

1 Fassen Sie Wilsons Rede vor dem amerikanischen Kongress zusammen und arbeiten Sie deren Argumentationsstruktur heraus. (40 BE)

2 Setzen Sie Wilsons Ausführungen zum Ausbruch des Ersten Weltkriegs 1914 und zur Nachkriegsordnung durch den Versailler Vertrag in Beziehung. (30 BE)

3 Von dem belgischen Historiker Yvan Vanden Berghe stammt die These: „Der Kalte Krieg begann im Jahre 1917.“[1] Diskutieren Sie diese These vor dem Hintergrund Ihrer Kenntnisse zum Kalten Krieg. (30 BE)

Anmerkung

1 Yvan Vanden Berghe: Der Kalte Krieg 1917–1991. Leipzig: Leipziger Universitätsverlag 2002, S. 393. Übersetzt von Martine Westermann

M Rede des US-Präsidenten Wilson vor dem amerikanischen Kongress in Washington, 2. April 1917 (Auszug)

Die gegenwärtige deutsche Kriegsführung gegen den Handel ist eine Kriegsführung gegen die Menschheit. Es ist ein Krieg wider alle Nationen.

Amerikanische Schiffe sind versenkt und amerikanische Leben vernichtet worden auf eine Weise, welche uns tief im Innersten erregt hat, aber die Schiffe und Leute anderer neutraler und nur freundschaftliche Gefühle hegender Länder sind auf dieselbe Weise auf der See zu Grunde gerichtet und vergewaltigt worden. Es wurde kein Unterschied gemacht. Die Herausforderung ist an die ganze Menschheit gerichtet. Jede Nation muß selber darüber entscheiden, wie sie derselben begegnen wird. [...] Wir müssen von jedem leidenschaftlichen Gefühl absehen. Wir handeln nicht aus Rache oder um die brutale Gewalt unserer siegreichen Nation geltend zu machen, sondern einzig und allein um das Recht, das menschliche Recht, von dem wir nur ein einzelner Vorkämpfer sind, zu verteidigen. [...]

[B]ewaffnete Neutralität erscheint jetzt unausführbar. Denn Unterseebote stehen außerhalb des Rechtes, wenn sie wie die deutschen Unterseebote gegen die Kauffahrteischiffahrt[1] angewendet werden, daher wird es unmöglich, Schiffe gegen ihre Angriffe zu verteidigen, da das Völkerrecht angenommen hat, daß Handelsschiffe sich gegen Freibeuter[2] oder Kreuzer[3] verteidigen würden; Freibeuter und Kreuzer sind aber sichtbar, wenn sie auf offener See Schiffe verfolgen.

Unter solchen Umständen ist es eine selbstverständliche Vorsichtsmaßregel, und sogar eine bittere Notwendigkeit, zu versuchen die Unterseebote zu vernichten, bevor sie ihre eigene Absicht kundgeben können. [...]

Es gibt eine Entscheidung, die wir nicht treffen können und die man uns nicht zumuten kann. Wir werden nicht den Weg der Unterwerfung wählen und nicht dulden, daß die heiligsten Rechte unseres Landes und unseres Volkes verkannt und verletzt werden. [...]

Mit einem tiefernsten Gefühl des feierlichen, sogar tragischen Charakters des Schrittes, den ich unternehme, und der schweren Verantwortung, die in dem Schritte liegt, aber aus unbedingtem Gehorsam dem gegenüber, was ich als meine konstitutionelle Pflicht ansehe, rate ich dem Kongreß zu erklären, daß die neuerlichen Maßregeln der kaiserlich deutschen Regierung letzten Endes nichts anderes bedeuten als den Krieg gegen die Regierung und das Volk der Vereinigten Staaten; daß er formell den Charakter eines kriegführenden Staates, welcher ihm auf diese Weise aufgedrängt wird, annehme [...].

Jetzt wie damals haben wir das Ziel, gegenüber der selbstsüchtigen Macht der Autokratie[4], die Prinzipien des Friedens und des Rechtes in der Welt zu verteidigen und unter jenen Völkern der Erde, die wirklich frei sind und sich selbst regieren, ein solches Einverständnis im Ziel und Handeln zu erreichen, daß von nun an die Durchführung dieser Prinzipien für alle Zeit gesichert ist. [...]

Wir haben keinen Streit mit dem deutschen Volke. Wir haben gegen das deutsche Volk kein anderes Gefühl als das der Sympathie und der Freundschaft. Nicht das deutsche Volk hat seine Regierung in den Krieg getrieben. Es geschah weder unter seinem vorherigen Mitwissen, noch mit seiner Zustimmung. Dieser Krieg ist entfesselt worden wie die Kriege in jenen alten unglücklichen Zeiten entfesselt wurden, als die Völker nirgends von ihren Herrschern zu Rate gezogen wurden, als Kriege hervorgerufen oder geführt wurden lediglich im Interesse der Dynastien oder kleiner Gruppen ehrgeiziger Männer, welche gewohnt waren ihre Mitmenschen als Schachfiguren und Werkzeuge zu benutzen.

[...] Ein entschlossenes Zusammenwirken für die Erhaltung des Friedens kann nur erreicht werden durch eine Vereinigung demokratischer Nationen. Keiner autokratischen Regierung kann man zutrauen, in einer solchen Vereinigung ihrem Worte treu zu bleiben, ihre Verträge zu halten. Es muß einen Bund der Ehre und eine Genossenschaft der öffentlichen Meinung geben. [...]

Fühlt nicht jeder Amerikaner, daß unsere Hoffnung auf zukünftigen Weltfrieden gefestigt worden ist durch die wunderbar herzerhebenden Ereignisse, welche sich in den letzten Wochen in Rußland abgespielt haben? [...] In ihm[5] finden wir einen würdigen Genossen für unseren Ehrenbund.

[...] Jetzt, da wir die Ereignisse in ihrem wahren Lichte kennen, sind wir froh zu kämpfen für den endgültigen Frieden der Welt, für die Befreiung ihrer Völker – einschließlich des deutschen Volkes – für die Rechte aller Nationen, der großen und der kleinen und für das Vorrecht der Menschen, überall ihren Lebensweg und ihre Vorgesetzten zu wählen. Die Welt muß der Demokratie zugeführt werden. Der Weltfriede muß gegründet sein auf den sicheren Grundlagen politischer Freiheit.

Wir kennen keine selbstsüchtigen Absichten. Wir wünschen keine Eroberungen und keine Vormacht. Wir suchen keine Entschädigung für uns selber und keinerlei materiellen Ersatz für die Opfer, die wir freiwillig bieten werden. Wir sind nur einer der Vorkämpfer für die Rechte der Menschheit, und wir werden uns zufrieden geben, wenn diese Rechte durch die Tatsachen und die Freiheiten der Nationen sicher gestellt sein werden. […]

Es wird uns leichter sein, Krieg zu führen mit dem hohen Gefühl des Rechts und der edlen Gesinnung, weil wir ohne Leidenschaft handeln, nicht aus Feindschaft gegen ein Volk oder mit dem Wunsche, ihm irgendwie Schaden oder Nachteil zuzufügen, sondern weil wir mit den Waffen in der Hand uns einer unverantwortlichen Regierung entgegenstellen müssen, einer Regierung, welche alle Erwägungen der Menschlichkeit und des Rechtes beiseite geworfen hat und nun ziellos um sich schlägt. […]

Recht ist wertvoller als Frieden, und wir werden für Dinge kämpfen, welche unseren Herzen immer am nächsten standen – für Demokratie, für das Recht derjenigen, welche sich der Autorität fügen, um eine Stimme in ihrer eigenen Regierung zu haben, für die Rechte und Freiheiten kleiner Länder, für eine Weltherrschaft des Rechtes durch eine Übereinstimmung aller freien Völker, eine Weltherrschaft, welche allen Nationen Frieden und Sicherheit bringen und die Welt selber endlich frei machen wird.

Rede des Präsidenten Wilson, gehalten am 2. April 1917 im Kongreß zu Washington (Auszug), Übs. von 1918, Online-Ausgabe. Leipzig/Frankfurt am Main: Deutsche Nationalbibliothek 2013

Anmerkungen

1 Kauffahrteischiffahrt: veralteter Ausdruck für Handelsschifffahrt
2 Freibeuter: von der Regierung „gebilligte“ Piraten, die in Kriegszeiten Handelsschiffe feindlicher Mächte angreifen sollten
3 Kreuzer: ein mittelgroßer Schiffstyp
4 Autokratie: politische Herrschaft eines Einzelnen oder einer Gruppe ohne verfassungsrechtliche Beschränkungen
5 gemeint ist das russische Volk

TIPP **Inhaltliche Schwerpunkte**

Das Themenfeld „Der Erste Weltkrieg – Zerstörung der alten europäischen Ordnung“ bildet den inhaltlichen Schwerpunkt dieser Aufgabe. Sie bezieht sich besonders auf die vom Leistungskurs geforderte „vertiefende Auseinandersetzung mit Interpretationen und Kontroversen zum Kriegsausbruch“. Der kursübergreifende Bezug entsteht durch die dritte Teilaufgabe zu dem Themenfeld „Der Kalte Krieg – stabile oder labile Weltordnung?“, wobei auch hier wieder besonders der Leistungskursaspekt zum Tragen kommt, diesmal die „vertiefende Auseinandersetzung mit Interpretationen und Kontroversen zu den Ursachen des Kalten Krieges“. Teilaufgabe 2 stellt zudem einen Bezug her zum „Versailler Vertrag“ aus dem Themenfeld „Die Weimarer Republik als erste deutsche Demokratie“.

Lösungsvorschlag

1 **TIPP** *Anforderungsbereich: I/II, Bewertungseinheiten: AFB I: 30/AFB II: 10*

Die erste Teilaufgabe enthält zwei Operatoren: das „Zusammenfassen" der Rede von Wilson und das „Herausarbeiten" ihrer Argumentationsstruktur. Sie sollten die beiden Operatoren nacheinander bearbeiten, da Sie den Inhalt der Rede verstanden haben müssen, um ihre Argumentationsstruktur nachvollziehen zu können. Zu Beginn Ihrer Zusammenfassung stellen Sie die Quelle kurz vor: Nennen Sie den Verfasser, die Art der Quelle, ihren Erscheinungszeitpunkt und ihre Hauptaussage. Danach können Sie auch eine knappe Einordnung in den historischen Kontext vornehmen. Geben Sie dann die Inhalte der Rede nicht einfach abschnittsweise wieder, sondern konzentrieren Sie sich auf ihre wesentlichen Aussagen. Damit vermeiden Sie unnötige Wiederholungen. Verwenden Sie bei der Darstellung von Wilsons Äußerungen grundsätzlich die indirekte Rede und den Konjunktiv I. Um anschließend die Struktur der Argumentation herauszuarbeiten, müssen Sie die Adressaten und die Intention der Rede berücksichtigen. Erschließen Sie aus dem Text, wie Wilson sein Ziel zu erreichen versucht, und verdeutlichen Sie sein argumentatives Vorgehen durch entsprechende Formulierungen.

Einleitung
Quelle, Autor, Erscheinungszeitpunkt, Intention, Anlass

Der vorliegende Quellentext besteht aus Teilen einer Rede des amerikanischen Präsidenten Woodrow Wilson, die er am 2. April 1917 vor dem amerikanischen Kongress in Washington gehalten hat. Mit seinen Äußerungen wollte er die Abgeordneten dazu bewegen, dem **Eintritt der USA in den Ersten Weltkrieg** zuzustimmen. Dieser tobte zum Zeitpunkt der Rede bereits seit über zweieinhalb Jahren und hatte in seinen „Material- und Abnutzungsschlachten" bereits Tausende das Leben gekostet. Zu Beginn des Jahres 1917 hatten die Mittelmächte den **uneingeschränkten U-Boot-Krieg** wiederaufgenommen, dem auch amerikanische Handelsschiffe zum Opfer gefallen waren.

Zusammenfassung
Verurteilung der deutschen Kriegführung

Wilson verurteilt die deutsche Kriegführung vor dem Kongress nicht nur als Krieg gegen Amerika, sondern als **Krieg gegen die gesamte Menschheit** (vgl. Z. 1 f.). Jede Nation müsse nun entscheiden, wie sie auf diesen Angriff reagieren wolle. Neutral zu bleiben, sei unmöglich, denn die deutschen U-Boote agierten rechtswidrig und unsichtbar unter Wasser. Man müsse sie deshalb präventiv vernichten, bevor sie weiteres Unheil anrichten könnten (vgl. Z. 19 ff.).

Unterscheidung zwischen Volk und Regierung

Der gegen Deutschland zu führende Krieg sei allerdings **kein Krieg gegen das deutsche Volk**, das am Krieg seiner Regierung unschuldig sei, sondern ein **Krieg gegen die kaiserliche Staatsführung**. Diese verfolge mit dem U-Boot-Krieg eigenmächtige Interessen des Königshauses und einzelner ehrgeiziger Männer in Deutschland (vgl. Z. 39 ff.). Die deutsche Regierung müsse wie alle autokratischen Regierungen auf der Welt beseitigt werden.

Motive der USA

Amerikas Motive im Kampf gegen Deutschland seien weder Rache für erlittene Schäden oder Feindschaft gegenüber dem deutschen Volk noch eigenes Machtstreben oder materielle Vorteile (vgl. Z. 9 f., Z. 63 ff.). Einzig und allein der Wunsch, die Deutschen von ihren selbstsüchtigen Herrschern zu befreien, um die **Demokratie** und das **Selbstbestimmungsrecht der Völker** weltweit durchzusetzen, ließen Wilson einen Kriegseintritt in Erwägung ziehen (vgl. Z. 34 ff., Z. 57 ff.).

Ziele der USA

Nur so könne endgültig **Frieden in der Welt** erreicht werden (vgl. Z. 57 f.). Alle demokratischen Nationen müssten sich dazu auf der Grundlage des Rechts und der Freiheit in einem „**Bund der Ehre**" (Z. 51) zusammenschließen (vgl. Z. 48 ff.). Dass ein solches Bündnis bald erreicht werden könne, zeige die gegenwärtige Entwicklung in Russland nach der Februarrevolution (vgl. Z. 53 ff.).

Forderung einer Kriegserklärung

Vorerst sei es jedoch wichtiger, das **Recht durchzusetzen** (vgl. Z. 75). Deshalb fordert Wilson, der Kongress möge den vom deutschen Kaisertum begonnenen Krieg förmlich annehmen und mit einer **offiziellen Kriegserklärung** erwidern (vgl. Z. 26 ff.).

Argumentationsstruktur

Verurteilung der deutschen Kriegführung

Wilson versucht, die Zustimmung des Kongresses zum Kriegseintritt im Wesentlichen durch **zwei Argumente** zu erreichen: Zum einen prangert er die Hinterhältigkeit und Tragweite des **uneingeschränkten U-Boot-Kriegs der Deutschen** an, zum anderen propagiert er ehrenvolle und **uneigennützige Kriegsziele der Amerikaner**. Der US-Präsident beginnt seine Argumentation damit, ausführlich darzulegen, welch große Bedrohung die deutsche Kriegführung für die gesamte Menschheit darstelle.

Er betont, dass der deutsche U-Boot-Krieg eine **niederträchtige Art der Kriegführung** sei: Aus dem Hinterhalt und damit zunächst unsichtbar würden die deutschen Unterseeboote friedliche Handelsschiffe attackieren. Daraus schlussfolgert Wilson, dass man sie zwangsläufig präventiv angreifen und vernichten müsse, bevor sie andere gefährden könnten (vgl. Z. 19 ff.).

Neben dem Argument der operativen Notwendigkeit wirft Wilson dem Kaiserreich vor, durch die verdeckte Art der Kriegführung auch das **Völkerrecht** im globalen Seehandel **zu verletzen** (vgl. Z. 13 ff.). Auf diese Weise weitet Wilson den Kreis der von Deutschland Geschädigten und Gefährdeten auf die ganze Weltgemeinschaft aus: Deutschlands U-Boot-Krieg sei nicht nur ein Gewaltakt gegen die USA, sondern ein **Anschlag auf alle Nationen** der Welt (vgl. Z. 3 ff.). Der US-Präsident verurteilt das **Kaiserreich** damit **als globalen Rechtsbrecher** und isoliert es gegenüber der Weltgemeinschaft. Darauf könne laut Wilson nur mit einer **Kriegserklärung** ge-

antwortet werden (vgl. Z. 22 ff.). Nachdem er dies offen ausgesprochen hat, fügt er an, dass diese Entscheidung den USA von der deutschen Regierung aufgedrängt worden sei (vgl. Z. 32 f.).
Wilson attackiert aber nicht Deutschland an sich. Stattdessen unterscheidet er geschickt zwischen dem deutschen Volk, das unschuldig am Krieg sei und dem seine ganze Sympathie gehöre, und der deutschen Regierung, die ohne die Zustimmung des Volks macht- und profitorientierte Kriegspolitik betreibe (vgl. Z. 40 ff.). Mit dieser **Differenzierung zwischen Volk und Regierung** bekräftigt Wilson die Ehrenhaftigkeit der eigenen Kriegsziele. Amerika würde durch einen Sieg nicht nur den unrechtmäßigen U-Boot-Krieg beenden, sondern auch die Demokratie in Deutschland durchsetzen. Amerika wolle also nicht gegen ein befreundetes Volk in den Krieg ziehen, sondern gegen eine von Wilson zum Feindbild stilisierte autokratische Regierung.

Rechtmäßigkeit von Amerikas Kriegszielen

Amerikas **Kriegsziele** sind der zweite Schwerpunkt von Wilsons Argumentation: Er stellt **Amerika als Vorkämpfer von Demokratie und Frieden** dar und verknüpft damit noch ein ganzes Bündel von Werten, die für Amerika essenziell seien und ohne eine Beteiligung am Krieg nicht durchzusetzen wären. So sollten politische Freiheit, das Selbstbestimmungsrecht aller Nationen und ein **Völkerbund** zur Sicherung von Recht und Frieden in der ganzen Welt erreicht werden (vgl. Z. 76 ff.). Mit dieser Perspektive möchte Wilson dem Kongress das über den aktuellen U-Boot-Krieg hinausweisende Ziel eines Engagements der USA im Krieg verdeutlichen. Man kämpfe für nichts Geringeres als eine **friedliche und demokratische Weltordnung** (vgl. Z. 57 ff.).
Um seine Glaubwürdigkeit zu untermauern, kontrastiert Wilson seine angestrebten Kriegsziele explizit mit Motiven, die seiner Entscheidung nicht zugrunde lägen: **Weder Rache und Feindschaft noch das Streben nach Macht** und materiellen Gütern (Eroberungen, Reparationen) seien die Antriebskräfte für den Kriegseintritt der USA (vgl. Z. 63 ff.). Damit will er erneut die Rechtmäßigkeit eines von Amerika geführten Kriegs betonen.

2 **TIPP** *Anforderungsbereich: II, Bewertungseinheiten: 30*

Der Operator „in Beziehung setzen“ erfordert es, Zusammenhänge herzustellen. Bezogen auf die Aufgabenstellung müssen Sie Wilsons Ausführungen mit dem Ausbruch des Ersten Weltkriegs 1914 und mit dem Versailler Vertrag 1919 verknüpfen. Dabei können Sie entweder wie in dem vorliegenden Lösungsvorschlag von Wilsons Rede ausgehen, aus der Sie geeignete Aspekte auswählen und sie sowohl mit der Situation von 1914 als auch mit der Nachkriegsordnung von 1919 verknüpfen. Oder Sie beginnen mit der strukturierten Darstellung der genannten historischen Phänomene und verweisen an passender Stelle auf Wilsons Rede. In jedem Fall müssen Sie die Quelle durch passende Textbelege (Verweise oder Zitate) mit einbeziehen. Am Ende sollten Sie Ihre wesentlichen Ergebnisse prägnant zusammenfassen.

Bezüge zum Ersten Weltkrieg und zum Versailler Vertrag

Motive für Kriegseintritt

Betrachtet man den Ausbruch des Ersten Weltkriegs, wird deutlich, dass Wilson aus **ganz anderen Motiven** in den Krieg eintreten will als 1914 die europäischen Nationalstaaten. Wilson lehnt leidenschaftliche Gefühle wie Rache und Feindschaft als Kriegsmotive ab, wenn er verkündet: „Wir handeln nicht aus Rache oder um die brutale Gewalt unserer siegreichen Nation geltend zu machen" (Z. 9 f.). Die Europäer aber trieb 1914 **Revanche**, ein ausgeprägter **Nationalismus** und ein übersteigertes **Ehrgefühl** in den Krieg. Nach dem Attentat auf den österreichischen Erzherzog Franz Ferdinand und seine Frau Sophie in Sarajevo Ende Juni 1914 förderten v. a. Deutschland und Österreich-Ungarn die Eskalation des Konflikts (**Julikrise**). In Deutschland und Frankreich wurde außerdem die „**Erbfeindschaft**", die angeblich zwischen den beiden Nationen bestehen würde, propagiert, um die Kriegsbegeisterung bei der jeweiligen Bevölkerung anzufachen.

Kriegsbegeisterung in Deutschland

Wilson unternimmt in seiner Rede außerdem eine bemerkenswerte Unterscheidung: Er sieht den **Kriegsgegner** Amerikas nicht im deutschen Volk, sondern in der kaiserlich-deutschen Regierung (vgl. Z. 39 ff.). Diese **Differenzierung Wilsons zwischen Regierung und Volk** passt jedoch nicht recht zu der in Deutschland in bestimmten Kreisen weitverbreiteten **Kriegsbegeisterung 1914**. Auch wenn das sogenannte Augusterlebnis mittlerweile als Mythos und Propaganda entlarvt wurde, herrschte im Volk anfangs doch eine große Entschlossenheit, die Feinde im Kampf zu besiegen. Anders als von Wilson dargestellt, gab es im Deutschen Kaiserreich durchaus eine **parlamentarische Mitbestimmung** durch politische Parteien und durch vom Volk gewählte Abgeordnete. Im **Reichstag** konnte kontrovers und offen diskutiert werden, sodass es zumindest ein Forum für Kritik an der Kriegsentscheidung gegeben hätte. Die Parlamentarier waren jedoch, im Glauben, einen Verteidigungskrieg zu führen, zu Beginn des Kriegs mit großer Mehrheit bereit, über alle Parteigrenzen hinweg das „nationale Interesse" in den Vordergrund zu stellen und die erforderlichen Kriegskredite zu bewilligen („**Burgfrieden**").

Kriegsziele der europäischen Mächte

Wilsons **Kriegsziele** stehen – wie seine Kriegsmotive – in deutlichem Gegensatz zu den entsprechenden Vorstellungen der europäischen Mächte 1914. Wilson betont, „keine selbstsüchtigen Absichten" (Z. 63) zu haben und **weder Eroberungen noch einen Ausbau**

Die Reaktionen des Westens auf die Russische Revolution zeigen, dass der **Systemkonflikt** zwischen der freiheitlichen Demokratie nach amerikanischem Vorbild und dem sowjetischen Sozialismus sich bereits von 1917 an auch **weltpolitisch auswirkte**. Die USA, Frankreich und Großbritannien lehnten es ab, die bolschewistische Regierung Russlands anzuerkennen und kämpften stattdessen im **Russischen Bürgerkrieg** (1917–1922) auf der Seite der „Weißen" gegen die von Trotzki aufgebaute „Rote Armee". Dadurch hofften sie, die Machtübernahme durch die Kommunisten in Russland und eine **Ausbreitung des Bolschewismus zu verhindern**. In Amerika selbst wurden in dieser Zeit Kommunisten und ihre Sympathisanten beargwöhnt, verhaftet und verfolgt, weil man einen kommunistischen Umsturz auch in den USA befürchtete („**Red Scare**"). Es kann also nicht geleugnet werden, dass der Systemgegensatz schon damals zu kriegerischen Auseinandersetzungen führte.

Systemgegensatz

Auch im Hinblick auf die **unterschiedlichen Phasen des Kalten Kriegs** spricht viel dafür, diesen auf die drei Jahrzehnte vor 1947 auszuweiten. In der gemeinhin als Kalter Krieg bezeichneten Zeitspanne von 1947 bis 1990 gab es Höhen und Tiefen in der Beziehung zwischen Ost und West. Während sich der Konflikt zwischen 1948 und 1962 mit der **Berlin-Krise** (1948), dem **Koreakrieg** (1950–1953) und der **Kuba-Krise** (1962) auf seinem **Höhepunkt** befand, gab es danach immer wieder auch **Phasen der Annäherung** und Entspannung. So kooperierten der West- und der Ostblock im Zuge von Willy Brandts **Neuer Ostpolitik** (ab 1969), bei der Aushandlung des **SALT-I-Vertrags** (1972) und bei der **KSZE-Konferenz** (1973–1975), bevor es nach dem **Einmarsch russischer Truppen in Afghanistan** (1979) wieder zu einer verstärkten **Aufrüstung** in den USA kam. Betrachtet man diesen Verlauf, könnte man die Zeitspanne von 1917 bis 1947 durchaus auch als Phase von unterschiedlicher Intensität des Ost-West-Gegensatzes zum Kalten Krieg zählen.

unterschiedliche Phasen des Kalten Kriegs

Für den Beginn des Kalten Kriegs 1917 spricht auch die **Kontinuität der ideologischen Inhalte**, die den Ost-West-Konflikt entstehen ließen. Nach dem Zweiten Weltkrieg standen sich die freiheitlich-demokratische und die kommunistische Weltanschauung genauso gegenüber wie 1917. 1947 wird ihr Gegensatz nur pointierter formuliert, z. B. durch den US-Präsidenten Truman in der **Truman-Doktrin** 1947 und durch den sowjetischen Politiker Schdanow in der **Zwei-Lager-Theorie** im gleichen Jahr.

Kontinuität der Ideologien

Kontra-Argumente

1917 noch keine Spaltung

Zwar betraten die USA und Russland 1917 erstmals die Weltbühne. Aber ihr **ideologischer Gegensatz**, der nach dem Zweiten Weltkrieg die Welt in Ost und West spaltete, wirkte 1917 durchaus **noch nicht als weltpolitisches Problem**. Im April 1917 sah es für den amerikanischen Präsidenten Wilson sogar noch so aus, als werde gerade

Russland zu einem ideologischen Verbündeten der USA: Ganz begeistert äußerte er sich über die Februarrevolution in Russland, die den Zaren gestürzt hatte und nun eine Volksherrschaft versprach.

Rückzug aus der Weltpolitik

Bis zum Ende der 1930er-Jahre zogen die USA und die UdSSR sich dann beide aus der Europa- und Weltpolitik weitgehend zurück. Für die USA stand dieser **Rückzug** nach dem Misserfolg des Versailler Vertrags ausdrücklich in der Tradition des **Isolationismus**. Die UdSSR verschob die geplante Weltrevolution, um zunächst einmal den „**Sozialismus in einem Land**" (Stalin) aufzubauen. Die UdSSR war damals noch zu schwach, um als Führungsmacht in der Welt aufzutreten. Somit muss Vanden Berghe widersprochen werden, wenn er behauptet, die Anfänge des Kalten Kriegs seien im Jahr 1917 zu finden.

Allianz gegen Hitler

Statt in einer kontinuierlichen Gegnerschaft fanden sich die USA und die UdSSR ab 1942 sogar in einem Bündnis wieder. Infolge der expansionistischen Bestrebungen Japans und Deutschlands bildete sich die **Anti-Hitler-Koalition**, ein Militärbündnis aus Großbritannien, der Sowjetunion und den USA, zur Bekämpfung des Nationalsozialismus. Ihre Mitglieder vereinbarten 1943 auf der **Konferenz von Teheran gemeinsame Kriegsziele**, was zeigt, dass weltanschauliche Differenzen einer Zusammenarbeit scheinbar nicht im Weg standen. Sogar noch 1945, auf der **Potsdamer Konferenz**, gelang den beiden Großmächten zusammen mit Großbritannien eine Einigung über die zukünftige Gestaltung Deutschlands.

Blockbildung erst nach 1945

Erst kurze Zeit später, 1946/1947, wurden alle bisherigen Gemeinsamkeiten von den **ideologischen und machtpolitischen Gegensätzen** der beiden Großmächte überlagert, sodass eine gemeinsame Besatzungspolitik zum Scheitern verurteilt war. Erst jetzt entstand tatsächlich eine **bipolare Weltordnung** als konstituierendes und die gesamte Weltpolitik beherrschendes Prinzip, die den Kalten Krieg kennzeichnet. Eine so gewaltige Blockbildung und Zweiteilung der Welt lag zwischen 1917 und 1945 noch nicht vor.

Fazit

Der **ideologische Hintergrund des Kalten Kriegs** zeigte sich in seinen Grundzügen schon 1917. Doch den USA und der UdSSR fehlte in der Folgezeit die Macht, ihrer jeweiligen Ideologie tatsächlich Weltgeltung zu verschaffen. Erst ihr **Erfolg im Zweiten Weltkrieg** machte sie zu den dominierenden Großmächten und ließ ihre **weltanschaulichen Gegensätze wirksam** werden. Somit sind die Verbindungslinien zum Jahr 1917 zu schwach, als dass man mit Recht sagen könnte, der Ost-West-Konflikt habe bereits 1917 begonnen. Allenfalls zutreffend ist, dass der Kalte Krieg zwar 1947 offiziell angefangen hat, seine **Wurzeln** aber **bis 1917** zurückreichen.

Die Appeasement-Politik der Westmächte in den 1930er-Jahren und die internationale Entspannungspolitik der 1970er-Jahre

Aufgabenstellung

1 Geben Sie Guttenbergs Bundestagsrede zusammenfassend wieder. (25 BE)

2 Ordnen Sie die Bundestagsdebatte in den Kontext der internationalen Entspannungspolitik der 1970er-Jahre ein. (20 BE)

3 In Zeile 34 ff. verweist Guttenberg auf die nationalsozialistische Außenpolitik sowie auf die damalige Reaktion der europäischen Demokratien. Erläutern Sie in diesem Zusammenhang Hintergründe und Ergebnisse der britischen Außenpolitik der 1930er-Jahre. (30 BE)

4 Erörtern Sie die Angemessenheit von Guttenbergs Vergleich. (25 BE)

M Karl Theodor Freiherr von und zu Guttenberg (CSU): Rede im Deutschen Bundestag, 27. Mai 1970

„Frau Präsidentin! Meine Damen und Herren! […]

Ich will die Sache, die hier auf dem Spiele steht, um deretwillen wir schwerste, sage ich, Sorge haben, gleich bei ihrem Namen nennen. Diese Sache ist nicht mehr und nicht weniger als das Recht der Deutschen – aller Deutschen –, frei zu sein und selbst über sich zu bestimmen.

(Beifall bei der CDU/CSU.)

Dies war, dies ist und dies wird bleiben der feste, unveränderliche Kern und Auftrag aller konkreten deutschen Politik, wo und solange sie von Demokraten geführt wird und solange diese Demokraten sich selbst erkennen.

(Beifall bei der CDU/CSU.)

Ich sage: aller k o n k r e t e n deutschen Politik, denn meine Freunde und ich sind nicht willens, dieses unveräußerliche Freiheitsrecht zu einer – und diejenigen, die es angeht, mögen dies in ihren Ohren klingen lassen – salvatorischen Klausel[1], zu einer abstrakten Maxime werden zu lassen,

(Beifall bei der CDU/CSU.)

die allen Bezug auf das aktuelle, auf das tägliche politische Handeln verloren hat, ja gegen welche zu handeln heute sogar erlaubt sei, da doch – und ich zitiere wieder einen amtierenden Minister der SPD – dies – nämlich die Selbstbestimmung der Deutschen – „bestenfalls eine Sache des Jahres 2030 sei".

(Abg. Dr. Stoltenberg [CDU]: So sind die Herren! – Abg. Rasner [CDU]: So sind sie!)

Ich sage noch einmal, meine Damen und Herren: aller k o n k r e t e n deutschen Politik, weil ein Handeln gegen das **Freiheitsrecht aller Deutschen** zugleich ein Handeln gegen den Frieden in Europa ist.

(Beifall bei der CDU/CSU.)

Denn, um es einfach und wiederum konkret zu sagen, wer Unterdrückung legitimierte, der ermunterte die Unterdrücker

(Abg. Lücke (Bensberg) [CDU]: Sehr richtig!)

und damit die Friedensstörer.

(Sehr gut! bei der CDU/CSU.)

Wer hingegen für seine und seiner Nachbarn Freiheitsrechte einsteht, der stärkt jene Kräfte, die in Wahrheit den Frieden tragen.

(Beifall bei der CDU/CSU.)

Ist nicht eben dies die wahre Lehre aus jener schrecklichen Zeit, als Adolf Hitler durch brutale Gewalt,

(Abg. Dr. Barzel [CDU]: Sehr wahr!)

wenn auch zunächst ohne Blut, Grenzen in Europa zu seinen Gunsten verrückte, um dann die europäischen Demokratien einzuladen, feierlich und durch Vertrag diese Unrechtsgrenzen zu achten?

(Zustimmung bei der CDU/CSU.)

Wo, meine Damen und Herren, ist der qualitative Unterschied, wo, frage ich, ist dieser Unterschied,

(Sehr wahr! bei der CDU/CSU)

wenn heute Moskau von uns fordert, jene **Unrechtsgrenzen**, die Moskau auf deutschem und auf anderem Boden für sein und innerhalb seines Imperiums erzwungen hat, zu respektieren und als unabänderlich zu erklären?

(Beifall bei der CDU/CSU.)

Ich sage hier für meine Freunde und für mich mit allem Nachdruck, mit allem Ernst und leider auch mit der heute nötigen Sorge: Wir, die CDU/CSU, sind nicht bereit, sogenannte Realitäten zu achten, zu respektieren oder gar anzuerkennen, die den Namen „Unrecht" tragen.

(Lebhafter Beifall bei der CDU/CSU.)

Wer immer dieser Debatte hier oder im Lande oder draußen in der Welt zuhört, muß wissen, daß dies das letzte, das entscheidende und das nicht aufhebbare Motiv für die Deutschlandpolitik der Christlich-Demokratischen und der Christlich-Sozialen Union ist.

(Beifall bei der CDU/CSU.)

Ich setze die Frage hinzu: Ist hier einer, der ernsthaft vorbringen wollte, daß Unrecht dadurch Recht würde, daß es Jahre, ja Jahrzehnte dauert? Ich bitte jeden in diesem Haus, sich zu prüfen. Meine Damen und Herren von der SPD, dies gilt besonders für Sie, weil Sie als Partei die Ehre für sich in Anspruch nehmen dürfen, unter Hitler Tausende von Märtyrern gestellt zu haben. Meine Frage heißt: Ist einer hier bereit, wäre einer hier bereit, seinen Frieden mit Adolf Hitler zu machen, wenn es diesem Mann gelungen wäre, 37 Jahre durchzuhalten? Ich sage nein, ich sage dreimal nein.

(Beifall bei der CDU/CSU. — Zurufe von der SPD.)

Aus dem gleichen Grunde kann es keine Anerkennung für neues Unrecht auf deutschem Boden, für Herrn Ulbricht[2] geben.

(Lebhafter Beifall bei der CDU/CSU.)

[...] Ich bin nicht der Meinung, daß wir uns hier gegenseitig die guten und honorigen Motive absprechen dürfen oder können. Aber ich bin der Auffassung, daß wir ehrlich und frei unsere Meinung sagen sollen, wohin die Politik des anderen führt, die wir für falsch halten. Ich will mir daher heute den Mut und die Freiheit nehmen, an unser aller – aller in diesem Hause – Gewissen zu appellieren, und ich will gleichzeitig ins Bewußtsein rufen, daß auch der, der besten Willens dem Frieden zu dienen meinen mag, gefährlich irren kann.

(Zustimmung bei der CDU/CSU.)

Er irrte dort am gefährlichsten, wo er sich verleiten ließe,

(Zurufe von der SPD)

einer militanten totalitären Ideologie mit jenem wertfreien bloßen Pragmatismus begegnen zu können, der für das tägliche Geschäft unter Demokraten selbstverständlich durchaus angemessen ist.

Karl Theodor Freiherr von und zu Guttenberg (CSU): Rede im Deutschen Bundestag, 6. Wahlperiode – 53. Sitzung. Bonn, Mittwoch, den 27. Mai 1970,
online unter: http://dipbt.bundestag.de/doc/btp/06/06053.pdf

Anmerkungen

1 Guttenberg meint hier ein Versprechen, das eigentlich nicht ernst gemeint ist.
2 Walter Ulbricht (1893–1973) war von 1949 bis zu seiner Entmachtung 1971 der bedeutendste Politiker der Deutschen Demokratischen Republik.

TIPP **Inhaltliche Schwerpunkte**

Das Thema „Deutschland von der Teilung zur Einheit“ bildet den inhaltlichen Schwerpunkt dieser Aufgabe. Dabei geht es vor allem um die „Entwicklung der innerdeutschen Beziehungen (Hallsteindoktrin, Neue Ostpolitik)“ sowie um die im Leistungskurs geforderte „vertiefende Auseinandersetzung mit Interpretationen und Kontroversen zu den Auswirkungen der Entspannungspolitik“. Der Übergriff auf das Themenfeld „Die nationalsozialistische Diktatur – Zerstörung von Demokratie und Menschenrechten in Deutschland und Europa“ erfolgt mit dem Aspekt „NS-Außenpolitik im Kontext der internationalen Beziehungen“. Dabei steht besonders die „Appeasementpolitik des Westens“ im Fokus.

Lösungsvorschlag

1 **TIPP** *Anforderungsbereich: I/II, Bewertungseinheiten: AFB I: 20/AFB II: 5*

In der Teilaufgabe 1 geht es darum, die Rede Guttenbergs in eigenen Worten wiederzugeben. Dazu sollten Sie die Quelle zunächst kurz vorstellen, indem Sie den Verfasser, den Veröffentlichungszeitpunkt, das Thema sowie den historischen Kontext nennen. An dieser Stelle sollten Sie auch auf die Adressaten der Rede eingehen und anschließend den Inhalt der Rede strukturiert und nachvollziehbar darstellen. Wahren Sie dabei die Distanz zum Text, indem Sie die indirekte Rede und den Konjunktiv I verwenden.

Einleitung
Veröffentlichungszeitpunkt, historischer Kontext, Autor, Quelle, Thema

Am 27. Mai 1970 debattierte der Bundestag über die neue Ost- und Deutschlandpolitik der seit Herbst 1969 amtierenden sozialliberalen Bundesregierung unter Kanzler Willy Brandt (SPD). Im Verlauf der Debatte hielt der CSU-Abgeordnete Karl Theodor Freiherr von und zu Guttenberg eine **Grundsatzrede**, die hier in Auszügen abgedruckt ist. Er übt darin scharfe **Kritik an Brandts Politik** und plädiert dafür, auf eine Anerkennung der DDR zu verzichten, um die Sowjetunion nicht in ihrem Vorgehen zu bestätigen. Die zahlreichen Zwischenrufe im Protokoll belegen, dass die Diskussion sehr kontrovers und emotional geführt wurde.

zusammenfassende Wiedergabe
Wiedervereinigung als Ziel der Politik

Guttenberg betont in seiner Rede das **Recht aller Deutschen auf** ein Leben in **Freiheit und Selbstbestimmung** (vgl. Z. 4 f.). Dieses sieht er durch die Politik Brandts in Gefahr, da der Kanzler zwar auch von den Freiheitsrechten aller Deutschen spreche, deren konkrete Umsetzung aber in eine ferne Zukunft verschiebe (vgl. Z. 11 ff.). Für Guttenberg dagegen müssen diese Rechte den „Kern […] aller konkreten deutschen Politik“ (Z. 7 f.) bilden, da nur das Eintreten dafür den Frieden in Europa sichern könne (vgl. Z. 23 f.). Der Regierung Brandt wirft er vor, mit der **Anerkennung der bestehenden deutschen Zweistaatlichkeit** die Sowjetunion zu ermuntern, ihre undemokratische **Politik der Unterdrückung** fortzusetzen (vgl. Z. 26 f.).

historischer Vergleich

Um diesen Vorwurf zu untermauern, greift Guttenberg zu einem drastischen **Vergleich:** Er sieht in der Akzeptanz der „Unrechtsgrenzen“ (Z. 38 f.) eine **Analogie zur** britischen **Appeasement-Politik** vor dem Zweiten Weltkrieg, die es versäumt habe, für die Freiheitsrechte von Deutschlands Nachbarstaaten einzutreten und den noch unblutigen Grenzverschiebungen Hitlers Einhalt zu gebieten (vgl. Z. 34 ff.). Mit seinem Vergleich fordert Guttenberg die Abgeordneten der SPD auf, nicht den gleichen Fehler zu machen, sondern sich gemeinsam mit der CDU/CSU der **Akzeptanz** von „sogenannte[n] Realitäten“ (Z. 50) **zu verweigern**.

in offenem **Widerspruch zu den vertraglichen Regelungen** (Wiedereinführung der Wehrpflicht 1935, Einmarsch in das entmilitarisierte Rheinland 1936, „Anschluss Österreichs" 1938).

Reaktionen der Westmächte (Appeasement-Politik)

Abgesehen von verbaler Kritik und einer Verurteilung des Einmarschs ins entmilitarisierte Rheinland vor dem Völkerbund kam es zu **keiner nennenswerten Gegenwehr** vonseiten der Westmächte. Somit bedeuteten die Vertragsbrüche einen enormen **Prestigegewinn** für Hitler und verschafften ihm zum Teil sogar **internationale Anerkennung**. Zum Beispiel reagierte Großbritannien auf die Einführung der allgemeinen Wehrpflicht mit einem Angebot zu einem **Flottenabkommen**, das 1935 abgeschlossen wurde. Mithilfe von Verhandlungen, Kompromissen und Zugeständnissen versuchte man, Hitler zu beschwichtigen (**Appeasement-Politik**) und die deutschen Alleingänge zu kontrollieren.

– Voraussetzungen für britische Außenpolitik

Die britische Außenpolitik ging dabei von der Annahme aus, dass Hitlers Handeln zwar hinsichtlich des Mitteleinsatzes (unilaterales Vorgehen, klare Verstöße gegen den Versailler Vertrag, Militär als Mittel der Politik) eine neue Qualität darstellte, in seinen Zielen aber wie die demokratischen Weimarer Regierungen nur eine **Revision des Versailler Vertrags** anstrebte. Dies **wurde toleriert**, weil auch die ehemaligen Siegermächte die Bestimmungen des Vertrags teilweise als zu hart und als revisionsbedürftig empfanden.

– Höhepunkt der Appeasement-Politik

Höhepunkt der Appeasement-Politik war das „**Münchner Abkommen**" von 1938, in dem Großbritannien und Frankreich unter Vermittlung Italiens Deutschland die Sudetengebiete der Tschechoslowakei zugestanden, ohne dass die betroffene Tschechoslowakei dabei ein Mitspracherecht gehabt hätte. Darauf bezieht sich auch Guttenberg, wenn er von „Grenzen in Europa" (Z. 37) spricht, die Hitler nach seinem Willen verändert hätte, was die „europäischen Demokratien [...] feierlich und durch Vertrag" (Z. 38) akzeptiert hätten.

– Ursachen der britischen Appeasement-Politik

Die **Ursachen** für die zurückhaltende britische Politik waren vielfältig. Grundsätzlich schätzte man **Hitler** in Großbritannien **als rationalen Staatsmann** ein, mit dem man verhandeln könne. Die einzige **Alternative** zu dieser Auffassung wäre gewesen, die **militärische Konfrontation** mit Deutschland zu suchen. Dazu war Großbritannien jedoch weder technisch-militärisch noch psychologisch bereit. Großbritannien wollte nach dem Ersten Weltkrieg **nicht erneut** in einen **europäischen Krieg** verwickelt werden, weshalb es nicht infrage kam, einer (durchaus als berechtigt empfundenen) Revisionspolitik militärisch zu begegnen. Zudem war das britische Empire mittlerweile in den British Commonwealth of Nations umgewandelt worden, der den **Dominions** eine **eigenständigere Außenpolitik** zu-

gestand. Die britische Regierung konnte sich daher nicht darauf verlassen, dass alle Dominions aufgrund einzelner Vertragsbrüche zu den Waffen gegriffen hätten.
Des Weiteren hatte das **britische Weltreich** nach dem Ersten Weltkrieg seine größte Ausdehnung erreicht, was bedeutete, dass die britische Außenpolitik in allen **Konfliktregionen** (Ferner Osten, Mittelmeer, Afrika) gebunden war. Großbritannien war es demzufolge wichtig, für drohende Konflikte in den Kolonien freie Hand zu behalten und sich nicht durch einen militärischen Einsatz in Europa angreifbar zu machen. Überdies ließ sich Großbritannien lange Zeit über Hitlers wahre Ziele täuschen und schenkte der **Friedensrhetorik des Diktators** Glauben. Auf der Insel herrschte der Wunsch vor, mithilfe Deutschlands ein **Bollwerk gegen das stalinistische Russland** bilden zu können, weshalb ein militärisches Vorgehen gegen Deutschland möglichst vermieden werden sollte.
Weil die **Weltwirtschaftskrise** 1929 die Handelsmacht Großbritannien ebenfalls heftig getroffen hatte, versuchte die britische Regierung, die Staatsausgaben zu senken und die **Rüstungskosten gering zu halten**. Man wollte außerdem durch die Appeasement-Politik **Zeit zur Aufrüstung gewinnen** und sich damit eine bessere Ausgangsposition verschaffen, wenn es entgegen der britischen Hoffnung doch zu einer militärischen Auseinandersetzung mit Deutschland kommen sollte.

Fazit: Scheitern der Appeasement-Politik

Auch wenn es für Großbritanniens **Appeasement-Politik** zahlreiche Gründe gab, muss diese letztendlich als **gescheitert** betrachtet werden. Sie ermutigte Hitler zu immer **weitreichenderen Vertragsbrüchen** und wurde angesichts des deutschen Einmarschs in die „Rest-Tschechei" im März 1939, spätestens aber nach dem deutschen Überfall auf Polen im September 1939 endgültig aufgegeben. Trotzdem hatten die Zugeständnisse der Royal Air Force die Möglichkeit zu einer besseren Vorbereitung verschafft, sodass diese in der Luftschlacht um England im Sommer 1940 siegreich blieb.

4 **TIPP** *Anforderungsbereich: II/III, Bewertungseinheiten: AFB II: 5/AFB III: 20*

Guttenberg kritisiert die Außenpolitik der sozialliberalen Koalition, indem er sie mit der Appeasement-Politik der Westmächte vor dem Zweiten Weltkrieg vergleicht. Die vierte Teilaufgabe fordert Sie dazu auf, diesen Rückgriff auf die Geschichte zu erörtern. Fragen Sie sich also, inwiefern Guttenbergs Argumentation tragfähig ist und inwiefern die Situationen vergleichbar sind. Finden Sie sowohl Aspekte, die Guttenbergs Analogie zustimmen, als auch Argumente, die sie relativieren. Dabei ist es legitim, eine Seite stärker zu gewichten und zu einem eindeutigen Ergebnis zu kommen. Dieses sollten Sie in einem abschließenden Fazit zusammenfassen.

Der CSU-Abgeordnete Guttenberg untermauert in seiner Rede seine Kritik an der **Ostpolitik Brandts**, indem er diese mit der **Appeasement-Politik** Großbritanniens vor 1939 vergleicht. Damit setzt er auch die **sowjetische Außenpolitik** der 1970er-Jahre mit **Hitlers Vorgehen** vor dem Zweiten Weltkrieg in eins. Da zwischen den Ereignissen über 30 Jahre vergangen sind und ganz unterschiedliche politische Konstellationen vorliegen, lohnt es sich, Guttenbergs **Analogie** einer kritischen Prüfung zu unterziehen.

Einleitung
Bezug zu Guttenbergs Analogie

Es ist nicht zu leugnen, dass die Appeasement-Politik einige **Parallelen** zur Entspannungspolitik aufweist. Zusammen mit Frankreich und Italien war Großbritannien im „**Münchner Abkommen**" von 1938 bereit, das Sudetenland zu opfern, um das Wohlverhalten Hitlers zu erreichen und den Frieden in Europa zu retten. Ähnlich war Brandt in den 1970er-Jahren gewillt, die deutschen **Ostgebiete** und den **Alleinvertretungsanspruch** der Bundesrepublik **aufzugeben**, um das Verhältnis zur Sowjetunion zu verbessern. Dies war für die Normalisierung der Beziehungen zur DDR und auch für eine weitere Entspannung der Situation in Europa unabdingbar.

Parallelen
Bereitschaft zu Zugeständnissen

Brandt musste dabei – wie Neville Chamberlain auch – einige **Zugeständnisse** machen: Die **Vertreibung der Deutschen** aus den ehemaligen deutschen Ostgebieten musste endgültig hingenommen werden und **mit den Unrechtsstaaten** DDR und Sowjetunion wurden **Verträge geschlossen**, die beiden Diktaturen nach außen den Anschein von demokratischen Rechtsstaaten verliehen. Brandt musste mit der Hallstein-Doktrin brechen und de facto die **DDR anerkennen**, was nach Meinung der Kritiker den ostdeutschen Teilstaat eher stabilisierte. Genauso hatte die **Appeasement-Politik Hitlers Macht** in Deutschland **gefestigt** und z. B. dazu geführt, den Widerstand führender Militärs zu brechen, die auf eine harte Haltung Großbritanniens und Frankreichs gehofft hatten.

Stabilisierung eines Unrechtsregimes

Trotz der genannten Gemeinsamkeiten ist der **Vergleich**, den Guttenberg zieht, sachlich **nicht** vollkommen **gerechtfertigt**. Zunächst muss festgehalten werden, dass die **Bundesrepublik** gegenüber der Sowjetunion der klar schwächere Vertragspartner und daher in ihren **Möglichkeiten stark limitiert** war. **Großbritannien** verhandelte mit Deutschland in den 1930er-Jahren hingegen mit dem Status einer – wenn auch überalterten – Weltmacht, die über einen **größeren Handlungsspielraum** verfügte. Die zumindest theoretische Alternative, militärisch gegen Hitlers Vertragsbrüche vorzugehen, stand für die Bundesrepublik gegenüber der atomaren Supermacht Sowjetunion nicht zur Debatte.

Unterschiede
Verhandlungspositionen

Die von Guttenberg vorgenommene **Gleichsetzung nivelliert zudem die historischen Voraussetzungen** der jeweiligen Situation. Der Appeasement-Politik war die als relativ hart empfundene **Hal-**

historische Voraussetzungen

tung der Siegermächte im Versailler Vertrag von 1919 vorangegangen. Diese hatte nicht nur in Deutschland den Ruf nach einer Revision geweckt, sondern auch in Großbritannien zu der Bereitschaft geführt, eine solche zu tolerieren. Die Appeasement-Politik wurde von Großbritannien auch als Möglichkeit verstanden, den harten Kurs gegenüber Deutschland nachträglich zu korrigieren. Die **neue Ostpolitik** hingegen wurde nicht von einem Gewinner eingeleitet, sondern von dem Verlierer des Zweiten Weltkriegs. Das Unrecht, das den Menschen in der Sowjetunion und in Osteuropa im Namen der Deutschen angetan worden war, war den Menschen in den 1970er-Jahren noch immer präsent. Deshalb kann die neue Ostpolitik nicht, wie die Appeasement-Politik, als eine Art von Wiedergutmachung gegenüber dem Verlierer, sondern als **Sühne für die Verbrechen** am Gewinner betrachtet werden. Brandt ließ keinen Zweifel daran, dass durch die neue Ostpolitik nichts aufgegeben werde, was nicht durch die Resultate des von Deutschland begonnenen, verschuldeten und verlorenen Weltkriegs bereits verloren war.

außenpolitische Grundlagen der Sowjetunion und NS-Deutschlands

Schließlich entspringt die Gleichsetzung der Außenpolitik der Sowjetunion mit der des „Dritten Reichs" der **traditionalistischen Interpretation des Kalten Kriegs**, die die **Schuld** für den Konflikt ausschließlich **bei der UdSSR** sucht (Forderung der Sowjetunion nach Reparationen, Lubliner Komitee als Marionettenregierung, Manipulation der Wahlen im sowjetischen Machtbereich nach 1945). Obwohl all diese Vorwürfe nicht von der Hand zu weisen sind, muss das **Verhalten der Sowjetunion** auch als **Ausdruck eines** ausgeprägten **Sicherheitsbedürfnisses** gesehen werden, das von den USA kaum anerkannt worden ist. Sicher war die UdSSR ebenso wenig wie Deutschland in den 1930er-Jahren ein Rechtsstaat. Die Gleichsetzung der beiden Staaten und ihrer jeweiligen Außenpolitik ist aber zu undifferenziert und blendet den historischen Kontext völlig aus.

Fazit

Sowohl der **Vergleich** von Brandts Ostpolitik mit Großbritanniens Appeasement-Politik als auch die Gleichsetzung der sowjetischen Außenpolitik mit der Revisionspolitik Hitlers ist also **kritisch zu betrachten**. Beides ist der Intention Guttenbergs zuzuschreiben, das Parlament von seiner Kritik am Umgang mit der Sowjetunion und der DDR zu überzeugen, und ist unter historischen Gesichtspunkten in dieser Eindeutigkeit nicht haltbar.

Europäische Positionen zur deutschen Wiedervereinigung

Aufgabenstellung

1 Arbeiten Sie aus M 1 heraus, welche Haltung zur deutschen Einheit François Mitterrand und Margaret Thatcher laut den Erinnerungen der britischen Premierministerin eingenommen haben. Skizzieren Sie dann die internationalen Positionen im Januar 1990 zu einer deutschen Wiedervereinigung. (40 BE)

2 Analysieren Sie die Karikatur von Walter Hanel (M 2) und beurteilen Sie die Position des Karikaturisten. (30 BE)

3 Margaret Thatcher schreibt an einer anderen Stelle ihrer Erinnerungen: „Daher ist Deutschland vom Wesen her eher eine destabilisierende als eine stabilisierende Kraft im europäischen Gefüge."
Diskutieren Sie diese Position vor dem Hintergrund der deutsch-britischen Beziehungen im 20. Jahrhundert. (30 BE)

M 1 Margaret Thatcher: Die Erinnerungen

Margaret Thatcher (1925–2013) war von 1979 bis 1990 britische Premierministerin. Drei Jahre nach dem Ende ihrer Amtszeit veröffentlichte sie ihre Memoiren, in denen sie unter anderem von Gesprächen und Ereignissen im Vorfeld der deutschen Wiedervereinigung berichtet. Der folgende Auszug fasst einen Austausch mit François Mitterrand zusammen.

Das Thema Deutschland nahm am Samstag, dem 20. Januar[1], den größten Teil meiner Gespräche mit Präsident Mitterrand im Elysee-Palast[2] in Anspruch. In Anknüpfung an die Bemerkungen des französischen Präsidenten am Rande der Straßburger Gespräche[3] sagte ich, es sei von größter Bedeutung, dass Großbritannien und Frankreich gemeinsam eine Linie für unser Umgehen mit den Vorgängen in Deutschland entwickelten. Die DDR stünde offenbar kurz vor dem Kollaps, und es sei in keiner Weise ausgeschlossen, dass wir im Laufe dieses Jahres mit einer grundsätzlichen Entscheidung für eine Wiedervereinigung konfrontiert würden. Mitterrand war offensichtlich verärgert über die Einstellung und das Verhalten der Deutschen. Er konnte den Deutschen zwar das Recht auf politische Selbstbestimmung zugestehen, doch hatten sie seiner Meinung nach nicht das Recht, die politischen Realitäten in Europa umzustoßen. Auch konnte er nicht akzeptieren, dass die deutsche Wiedervereinigung Vorrang vor allen anderen Themen haben solle. Er klagte, die Deutschen fassten jede Mahnung zu behutsamem Vorgehen als Kritik auf. Wer nicht aus vollem Herzen für die Wiedervereinigung Deutschlands stimme, werde als Deutschenfeind bezeichnet. Das Problem sei jedoch, dass es in Wahrheit keine Macht in Europa gebe, welche die Wiedervereinigung verhindern könne. Mitterrand stimmte meiner Analyse der Probleme zu, doch sagte er, nun sei er ratlos, was zu tun sei. Ich war weniger pessimistisch und erklärte, wir sollten zumindest alle Register ziehen, um den Prozess der Wiedervereinigung zu verlangsamen. Die Schwierigkeit dabei sei, dass manche anderen Regierungen nicht bereit waren, dazu öffentlich Stellung zu beziehen – wie übrigens auch die französische, hätte ich hinzufügen können, doch das unterließ ich. Weiter führte Präsident Mitterrand aus, er teile meine Besorgnis über die so genannte „Mission“ der Deutschen in Mitteleuropa. Tschechen, Polen und Ungarn wollten nicht ausschließlich unter dem politischen Einfluss der Bundesrepublik stehen, doch würden sie deutsche Unterstützung und Investitionen brauchen.

Margaret Thatcher: Downing Street Nr. 10. Die Erinnerungen. Übersetzt von: Heinz Tophinke, Düsseldorf: Econ 1993, S. 1104 ff.

Anmerkungen

1 Margaret Thatcher bezieht sich hier auf den 20. Januar 1990.
2 Elysee-Palast: Sitz des französischen Staatspräsidenten
3 Gemeint ist die Tagung des Europäischen Rats in Straßburg, wo sich die Staats- und Regierungschefs der EG am 8. und 9. Dezember 1989 trafen. Thatcher und Mitterrand diskutierten hier u. a. die Festlegung der deutschen Grenzen.

M 2 Der Weg zur Einheit (15. Februar 1990)

Walter Hanel: Der Weg zur Einheit (15. Februar 1990), in: Frankfurter Allgemeine Zeitung, 15. Februar 1990

TIPP **Inhaltliche Schwerpunkte**

Die Aufgabe bezieht sich schwerpunktmäßig auf das Thema „Konflikt und Kooperation in der Welt nach 1945", v. a. auf „Die deutsche Ebene: Teilung und Einheit". Aus diesem Inhaltsfeld behandelt sie besonders „die Vereinigung der beiden deutschen Staaten (Ursachen, Verlauf und Folgen)". Durch die Frage nach den Positionen der internationalen Mächte nimmt die Aufgabe auch Bezug auf „Die europäische Ebene: Integration und neue Nationalismen", besonders auf „Kooperation und Integration in Westeuropa". Ein Rückblick erfolgt in Teilaufgabe 3 auf das Themenfeld „Gesellschaftliche Veränderungsprozesse am Beginn der Moderne". Besondere Berücksichtigung erfahren hier „die Gründung des Deutschen Reiches" sowie „Der Imperialismus und seine Folgen". Ein weiterer Bezug wird hergestellt zu „Deutschland zwischen Demokratie und Diktatur – Weimarer Republik und Nationalsozialismus", wobei schwerpunktmäßig das Themenfeld „Außenpolitik der Weimarer Republik versus nationalsozialistische Außenpolitik und Zweiter Weltkrieg" mit einfließt.

Lösungsvorschlag

1 **TIPP** *Bewertungseinheiten: 40*

In der ersten Teilaufgabe werden Sie aufgefordert, aus einer Textquelle die dargestellte Haltung Margaret Thatchers und François Mitterrands zur deutschen Einheit herauszuarbeiten. Dabei ist es wichtig, dass Sie die Perspektivgebundenheit der Quelle erkennen, die von Thatcher selbst verfasst wurde. Von Mitterrands Position erfahren Sie also nur indirekt über Thatchers Äußerungen. Darauf sollten Sie in Ihrem Prüfungsgespräch unbedingt eingehen. Versuchen Sie, bei Ihrer Quellenanalyse Wertungen von Thatcher zu erkennen und in Ihrem Vortrag zu benennen. Unabdingbar ist außerdem eine Einordnung der Quelle in ihren historischen Kontext. Beachten Sie dabei, dass die Quelle erst 1993 veröffentlicht wurde. Margaret Thatcher beschreibt und beurteilt die Ereignisse also aus der Rückschau.

Im zweiten Teil der Aufgabe sollen Sie internationale Positionen zur deutschen Wiedervereinigung zur Zeit des Gesprächs zwischen Mitterrand und Thatcher skizzieren. Es empfiehlt sich, mit den Positionen von Frankreich und Großbritannien zu beginnen, deren Bedenken Sie über die Quelle hinaus erläutern sollten. Die Auswahl weiterer Positionen bleibt Ihnen überlassen, sollte aber nicht willkürlich erfolgen. Im Hinblick auf Teilaufgabe 2 würden sich hier die USA und die Sowjetunion, außerdem Polen und Israel anbieten. Sie könnten Ihre Auswahl allerdings auch auf die Vertragspartner der Zwei-plus-Vier-Verhandlungen beschränken. In jedem Fall sollten Sie darauf eingestellt sein, Ihre Entscheidung zu begründen.

Die britische Premierministerin **Margaret Thatcher** berichtet in ihren 1993 veröffentlichten Memoiren von einem Treffen mit dem französischen Präsidenten **François Mitterrand** am 20. Januar 1990, auf dem sie eine gemeinsame britisch-französische Linie in Bezug auf eine **deutsche Wiedervereinigung** zu entwickeln versucht hätten. Die deutsche Einheit zeichnete sich seit dem **Mauerfall** am 9. November 1989 und der Veröffentlichung von Helmut Kohls Zehn-Punkte-Programm für eine deutsche Wiedervereinigung immer deutlicher ab.

Einleitung
Autor, Quelle, Veröffentlichungsjahr, Thema, historischer Kontext

In ihren Erinnerungen gibt Margaret Thatcher größtenteils François Mitterrands Äußerungen wieder, weist aber darauf hin, dass „Großbritannien und Frankreich gemeinsam eine Linie" (Z. 4 f.) für den Umgang mit Deutschland hätten entwickeln müssen. Nachdem sie die Einstellungen Mitterrands ausgeführt hat, betont sie, dass der französische Präsident ihrer Problemanalyse zugestimmt hätte. Die genannten Formulierungen zeigen, dass sie mit der Haltung Mitterrands übereinstimmt.

Erinnerungen Thatchers

Beide Regierungschefs seien der Meinung gewesen, dass eine deutsche **Wiedervereinigung**, der sie **ablehnend gegenübergestanden** hätten, kurz bevorgestanden hätte (vgl. Z. 6 ff.).

ablehnende Haltung gegenüber Wiedervereinigung

Laut Thatcher hätte Mitterrand den Deutschen zwar das **Recht auf Selbstbestimmung** grundsätzlich zugebilligt, sei einer deutschen Wiedervereinigung gegenüber jedoch skeptisch gewesen. Nach der Schilderung Thatchers hätte er sich **über die deutsche Politik geärgert**, die die „Realitäten in Europa" (Z. 11) zu verändern gesucht und die Wiedervereinigung vor alle anderen Themen gestellt hätte. Zusätzlich hätte Mitterrand kritisiert, dass die Deutschen jegliche Bedenken gegen eine Wiedervereinigung als „deutschfeindlich" auffassten (vgl. Z. 13 ff.). Da eine Wiedervereinigung nicht hätte verhindert werden können, hätte man sich bemühen wollen, den **Prozess zu verlangsamen**. Dabei sei es problematisch gewesen, dass manche Regierungen sich geweigert hätten, öffentlich ihre Meinung zur Wiedervereinigung zu äußern.

Laut Thatcher hat Mitterrand die Position der Premierministerin geteilt, dass die **Staaten in Mitteleuropa** (Tschechoslowakei, Polen und Ungarn) **unter den Einfluss der Bundesrepublik** hätten geraten können, da sie auf die wirtschaftliche Unterstützung durch Deutschland angewiesen gewesen wären. Thatcher schreibt hier von einer „so genannte[n] ‚Mission'" (Z. 23 f.) der Deutschen, was ihr tiefes Misstrauen gegenüber einem wiedervereinigten Deutschland ausdrückt.

Furcht vor Ausweitung des deutschen Einflusses

Frankreich und Großbritannien standen einer deutschen Wiedervereinigung also insgesamt äußerst skeptisch gegenüber.

internationale Positionen

Frankreich befürchtete, eine Vereinigung könnte den **Fortschritt der (west)europäischen Wirtschaftsintegration** verzögern. Neben dem Argument, dass 80 Millionen Deutsche das Gleichgewicht in der EG verschieben würden, wurde hier auch oft historisch argumentiert. Dabei verwies Frankreich auf sein **Sicherheitsbedürfnis gegenüber Deutschland**, das es mit den im Zweiten Weltkrieg gemachten Erfahrungen begründete. Diese Sorgen wurden von **Großbritannien** geteilt, das ebenfalls eine **deutsche Hegemonie in Europa** befürchtete, die evtl. sogar zu einer Gefährdung der eigenen „special relationship" zu den USA führen könnte.

Frankreich und Großbritannien

Die **USA** und die **Sowjetunion** befürchteten beide, dass ein **wiedervereintes Deutschland** sich neutralisieren und damit **als Bündnispartner ausfallen** oder dem jeweils anderen Bündnissystem (**NATO oder Warschauer Pakt**) beitreten könnte. Um dem entgegenzuwirken, unterstützten die USA von einem frühen Zeitpunkt an die Wiedervereinigung, die sie allerdings an die Bedingung eines NATO-Beitritts Gesamtdeutschlands knüpften. Anders verhielt es sich in der Sowjetunion, wo man für eine fünfjährige Übergangsregelung hinsichtlich der Bündniszugehörigkeit plädierte. Die **Staaten in Osteuropa** machten aufgrund schlechter Erfahrungen mit einem früheren „Großdeutschland" Bedenken geltend. Vor allem in Polen äußerte man sich **besorgt über mögliche Revisionsforderungen** bzgl. der Gebiete in Schlesien und Ostpreußen. Die Tatsache, dass Bundeskanzler Kohl in seinem Zehn-Punkte-Programm die Anerkennung der Oder-Neiße-Linie noch aussparte, verstärkte die Bedenken zusätzlich. Auch in **Israel** wurde eine deutsche Wiedervereinigung aus historischen Gründen (**Holocaust**) mit großem Misstrauen gesehen. Erst im Laufe der 1990er-Jahre fand man sich dort mit den neuen Gegebenheiten ab.

USA, Sowjetunion, Polen und Israel

Insgesamt hatten die beiden Teile Deutschlands also mit viel Skepsis bezüglich einer Wiedervereinigung zu kämpfen, die mithilfe zahlreicher Gespräche und Kompromisse erst überwunden werden musste.

Fazit

2 **TIPP** *Bewertungseinheiten: 30*

Die zweite Teilaufgabe verlangt von Ihnen die Analyse einer Karikatur. Bevor Sie mit dieser beginnen, sollten Sie die Bildquelle kurz vorstellen. Hier bietet es sich an, auch die geforderte Einordnung in den historischen Kontext vorzunehmen. Orientieren Sie sich bei der Analyse an dem Dreischritt, den Sie im Unterricht gelernt haben: Zunächst einmal sollten Sie alle Bildelemente der Karikatur genau beschreiben, um sie anschließend zu deuten. Zum Schluss müssen Sie die Gesamtaussage der Zeichnung formulieren und diese auf ihren Wahrheitsgehalt hin überprüfen. Gehen Sie dabei auch auf die Intention des Karikaturisten ein.

Die **Karikatur** von Walter Hanel mit dem Titel „**Der Weg zur Einheit**“ ist am 15. Februar 1990 erschienen. Ihre Veröffentlichung fiel also in eine Zeit, in der die bevorstehende **deutsche Wiedervereinigung** ein zentrales Thema auf dem internationalen Parkett darstellte. Eine Woche zuvor hatte die Bundesrepublik der DDR bereits die Wirtschafts- und Währungsunion in Aussicht gestellt, die den tatsächlichen Zusammenschluss der beiden Teile Deutschlands immer wahrscheinlicher werden ließ. Dennoch bedurfte es noch zahlreicher weiterer Verhandlungen im Frühjahr 1990, um die Zustimmung der vier Siegermächte zu einer deutschen Wiedervereinigung zu erhalten.

Einleitung
Quelle, Autor, Datierung, Thema, historischer Kontext

Die vorliegende Karikatur zeigt **Helmut Kohl als Skifahrer**, dessen Oberbekleidung mit dem Wort „Einheit“ bedruckt ist. Er hat eine nicht besonders steile Slalomabfahrt vor sich, bei der die **Slalomstangen** mit den Köpfen der Staatschefs der **vier Hauptsiegermächte und Polens** sowie dem **NATO-Stern** und einem Davidstern mit der nebenstehenden Beschriftung „**Israel**“ verziert sind. Auffällig ist dabei, dass Mitterrand und Gorbatschow zweimal als Hindernisse vorkommen und die Figuren Helmut Kohl nicht anblicken, sondern in seine Fahrtrichtung schauen.

Analyse
Beschreibung der Bildelemente

Helmut Kohl als Skifahrer steht hier für das **Interesse Westdeutschlands an einer Wiedervereinigung** (Aufdruck auf seinem Skianzug). Auf dem Weg zur angestrebten Einheit muss er aber zunächst einmal einige Hindernisse überwinden. Diese werden ihm von der UdSSR, Frankreich, Großbritannien, Polen, Israel, den USA und der NATO in den Weg gelegt. Die Slalomstangen symbolisieren also die **internationalen Vorbehalte gegenüber einer deutschen Wiedervereinigung**. Dabei schätzt der Karikaturist die UdSSR und Frankreich scheinbar als besonders hartnäckige Gegner ein, da sie gleich zwei Hindernisse auf Kohls Weg zur Einheit darstellen. Ihr doppeltes Auftauchen könnte allerdings auch darauf hindeuten, dass sowohl Gorbatschow als auch Mitterrand ihre Meinung zur Wiedervereinigung immer wieder änderten und nicht eine klare Linie verfolgten.

Deutung der Karikatur

Die Figuren auf den Slalomstangen werden von Helmut Kohl und damit von seinen Bestrebungen zur Einheit „überfahren“. Der Karikaturist spielt hier auf die Geschwindigkeit an, mit der Kohl sein **Zehn-Punkte-Programm** zur Einheit entwarf und dessen Umsetzung in die Wege leitete. Die anderen Nationen, die die Wiedervereinigung verlangsamen wollen (vgl. M 1, Z. 18 ff.), haben dabei das Nachsehen. Kohls **zufriedener Gesichtsausdruck** und die **geringe Steigung des Berges** suggerieren, dass der deutsche Bundeskanzler sich **keinen großen Schwierigkeiten** bei der Umsetzung seines Vorhabens gegenübersieht. Die Darstellung seines Wegs zur Einheit als Slalomparcours zeigt allerdings auch, dass die deutsche Wiedervereinigung **nicht auf direktem Weg** erreicht werden kann, sondern Absprachen und Kompromisse erforderlich macht. Damit spielt der Karikaturist wahrscheinlich auf die **Zwei-plus-Vier-Verhandlungen** an, auf die man sich im Februar 1990 geeinigt hatte.

Überprüfung der Aussage der Karikatur

Tatsächlich war die deutsche Wiedervereinigung Anfang des Jahres 1990 nur noch eine Frage der Zeit. Genauso richtig ist, dass viele Staatschefs anderer Nationen der **Verwirklichung der deutschen Einheit skeptisch gegenüberstanden**, sodass Verhandlungsgespräche nötig waren. In diesen war die Bündniszugehörigkeit des wiedervereinigten Deutschlands ein Hauptthema, sodass die Abbildung des NATO-Sterns ihre Berechtigung hat. Auch was die Zuversicht Helmut Kohls und die Geschwindigkeit seiner Bemühungen um eine deutsche Wiedervereinigung angeht, liegt Hanel mit seiner Deutung richtig. **Nicht ganz tatsachengetreu** ist jedoch seine **Darstellung der USA** als Hindernis auf dem Weg zur Einheit. Der amerikanische Präsident George Bush befürwortete die deutsche Einheit frühzeitig, wobei er nur die **Aufnahme Gesamtdeutschlands in die NATO** zur Voraussetzung für seine Zustimmung machte. Es verfälscht also die historischen Tatsachen, die USA als Gegner der deutschen Einheit abzubilden.

Intention des Karikaturisten

Im Februar 1990 ging es dem Karikaturisten wahrscheinlich darum, zu zeigen, dass es eine deutsche Wiedervereinigung nur durch Auseinandersetzungen und Absprachen mit den ehemaligen Besatzungsmächten sowie ihren Bündnispartnern geben würde, was durch die Zeichnung passend veranschaulicht wird.

3 **TIPP** *Bewertungseinheiten: 30*

In der dritten Teilaufgabe finden Sie den halbjahresübergreifenden Aspekt, der für Abiturprüfungen typisch ist. Erläutern Sie zunächst die Behauptung von Margaret Thatcher, die anschließend von Ihnen diskutiert werden soll. Dabei ist es Ihre Aufgabe, einerseits Stationen der deutsch-britischen Geschichte auszuwählen, die Thatchers Misstrauen gegen eine deutsche Wiedervereinigung stützen, andererseits aber auch Aspekte zu finden, die positive Entwicklungen der deutsch-britischen Beziehungen zeigen. Abschließend sollten Sie dann ein Fazit ziehen, bei dem Sie auch einen Aktualitätsbezug herstellen können.

Einleitung

Behauptung Margaret Thatchers

Margaret Thatcher bezeichnet Deutschland in ihren Erinnerungen als „eher […] destabilisierende […] Kraft“, behauptet also, **Deutschland würde das europäische Gefüge eher schwächen als bereichern**. Im Folgenden ist vor dem Hintergrund der deutsch-britischen Beziehungen im 20. Jahrhundert zu untersuchen, inwiefern sie mit dieser These Recht hat.

Seit der Entlassung Bismarcks und dem **neuen außenpolitischen Kurs unter Kaiser Wilhelm II.** fühlte sich Großbritannien zunehmend durch die **deutsche Seerüstung** bedroht. Das Deutsche Kaiserreich schien mit seiner wachsenden wirtschaftlichen und militärischen Stärke zu einer Hegemonialmacht zu werden, was das von Großbritannien angestrebte Mächtegleichgewicht („**Balance of Power**") empfindlich gestört hätte. Aus diesem Grund suchte Großbritannien nach einem Ausgleich mit seinen traditionellen Gegnern Frankreich und Russland und sorgte damit für eine außenpolitische Isolation Deutschlands. Zu dieser Zeit machte Großbritannien also tatsächlich **schlechte Erfahrungen mit Deutschlands destabilisierender Wirkung**, die im **Ausbruch des Ersten Weltkriegs**, an dem Deutschland maßgeblich beteiligt war, gipfelte.

Pro-Argumente

Weltmachtpolitik Kaiser Wilhelms II.

Nach dem Ende des Ersten Weltkriegs war die neuentstandene Weimarer Republik zunächst vollkommen außenpolitisch isoliert, was 1922 schließlich zum **Vertrag von Rapallo** zwischen Deutschland und der Sowjetunion führte. Russland fand dadurch erstmals seit der Revolution diplomatische Anerkennung und Deutschland hoffte auf eine Möglichkeit zur Revision der deutschen Ostgrenzen. Großbritannien und die übrigen westeuropäischen Mächte verstanden den Abschluss dieses Vertrags als **Affront**, sodass er nicht geeignet war, das fragile Mächtesystem nach dem Krieg zu stabilisieren.

Vertrag von Rapallo

Mit ihrer Aussage spielt Margaret Thatcher sicher auch auf die **Machtübernahme der Nationalsozialisten** 1933 und deren revisionistische und **aggressive Außenpolitik** an. Zahlreiche Verstöße gegen den Versailler Vertrag (z. B. die Wiedereinführung der Wehrpflicht 1935 und der „Anschluss" Österreichs 1938) drohten Europa zu destabilisieren. Die britische Regierung unter Premierminister Chamberlain bemühte sich durch Zugeständnisse, Zurückhaltung und Beschwichtigung gegenüber Deutschland, einen Krieg in Europa abzuwenden (**Appeasement-Politik**). Dennoch kann nicht geleugnet werden, dass Deutschland zu dieser Zeit eine erhebliche **Gefahr für den Frieden und das Gleichgewicht in Europa** darstellte.

NS-Außenpolitik

Dies zeigt auch der trotz Großbritanniens Appeasement-Politik erfolgte **Angriff des Deutschen Reichs auf Polen** im September 1939. Zwei Tage nach dem Einmarsch der Wehrmacht in Polen erklärte Großbritannien zusammen mit Frankreich Deutschland den Krieg. Im Sommer und Herbst 1940 spielte sich die entscheidende Phase der **Luftschlacht um England** ab, in der Coventry, große Teile Londons und andere Städte zerstört und mehr als 30 000 Zivilisten getötet wurden. Erinnerungen dieser Art stärkten verständlicherweise nicht gerade das Vertrauen der britischen Regierung in Deutschland.

Zweiter Weltkrieg

Auf der anderen Seite kann Thatchers Position entgegengehalten werden, dass Deutschland bereits nach dem Ersten Weltkrieg versucht hatte, zur **Stabilität in Europa** beizutragen. So blieb der Vertrag von Rapallo eher eine Episode, während die westliche Orientierung Deutschlands im **Vertrag von Locarno** (1925) verankert wurde. Bei den Vertragsverhandlungen wurde auch der **Beitritt Deutschlands zum Völkerbund** vereinbart. Damit kehrte Deutschland in den Kreis der Großmächte zurück und verpflichtete sich zu einem Beitrag zur Sicherung des Weltfriedens und zur internationalen Zusammenarbeit. Diese positive Entwicklung wurde zwar durch die NS-Diktatur und den Zweiten Weltkrieg zunichte gemacht, jedoch konnten die deutsch-britischen Beziehungen nach Kriegsende schrittweise verbessert und Deutschland wieder in den Kreis der internationalen Mächte aufgenommen werden.

Kontra-Argumente

Weimarer Außenpolitik

Seit 1949 trieb Bundeskanzler Adenauer die **Westintegration** der Bundesrepublik energisch voran, sodass die deutsch-britischen Beziehungen durch den **NATO-Beitritt** 1955, die Gründung der **EWG** 1957 sowie der **EG** 1973 als Vorläufer der EU weiter vertieft wurden. Durch **Städtepartnerschaften**, **Schüleraustauschprogramme** usw. konnte das Verhältnis auch auf der Ebene der Folgegenerationen verbessert werden. Dass sich Margaret Thatcher hinsichtlich der bevorstehenden Wiedervereinigung trotzdem so negativ über Deutschland äußerte, liegt daran, dass in Großbritannien die **Erfahrungen des Zweiten Weltkriegs** 1990 noch immer **sehr präsent** waren und man Angst vor einer erneuten Übermacht Deutschlands hatte.

europäische Einigung nach dem Zweiten Weltkrieg

Der weitere Verlauf der deutsch-britischen Geschichte hat jedoch gezeigt, dass ihre **Befürchtungen unbegründet** waren, da Deutschland sich seit der Wiedervereinigung als wichtiger Partner und stützender Faktor im Hinblick auf das europäische Gefüge erwiesen hat.

Fazit

Mögliche Nachfragen

TIPP

Der Prüfer bereitet für den zweiten Teil der mündlichen Prüfung Fragen vor. Während Sie im ersten Teil (ca. 10 Minuten) i. d. R. kaum unterbrochen werden, wird der zweite Teil eher als Gespräch gestaltet. Dabei kann der Prüfer Unklarheiten oder Lücken aus dem Vortrag ansprechen. Oft gehen die Prüfungsfragen über Ihren Vortrag hinaus und bieten Ihnen die Gelegenheit, zu zeigen, dass Sie in den letzten zwei Jahren nicht nur Wissen erworben haben, sondern dieses auch flexibel anzuwenden wissen. Bei manchen Fragen sollten Sie ruhig ein paar Sekunden nachdenken, ehe Sie antworten. Wenn Sie eine Frage nicht verstehen, so zögern Sie nicht, nachzufragen, i. d. R. wird der Prüfer die Fragestellung etwas umformulieren, um Ihnen die Beantwortung zu erleichtern.

Mögliche Nachfragen:

- Die vorliegende Quelle wurde drei Jahre nach der deutschen Wiedervereinigung verfasst. – Welche Besonderheiten ergeben sich daraus für die Interpretation?
- Premierministerin Thatcher sagte in einem Gespräch mit ihrem Berater Clark, der sich gegenüber den deutschen Wiedervereinigungsplänen eher positiv äußerte: „I am not an Appeaser.“ – Was meint Thatcher damit?
- Warum hofft Thatcher auf eine britisch-französische Partnerschaft gegen die Wiedervereinigung?
- Warum stellt der Karikaturist ausgerechnet die abgebildeten Hindernisse auf dem Weg zur Einheit dar?
- Die Modalitäten der Einheit werden auf den Zwei-plus-Vier-Verhandlungen geregelt. – Warum eigentlich Zwei-plus-Vier und nicht Vier-plus-Zwei?
- Versetzen Sie sich in die Lage des damaligen Bundeskanzlers Kohl. – Können Sie Thatchers Vorwürfen etwas entgegenhalten?

„Einigkeit und Recht und Freiheit" – 1870/71 und 1989: Deutschland wird Nationalstaat

Aufgabenstellung

1 Stellen Sie vergleichend die Gründungssituation des deutschen Kaiserreichs im Jahr 1870/71 und den Prozess der Wiedervereinigung von 1989/90 dar. (Anforderungsbereiche I und II)

2 Untersuchen Sie Parallelen und Unterschiede der „inneren Nationalstaatsbildung" der Jahre nach 1871 und 1990. (Anforderungsbereiche II und III)

3 Erörtern Sie die Bedenken, die 1989/90 von britischer und französischer Seite gegen die deutsche Wiedervereinigung geäußert wurden vor dem Hintergrund der Reichsgründung 1871 sowie anhand aktueller Beispiele der deutschen Außenpolitik seit der Wiedervereinigung. (Anforderungsbereiche II und III)

TIPP **Inhaltliche Schwerpunkte**

Die vorliegende Präsentationsprüfung bezieht sich thematisch auf „Gesellschaftliche Veränderungsprozesse am Beginn der Moderne" und „Konflikt und Kooperation in der Welt nach 1945". Aus dem erstgenannten Themenfeld wird dabei besonders „die Gründung des Deutschen Reiches" innerhalb des Themenblocks „Politische Revolutionen in Europa und ihre Folgen (GK) bzw. Die großen Revolutionen und ihre Folgen (LK)" behandelt. Das zweitgenannte Themenfeld bezieht sich sowohl auf „Die europäische Ebene: Integration und neue Nationalismen" als auch auf „Die deutsche Ebene: Teilung und Einheit", konzentriert sich aber schwerpunktmäßig auf „die Vereinigung der beiden deutschen Staaten". Ein fachübergreifender Bezug zum Thema „Internationale Beziehungen" in Politik und Wirtschaft kann hergestellt werden.

TIPP **Vorüberlegungen und Einstieg in die Präsentationsprüfung**

Grundsätzlich haben Sie bei einer Präsentationsprüfung deutlich mehr Freiheiten als in einer schriftlichen oder mündlichen Prüfung. Das stellt eine Herausforderung dar, kann aber auch von Vorteil sein. Schließlich haben Sie dadurch viele Möglichkeiten, den Ablauf Ihrer Prüfung selbst zu steuern und Ihre Stärken zu betonen. Daneben sind Sie aber auch verantwortlich für eine umfassende Aufbereitung Ihres Themas. Sie wählen selbst Material und Schwerpunktsetzungen aus und sorgen für eine angemessene Strukturierung und Darbietung. Für diese haben Sie je nach Thema und eigenen Vorlieben unterschiedliche Optionen. So ist es nicht vorgeschrieben, ob Sie mit PowerPoint oder herkömmlichen Folien arbeiten, ob Sie Ihren Vortrag mit audiovisuellen Medien stützen oder Zitate aus Quellen einstreuen. Wichtig ist allerdings, dass Sie das gewählte Vorgehen begründen können und es Ihre Inhalte sinnvoll stützt. Für jedes Thema gilt, dass Sie sich vertieft damit auseinandersetzen, was bedeutet, dass die Vorbereitung Ihrer Präsentation mit Recherchen in Bibliotheken und im Internet beginnt. Allerdings sollten Sie nicht einfach wahllos Material zusammentragen, sondern sich thematisch passende Fragen stellen, die Sie zu beantworten versuchen. Entwerfen Sie außerdem eine strukturierte Gliederung, die sich an der Aufgabenstellung orientiert und die Sie im Laufe Ihrer Vorbereitungen immer wieder anpassen, bis Sie am Ende einen runden, in sich geschlossenen Vortrag erarbeitet haben.

Da sich der Aufbau und Ablauf Ihrer Prüfung je nach Thema und gewähltem Zugang unterscheidet, ist die hier vorgestellte Lösung kein Erwartungshorizont zum Abhaken. Vielmehr soll ein Einblick gegeben werden, was aus der vorliegenden Aufgabe gemacht werden könnte. Es wäre hier aber auch möglich, sich für andere Beispiele oder einen abweichenden Zugang zu entscheiden. Darin liegt der Reiz einer Präsentationsprüfung: Sie dürfen und sollen selbstständig „forschen“ und Ihr Thema bearbeiten.

Dazu gehört auch, dass Sie einen interessanten Einstieg wählen: Für die Prüfer ist es langweilig, wenn jeder Schüler mit der Vorstellung seiner Gliederung beginnt. Versuchen Sie also, einen Einstieg zu finden, der neugierig macht und Interesse weckt. Vielleicht stoßen Sie auf eine Karikatur, die die Ereignisse, um die es in Ihrer Prüfung geht, verbindet, oder Sie entdecken ein pointiertes Zitat? Beim vorliegenden Thema wäre es z. B. denkbar, mit einem Zitat von Bismarck zu beginnen, das eher danach klingt, als wäre es 1989/90 von Helmut Kohl gesagt worden – oder umgekehrt. Seien Sie kreativ und führen Sie auf originelle Weise zum Thema hin.

Lösungsvorschlag

1 **TIPP** *Anforderungsbereich: I/II*

Die erste Teilaufgabe fordert Sie auf, sich sowohl mit der Gründung des deutschen Kaiserreichs als auch mit dem Prozess der Wiedervereinigung 1989/90 auseinanderzusetzen. Die Bearbeitung der Aufgabe erfordert eine Auswahl geeigneter Parallelen und Unterschiede, um die beiden Ereignisse einander gegenüberzustellen. Dazu müssen Sie sich in beide Epochen (Zeit der Reichsgründung und Wiedervereinigung) einarbeiten und Anknüpfungspunkte für den Vergleich finden. Es empfiehlt sich, das Thema, zu dem Sie mehr Vorkenntnisse besitzen, als Grundlage zu nehmen, um davon ausgehend nach geeigneten Vergleichsaspekten zu suchen. Eine Internetrecherche ist immer der leichteste Weg, sich Wissen anzueignen, jedoch ist es aufgrund der dortigen Informationsfülle besonders wichtig, jede Quelle auf ihre Seriosität zu prüfen. So kann Wikipedia zwar zu einem ersten Überblick verhelfen, allerdings sind die dortigen Einträge nicht so wissenschaftlich fundiert wie beispielweise Ausführungen auf Seiten von Universitäten, der Bundeszentrale für politische Bildung oder des Deutschen Historischen Museums. Bei Ihrer Suche im Netz werden Sie auch auf das ein oder andere Buch von Historikern zu Ihrem Thema stoßen. Es kann hilfreich sein, sich ein oder zwei dieser Bücher in der örtlichen Bücherei oder bei einer Unibibliothek (per Fernleihe) auszuleihen. Auch wissenschaftliche Bücher sollten Sie aber kritisch lesen und darauf achten, dass Sie entnommene Informationen wirklich verstehen und dass diese in die Gesamtstruktur Ihrer Aufbereitung des Themas passen. Empfehlenswert ist es in jedem Fall, systematisch vorzugehen und brauchbare Seiten zu kopieren oder sich Notizen zu machen. Schließlich sollen Sie die beiden Ereignisse nicht einfach wiedergeben, sondern sie vergleichend darstellen.
Die folgende Lösung zeigt einige mögliche Inhalte, die Sie aufführen könnten, erhebt jedoch keinen Anspruch auf Vollständigkeit.

Unterschiede:

- **Einigungskriege** (1864, 1866, 1870/71) vs. **friedlicher Wiedervereinigungsprozess** im Jahr 1989
- **schrittweise Vereinigung** 1834–1871 (Deutscher Zollverein, Norddeutscher Bund, Kaiserreich) vs. **rasche Wiedervereinigung** in einem Jahr (Herbst 1989 bis Herbst 1990)
- **Nord-Süd-Gefälle** im deutschen Kaiserreich vs. **West-Ost-Gefälle** 1989/90
- **Reichsgründung „von oben"** ohne Einbeziehung des Volks vs. **vom Volk ausgehende Wiedervereinigung**

Parallelen:

- **Staatsgründung im Ausland: Kaiserreichsgründung** am 18. Januar 1871 im Spiegelsaal von Versailles und Unterzeichnung des **„Zwei-plus-Vier"-Vertrags**

(Vertrag über die abschließende Regelung in Bezug auf Deutschland) am 12. September 1990 in Moskau

- Deutschland erklärt sich in beiden Fällen als „saturiert“: 1871 weitgehender **Verzicht auf überseeische Kolonien**; 1989/90 endgültige **Anerkennung der Oder-Neiße-Linie**
- **kleindeutsche Lösung** in beiden Fällen
- **Vereinigung ungleich starker Partner** (Preußen – übrige Staaten bzw. Bundesrepublik – DDR) führt zu Konflikten (Frage nach der eigenen Identität beim kleineren Partner: nichtpreußische deutsche Staaten 1871 – DDR 1990)
- **Bedenken der europäischen Großmächte:** britische Befürchtungen einer **deutschen Hegemonie** und französische Ängste vor einem starken Deutschland 1871 – französische Befürchtungen hinsichtlich einer **Schwächung des europäischen Integrationsprozesses** und britische Vorbehalte gegenüber der Wiedervereinigung 1989/90

2 **TIPP** *Anforderungsbereich: II/III*

Während es bei Teilaufgabe 1 um die außenpolitische Situation geht, sollen Sie sich hier mit der Innenpolitik befassen und das Zusammenwachsen des deutschen Staats in den Jahren nach 1871 bzw. nach 1990 untersuchen. Dabei können auch mentalitätsgeschichtliche Aspekte aufgegriffen werden, indem Sie sich z. B. der Frage widmen, welche Werte und Weltanschauungen jeweils zu einem Zusammengehörigkeitsgefühl der Menschen geführt haben. Wichtig ist bei dieser Teilaufgabe, dass Sie wieder vergleichend vorgehen und beide Situationen nicht nur nacheinander darstellen. Finden Sie hinsichtlich des inneren Zusammenwachsens Parallelen und Unterschiede. Wie bei Teilaufgabe 1 sind auch hier das Sammeln von Informationen und das Einlesen in die Thematik die ersten Schritte. Entscheidend für eine gute Bewertung ist der zweite Schritt, bei dem Sie Ihr gesammeltes Wissen strukturieren und systematisieren. Die hier angeführten inhaltlichen Beispiele stellen nur eine Auswahl einiger möglicher Antworten dar und erheben keinen Anspruch auf Vollständigkeit.

Aspekte der **inneren Nationalstaatsbildung:**
Parallelen:

- **Binnenmigration nach der Wiedervereinigung** 1989/90 von Ost nach West: 1989–1992 (erste Welle der deutschen Binnenmigration) verließen über eine Million Menschen den Osten; in den Neunzigerjahren Rückgang der Zahl auf ca. 166 000 (1996), aber erneute Zunahme zur Jahrtausendwende; seit 2001 weiterer Rückgang der Binnenmigration von Ost nach West
  Wandlung der Auswanderungswelle des frühen 19. Jahrhunderts zu **Binnenmigration im Kaiserreich:** zunächst eher Nahwanderungen, seit 1890 Fernwanderung im ganzen Reichsgebiet, tendenziell auch eher von Ost (aus dem agrarisch geprägten Ost- und Westpreußen, Schlesien) nach West (industriell geprägt, städtisch);

Binnenmigration im Kaiserreich als Massenbewegung: 1907 lebten 47 % der Deutschen (ca. 29 Millionen) nicht mehr an ihrem Geburtsort

- **Unterschiede zwischen Ost und West im Wahlverhalten** nach 1989/90: auch nach der Vereinigung der beiden deutschen Staaten keine Angleichung im Wahlverhalten; im Osten Zerstörung der traditionellen Bindungen der Arbeiter an die Sozialdemokratie; durch fehlende Erfahrungen mit demokratischen Wahlen in der ehemaligen DDR weitaus seltener stabile Bindungen an politische Parteien als im Westen (großen Parteien fehlt im Osten Stammwählerschaft)

  Unterschiede in der politischen Kultur im Kaiserreich bedingt durch zahlreiche **Sonderrechte der einzelnen Mitgliedsstaaten:** konservatives Dreiklassenwahlrecht in Preußen vs. relativ liberale Verfassung in Baden
- **Schaffung verbindlicher Werte:** Glorifizierung des **preußischen Militarismus** und des „Reichsgründers" Otto von Bismarck (Mythos von der Nation)

  Demokratie, Grundrechte und freie Marktwirtschaft als gemeinsame Basis der Wiedervereinigung
- teilweise **gegenläufige Tendenzen im Volk:** Lokalpatriotismus und **Ablehnung des Preußentums**, v. a. in den süddeutschen Staaten

  „**Mauer in den Köpfen**" als Metapher für die Schwierigkeiten einer inneren Nationalstaatsbildung nach der Wiedervereinigung

Unterschiede:

- **keine breite Zustimmung zur Reichseinheit** (Wahlbeteiligung bei der Reichstagswahl 1871: 51 %) vs. **breite Zustimmung zur Wiedervereinigung** (Wahlbeteiligung bei der ersten Bundestagswahl 1990: 77,8 %)
- **Gründerboom** (bis 1873) und **Gründerkrise** (1873–1894) vs. **wirtschaftlicher Zusammenbruch in Ostdeutschland** und tiefgehende wirtschaftliche und soziale Anpassungskrise; Wiedervereinigungsboom in Westdeutschland; langjähriger „**Aufbau Ost**"
- **Versuche, Verbundenheit im Volk herzustellen:** Schaffung von inneren und äußeren **Feindbildern im Kaiserreich** (Zentrumspartei im „Kulturkampf"; Sozialdemokraten; „Erbfeindschaft" mit Frankreich)/Schaffung **gemeinsamer Werte in der Bundesrepublik** (Grundgesetz; europäische Integration und europäische Freundschaft)

3 **TIPP** *Anforderungsbereich: II/III*

In der dritten Teilaufgabe ist nun ein allumfassender Blick auf die Ereignisse gefragt. Hier geht es nicht nur darum, Informationen zu suchen und strukturiert zusammenzustellen, sondern eine Argumentation auf der Basis historischer und politischer Ereignisse zu entfalten. Dazu müssen Sie jedoch zunächst die Bedenken von Frankreich und Großbritannien gegenüber der deutschen Wiedervereinigung vorstellen, um sie dann vor dem Hintergrund der Kaiserreichsgründung und der deutschen Außenpolitik seit der Wiedervereinigung zu erörtern. Dabei steht Ihre Fähigkeit zur Differenzierung auf dem Prüfstand. Finden Sie also sowohl

Argumente, die die vorgebrachten Bedenken stützen, als auch solche, die sie widerlegen, und nehmen Sie dabei Bezug auf die angegebenen Zeiträume. Da diese Teilaufgabe Anknüpfungspunkte zum Oberstufenlehrplan in Politik und Wirtschaft aufweist, wird Ihre Lehrkraft sie sicher nur einem Prüfling stellen, der diese Fächer belegt hat. Auch hier sollten Sie sich Gedanken darüber machen, in welcher Form Sie Ihre Ergebnisse präsentieren wollen. Eine kreative Herangehensweise ist für den Vorsitzenden Ihrer Prüfung interessanter und damit auch überzeugender als ein bloßes Aufzählen der gefundenen Fakten. Achten Sie jedoch darauf, dass die gewählte Präsentationsform den Inhalt stützt und nicht zum Selbstzweck wird. Am Schluss sollten Sie ein Fazit ziehen, das sich aus Ihren vorherigen Ausführungen ergibt. Es bietet sich an, am Ende – wenn möglich – noch einmal auf Ihren Einstieg zurückzukommen, um einen runden Abschluss Ihres Vortrags zu gewährleisten. Auch hier stellen folgende Lösungsansätze nur Vorschläge dar, die keinen Anspruch auf Vollständigkeit erheben.

Bedenken Frankreichs:
- Wiedervereinigung erschwere schnellen **Fortschritt der westeuropäischen Integration**, da die Bundesrepublik das Interesse an Europa verlieren könnte
- **Projekte der wirtschaftlichen Integration** Europas (einheitliche Währung, Binnenmarkt) könnten verlangsamt oder ganz eingestellt werden
- Wiedervereinigung würde **Gleichgewicht in der EU** verschieben (Westdeutschland und Frankreich waren hinsichtlich der Bevölkerungszahl gleich groß gewesen)
- **historisch begründete Bedenken** bezüglich einer deutschen Hegemonie innerhalb Europas

Bedenken Großbritanniens:
- traditioneller **Wunsch Großbritanniens nach kontinentalem Gleichgewicht**, deshalb Angst vor wiedervereinigtem Deutschland als kontinentaler Supermacht Europas
- **Angst vor Militärputsch in der Sowjetunion** und Fortsetzung des Kalten Kriegs, wenn Gorbatschow in der deutschen Frage zu Zugeständnissen gezwungen würde
- Befürchtung, dass wiedervereintes **Deutschland künftig auf Kosten Großbritanniens von den USA als bevorzugter Partner** angesehen werden könnte

Argumente für die Bedenken:
- **schlechte Erfahrungen** mit einem vereinten Deutschland (Deutsch-Französischer Krieg 1870/71, Erster Weltkrieg, Zweiter Weltkrieg)
- tatsächlich: zunehmend **selbstbewusstes Agieren der deutschen Außenpolitik** nach 1990, z. B. Abschied vom Konzept der Zivilmacht (Bundeswehreinsätze im Ausland) und Streben nach einem ständigen Sitz im UN-Sicherheitsrat

Argumente gegen die Bedenken:
- **positive und vertrauensbildende Rolle der Bundesrepublik** im europäischen Integrationsprozess (auch schon vor der Wiedervereinigung), wodurch die letztendliche Zustimmung Großbritanniens und Frankreichs teilweise erklärt werden kann

- **keine Änderung bezüglich der europäischen Ausrichtung der deutschen Politik** seit 1990: Anwachsen der EU auf fast 30 Mitgliedsstaaten und Vertiefung der europäischen Zusammenarbeit auf wirtschaftlichem und politischem Gebiet (Wirtschafts- und Währungsunion, Vertrag von Lissabon)
- trotz aktiverer deutscher Außenpolitik seit der Wiedervereinigung nach wie vor **große Vorbehalte innerhalb Deutschlands gegen dominante Außenpolitik**, z. B. gegen Bundeswehreinsätze im Ausland (ablehnende Haltung der Bundesregierung zum Irakkrieg 2003)

Mögliche Nachfragen

TIPP

Nach Ihrem Vortrag von etwa 15 Minuten Dauer beginnt das Kolloquium, ein Gespräch zwischen Ihnen und Ihrem Prüfer über die Präsentation. Sie sollten hier Ihr eigenes Handeln reflektieren können und in der Lage sein, sowohl Fragen zur medialen Gestaltung als auch zum methodischen Vorgehen zu beantworten. Hierauf können Sie sich gut vorbereiten, denn es werden meist ähnliche Fragen gestellt. Überlegen Sie sich vorab, warum Sie z. B. als Mittel der Darstellung eine PowerPoint-Präsentation gewählt haben. Der Prüfer wird sich im Kolloquium auch auf die Inhalte beziehen und vertiefende Nachfragen stellen. Denkbar sind zudem Verknüpfungen zu naheliegenden Themen. Grundsätzlich muss sich das Prüfungsgespräch aber auf Ihr Thema konzentrieren, eine Frage zu den Ursachen der Französischen Revolution wäre hier z. B. nicht zulässig.

Mögliche Nachfragen zur Präsentation:

- Warum haben Sie diese Art der Präsentation und Gestaltung gewählt?
- Wie sind Sie vorgegangen, wie haben Sie sich dem Thema genähert?
- Welche Entscheidungen mussten Sie treffen, welche Probleme traten auf?

Zu den Quellen:

- Warum haben Sie ausgerechnet diese Quellen verwendet?
- Wie haben Sie geprüft, ob es sich dabei um seriöse Quellen handelt?

Zum Inhalt:

- Ist das heutige Deutschland auch „saturiert“?
- Wie beurteilen Sie die Überschrift „Einigkeit und Recht und Freiheit“ in Bezug auf 1870/71 und 1989/90?
- Was ist ein Nationalstaat?
- Der Historiker Theodor Schieder spricht vom Kaiserreich als einem „unvollendeten Nationalstaat“. Was könnte damit gemeint sein?
- Inwiefern spielten für die von Frankreich und Großbritannien vor der Wiedervereinigung geäußerten Bedenken auch die Erfahrungen des Ersten und Zweiten Weltkriegs eine Rolle?
- Gibt es heute noch immer Unterschiede zwischen Ost und West?

PRÜFUNGSAUFGABEN

Hessen Geschichte ▪ Abiturprüfung 2007
Leistungskurs ▪ Vorschlag C

Außenpolitik der Bundesrepublik Deutschland nach dem Zweiten Weltkrieg

Aufgabenstellung

1 Geben Sie Adenauers Kernaussagen zur weltpolitischen Situation nach 1945 im Vergleich zur Welt vor 1914 wieder. (25 BE)

2 Erläutern Sie die grundsätzlichen Weichenstellungen auf deutschland- und weltpolitischer Ebene seit Ende des Zweiten Weltkriegs, die den Äußerungen Adenauers zu Grunde liegen. (35 BE)

3 Überprüfen Sie Adenauers Sichtweise des Weltsystems vor dem Ersten Weltkrieg. (20 BE)

4 Erörtern Sie, inwieweit Adenauers Sichtweise und seine politische Einschätzung der Zeit nach dem Zweiten Weltkrieg seine Entscheidungen als Kanzler der Bundesrepublik Deutschland bis zu den Römischen Verträgen (1957) bestimmten. (20 BE)

Hinweis:
Konrad Adenauer (1876–1967), Oberbürgermeister von Köln 1917–1933 und 1945, ab 1920 zugleich Präsident des preußischen Staatsrates; Mitglied der Zentrumspartei; 1933 aus allen Ämtern entlassen; 1945 Mitbegründer der CDU (seit 1950 deren Vorsitzender); 1948/49 Vorsitzender des Parlamentarischen Rates, 1949–1963 Bundeskanzler, 1951–1955 zugleich Außenminister. Die Rechtschreibung entspricht der des Originals.

M 1 „Deutschlands Stellung und Aufgabe in der Welt". Rede von Bundeskanzler Konrad Adenauer auf dem 1. Bundesparteitag der CDU in Goslar, 20. Oktober 1950

[…] Bis zum Jahre 1914 sah die Welt folgendermaßen aus: Deutschland war die stärkste Militärmacht, England war die stärkste Seemacht der Welt, seine Flotte war größer als die beiden nächstfolgenden Flotten zusammen.

Frankreich war eine wirtschaftlich und militärisch starke Großmacht. Das Gleiche gilt von Italien. Als weitere Großmacht vereinigte Österreich-Ungarn in sich die Volkskräfte des früheren großen Österreichs, Ungarns und der Tschechoslowakei, und es band fast die gesamten Balkanstaaten an Europa. Rußland war eine Großmacht, aber es betrachtete sich als zu Europa, zu dessen Kultur gehörend. Dieses politisch und wirtschaftlich starke und im großen und ganzen im Gleichgewicht sich befindende europäische Staatensystem konnte kraft seiner Stärke und infolge seines Gleichgewichts wirtschaftlich und politisch die übrige Welt führen: Die Vereinigten Staaten von Nordamerika waren 1914 – man glaubt es nicht, wenn man es heute sagt – ein Schuldnerland. Ihre Streitmacht war relativ klein. Erst im Kriege 1914 begannen sie, als sie in den Krieg eingriffen, Weltpolitik zu treiben.

Europa war maßgebend für die Geschicke der Welt.

Und jetzt? Deutschland in zwei Teile gewaltsam zerrissen, politisch und wirtschaftlich schwer geschädigt, außenpolitisch ein Vakuum. Frankreich hat sich von den schweren Wunden, die es in den beiden Kriegen bekommen hat, bisher nicht erholen können. Das Gleiche gilt von Italien. England hat, obgleich es der Staatskunst seiner Lenker gelungen ist, in erheblichem Umfange die alten Empire- Verbindungen aufrecht zu erhalten, schwer in seinem wirtschaftlichen und politischen Einfluß gelitten und seine Weltgeltung zum Teil verloren.

Sowjet-Rußland fühlt sich nicht mehr als europäische, sondern als bolschewistische Macht. Sowjet-Rußland ist es gelungen, sich anzugliedern: die baltischen Staaten: Litauen, Lettland, Estland, das polnische Weißrußland[1], das ganze übrige Polen, Ungarn, Tschechoslowakei, Rumänien, Bulgarien und fast die Hälfte Deutschlands in der Form der Sowjetzone. [...]

Die Vereinigten Staaten von Nordamerika haben sich seit 1914 zu einer Weltmacht allerersten Ranges entwickelt. Man kann, ohne zu übertreiben, sagen, daß seit der Zeit des Römischen Reiches unter Kaiser Augustus kein Land jemals eine solche Macht in Händen gehabt hat, wie sie jetzt die Vereinigten Staaten besitzen. Es ist die stärkste Militärmacht, die stärkste wirtschaftliche Macht der Erde. Es ist ein großes Glück für die Menschheit, daß das amerikanische Volk freiheitsliebend, fortschrittlich und entschlossen ist. Es hat überraschend schnell die Rolle, die ihm nunmehr in der Geschichte der Menschheit zugefallen ist, begriffen, es hat klar erkannt, welche Verantwortung ihm seine Macht und sein Reichtum gegenüber der gesamten Menschheit auferlegt. [...]

Es ist die Aufgabe Deutschlands, einen Damm aufzurichten gegen das Einsickern und die Infiltration sowjet-russischer Ideen. Wir müssen die Menschheit diesseits des eisernen Vorhangs aufklären über das, was jenseits des eisernen Vorhangs vor sich geht, was auch uns, was Europa beschieden sein würde, wenn die russische Ideologie bei uns in Europa zur Herrschaft gelangte. [...]

Das französische Volk darf davon überzeugt sein, daß wir Deutsche dem Zerwürfnis mit Frankreich für immer ein Ende machen wollen, daß wir deswegen mit aller Kraft an der Gestaltung und dem Zustandekommen des Schuman-Planes mitgearbeitet haben und weiter arbeiten werden. [...]. Ich hoffe, daß die französische Nationalversammlung ebenso wie der Deutsche Bundestag sachlich, ruhig und verantwortungsbewußt erörtern werden, daß sie diese Prüfung vornehmen nicht im Hinblick auf Vergangenes, sondern im Hinblick auf die Zukunft. [...]

Die Wiederherstellung der Einheit Deutschlands ist unser großes Ziel, das wir niemals aus dem Auge lassen und das wir – davon bin ich fest überzeugt – auch erreichen werden. Unseren deutschen Brüdern und Schwestern in der Ostzone rufe ich hier von Goslar aus zu: Harret aus und hofft auf uns. Wir werden wieder zusammenkommen. Nichts kann uns abhalten, dieses Ziel zu verfolgen. [...]

Ich habe eben den Schuman-Plan schon erwähnt. Ich betone nochmals, daß wir ihn bejahen und ihn wollen. Wir wollen ihn, wie alles, was zum Zusammenschluß Europas führt. Der Europa-Gedanke hat bei uns in Deutschland tiefe Wurzeln geschlagen. Wir werden unsere Jugend im Geiste der europäischen Gemeinschaft erziehen. [...]

Konrad Adenauer. Reden 1917–1967. Eine Auswahl, hrsg. von Hans-Peter Schwarz, Stuttgart: DVA 1975, S. 181–193 (Auszüge)

Anmerkungen

1 Gebiete mit russischer und polnischer Bevölkerung, die nach dem Ersten Weltkrieg zwischen der Sowjetunion und Polen strittig waren. Sie wurden 1921 von Polen annektiert und nach dem deutschen Überfall auf Polen im September 1939 auf Grund der geheimen Zusatzprotokolle zum Deutsch-Sowjetischen Nichtangriffspakt (sog. Hitler-Stalin-Pakt oder Molotow-Ribbentrop-Pakt) vom 23. 08. 1939 und des Deutsch-Sowjetischen Grenz- und Freundschaftsvertrages vom 28. 09. 1939 von der Sowjetunion besetzt und verblieben auch nach dem Zweiten Weltkrieg bei ihr.

TIPP **Inhaltliche Schwerpunkte**

Die Aufgabe bezieht sich auf das Themenfeld „Die Teilung Deutschlands – eine Nation, zwei Staaten“, hier speziell auf die Themen „Nachkriegszeit, Entstehung des Kalten Krieges und Teilung Deutschlands“ mit den Stichworten „Konferenzen von Jalta und Potsdam, Besatzungspolitik, Währungsreform und Berlin-Blockade, Gründung der beiden deutschen Staaten“ und auf das Thema „Westorientierung der Bundesrepublik“. Die inhaltliche Verbindung der beiden Halbjahre erfolgt in Teilaufgabe 3, indem Sie die politische Weltordnung zur Zeit Adenauers mit der Situation vor dem Ersten Weltkrieg vergleichen. Hier kommt das Themenfeld „Der Erste Weltkrieg – Zerstörung der alten europäischen Ordnung“ mit seinen Unterpunkten „außenpolitische Wende von Bismarck zu Wilhelm II.“ und „der Weg in den Ersten Weltkrieg als Folge von aggressivem Nationalismus, Militarismus und europäischen Bündnissystemen“ zum Tragen.

Lösungsvorschlag

1 **TIPP** *Anforderungsbereich: I, Bewertungseinheiten: 25*

Adenauers entscheidende Aussagen zum Vergleich der weltpolitischen Lage im Jahre 1914 mit der von 1950 sollen in strukturierter Form zusammenfassend wiedergegeben werden. Zur Strukturierung bietet sich eine Gliederung von Adenauers Thesen jeweils über die wichtigsten weltpolitischen Akteure beider Epochen an:

- Europa
- Die USA
- Russland/Sowjetunion
- Deutschland

Um die Distanz zum Text zum Ausdruck zu bringen, sollte die Wiedergabe im Konjunktiv erfolgen, Zitate sollten möglichst knapp gehalten und unbedingt gekennzeichnet werden.

Einleitung

Autor, Quelle, Datierung, historischer Hintergrund, Thema

Im Jahre 1914, so Adenauer in seiner Rede auf dem 1. Bundesparteitag der CDU in Goslar im Oktober 1950, sei die **Welt noch von den europäischen Großmächten dominiert** worden; diese hätten sich zueinander „im **Gleichgewicht**" (Z. 9) befunden und aufgrund ihrer Stärke „die übrige Welt führen" (Z. 11) können.

Wiedergabe von Adenauers Rede

Weltlage vor 1914

Die Vereinigten Staaten seien damals „ein **Schuldnerland**" (Z. 12 f.) ohne weltpolitische Ambitionen gewesen. Die Großmacht **Russland** habe sich als ein **Teil Europas** betrachtet und als zugehörig zur europäischen Kultur. **Deutschland** sei seinerzeit die **stärkste Landmacht** gewesen, England aber die stärkste Seemacht.

Weltlage im Jahr 1950

Die Weltlage im Jahre 1950 unterscheide sich fundamental von der des Jahres 1914: allen europäischen Ländern hätten die beiden Weltkriege „schwer[e] Wunden" (Z. 18) zugefügt, **Europa** habe dadurch an **weltpolitischem Einfluss eingebüßt**.

Die **USA** hätten sich seit damals zur **größten Wirtschafts- und Militärmacht** der Welt entwickelt und das amerikanische Volk habe seine Rolle als „freiheitsliebend[e] und fortschrittlich[e]" (Z. 33) Weltmacht entschlossen angenommen.

Sowjet-Russland verstehe sich nicht mehr als europäische Macht und Teil Europas, sondern als „**bolschewistische Macht**" (Z. 23 f.) und habe sich einen großen Teil Osteuropas einschließlich der Hälfte Deutschlands einverleibt.

Deutschland schließlich sei **geteilt**, durch den Krieg „politisch und wirtschaftlich schwer geschädigt" (Z. 16 f.), **außenpolitisch handlungsunfähig**.

Aufgaben Westdeutschlands

Westdeutschland habe jetzt die Aufgabe, „einen **Damm aufzurichten**" (Z. 38) gegen das weitere Vordringen der kommunistischen Ideologie und die Welt darüber aufzuklären, was hinter dem Eisernen Vorhang eigentlich vor sich gehe.

Das „**Zerwürfnis mit Frankreich**" (Z. 43 f.) dagegen sollten die Deutschen **beenden** und den wirtschaftlichen und politischen „Zusammenschluß Europas" (Z. 56) nach Kräften fördern.

2 **TIPP** *Anforderungsbereich: II, Bewertungseinheiten: 35*

Hier sollen Adenauers Aussagen in den historischen Zusammenhang der Nachkriegszeit eingeordnet und die politische Entwicklung in Deutschland und in der Welt in einigen entscheidenden Etappen beschrieben werden. In Ihrer Lösung sollten Sie auch auf den Kontext der Quelle eingehen.

Während auf den alliierten Kriegskonferenzen in Teheran und Jalta noch das Ziel einer gemeinsamen Gestaltung der Nachkriegsordnung im Vordergrund stand, zeigten sich schon 1945 auf der **Potsdamer Konferenz** erste Meinungsverschiedenheiten und **Interessengegensätze** zwischen den ehemaligen Kriegsverbündeten. Zwar konnte man über Entnazifizierung und Demokratisierung zumindest noch einen Formelkompromiss erzielen, in der **Reparationsfrage** kam es aber im Grunde schon zu keiner einvernehmlichen Regelung mehr, die Sowjetunion wurde mit ihren Ansprüchen auf die eigene Besatzungszone verwiesen, in Deutschland entstand eine westliche und eine östliche Einflusszone.

Erläuterung der deutschland- und weltpolitischen Grundlagen

Potsdamer Konferenz

In den Jahren 1946 und 1947 wurden die ideologischen und die **machtpolitischen Gegensätze** immer **deutlicher,** die sowjetische Expansionspolitik in Europa und in anderen Teilen der Welt wurde von den USA mit der **Truman-Doktrin** und der Containment-Politik beantwortet. Die Spaltung der Welt in zwei feindliche „Lager" und die Spaltung Deutschlands in zwei Staaten zeichneten sich ab, der Kalte Krieg war eröffnet.

Teilung der Welt in feindliche „Lager"

Mit der wirtschaftlichen Integration der Westzonen, mit der separaten **Währungsreform** (21. Juni 1948) und dem Auftrag an die westdeutschen Ministerpräsidenten zur **Vorbereitung der Gründung eines westdeutschen Staates** versuchten die Westmächte, ihren Einflussbereich in Deutschland zu sichern und zu stabilisieren, während die Sowjetunion mit der **Blockade Berlins** (24. Juni 1948) und der Volkskongressbewegung in der SBZ die Gründung der Bundesrepublik erfolglos zu hintertreiben versuchte.

Integration der beiden Teile Deutschlands in unterschiedliche Machtblöcke

Gerade die Berlin-Blockade, die britisch-amerikanische **Luftbrücke** ab 26. Juni 1948 auf der einen und die allmählich sich abzeichnende **Sowjetisierung** der östlichen Besatzungszone auf der anderen Seite bewirkten die Zustimmung der westdeutschen Ministerpräsidenten zur Weststaatsgründung, die mit der Aufnahme der Beratungen des **Parlamentarischen Rates** 1948 konkrete Gestalt annahm und im Laufe des Jahres 1949 mit dem Inkrafttreten des **Grundgesetzes** am 23. Mai und der Wahl der Verfassungsorgane ihren Abschluss fand.

Weststaatsgründung

Konrad Adenauer wurde mit knappster Mehrheit von nur einer Stimme am 15. September 1949 zum ersten Bundeskanzler der Bundesrepublik Deutschland gewählt. Von Anfang an betrieb er gegen eine starke Opposition im Bundestag und in der Öffentlichkeit, aber auch in den eigenen Reihen, eine Politik der konsequenten **Westintegration** unter vorläufiger Zurückstellung einer Wiedervereinigung der beiden deutschen Staaten, weil er nur so die Freiheit und die Sicherheit des neuen Staates gewährleistet sah.

Westintegration

Adenauer sah seine Politik bestätigt durch den Ausbruch des **Korea-Kriegs im Juni 1950,** mit dem der **Kalte Krieg** in einen heißen

Korea-Krieg

umzuschlagen drohte und der für Adenauer ein weiterer Beweis für die Aggressivität der sowjetischen Politik war.

europäische Verteidigungsgemeinschaft

Der Korea-Krieg ist der konkrete weltpolitische Hintergrund der Rede Adenauers auf dem CDU-Parteitag. Adenauer hatte im August 1950 in einem sicherheitspolitischen Memorandum die Bedrohung der Bundesrepublik durch den Osten analog zur Situation in Korea in dramatischen Worten geschildert, er hatte die Westmächte um **Sicherheitsgarantien** für die Bundesrepublik gebeten und im Gegenzug die **Beteiligung der Bundesrepublik an der Verteidigung Westeuropas** in Form von deutschen Kontingenten einer westeuropäisch-atlantischen Verteidigungsstreitmacht angeboten und damit die **Remilitarisierungsdebatte** eröffnet.

Fazit

Adressaten und Intention von Adenauers Rede

Diese Politik war in der deutschen Öffentlichkeit, aber auch innerhalb der CDU, damals umstritten. Mit seiner Goslarer Rede will Adenauer die Delegierten des Parteitages von der Richtigkeit seiner Politik der Westintegration überzeugen und die innerparteilichen Kritiker isolieren. Das ist ihm auch gelungen, denn er wurde mit einer Mehrheit von über 90 % in Goslar zum Vorsitzenden der CDU gewählt.

3 **TIPP** *Anforderungsbereich: III, Bewertungseinheiten: 20*

Der Operator „überprüfen“ fordert Sie auf, die knappe historische Analyse der Weltlage im Jahre 1914, die Adenauer in seiner Rede vorlegt, daraufhin zu untersuchen, ob und inwieweit sie mit den historischen Fakten und Sachverhalten übereinstimmt. Sie sollten dabei allerdings berücksichtigen, dass es sich bei diesem Text um eine **Parteitagsrede** handelt und nicht um eine differenzierte historische Abhandlung über das Zeitalter des europäischen Imperialismus.

Überprüfung von Adenauers Sichtweise

Adenauers Darstellung des Weltsystems 1914

In seiner Parteitagsrede greift Adenauer vier Sachverhalte der politischen Situation um 1914 heraus, die ihm in diesem Zusammenhang wichtig sind:

- 1914 hat Europa noch die Welt beherrscht, heute ist es eher schwach und hilfsbedürftig.
- 1914 war Russland ein integraler Bestandteil Europas und seiner Kultur, heute steht es ihm als gefährlicher, ideologisch motivierter Aggressor gegenüber.
- Die USA waren damals schwach und weltpolitisch uninteressiert, heute sind sie die unbestrittene Führungsmacht der freien Welt.
- 1914 war Deutschland zumindest zu Lande die stärkste Militärmacht der Welt, heute ist es ein geteiltes, entmilitarisiertes Land, das für seine Sicherheit angewiesen ist auf die Hilfe stärkerer Mächte.

In diesen vier Punkten liegt Adenauer mit seiner Analyse **im Prinzip richtig**. Und nur diese vier Punkte sind in seiner Rede wichtig für die argumentative Untermauerung seiner Politik der Westintegration.

generelle Zustimmung zu Adenauers Position

Natürlich ist diese Rede keine erschöpfende Analyse der Weltlage des Jahres 1914, aber das war auch nicht Adenauers Thema.

vernachlässigte Aspekte

Adenauer ignoriert bewusst, dass das europäische Gleichgewicht im Jahre 1914 durch **imperialistische Interessenkonflikte** zwischen den europäischen Großmächten instabil geworden und im August der Erste **Weltkrieg** ausgebrochen war.

imperialistische Konkurrenz und Kriegsausbruch

Adenauer spricht nicht davon, dass die europäische Vorherrschaft sich für einen großen Teil der Welt als **imperialistische Unterdrückung** dargestellt hatte, als Ausbeutung und **Fremdherrschaft.**

Imperialismus der Großmächte

Adenauer thematisiert auch nicht, dass es 1914 vor allem **Deutschland** gewesen war, welches das europäische Gleichgewicht durch seine weltpolitischen Ambitionen als verspäteter Nationalstaat, durch Flottenrüstung und **Großmachtstreben** gestört und zum Einsturz gebracht hatte.

Deutschlands Rolle als Störer des Gleichgewichts

Man ginge aber fehl, wenn man Adenauer wegen der „Auslassung" dieser Punkte auf einer Parteitagsrede Geschichtsklitterung oder gar eine heimliche Liebe zum Imperialismus unterstellen würde. Dagegen spricht auch, dass er die verhängnisvolle deutsch-französische „Erbfeindschaft", die das Verhältnis zwischen Deutschland und Frankreich im Jahre 1914 prägte, in dieser Rede an anderer Stelle sehr deutlich anspricht.

einschränkendes Fazit

4 **TIPP** *Anforderungsbereich: II/III, Bewertungseinheiten: AFB II: 5/AFB III: 15*

Bei dieser Aufgabe sollen Sie den Zusammenhang zwischen Adenauers Weltsicht und der konkreten Politik, die er als Kanzler der Bundesrepublik zwischen 1949 und 1957 betrieb, aufzeigen, an entscheidenden Stationen demonstrieren und anschließend dazu eine eigene Stellungnahme entwickeln. Adenauers „Weltsicht" wird man allerdings schwerlich allein aus seiner Parteitagsrede erschließen können, Sie sollten hier auf biografisches Hintergrundwissen über den ersten Bundeskanzler und auf seinen „Wertehorizont" zurückgreifen können.

Einleitung

Adenauers Außenpolitik

Als Kanzler der Bundesrepublik zwischen 1949 und 1963 steht Adenauer **außenpolitisch** für die Durchsetzung der politischen, wirtschaftlichen und militärischen Westintegration der Bundesrepublik. Die wichtigsten Etappen der Westintegration waren.

- Politisch: der Beitritt zum Europa-Rat 1951, die Pariser Verträge 1955, insbesondere **der Deutschlandvertrag**, der deutsch-französische Freundschaftsvertrag von 1963

- Wirtschaftlich: die Montan-Union von 1951 und **die EWG von 1957**, die Vorläuferin der heutigen EU
- Militärisch: die Europäische Verteidigungsgemeinschaft von 1952 und nach deren Scheitern **der NATO-Beitritt von 1955**

Innenpolitisch steht Adenauer für die Durchsetzung der **Sozialen Marktwirtschaft**, also einer freiheitlich-marktwirtschaftlich geprägten Wirtschaftsordnung mit starken ordnungspolitischen und sozialen Bindungen (Kartellpolitik, Tarifautonomie, Rentendynamisierung).

Adenauers Innenpolitik

Wo aber liegt nun der Zusammenhang zwischen diesen von Adenauer zu verantwortenden Grundentscheidungen und seiner politischen „Sichtweise"?

Erörterung

Adenauer war als Persönlichkeit stark geprägt vom **rheinischen Katholizismus** mit seiner Naturrechtslehre und der Wertschätzung für das verantwortlich handelnde Individuum. Seine tiefe Bindung an das Christentum bewahrte ihn vor jeder Art von „**Staatsvergottung**".

Adenauers katholische Prägung

Seine Prägung durch die „christlich-abendländische Kultur" hatte ihn in den 1930er-Jahren in Opposition zum Nationalsozialismus gebracht, jetzt nach dem Kriege sah er Deutschland von einer neuen „kollektivistischen Macht" bedroht, der bolschewistischen Sowjetunion. Mit der **kommunistischen Sowjetunion** war für Adenauer nach dem Nationalsozialismus eine neue, aber ähnlich gefährliche ideologisch geprägte Macht auf den Plan getreten, die kein anderes Ziel verfolgte als die Weltrevolution und letztlich die **Auslöschung der christlich-abendländischen Kultur.**

Adenauers Ablehnung ideologisch geprägter Mächte

Ein großer Teil seines politischen Wirkens nach 1945 war darauf gerichtet, wenigstens den Westdeutschen die Unterwerfung unter diese nach seiner Ansicht gottlose und menschenverachtende Ideologie, die er mit Unfreiheit gleichsetzte, zu ersparen. Die oben aufgelisteten außenpolitischen Entscheidungen dienten zum großen Teil diesem Ziel. Denn gegen diese neue Bedrohung mussten sich seiner Ansicht nach alle freien Völker, alle europäischen Nationen mit freiheitlich-demokratischer Grundordnung zusammenschließen und dazu ihre **alten Gegensätze überwinden** – so z. B. **die Deutschen und die Franzosen** ihre jahrhundertealte „Erbfeindschaft".

Förderung der deutsch-französischen Freundschaft

Das politische Ergebnis dieser Haltung war die Westintegration der Bundesrepublik, der deutsche Beitritt zur NATO und die deutsche Wiederbewaffnung, damit Deutschland seinen Beitrag leisten konnte zur Verteidigung der westlichen Welt. Nur von einer „**Politik der Stärke**" erhoffte sich Adenauer eine Abwehr der kommunistischen Expansion und auf lange Sicht vielleicht deren Zurückdrängen.

Westintegration und „Politik der Stärke"

Die notwendige Ergänzung der militärischen Stärke, welche die NATO und der atomare Schutzschild der USA verbürgen sollten, war der rasche wirtschaftliche Wiederaufbau und die Erlangung von **Wohlstand für breite Bevölkerungsschichten** auf der Basis eines marktwirtschaftlichen Systems, dessen Effektivität die östliche Planwirtschaft in den Schatten stellte, aber auch auf der Grundlage der **wirtschaftlichen Integration Westeuropas** durch die EWG, von der die Bundesrepublik als Exportnation besonders profitierte.

Einsatz für Soziale Marktwirtschaft

Die wirtschaftliche Prosperität und die politische Stabilität der Bundesrepublik und Westeuropas, so hoffte Adenauer, werde auf lange Sicht wie ein **Magnet** auf die Bevölkerung der SBZ und die anderen osteuropäischen Länder wirken. Schließlich werde die Sowjetunion ihre Satellitenstaaten freigeben müssen.

„Magnet-Theorie"

Im Lichte der **Entspannungspolitik der 1970er-Jahre** und der „**Normalisierung**" des Verhältnisses zu den osteuropäischen Staaten ist Adenauers „Politik der Stärke" und zum Beispiel das Festhalten am westdeutschen „**Alleinvertretungsanspruch**" manchmal als „halsstarrig", „überholt" und „unflexibel" kritisiert worden und in der Tat hat sich die deutsche Außenpolitik im Zuge des Disengagements der Großmächte stark verändert.

Kritik an Adenauers Politik im Zuge der Entspannung der 1970er-Jahre

Man sollte aber nicht vergessen, dass Adenauers Westintegration und die feste Verankerung der Bundesrepublik in der NATO erst die Voraussetzungen geschaffen haben, auf denen Willy Brandt mit seiner neuen Ostpolitik und Helmut Kohl in den Wendejahren mit seiner Vereinigungspolitik aufbauen konnten.

Fazit

Adenauers Politik als Grundlage für Neue Ostpolitik und Wiedervereinigung

Und schließlich: Hat Adenauer mit seiner „Magnet-Theorie" am Ende nicht Recht behalten?

Der Weg zum Grundgesetz und die Weimarer Verfassung

Aufgabenstellung

1 Fassen Sie zusammen, welche Besonderheiten Richard von Weizsäcker in Bezug auf die Gründung der Bundesrepublik Deutschland hervorhebt. (20 BE)

2 Erläutern Sie, in welcher Weise die Mütter und Väter des Grundgesetzes „Lehren aus verhängnisvollen Schwächen der ersten Republik“ gezogen haben. (25 BE)

3.1 Stellen Sie unter Einbeziehung der Quelle dar, welche wesentlichen Entwicklungen und Entscheidungen seit der deutschen Kapitulation zur Gründung der Bundesrepublik Deutschland führten. (25 BE)

3.2 „Unsere Verfassung ist kein Werk der Siegermächte, sondern deutsch.“ Diskutieren Sie diese These Weizsäckers, indem Sie die Einflussmöglichkeiten westdeutscher Politiker auf die Staatsgründung der Bundesrepublik Deutschland untersuchen. (30 BE)

Hinweise:
Die Rechtschreibung entspricht der Textvorlage.

M **Aus der Rede des Bundespräsidenten Richard von Weizsäcker bei einem Staatsakt in der Beethovenhalle in Bonn am 24. Mai 1989**

Heute vor 40 Jahren trat das Grundgesetz für die Bundesrepublik Deutschland in Kraft. Nach schwerer Vergangenheit hatten Deutsche wieder einen eigenen Staat. Er umfaßte nur einen Teil Deutschlands. Er war nicht souverän. Es herrschte große Not. Aber in dieser Stunde kehrten Deutsche in den Kreis der Völker zurück, die Verantwortung für sich selbst zu tragen. Sie taten diesen Schritt als freie Menschen.

Kaum je ist ein Staat so zur Welt gekommen. Im Zeichen der Spannung zwischen Ost und West war die Initiative von den Besatzungsmächten ausgegangen, vor allem von Amerika. Ein alliierter Auftrag zur Staatsgründung erreichte die Ministerpräsidenten, und diese zögerten. Sie waren Patrioten und wollten die Teilung Deutschlands nicht verfestigen.

Die Weichen waren aber inzwischen durch die neue weltpolitische Lage gestellt. Die Sorgen der Menschen galten den Gefahren aus dem Osten und dem Wiederaufbau zu Hause nach der Währungsreform. Man mußte sich der Wirklichkeit stellen und handeln.

So schufen die Länder und der Parlamentarische Rat trotz ihrer Vorbehalte, die sie ehren, den neuen Bundesstaat. Sie verstanden ihn nicht als Absage an das ganze Deutschland, sondern, wie Theodor Heuß ihn nannte, als Transitorium[1].

Der eigene Wille war dort am stärksten, wo die Selbstbestimmung am größten war: bei den Verfassungsgrundsätzen selbst. Es fehlte zwar nicht an Vorgaben durch die Alliierten und an trefflichen Vorbildern westlicher Demokratien. Was aber die Väter und die vier höchst eindrucksvollen Mütter des Grundgesetzes beschlossen, entsprang ihrer eigenen Überzeugung.

Sie knüpften an deutsche Verfassungen an. Sie selbst zogen Lehren aus verhängnisvollen Schwächen der ersten Republik. Sie handelten im eigenen tiefen Bewußtsein der Notwendigkeit, umzukehren nach dem namenlosen Leid und Unrecht der zurückliegenden Jahre. Unsere Verfassung ist kein Werk der Siegermächte, sondern deutsch.

Am 8. Mai 1945 hatte die Deutsche Wehrmacht bedingungslos kapituliert. Am gleichen Tag vier Jahre später wurde mit der Verabschiedung des Grundgesetzes durch den Parlamentarischen Rat der Weg zu einem deutschen Staat frei, der für Demokratie, Menschenrecht und Frieden einsteht und sich heute in aller Welt Achtung erworben hat. […]

Richard von Weizsäcker, Reden und Interviews, Band 5, hg. vom Presse- und Informationsdienst der Bundesregierung, Bonn 1989, S. 227 f.

Anmerkungen

1 hier im Sinne von: vorübergehender Zustand

TIPP **Inhaltliche Schwerpunkte**

Die Aufgabenstellung entstammt dem Themenfeld „Die Teilung Deutschlands – eine Nation, zwei Staaten“, hier speziell dem Teilthema „Nachkriegszeit, Entstehung des Kalten Krieges und Teilung Deutschlands“ mit den Aspekten „Besatzungspolitik“ und „Gründung der beiden deutschen Staaten“. Kursübergreifende Relevanz hat der Bezug zur Weimarer Republik sowohl in dem Themenfeld „Die Weimarer Republik als erste deutsche Demokratie“ als auch in dem Themenfeld „Aushöhlung der Demokratie und Errichtung der Diktatur in Deutschland“. Dabei spielen besonders das Stichwort „Verfassung“ unter dem Teilthema „Entstehungsbedingungen und innenpolitische Entwicklung“ sowie „Ursachen des Scheiterns der Weimarer Republik (strukturelle Belastungen und politische Fehlentscheidungen 1930–1933)“ eine Rolle.

Lösungsvorschlag

1 **TIPP** *Anforderungsbereich: I/II, Bewertungseinheiten: AFB I: 15/AFB II: 5*

In dieser Aufgabe sollen Sie im Grunde eine Zusammenfassung der Ausführungen Weizsäckers liefern, denn dessen Rede thematisiert zum großen Teil die besondere Situation der Bundesrepublik bei deren Gründung. Es handelt sich um reine Textarbeit, bei der Sie als Beleg Ihrer Darstellung die Fundstelle im Text angeben sollten. Empfehlenswert ist, dass Sie Ihre Ausführungen mit einer Einleitung in die übergeordnete Aufgabenstellung und die Textgrundlage beginnen.

Einleitung
Autor, Quelle, Datierung, Thema

Im Folgenden wird der Weg zum **Grundgesetz** der Bundesrepublik Deutschland im Jahr 1949 anhand einer **Rede** des Bundespräsidenten Richard von Weizsäcker von 1989 behandelt. Dabei stehen die **Entstehungsbedingungen** vor dem Hintergrund der Erfahrungen aus der Weimarer Republik im Vordergrund.

Zusammenfassung
Nachkriegssituation in Deutschland

Weizsäcker verweist in seiner Rede, die er zum 40. Jubiläum des Grundgesetzes bei einem Staatsakt in Bonn gehalten hat, auf die **besondere Situation**, in der man sich in Deutschland im Jahre 1949 befand. Nach einer schweren Vergangenheit (vgl. Z. 2) während der Zeit des **Nationalsozialismus** mit **Krieg** und der darauf folgenden **Besatzung** sei Deutschland 1949 durch Teilung, Verlust der Souveränität und innere Notlage gekennzeichnet gewesen (vgl. Z. 3). Der Impuls zur Staatsgründung sei von alliierter Seite ausgegangen (vgl. Z. 8), was zunächst auf wenig Gegenliebe aufseiten der Ministerpräsidenten der deutschen Länder stieß, da diese die **Teilung Deutschlands** damit nicht befördern wollten (vgl. Z. 9 f.).

Staatsgründung im Kontext des beginnenden Kalten Kriegs

Aber die damalige weltpolitische Lage habe im Zeichen des beginnenden **Ost-West-Konflikts** keine andere Wahl zugelassen, da laut Weizsäcker außenpolitisch vor allem die Gefahr des Sowjetkommunismus und innenpolitisch der Wiederaufbau im Blickpunkt standen (vgl. Z. 11 ff.). So ließen sich die Väter und Mütter des Grundgesetzes auf die **Schaffung eines Bundesstaates** im Westen als **Übergangslösung** ein (vgl. Z. 15 ff.).

westliche Demokratien und Erfahrungen von Weimar als Grundlage

Doch trotz der ursprünglichen Vorgabe durch die Alliierten und dem **Vorbild der westlichen Demokratien** nutzten die Urheber des Grundgesetzes ihren Spielraum vor allem in der Formulierung der Verfassungsgrundsätze, bei der sie sich von den **Erfahrungen der Weimarer Republik** leiten ließen, so Weizsäcker (vgl. Z. 18 ff.).

2 **TIPP** *Anforderungsbereich: II, Bewertungseinheiten: 25*

Der Operator „erläutern" verlangt von Ihnen folgende Kompetenzen: Sie sollen Ihr Hintergrundwissen über die Ursachen des Scheiterns der Weimarer Republik aktivieren und anhand der Grundgesetzartikel herausarbeiten, inwiefern diese Fehler, die sich hier vor allem auf die Konstruktion der Weimarer Verfassung beziehen, bei der Erarbeitung des Grundgesetzes bedacht wurden. Es empfiehlt sich, zunächst die entscheidenden Schwachstellen der Verfassung von Weimar zu benennen, um dann anhand der grundgesetzlichen Bestimmungen zu belegen, ob und mit welcher Absicht Lehren aus Weimar gezogen wurden.

Schwächen der Weimarer Verfassung

Stellung des Reichspräsidenten als „Ersatzkaiser"

Bei den „Lehren aus verhängnisvollen Schwächen der ersten Republik" (Z. 23 f.), die von Weizsäcker anspricht, bezieht er sich auf das Verfassungswerk. Unbestritten enthielt die **Weimarer Verfassung** Bestimmungen, die den Gegnern der Demokratie in die Hände spielten und zur Aushöhlung der ersten Demokratie auf deutschem Boden führten. Zunächst ist hier die **exponierte Stellung des Reichspräsidenten** zu nennen, der **direkt vom Volk gewählt** wurde. Er war eine Art „Ersatzkaiser" mit nahezu monarchischen Vollmachten: Er war nicht nur Oberbefehlshaber des Heeres, sondern er konnte nach Art. 25 den **Reichstag auflösen** und nach Art. 48 **Notverordnungen in Kraft setzen**, d. h. unter Umgehung des Parlaments in Krisenzeiten Gesetze erlassen. Nicht zu Unrecht hat man darin eine **Entmachtung der Legislative** gesehen, die den Weg des Kompromisses nicht mehr einschlagen musste, da zur Not auch der Reichspräsident allein Gesetze durchbringen konnte.

Splitterparteien im Reichstag

Ein weiterer Schwachpunkt der Weimarer Verfassung war das **absolute Verhältniswahlrecht**. Jede Partei stellte entsprechend ihrem Stimmenanteil Abgeordnete im Reichstag, was zu einer **Zersplitterung des Parlaments** mit einer Vielzahl an größeren und kleineren Parteien führte. Dies erschwerte die Regierungsbildung in erheblichem Maße.

„Lehren aus Weimar"

repräsentative Rolle des Bundespräsidenten

Beide Fehlkonstruktionen wurden im Zuge der Erarbeitung des Grundgesetzes der Bundesrepublik berücksichtigt. Zum einen reduzierte man die **Stellung des Bundespräsidenten** als Staatsoberhaupt auf eine nahezu rein **repräsentative Rolle**, abgesehen von der Gegenzeichnung und Ausfertigung von Gesetzen. Er kann den Bundestag nur auflösen, wenn es keine regierungsfähige Mehrheit im Parlament gibt. Dem Bedeutungsverlust entsprechend, sah man von der Direktwahl des Staatsoberhauptes ab und schuf mit der **Bundesversammlung** ein Gremium, das die Mehrheitsverhältnisse in Bund und Ländern widerspiegelt und den Bundespräsidenten alle fünf Jahre zu wählen hat.

Zum anderen errichtete man die **5-Prozent-Hürde**, um **klare Mehrheitsverhältnisse** im Parlament zu garantieren und damit die Regierungsbildung zu erleichtern. Denn die Entwicklung in Weimar hatte gezeigt, was passiert, wenn viele kleinere Parteien mit ideologisch dezidierten Positionen zu einer konstruktiven Mitarbeit im Parlament nicht fähig sind, stattdessen aber die Politik lähmen und so den Gegnern der Demokratie Vorschub leisten, sofern sie nicht selbst die Demokratie ablehnen. Das Grundgesetz, dessen Artikel 1 und 20 unveränderbar sind, um einen Rückfall in die Diktatur zu verhindern, sieht im Wahlrecht nun eine **Kombination aus Mehrheits- und Verhältniswahlrecht** vor (Erst- und Zweitstimme).

Anpassung des Wahlrechts

Das Bundesverfassungsgericht kann **verfassungsfeindliche Parteien verbieten**, die Parteien, die den Auftrag zur **Teilnahme an der politischen Willensbildung** haben, sind laut Art. 21 GG auf demokratische Grundsätze verpflichtet. Der **Wesensgehalt der Grundrechte ist unantastbar**.

Bundesrepublik als „wehrhafte" Demokratie

Insgesamt ist also festzustellen, dass die Urheber des Grundgesetzes vor allem die Rolle des Parlaments als wirklicher Legislative und des Bundeskanzlers als Kopf einer durchsetzungsfähigen Exekutive zu stärken versuchten und dagegen die Stellung des Staatsoberhaupts auf die Repräsentation Deutschlands beschränkten. Durch das Mittel des **konstruktiven Misstrauensvotums** als einzigem Weg zur Abwahl eines Kanzlers sollte die **Kontinuität einer Regierung** gewährleistet werden. Zudem erarbeitete man einen Grundrechtekatalog, der vor zukünftiger Aushöhlung geschützt wurde. Damit wollte man die „Selbstpreisgabe der Demokratie" (Karl Dietrich Bracher), wie sie sich Anfang der 1930er-Jahre vollzogen hatte, verhindern.

Zusammenfassung

3.1 **TIPP** *Anforderungsbereich: I/II, Bewertungseinheiten: AFB I: 10/AFB II: 15*

Bei dieser Teilaufgabe geht darum, auf der Basis Ihres Faktenwissens und der Ausführungen der Quelle eine strukturierte Darstellung der Zeitspanne zwischen 1945 und 1949 zu präsentieren. Bei der Beantwortung wird keine lückenlose Darstellung erwartet, sondern eine Konzentration auf wesentliche Etappen und Ziele der Politik der Siegermächte.

Einleitung

Weg zur Staatsgründung

Infolge der bedingungslosen Kapitulation des Deutschen Reiches am 8. Mai 1945 übten die alliierten Siegermächte die Kontrolle im besetzten Deutschland aus. Der Auftrag zur Staatsgründung der Bundesrepublik erging laut von Weizsäcker von den Alliierten, allen voran den USA, an die Ministerpräsidenten der Länder. Der Prozess der Ausarbeitung einer Verfassung von 1948/49 mündete schließlich in die Geburtsstunde des Grundgesetzes am 24. Mai 1949. Dazwischen liegt eine Reihe von prägenden politischen und wirtschaftlichen Entscheidungen, die im Folgenden in einen Erklärungszusammenhang gestellt werden sollen.

Darstellung der Besatzungszeit
von der Potsdamer Konferenz bis zur Etablierung des Ost-West-Konflikts

Zunächst teilten die Siegermächte UdSSR, USA und Großbritannien Deutschland auf der **Potsdamer Konferenz** im Sommer 1945 in **vier Besatzungszonen** und Berlin in vier Sektoren auf. Zwar traten bereits 1945 Differenzen zwischen den Besatzungsmächten, vor allem zwischen den drei westlichen und der Sowjetunion, zutage; doch einigte man sich grundsätzlich auf vier Essentials, die **4 Ds** (Denazifizierung, Demilitarisierung, Demokratisierung und Demontage; mitunter wird in diesem Zusammenhang auch die Dezentralisierung genannt, die allerdings durch Potsdam bereits umgesetzt worden war). In Bezug auf die Form der Demokratisierung und die staatliche Neuordnung war man von Beginn an zerstritten. Der anfängliche Versuch der gemeinsamen Verwaltung des besiegten Deutschland geriet angesichts der Spannungen auf den **Außenministerkonferenzen** der Folgezeit zusehends aus dem Blick. Vielmehr vereinigten die USA und Großbritannien ihre beiden Besatzungszonen Angang 1947 zur sogenannten **Bizone**, nicht zuletzt um einen **einheitlichen Wirtschaftsraum** zu schaffen. Im Jahr darauf erweiterte man das Gebiet um die französische Besatzungszone zur **Trizone**, in die umfangreiche **Finanzhilfen im Zuge des Marshallplans** (European Recovery Program) der USA flossen, der den Wiederaufbau der westdeutschen Wirtschaft beschleunigen und die Bevölkerung an die USA und deren politisches und ökonomisches System binden sollte. Der Marshallplan war ein wesentlicher Schritt auf dem Weg zur Westbindung Westdeutschlands und damit auch zur Gründung der Bundesrepublik. Diese Politik der USA entsprach der generellen Linie der amerikanischen Außenpolitik. Mit der **Containment-Politik** wollte man die Ausbreitung des Kommunismus eindämmen. Präsident Truman erläuterte diese Strategie der USA, die man fortan als **Truman-Doktrin** bezeichnete, in einer Rede vor dem Kongress im März 1947: Umfangreiche Finanz- und Militärhilfe für gefährdete Staaten sollten diese auf die Seite des demokratischen Westens ziehen. Damit wurde der Ost-West-Konflikt weiter angeheizt und die deutsche Teilung zementiert.

Beschluss zur Weststaatsgründung

Die logische Folge war der Beschluss zur Schaffung eines demokratischen westdeutschen Staates auf der **Londoner Sechs-Mächte-Konferenz** im Jahr 1948. Nun war der Weg frei zur **Ausarbeitung einer Verfassung**, und im Juli 1948 erhielten die Ministerpräsidenten der drei westlichen Besatzungszonen einen entsprechenden Auftrag durch die westlichen Militärgouverneure (sog. Frankfurter Dokumente).

3.2 **TIPP** *Anforderungsbereich: III, Bewertungseinheiten: 30*

Bei dieser Aufgabe mit dem Operator „diskutieren“ ist zunächst auf der Grundlage des Redetextes zu erläutern, wie die prägnante These von Weizsäcker zu verstehen ist, das heißt: Inwiefern kann man das Grundgesetz als „deutsch“ bezeichnen? Im Zuge einer darauf folgenden Erörterung der These sind Argumente dafür und dagegen anzuführen, um am Ende ein eigenständiges, auf der Basis fundierter Sachkenntnisse zutage gefördertes Ergebnis vorzulegen. Je nachdem, wie Sie Ihre Argumente gewichten, ist ein unterschiedliches Schlussurteil möglich.

Hinführung zur Diskussion
Erläuterung von Weizsäckers These

Mit der These, die Verfassung sei „kein Werk der Siegermächte, sondern deutsch“ (Z. 26), verweist von Weizsäcker auf die Möglichkeiten, die jene, die das Grundgesetz ausarbeiteten, hatten – obwohl der Auftrag von den Westalliierten kam. Deutlich wird dies, wenn er von dem „eigene[n] Wille[n]“ (Z. 18), der „eigenen Überzeugung“ (Z. 22), dem „eigenen tiefen Bewußtsein“ (Z. 24) als Handlungsmaximen der Verfassungsmütter und -väter spricht.

zustimmende Aspekte

Die Praxis bei der Ausarbeitung stützt die These von Weizsäckers: Die Beauftragten des Parlamentarischen Rats konnten ihre Arbeit nahezu eigenständig ausführen und ließen sich dabei, wie von Weizsäcker darlegt, von den historischen Erfahrungen aus der Weimarer Republik leiten.

Eigenständigkeit der deutschen Politiker

Das Zögern der Ministerpräsidenten zeigt, dass man sich auf deutscher Seite der Bedeutung eines westdeutschen Verfassungswerks bewusst war. Dennoch taten sie den Schritt und entschieden sich so bewusst für die Ausgestaltung einer freiheitlich-demokratischen Grundordnung, auch wenn damit die Teilung Deutschlands verfestigt wurde. Dennoch trotzten die verantwortlichen deutschen Politiker den Besatzungsmächten Begrifflichkeiten ab, die eine spätere deutsche Einheit offenließen: Man nannte das Grundgesetz nicht „Verfassung“ und ließ es durch die Länderparlamente statt durch eine Volksabstimmung billigen und machte so den **Charakter eines Provisoriums** deutlich. Auch darauf weist von Weizsäcker in seiner Rede hin (vgl. Z. 15 ff.). Der **Gedanke staatlicher Einheit** wurde ohnehin in der Präambel des Grundgesetzes (Wiedervereinigungsgebot) wachgehalten.

relativierende Aspekte
Vorgaben der Alliierten

Einwenden kann man, dass trotz der Spielräume des Parlamentarischen Rates **Zeitpunkt und Richtung vorgegeben** waren: Von Weizsäcker spricht selbst von einem „alliierte[n] Auftrag zur Staatsgründung“ (Z. 8) sowie „Vorgaben durch die Alliierten“ (Z. 19 f.). So fiel die grundsätzliche Entscheidung zur Schaffung eines westdeutschen Staates auf der Londoner Sechs-Mächte-Konferenz, wie in Aufgabe 3.1 dargelegt. Die Frankfurter Dokumente mit dem Auftrag zur Ausarbeitung einer Verfassung, der an die westdeutschen

Ministerpräsidenten erging, enthielten als Zielvorgabe die **Errichtung eines föderalen demokratischen Staates mit Grundrechtskatalog**. Dazu musste das ausgearbeitete Grundgesetz den Militärgouverneuren **zur Genehmigung vorgelegt** werden.

Fazit

Als Fazit lässt sich formulieren: Trotz der – erwartbaren und, was die demokratischen Grundzüge betrifft, sicher auch weithin unumstrittenen – Vorgaben durch die alliierten Kontrollgremien und der notwendigen Genehmigung war das Grundgesetz der Bundesrepublik Deutschland ein Ergebnis, das deutlich die Handschrift jener Männer und Frauen des Parlamentarischen Rats trägt, die erkennbar Lehren aus den negativen Erfahrungen der Weimarer Republik gezogen haben. Vor dem Hintergrund des Besatzungsstatus nach der Niederlage im Zweiten Weltkrieg hatten die Urheber des Grundgesetzes **genügend Spielraum**, **um dem Grundgesetz den Stempel „deutsch" aufzudrücken** – und zwar im positiven Sinne: um eine „wehrhafte" Demokratie zu schaffen, die eine neuerliche Umgestaltung Deutschlands in einen totalitären Staat dauerhaft verhindern soll.

Hessen Geschichte ▪ Abiturprüfung 2011
Grundkurs ▪ Vorschlag B

Holocaust und die Politik der Bundesrepublik Deutschland

Aufgabenstellung

1 Geben Sie die wesentlichen Inhalte der Quelle in eigenen Worten wieder. (Material) (20 BE)

2.1 „In kürzester Zeit fand man sich jeder Faser menschlicher Würde beraubt.“ (Z. 34) Analysieren Sie – Bezug nehmend auf das Zitat – die Grundzüge der NS-Rassenideologie. (20 BE)

2.2 Erläutern Sie unter Berücksichtigung der Quelle die nationalsozialistische Politik gegenüber der jüdischen Bevölkerung von 1938 bis 1945. (30 BE)

3 Überprüfen Sie, inwiefern die Erfahrung von NS-Staat und Holocaust die Politik der Bundesrepublik Deutschland in verfassungsrechtlicher und politischer Hinsicht prägt(e). (30 BE)

Hinweis:
Anita Lasker-Wallfisch (geboren 1925) stammt aus einer jüdischen Familie. Nach Kriegsbeginn wurde ihre Familie immer stärkerem Druck ausgesetzt und auseinandergerissen. Anita Lasker-Wallfisch wurde wegen „Dokumentenfälschung“ inhaftiert und zu Zwangsarbeit verurteilt. Anschließende Lagerhaft in Auschwitz und Bergen-Belsen überlebte sie vermutlich aufgrund ihres musikalischen Talents: Sie wurde als Cellistin im Lager-Orchester eingesetzt. Die Kursiv- sowie die Rechtschreibung entsprechen der Textvorlage.

M Anita Lasker-Wallfisch: Ihr sollt die Wahrheit erben (1996)

Im November oder Dezember 1943 war es soweit: Ich wurde nach unten gerufen und mußte zu einer „medizinischen Untersuchung“. Es ist kaum zu glauben, aber ich sollte auch ein Papier unterschreiben, daß ich *freiwillig* nach Auschwitz ginge. [...]

Ich verließ das Gefängnis am nächsten Morgen mit der „Grünen Minna“[1], dann bestieg ich einen Gefängnis-Zug. Dort wurde ich mit einigen anderen Gefangenen eingeschlossen, und wir fuhren ab: Richtung OSTEN. Wir kamen in Auschwitz-Birkenau am Abend an. Ich weiß nicht, um welche Zeit. Weiß nur, daß es dunkel war. Wir wurden in eine Baracke gebracht und warteten. [...]

Meine Reisegefährten und ich warteten in dieser Baracke bis Tagesanbruch. Damals wußte ich noch nicht, daß ich die erste Hürde bereits übersprungen hatte. Wenn Transporte in Birkenau ankamen, war eine Empfangskommission von SS-Männern am Bahnsteig, die selektierten, wer ins Lager gelassen würde und wer direkt in die Gaskammer kam.

Mir blieb dieser Selektionsprozeß erspart, und ich verstand den Grund dafür erst später: Ich bin nicht mit einem der üblichen Sammeltransporte für Juden angekommen, sondern in einem Gefängnis-Transport mit relativ wenigen Häftlingen, von denen alle einen Prozeß und eine Verurteilung zu Gefängnisstrafen hinter sich hatten. Dieser Umstand machte uns zu „Karteihäftlingen“. Wir durften nicht sofort vergast werden, denn man könnte uns eventuell noch einmal zu weiteren Zeugenaussagen vor Gericht rufen. [...]

Beim ersten Tageslicht wurden wir in einen anderen Block gebracht. Dort sollte die „Willkommens-Zeremonie“ stattfinden. Ich mußte mich ausziehen, mein Kopf wurde rasiert, und die Nummer 69 388 wurde auf meinen linken Arm tätowiert. All dies wurde, wie ich erst später verstand, nicht von Deutschen, sondern von Häftlingen gemacht, die in diesem Block arbeiteten. [...]

Das Tätowieren war nicht gerade angenehm, denn es wurde mit einem primitiven Gerät ausgeführt, einer Art Federhalter, an dem statt einer Feder eine dicke Nadel befestigt war. Natürlich tat es weh, und ich erinnere mich an Blut und an eine Schwellung. Wahrscheinlich war die Nadel infiziert. Ich glaube kaum, daß sie jemals gesäubert worden ist. [...] Wahrscheinlich hat mich das Abrasieren der Haare doch letzten Endes am tiefsten traumatisiert. Man fühlt sich vollkommen nackt, unendlich verwundbar und zu einem *Niemand* reduziert.

Da stand ich also, splitternackt und ohne Haare, mit einer Nummer auf dem Arm. In kürzester Zeit fand man sich jeder Faser menschlicher Würde beraubt. Wir waren plötzlich kaum noch voneinander zu unterscheiden. [...]

Ich wartete und wartete ... ohne Vorstellung, worauf ich eigentlich wartete. Inzwischen war der Block leer geworden, und ich war allein. Ich sah mich um und bemerkte, daß an der Decke Duschen angebracht waren. Es sah genau so aus, wie ich mir die Gaskammern vorgestellt hatte. Was ich nicht wusste, war, daß ich mich in der „Sauna“ befand. So nannte man damals diesen Block. Es war der „Entlausungs- und Badeblock“.

Ich war vollkommen verwirrt und dachte, daß nun der Moment gekommen sei, auf den ich mich in so vielen qualvollen Nächten im Gefängnis vorzubereiten versucht hatte. Man hatte zu Anfang nur eine ganz vage Vorstellung, wie eine Gaskammer funktioniert. Später haben wir einiges dazugelernt. [...]

Den größten Teil der Zeit verbrachte man beim Zählappell. Man stand im Freien, in Eiseskälte oder Regen, vollkommen unzulänglich bekleidet, fünf lange Reihen, und wartete darauf, abgezählt zu werden.

Diese deutsche Manie, uns abzuzählen, habe ich niemals verstanden. Die Deutschen waren damit beschäftigt, so viele von uns wie möglich zu vernichten – warum sollte es dann so wichtig sein, daß wir alle da sind? So war es aber, und Appellstehen bedeutete eine besondere Tortur. Es war streng verboten, sich zu bewegen, und da diese Prozedur manchmal Stunden und Stunden dauerte, kann man sich vorstellen, was das für Menschen bedeutete, die fast ausnahmslos an Durchfall litten. Auf deutsch: Man stand da, mit fürchterlichen Krämpfen, während die Scheiße einem an den Beinen hinunterlief. Wie leicht war es, uns „dreckige Schweine“ zu nennen! Keiner, der nicht dort war, kann sich vorstellen, wie groß unser Elend war.

Anita Lasker-Wallfisch: Ihr sollt die Wahrheit erben, übersetzt von Stefan Weidl, Bonn: Weidle Verlag 1997.

Anmerkung

1 „Grüne Minna" bezeichnet einen Gefangenentransportwagen der Polizei.

TIPP **Inhaltliche Schwerpunkte**

Im Zentrum der Aufgabe steht das Kursthema „Die nationalsozialistische Diktatur – Zerstörung von Demokratie und Menschenrechten in Deutschland und Europa" mit den Unterrichtsinhalten „Grundzüge des NS-Staats: Terror und Propaganda, ‚Volksgemeinschaft', Exklusion von ‚Gemeinschaftsfremden' (Juden, Sinti und Roma, Homosexuelle, Behinderte, ‚Asoziale')" und „Völkermord und Vernichtungspolitik im Rahmen des Zweiten Weltkriegs (rassenideologischer Vernichtungskrieg gegen die Sowjetunion, Rolle von SS und Wehrmacht, Holocaust und Mord an Sinti und Roma)". Der Kursübergriff zum Halbjahresthema „Die Teilung Deutschlands – eine Nation, zwei Staaten" erfolgt in Teilaufgabe 3. Hier werden die Themen „Nachkriegszeit, Entstehung des Kalten Krieges und Teilung Deutschlands" (unter besonderer Berücksichtigung des Stichwortes „Gründung der beiden deutschen Staaten") und „Westorientierung der Bundesrepublik" aufgegriffen.

Lösungsvorschlag

1 **TIPP** *Anforderungsbereich: I, Bewertungseinheiten: 20*

Zunächst sollen Sie die von der Autorin geschilderte Behandlung der Gefangenen in eigenen Worten ausdrücken. Bitte kennzeichnen Sie wörtliche Zitate mit Anführungszeichen und Zeilenzahl. Bei der Wiedergabe in indirekter Rede verwenden Sie bitte den Konjunktiv.

Einleitung
Autorin, Quelle, Datierung, Thema

In dem vorliegenden **autobiografischen, aus langjährigem Abstand entstandenen Bericht**, verfasst im Jahre 1996 und erschienen 2005 unter dem Titel „Ihr sollt die Wahrheit erben", schildert Anita Lasker-Wallfisch, eine Hamburger Jüdin, was mit ihr und ihren Mitgefangenen auf dem Transport nach **Auschwitz** und anschließend im **Konzentrationslager** geschah.

Wiedergabe des Inhalts
Deportation nach Auschwitz-Birkenau

Frau Lasker-Wallfisch wurde im Winter 1943 zusammen mit weiteren Häftlingen in einem Gefängnistransport von Hamburg nach Birkenau gebracht, wo man sie mit ihren Gefährten bei Dunkelheit in einer Baracke einschloss. Als verurteilte „Dokumentenfälscherin" war sie zum „Karteihäftlin[g]" (Z. 18) geworden und auf diese

Weise der sonst üblichen **Selektion** durch die **SS** an der Rampe entgangen.

Am Morgen nach ihrer Ankunft mussten sich die Gefangenen nackt ausziehen, es wurde ihnen der Kopf geschoren und jedem von ihnen wurde mit einer dicken, schmutzigen Nadel eine fünfstellige Nummer in den linken Arm tätowiert. Diese Tätigkeiten erledigten andere Auschwitz-Häftlinge, was Frau Lasker-Wallfisch – wohl aufgrund des Redeverbots – damals aber noch nicht wusste. Man sei durch diese Prozedur „zu einem *Niemand* reduziert" (Z. 32) und „jeder **Faser menschlicher Würde beraubt**" (Z. 34) worden. Als Frau Lasker-Wallfisch anschließend in einen Duschraum geführt wurde, überkamen sie Todesängste, weil sie glaubte, in eine **Gaskammer** geraten zu sein. Es handelte sich aber um den „Entlausungs- und Badeblock" (Z. 40).

Ankunft und Behandlung im Lager

Als eine besonders peinigende und entwürdigende Tortur beschreibt Frau Lasker-Wallfisch die vielen zum normalen Lagerleben gehörenden „**Zählappelle**", bei denen die Häftlinge bei Regen oder Eiseskälte, geplagt von Krämpfen und Durchfall, oft stundenlang im Freien stehen mussten und sich nicht bewegen durften.

Beschreibung von Appellen

2.1 **TIPP** *Anforderungsbereich: II, Bewertungseinheiten: 20*

Hier soll die Rassenideologie des Nationalsozialismus im Zusammenhang dargestellt und herausgearbeitet werden, dass die entwürdigende, unmenschliche Behandlung der jüdischen Häftlinge in Auschwitz aus dieser Weltanschauung folgte.

Hinführung zur Analyse

Erläuterung des Zitats

Dass die jüdischen Häftlinge in Auschwitz, wenn sie der sofortigen Selektion für die Gaskammer entgingen, bereits unmittelbar nach ihrer Ankunft durch die von Frau Lasker-Wallfisch drastisch geschilderte schikanöse Prozedur „jeder Faser menschlicher Würde beraubt" wurden, war Ausdruck des Rassismus, der ein zentrales Element der nationalsozialistischen Ideologie („Weltanschauung") darstellt. Im rassischen Antisemitismus wurden die Juden als Feinde der „Arier" in einem ewigen „**Kampf ums Dasein**" um gebrandmarkt.

Analyse

Einteilung der Menschen in höher- und minderwertige „Rassen

Die „**Arier**" und die „arischen" Deutschen seien als Angehörige einer „**Herrenrasse**" entsprechend dem „**Recht des Stärkeren**" dazu ausersehen, die Weltherrschaft zu gewinnen und neuen „**Lebensraum**" für sich zu erobern. Dabei stehe es ihnen zu, „nichtarische" Völker wie etwa die Slawen zu unterwerfen und sich dienstbar zu machen.

Antisemitismus und Sozialdarwinismus

Die **Juden** wurden von den NS-Ideologen als „Untermenschen" tituliert, die nicht zur deutschen „**Volksgemeinschaft**" gehörten. Weil die Juden den „arischen" Herrschaftsanspruch nicht anerkennen würden und sich insbesondere gegen Deutschland verschworen hätten, seien die „arischen" deutschen „Herrenmenschen" zum Kampf gegen die „jüdische Rasse" gezwungen und im Kriegsfalle zu deren Vernichtung geradezu verpflichtet. Die NS-Ideologie beruht also auf dem **Sozialdarwinismus**, ein ideologisch begründeter, scheinwissenschaftlicher Biologismus tritt an die Stelle der bis dahin gültigen humanistischen Prinzipien des christlichen Abendlandes.

Absage an Werte von Aufklärung und Humanismus

Man hat die NS-Ideologie als einen **Rückfall hinter die Aufklärung** bezeichnet, und in der Tat: die Gleichheit all dessen, was Menschenantlitz trägt und der daraus folgende Respekt vor der **Würde jedes einzelnen** menschlichen Individuums wird von den Nationalsozialisten radikal abgelehnt. In ihren Augen sind die Menschen nicht gleich, ihr Wert richtet sich vielmehr nach ihrer Rassenzugehörigkeit und die Bedeutung des Einzelnen verschwindet hinter dem völkischen Kollektiv („**Volksgemeinschaft**"): „Du bist nichts, dein Volk ist alles!"

Fazit

Der Bericht von Frau Lasker-Wallfisch über die Behandlung der jüdischen Gefangenen in Auschwitz ist ein einprägsamer Beleg für die radikale Umsetzung dieser verbrecherischen Ideologie in den Vernichtungslagern.

2.2 **TIPP** *Anforderungsbereich: II, Bewertungseinheiten: 30*

Die Aufgabe fordert, die Entwicklung der nationalsozialistischen Judenverfolgung ab 1938 unter Bezugnahme auf die Quelle darzustellen und zu verdeutlichen.

Erläuterung der NS-Rassenpolitik und des Holocaust

Ausgrenzung und Entrechtung

Nachdem die **Ausgrenzung** und **Entrechtung** der deutschen Juden in den Jahren zwischen 1933 und 1938 durch eine permanente antisemitische Propaganda sowie auf der Grundlage von NS-Gesetzen und Bestimmungen wie den **Nürnberger Gesetzen**, der Aberkennung der deutschen Staatsbürgerschaft, Berufsverboten, „Arisierungen" jüdischer Betriebe und unzähligen weiteren Schikanen und Demütigungen vorangetrieben worden war, begann mit der **Reichspogromnacht** am 9. November 1938 die Phase der offenen Verfolgung, die letztlich in den **Holocaust** mündete.

Reichspogromnacht

In dieser Nacht stürmten SA und SS auf Befehl von Goebbels die Synagogen und verbliebenen jüdischen Geschäfte; das Inventar wurde zertrümmert, die Gebäude in Brand gesteckt, viele Juden festgesetzt und sogar an Ort und Stelle ermordet. Für den Schaden, den die SA in dieser „Reichskristallnacht" anrichtete, mussten die überlebenden Juden aufkommen, ihnen wurde eine **Sonderabgabe** auferlegt.

Im Januar 1939 kündigte Adolf Hitler im Deutschen Reichstag öffentlich an, das Ergebnis des nächsten Weltkriegs werde „die Vernichtung der jüdischen Rasse in Europa" sein.

Plan zur Vernichtung der Juden in Europa

Nach Kriegsbeginn wurden Juden in **Arbeitshäusern** kaserniert und zur **Zwangsarbeit** herangezogen, nach der raschen Niederlage Polens wurde mit der **Gettoisierung** der polnischen Juden begonnen. In Warschau, Lodz und anderen Städten entstanden große Judengettos, in denen man die polnischen Juden zusammenpferchte, um sie von der Außenwelt abzuriegeln, unter strikter Kontrolle zu halten und für demütigende Arbeitseinsätze verfügbar zu machen. In den Gettos herrschten Hunger und Seuchen.

Zwangsarbeit und Gettoisierung

Nach dem **Angriff auf die Sowjetunion** und dem deutschen Vorstoß in deren Westgebiete im Juni 1941 begannen hinter der Front **Einsatzkommandos der SS** mit dem Zusammentreiben und Erschießen Tausender russischer und ukrainischer Juden, die sich ihre Massengräber teilweise vorher selbst ausheben mussten. Weil diese Hinrichtungsarbeit langwierig und für die ausführenden Männer belastend war, suchte man nach „rationelleren" Methoden zur **organisierten Massentötung**. So entstanden ab 1941 Auschwitz, Treblinka und die anderen **Vernichtungslager**, in denen die Menschen mit Zyklon B vergast und anschließend verbrannt wurden.

Massenerschießungen und Errichtung von Vernichtungslagern

Im Januar 1942 beriet in Berlin unter der Leitung von **Reinhard Heydrich** die sogenannte **Wannsee-Konferenz** über die **„Endlösung der Judenfrage"**. Dort wurde von den versammelten NS-Bürokraten beschlossen, die Juden aus ganz Europa und allen von Deutschland besetzten Gebieten systematisch festzusetzen und sie nach einer Phase der Zwangsarbeit in dafür errichteten Vernichtungslagern in Osteuropa zu töten. Bis Kriegsende wurden in diesen Lagern mehr als **sechs Millionen Juden** unter barbarischen Umständen ermordet. Frau Lasker-Wallfisch entging dieser Vernichtung nur deshalb, weil sie als Cellistin im Lagerorchester von Auschwitz eingesetzt war.

Beschluss zur „Endlösung der Judenfrage" auf der Wannsee-Konferenz und dessen Umsetzung

3 **TIPP** *Anforderungsbereich: III, Bewertungseinheiten: 30*

In dieser Aufgabe geht es um eine Problemorientierung, mit der auch der kursübergreifende Bezug hergestellt wird. Sie sollten in Ihren Ausführungen mindestens jeweils zwei Beispiele für die Beeinflussung von Verfassung und Politik der Bundesrepublik Deutschland durch die traumatische Erfahrung des „Dritten Reichs" anführen.

Die Erfahrungen von NS-Staat und Holocaust haben die Beratungen des **Grundgesetzes** im **Parlamentarischen Rat** im Jahr 1948 nachhaltig beeinflusst. Vor allem wollten die Väter und Mütter der Verfassung verhindern, dass sich noch einmal, wie die Weimarer Republik, ein demokratischer Staat durch einige wenige **Notverordnungen** und Reichstagsbeschlüsse in ein totalitäres Regime verwandelt, das außerhalb von Verfassung und Recht agieren konnte.

Beeinflussung in verfassungsrechtlicher Hinsicht

Daher hat man an den Anfang des Grundgesetzes einen **Katalog von Grund- und Menschenrechten** gestellt, der die entscheidenden Grundlagen des demokratischen Staates vor Übergriffen von Extremisten schützen soll. Folgende **Verfassungsprinzipien** sind nach dem Grundgesetz **unantastbar:** Menschenwürde, Grund- und Menschenrechte, Demokratieprinzip, föderalistische Ordnung, Rechtsstaat, also die Bindung der Staatsorgane an Verfassung, Recht und Gesetz; das Mehrparteienprinzip und das Prinzip der Gewaltenteilung sind ebenfalls im Grundgesetz verankert.

Verankerung von Grund- und Menschenrechten

Außerdem wurde in der Verfassung implizit der Grundsatz der „**wehrhaften Demokratie**" verankert: Wer demnach die demokratischen Freiheits- und Grundrechte gegen die freiheitliche Ordnung missbraucht, der kann sie „verwirken". Das bedeutet, dass etwa eine Versammlung, auf der zum Kampf gegen die freiheitliche Ordnung aufgerufen wird, durch die Polizei aufgelöst werden oder ein Verein, der antisemitische Flugblätter verteilt, verboten werden kann, und selbst eine Partei, die gegen die demokratische Ordnung vorgeht, setzt sich der Überwachung durch den **Verfassungsschutz** bzw. dem Verbot aus. Das **politische Strafrecht** kennt den Tatbestand der **Volksverhetzung**. Demnach kann mit Gefängnis bis zu fünf Jahren bestraft werden, wer zum Hass gegen Teile der Bevölkerung aufstachelt.

Etablierung einer „wehrhaften" Demokratie

Auf der Bundesrepublik Deutschland lastet der Holocaust bis heute als eine schwere Hypothek. Während die Deutschen unmittelbar nach dem Krieg und in den 1950er-Jahren trotz der **Nürnberger Kriegsverbrecherprozesse** die Nazi-Verbrechen eher verdrängten, wurden diese mit dem **Eichmann-Prozess** in Jerusalem und dem **Auschwitz-Prozess** in Frankfurt seit den 60er-Jahren auch durch die Medien in das öffentliche Bewusstsein der nachfolgenden Generation gerückt. Es begann eine Phase der **Aufarbeitung der Vergangenheit**, in deren Verlauf sich die deutsche Politik, aber auch das deutsche Volk, der Schwere und der Einmaligkeit dieser Verbrechen bewusst wurde.

Beeinflussung in politischer Hinsicht

Auseinandersetzung mit NS-Verbrechen

Besonders stark prägte der Holocaust naturgemäß das Verhältnis Deutschlands zu dem jungen **Staat Israel**, der ja erst unter dem Eindruck des Holocaust geschaffen worden war. Sehr bald nach ihrer Gründung leistete die Bundesrepublik unter **Kanzler Konrad Ade-**

Politik der „Wiedergutmachung"

nauer durch **Wiedergutmachungszahlungen** an überlebende jüdische Familien in Israel einen wichtigen Beitrag zum Aufbau und zur Konsolidierung des jüdischen Staats. Seit der Aufnahme diplomatischer Beziehungen zwischen beiden Staaten im Jahre 1965 ist jede Bundesregierung auf eine besondere Pflege des deutsch-israelischen Verhältnisses bedacht.

Westintegration

Als 1949, keine fünf Jahre nach dem Krieg, im Zuge des sich verschärfenden **Ost-West-Gegensatzes**, auf Initiative der Alliierten in Westdeutschland überraschend schnell wieder ein Staat entstand – wenn auch nur ein Teilstaat –, da war sich Konrad Adenauer, der erste Kanzler dieses Staates, im Gegensatz zu vielen seiner Landsleute darüber im Klaren, dass man angesichts der deutschen Vergangenheit lange brauchen würde, um bei Deutschlands Nachbarn und Partnern wieder Vertrauen aufzubauen. Adenauer sah in der Einbindung der Bundesrepublik in internationale Bündnisse, die nach dem **Petersberger Abkommen** vom November 1949 grundsätzlich möglich wurden, große Chancen. So sprach er sich für die **Montanunion**, die **EVG** und eine deutsche **NATO-Mitgliedschaft** aus, auch wenn die Bundesrepublik anfangs nicht immer voll gleichberechtigter Partner war. Für ihn waren diese Integrationsschritte **vertrauensbildende Maßnahmen**, er vermied bewusst jede Geste nationalen Auftrumpfens und jeden Verdacht, einen nationalen Sonderweg gehen zu wollen. Mit der Bekundung einer unverbrüchlichen **Westbindung Deutschlands** zog Adenauer die Lehren aus der damals noch sehr präsenten nationalsozialistischen Vergangenheit.

Neue Ostpolitik

Die sozialdemokratische Opposition schwenkte nach schweren Kämpfen Anfang der 1960er-Jahre außenpolitisch auf Adenauers Kurs ein. So erlangte sie die Handlungsfreiheit, nach dem Regierungswechsel von 1969 gegenüber den osteuropäischen Ländern nachzuholen, was Adenauer gegenüber Westeuropa gelungen war. Durch die **Neue Ostpolitik**, den Verzicht auf die in Hitlers Krieg verlorenen Ostgebiete und die Anerkennung der Nachkriegsgrenzen gelang **Willy Brandt**, dem ehemaligen Widerstandskämpfer, in den 1970er-Jahren für Deutschland ein Stück **Aussöhnung mit den Ländern Osteuropas**, die unter dem Weltkrieg und den Verbrechen der Nazis in besonderer Weise gelitten hatten.

Fazit

Erst durch diesen doppelten Aussohnungsprozess wurden die Voraussetzungen dafür geschaffen, dass die westlichen und die östlichen Nachbarn Deutschlands die Wiederherstellung der **deutschen Einheit** akzeptieren konnten, als sich im Jahre 1990 die Chance dazu bot.

Konservatismus und nationalsozialistischer „Führerstaat“

Aufgabenstellung

1 Fassen Sie die Haltung Moeller van den Brucks zur Demokratie im Allgemeinen und zur Weimarer Republik im Besonderen zusammen. (Material) (25 BE)

2 Erläutern Sie unter Berücksichtigung der Position des Autors die politische und ökonomische Situation der Weimarer Republik 1923. (20 BE)

3 Untersuchen Sie unter Berücksichtigung geeigneter Beispiele der nationalsozialistischen Machtergreifung, wie der von Moeller van den Bruck propagierte „Führergedanke“ im nationalsozialistischen Staat umgesetzt wurde. (30 BE)

4 Diskutieren Sie die These, der Konservatismus des frühen 19. Jahrhunderts habe wesentliche Gedanken Moeller van den Brucks vorweggenommen. (25 BE)

Hinweis:
Arthur Moeller van den Bruck (1876 –1925), Schriftsteller, der Titel seines 1923 erschienenen Buches „Das dritte Reich“ diente dem Nationalsozialismus als politisches Schlagwort. Die Rechtschreibung entspricht der Textvorlage.

M Arthur Moeller van den Bruck: Das dritte Reich (1923)

Das Genie des deutschen Volkes ist nicht revolutionär. Es ist erst recht nicht liberal. Es ist konservativ. [...]

Der liberale Mensch verstand, die Jahre zu nutzen, die hinter uns liegen. Er befestigte während dieser Zeit seine politische Stellung in den demokratischen Errungenschaften der Revolution und, wenn es nur eben anging, durch ergebene Erfüllung des Friedens von Versailles. Er nahm die Verhältnisse hin, zu denen der Ausgang des Weltkrieges das Reich heruntergebracht hatte, ja, er suchte sich mit ihnen abzufinden und fand sie, indem er sie nach Möglichkeit beschönigte, durchaus erträglich und wohlgefällig. Der liberale Mensch ist immer Bejaher, schon um des Lebens willen, das er so liebt. Also bejahte er auch dieses Leben, das wir nach dem Befehle unserer Führer führen mußten. Der liberale Mensch frißt jede Schande, die man ihm hinwirft. [...]

Welche Sache ist heute unsere Sache? Welche kann sie nur sein? Welche muß sie sein? Der liberale Mensch möchte noch immer eine westliche Sache aus ihr machen, und der revolutionäre Mensch seine weltproletarische. Alle Erfahrungen von Versailles haben den Einen, alle Erfahrungen mit Moskau und der Nationalisierung des Sowjetstaates haben den Anderen nicht von gehegten Lieblingsvorstellungen abzubringen vermocht. Der konservative Mensch ist sich klar darüber, daß es sich für uns nunmehr und nur noch um die deutsche Sache handelt.

[...] Die Entstehung der deutschen Republik ist beispiellos. Sie entstand aus der Revolution. Und die Revolution entstand aus Verrat. Und der Verrat entstand aus Dummheit.

Es wird schwer sein, es wird vielleicht ganz unmöglich sein, wenn erst das Volk sich als Nation fühlt, diese Zusammenhänge jemals aus der Erinnerung seiner Menschen zu löschen. Am neunten November[1], der ein so unreines Ereignis gewesen ist, wie der erste August[2] ein reines Erlebnis gewesen war, wurde die politische Erneuerung verfehlt. [...]

Wir brauchen nicht Demokraten, die von vornherein Partei sind, sondern volkliche Führer, die wir, ob sie nun in demokratischer oder aristokratischer Prägung, als Mariuscharaktere oder als Sullanaturelle[3] erscheinen, gar nicht erst zu fragen brauchen, welcher Partei sie angehören, weil ihre Partei von vornherein Deutschland ist. [...]

Wir brauchen, es ist sehr möglich, vielleicht sogar eine sehr lange und wechselnde Folge von solchen Führern, in denen sich die Politisierung der Nation als Nationalisierung des Volkes verkörpert; von Führern, in denen sich der Übergang von der deutschen Geschichte von Gestern über die Revolution hinweg in eine deutsche Geschichte von Morgen vollzieht, in die wir ohne sie führerlos hineintreiben würden [...].

Die Enttäuschung durch den Parteigedanken bedeutet Bereitschaft für den Führergedanken. Und die Jugend hat sich diesem Führergedanken ganz unterstellt. In der Monarchie war kein Raum für ihn. Die Monarchie beanspruchte selber die Führung. Aber sie tat es mit einer Ausschließlichkeit, die nicht mehr auf Verdienst, sondern auf Herkommen beruhte. Erst die Revolution hat den Führergedanken freigegeben. Sie selber hat ihn als revolutionären Führergedanken in den Verführern verfehlt. Aber sie hat ihn als konservativen Führergedanken ausgelöst und dem Manne überantwortet, der nicht zersetzt, sondern erhält.

Arthur Moeller van den Bruck: Das dritte Reich, 1931 (zuerst erschienen 1923), S. 249 f., 275 f., 279 ff.

Anmerkungen

1 Gemeint ist der 9. November 1918 als ein Datum, das für den Beginn der Weimarer Republik steht.

2 Gemeint ist der 1. August 1914 als ein Datum, das für den Beginn des Ersten Weltkrieges steht (deutsche Kriegserklärung an Russland).

3 Gaius Marius (157–86 v. Chr.), aus dem Bauernstand stammend, und Lucius Cornelius Sulla (138–78 v. Chr.), führender Vertreter der konservativen Adelspartei, waren römische Feldherren, Konsuln und Diktatoren in der Zeit der Krise der Römischen Republik.

TIPP **Inhaltliche Schwerpunkte**

Die Aufgabe bezieht sich hauptsächlich auf die Themenfelder „Aushöhlung der Demokratie und Errichtung der Diktatur in Deutschland" sowie „Die nationalsozialistische Diktatur – Zerstörung von Demokratie und Menschenrechten in Deutschland und Europa". Der Schwerpunkt der Aufgabe liegt dabei auf dem Aspekt der Bedeutung des Führerprinzips im Nationalsozialismus und dessen Umsetzung in der Praxis. Dazu gehören Kenntnisse über die Zerschlagung des demokratischen Rechtsstaates, Terror und Propaganda, den Prozess der „Gleichschaltung", die Wirtschafts- und Sozialpolitik im Nationalsozialismus und die Situation ausgegrenzter und verfolgter Minderheiten. Weiterhin sind auch Gesichtspunkte der NS-Ideologie zu berücksichtigen. Wichtig ist außerdem das Themenfeld „Die Weimarer Republik als erste deutsche Demokratie", aus dem besonders der Punkt „Entstehungsbedingungen und innenpolitische Entwicklung", vor allem das Stichwort „Krisenjahr 1923" eine Rolle spielt. Die halbjahresübergreifenden Bezüge werden durch die letzte Aufgabe hergestellt. Dazu benötigen Sie Kenntnisse aus dem Themenfeld „Die deutsche Revolution von 1848/49 – Markstein auf dem Weg zu Parlamentarismus, Demokratie und Nationalstaat?". Insbesondere geht es um die Restaurationszeit und die Wiederherstellung der vorrevolutionären Ordnung in Deutschland, also um den Schwerpunkt „Entstehung, Entwicklung und Unterdrückung der liberal-nationalen Bewegung im europäischen Kontext (1813/15–1848)".

Lösungsvorschlag

1 **TIPP** *Anforderungsbereich: I/II, Bewertungseinheiten: AFB I: 15/AFB II: 10*

Einleitend sollten Sie einige Bemerkungen über den Autor, die Art der Quelle und den Zeitpunkt ihrer Veröffentlichung machen. Fassen Sie den Text zusammen, indem Sie nach einschlägigen Aussagen aus allen Teilen der Quelle suchen. Für die Zusammenfassung sollen Sie zwischen zwei Gesichtspunkten unterscheiden: die Haltung des Autors zur Demokratie im Allgemeinen und die Haltung des Autors zur Weimarer Republik im Besonderen. Benennen Sie zunächst auf der Grundlage des Textes Aussagen über Moeller van den Brucks Haltung zur Demokratie. Eine eingehende Kommentierung ist hier nicht erforderlich, jedoch sollte aus der Zusammenfassung die politische Einordnung des Verfassers hervorgehen. Achten Sie auf eine sprachliche Distanz zu den Aussagen des Autors (Benutzung des Konjunktivs).

Der vorliegende Textauszug stammt aus einem Buch, das im Jahr 1923 erschien. Autor ist der Schriftsteller **Arthur Moeller van den Bruck**, der sich mit seinem Werk „Das dritte Reich" an ein **breites Lesepublikum** wendet. In der Quelle rechnet er mit dem liberal-demokratischen System der Weimarer Republik ab und sieht im **Führerstaat** die Herrschaftsform der Zukunft.

Einleitung
Quelle, Autor, Erscheinungszeitpunkt, Adressaten, Thema

Zur **Demokratie im Allgemeinen** äußert er sich folgendermaßen: Gleich zu Beginn seiner Ausführungen verortet der Autor die **politische Grundhaltung** der Deutschen im **Konservatismus**. Damit einhergehend erfolgt die **Ablehnung des Parteienpluralismus** demokratischer Prägung: So sei die politische Veranlagung („Genie") der Deutschen nicht liberal (vgl. Z. 1). Auch benötige Deutschland keine Demokraten, sondern „**volkliche Führer**" (Z. 27 f.). In diesem Zusammenhang verweist der Autor auf die beiden römischen Feldherren, Gaius Marius und Lucius Cornelius Sulla, die in Krisenzeiten vom römischen Senat zum Diktator bestellt wurden. Als **zentrale Aufgabe** der kommenden Führung sieht er die „**Nationalisierung des Volkes**" (Z. 32 f.) an. Dabei mag dieser Prozess über eine längere und wechselnde Folge von Führern erfolgen. Eine **monarchische Führung** wird von Moeller van den Bruck **abgelehnt**, da diese nicht auf Verdienst, sondern auf Herkommen beruhe (vgl. Z. 39 f.). Die **Revolution von 1918/19** habe zwar den **Führergedanken freigesetzt**, deren Protagonisten seien aber den Aufgaben nicht gewachsen gewesen. Im abschließenden Satz bringt er den Führergedanken erneut mit dem Konservatismus in Zusammenhang (vgl. „konservativen Führergedanken", Z. 42).

Zusammenfassung
Haltung des Verfassers zur Demokratie

Die **Weimarer Republik** stellt Moeller van den Bruck in folgenden Zusammenhang:
Die **Republik** sei aus der Revolution hervorgegangen, diese wiederum aus dem **Verrat** (vgl. Z. 19 f.). Jedoch **habe keine politische Erneuerung** stattgefunden, vielmehr sei der 9. November ein „unreines Ereignis", dagegen der 1. August, der Beginn des Ersten Weltkriegs, ein „reines Erlebnis" („Augusterlebnis", vgl. Z. 25) gewesen. Die neue politische Führung habe ihre Machtstellung unter anderem durch die Erfüllung der Friedensbedingungen gesichert (vgl. Z. 3 ff.). Mit scharfen Worten zeichnet Moeller van den Bruck das vermeintliche Bild eines **opportunistischen Systems**. Der liberale Mensch sei immer ein Bejaher und fresse jede Schande, die man ihm hinwerfe (vgl. Z. 9 f.). Auch der Frieden von Versailles sei durch „ergebene Erfüllung" zustande gekommen. Die Erfahrungen von Versailles hätten jedoch weder die Anhänger der „westlichen Sache" noch die Anhänger der proletarischen Weltrevolution von ihren Vorstellungen abgebracht. So verbleibe letztlich nur der **konservative Mensch**, der für die „**deutsche Sache**" einstehe (vgl. Z. 17 f.).

Haltung des Verfassers zur Weimarer Republik

2 **TIPP** *Anforderungsbereich: II, Bewertungseinheiten: 20*

Bei der Bearbeitung dieser Teilaufgabe geht es darum, durch Darlegung historischer Ereignisse und Beispiele die politische und wirtschaftliche Situation der Weimarer Republik im Jahr 1923 zu erläutern. Auch ist es möglich, unter Berücksichtigung der Quelle Bezüge zu weiteren Ereignissen der ersten Phase der Weimarer Republik herzustellen.

Ausgangsbedingungen

Versailler Vertrag

Zum Zeitpunkt der Veröffentlichung des Buches befand sich die Republik in einer schweren Krise. Zu den **Belastungsfaktoren für die junge Weimarer Republik** gehörte der von Moeller van den Bruck **angesprochene Versailler Vertrag**, der das Deutsche Reich zu Gebietsabtretungen, Reparationszahlungen und zu einer umfassenden Abrüstung verpflichtete. Besonders schwer wog zudem der **Kriegsschuldartikel** (Artikel 231), der Deutschland und seinen Verbündeten die Hauptschuld am Ersten Weltkrieg zuschrieb und von großen Teilen der Bevölkerung als Schmach und Ungerechtigkeit empfunden wurde. Der in der Quelle angesprochene „Verrat" (Z. 20) lässt sich mit der „**Dolchstoßlegende**" in Verbindung bringen. Die von führenden Vertretern der Obersten Heeresleitung in Umlauf gebrachte und von rechtsextremen und völkischen Gruppen weiter fabulierte Verschwörungstheorie schob die Schuld der Kriegsniederlage Liberalen, Sozialdemokraten und Juden zu. Das deutsche Heer sei im Ersten Weltkrieg „im Felde unbesiegt" geblieben und habe erst in der Revolution durch oppositionelle „vaterlandslose" Zivilisten aus der Heimat einen „Dolchstoß von hinten" erhalten. Diese damit verbundene **Diskreditierung der Republik** macht sich auch Moeller van den Bruck zu eigen.

Krisenjahr 1923

Das Jahr **1923** gilt gemeinhin als das „**Krisenjahr**" der Weimarer Republik.

„Ruhrkampf"

Im Januar 1923 kam es zur Eskalation des bis dahin schwelenden **Reparationskonflikts**. Die alliierte Reparationskommission rügte eine Verfehlung Deutschlands bei den Kohlelieferungen, kurz darauf marschierten französische und belgische Truppen in das Ruhrgebiet ein. Die Reichsregierung verkündete daraufhin den „passiven Widerstand", der sogenannte „**Ruhrkampf**" begann. Politisch und wirtschaftlich war diese Maßnahme nicht durchzuhalten. Im September 1923 erfolgte der Abbruch des passiven Widerstands an der Ruhr.

Inflation

Der Ruhrkampf beschleunigte den **Verfall der deutschen Währung**, da der Staat in dieser Zeit die Löhne der Arbeiter übernehmen musste und dafür mehr Geld drucken ließ. Der Grundstein der Inflation war indessen bereits bei Kriegsbeginn 1914 mit den Gesetzen zur Kriegsfinanzierung gelegt worden. Schon während der Kriegsjahre verdoppelten sich die Kosten für die Ernährung. Die Teuerung ebbte auch nicht wie erhofft mit dem Kriegsende ab, sondern entwickelte sich vielmehr bis 1922 von einer schleichenden zu einer **galoppierenden Inflation**. Grund für den explosionsartigen Verfall der Mark war die ansteigende Nachfrage nach Importgütern, nachdem der Versailler Friedensvertrag unterzeichnet wurde und Deutschland wieder Zugang zum Weltmarkt hatte. Dadurch stieg das Angebot der Mark im Ausland deutlich, der Geldwert sank, sodass sich die Importe weiter verteuerten. Die deutschen Exporteure zogen aus dieser Entwicklung zwar kurzfristig Nutzen, da sie ihre Produkte auf dem Weltmarkt billiger anbieten konnten. Zu den **Inflationsverlierern** gehörte aber längerfristig insbesondere der **Mittelstand,** der infolge der zunehmenden Verproletarisierung von den demokratischen Repräsentanten des Weimarer Systems abrückte.

separatistische Bestrebungen

Nach dem Ende der Weimarer Koalition und mehreren Neuwahlen kam es im August 1923 zu einer **Großen Koalition unter Gustav Stresemann**. Die Regierung Stresemann sah sich weiteren innenpolitischen Herausforderungen gegenüber. **Separatistische Bewegungen** waren vor allem im Westen des Reiches, im Rheinland und in der Pfalz, aktiv. Unter dem Schutz französischer und belgischer Truppen sammelten Separatistenführer ihre Anhänger. Ziel der Bewegung war die Bildung eines an Frankreich angelehnten „Pufferstaates“. Das Ziel eines vom Deutschen Reich abgetrennten Rheinlands verfolgte die französische Außenpolitik bereits seit 1918/19. Einen Höhepunkt erreichten die Separatismusbewegungen, als am 21. Oktober 1923 in Aachen die „**Rheinische Republik**“ ausgerufen wurde, auf die Besetzungen der deutschen Amtsgebäude in Mainz, später auch in anderen rheinischen Städten folgten. Insgesamt waren die Separatisten in der Bevölkerung beinahe vollständig isoliert und konnten ihr Ziel nie ernsthaft erreichen. Trotz der einhelligen Ablehnung des Separatismus war im Spätherbst des Jahres die Gefahr einer partiellen Autonomie oder gar die Abtrennung aus finanziellen Gründen jedoch sehr realistisch gewesen.

Aufstände von links in Sachsen und Thüringen

In **Sachsen** kam es am 10. Oktober 1923 zu einer Linksregierung (SPD/KPD) unter dem sozialdemokratischen Ministerpräsidenten Erich Zeigner. Die Kommunisten übernahmen dabei die Ministerien für Wirtschaft und Finanzen. Kaum eine Woche später folgte ein gleiches Regierungsbündnis auf strikt legalem Wege in **Thüringen**. Wie zu erwarten war, nahm die Reichswehr die **Bildung linker Einheitsfrontregierungen** nicht tatenlos hin. Am 13. Oktober erließ General Müller, Inhaber der vollziehenden Gewalt in Sachsen, ein Verbot der „Proletarischen Hundertschaften“, mit deren Aufstellung die Landesregierung begonnen hatte. Drei Tage später gab Müller nach Rücksprache mit dem Reichswehrminister der Regierung Zeigner bekannt, dass ab sofort die sächsische Polizei der unmittelbaren Befehlsgewalt der Reichswehr unterstellt sei.

Niederschlagung der Aufstände von links

Die Haltung der sächsischen Sozialdemokraten führte zu Differenzen mit der Parteiführung in Berlin. Auch innerhalb der KPD waren die Auffassungen über ein derartiges Bündnis nicht einheitlich. Während ihr linker Flügel die Koalition mit den Sozialdemokraten als Verrat sah, hofften die Befürworter der Einheitsfront, diese als Ausgangspunkt für die Radikalisierung der Arbeiterschaft zu nutzen und von Sachsen aus einen „**deutschen Oktober**" inszenieren zu können. Ohne einen förmlichen Kabinettsbeschluss erfolgte am 22. Oktober der Einmarsch der Reichswehr in Sachsen; fünf Tage später erfolgte der **Reichsexekutionsbeschluss**, die Einsetzung eines zivilen Staatskommissars. Der **kommunistische Aufstand in Hamburg** am 23. Oktober endete bereits einen Tag später erfolglos.

Reichswehr als „Staat im Staat"

Eine wesentlich weniger energische Haltung als gegenüber der sächsischen Regierung legten Reichsregierung und -wehrführung gegenüber **Bayern** an den Tag. Hier bestand weiterhin der Konflikt, dass der von der bayerischen Regierung bestellte Staatskommissar Kahr formell ein Untergebener der Reichswehr war. Am 20. Oktober hatte gar die bayerische Regierung die Verfügung über die in Bayern stehenden Reichswehrtruppen übernommen. Als bayerischer Landeskommandant wurde **General Lossow** eingesetzt, der damit der Führung in Berlin **den Gehorsam verweigerte**.

Die zögerliche Haltung der Reichsregierung und Reichswehrführung hatte zur Folge, dass die SPD am 3. November aus der Großen Koalition im Reich ausschied. Die von Ebert gewünschte Reichsexekution erklärte **General von Seeckt** für unmöglich. Stattdessen forderte er von Ebert **Diktaturvollmachten**, was dieser ablehnte. Seeckt ließ gegenüber Kahr große Sympathien für seine Vorstellungen erkennen, beharrte aber auf der Legalität des Machtwechsels.

Hitler-Ludendorff-Putsch

Um den Plänen Kahrs zuvorzukommen und seine eigenständige politische Rolle zu sichern, versuchte Hitler sich an die Spitze der Aufstandsbewegung zu setzen. Die Gelegenheit bot sich am 8. November bei einer Kundgebung im Bürgerbräukeller in München. Hitler ließ das Versammlungslokal umstellen und zwang die Veranstalter Lossow, Kahr und Seißer, sich auf seine Seite zu stellen. Diese revidierten ihre Entscheidung aber noch in derselben Nacht. Der Marsch **Ludendorffs und Hitlers** am Morgen des **9. November** durch die Münchener Innenstadt zur Feldherrnhalle (Hitler-Putsch) endete im Kugelhagel.

Stabilisierung durch Regierung Stresemann

Das politische **Verdienst der Regierung Stresemann** im Jahr 1923 kann man gar nicht hoch genug veranschlagen. So gelang es ihr, die Alliierten für eine Mitwirkung an der Ordnung der finanziellen und wirtschaftlichen Verhältnisse zu interessieren. Diese Mitwirkung führte zu der Einberufung des Gremiums von internationalen Experten, das im Januar 1924 zusammentrat und unter dem Namen **Dawes-Komitee** bekannt geworden ist. Die rechten und linken Putschversuche wurden niedergeschlagen. Insgesamt ging die Republik gestärkt aus dem Krisenjahr 1923 hervor. Die **Umsturzfantasien Moeller van den Brucks** scheinen am Ende des Jahres jeden **Bezug zur Realität verloren** zu haben.

3 **TIPP** *Anforderungsbereich: II, Bewertungseinheiten: 30*

Bei der Bearbeitung der dritten Teilaufgabe geht es darum darzustellen, wie der von Moeller van den Bruck propagierte Führergedanke im Nationalsozialismus umgesetzt wurde und dies durch geeignete Beispiele zu belegen. Dabei reicht es, eingangs kurz auf die zweifelsfreie Tatsache der Umsetzung zu verweisen, jedoch nachfolgend diese an den gewählten Beispielen deutlich zu machen und entsprechend der Aufgabenstellung zu kommentieren.

Einleitung

„Führergedanke" in der NS-Ideologie

Der **Führergedanke** fand in der Person Adolf Hitler seine Umsetzung im Dritten Reich. Bereits in der Weimarer Republik erfuhr die **Erwartung eines charismatischen Führers**, der das deutsche Volk aus Not und Krise führen würde, starken Zulauf. Hitler selbst trug viel dazu bei, sich als **über den Parteien** (auch der eigenen) stehende Figur zu stilisieren, die über jeden Zweifel erhaben war und unnahbar wirkte („Wenn das der Führer wüßte."). Innerhalb der **NS-Ideologie** war das „Führerprinzip" ein zentraler Baustein, der mit der Ablehnung liberaler und demokratischer Züge einherging. Die NS-Bewegung sah sich als etwas vollkommen Neues, das, wie Moeller van den Bruck postulierte, auch über die aristokratischen Ansprüche hinwegging.

Umsetzung des „Führergedankens" im NS-Staat

„Gleichschaltung"

In der politischen und gesellschaftlichen Praxis fand die Umsetzung des Führergedankens in verschiedenen Formen statt. Die „**Gleichschaltungspolitik**" der Nationalsozialisten richtete alle Institutionen, Organisationen und Verbände nach dem „Führerprinzip" aus, die **Hitlerjugend** etwa ebenso wie die Wirtschaft. Die **Gewerkschaften wurden verboten** und durch die Deutsche Arbeitsfront (DAF) ersetzt. Die **Wehrmacht** versicherte ihre Loyalität gegenüber Hitler, indem die Soldaten ab August 1934 den **Eid auf den „Führer"** ablegten. Das Führerprinzip wird auch in der Titelbezeichnung ganz offensichtlich. Hitler hatte nach dem Tod Hindenburgs offiziell den **Titel „Führer und Reichskanzler"** angenommen. Aber auch die Durchdringung der Gesellschaft mit dem Führerprinzip bis ins Alltäglichste wird durch den **Hitlergruß** („Heil Hitler!") deutlich.

Führermythos der Propaganda

Durch **Propaganda** und **Massenveranstaltungen** wurde das Führerprinzip kultiviert. Zusätzlich stärkten die Hitler zugeschriebenen

Erfolge in der Wirtschafts- und in der Außenpolitik bis 1939 den Glauben an den „Führer".

Etablierung des Führerstaats

Betrachtet man die politische Errichtung des Führerstaats, in dem alle institutionellen Ansatzpunkte für die Entwicklung organisierter und individueller Gegenkräfte ausgeschaltet wurden, so muss man den Blick auf die **erste Phase der Machtsicherung** vom 30. Januar 1933, der Ernennung Hitlers zum Reichskanzler, bis zum Tod Hindenburgs im August 1934 richten.

– Ausschaltung der Grundrechte und der Gewaltenteilung

Die „**Reichstagsbrandverordnung**" vom 28. Februar 1933 setzte die wesentlichen Grundrechte außer Kraft: Freiheit der Person, Meinungs-, Presse-, Vereins- und Versammlungsfreiheit, Post- und Fernsprechgeheimnis, Unverletzlichkeit von Eigentum und Wohnung. Die offiziell noch in der Brandnacht erlassene Notverordnung des Reichspräsidenten „zum Schutz von Volk und Staat" gehört zusammen mit dem **Ermächtigungsgesetz** vom 23. März zu den wichtigsten Instrumenten der nationalsozialistischen Machteroberung. Das Ermächtigungsgesetz zur „Behebung der Not von Volk und Staat" vom 23. März 1933 bedeutete die Ausschaltung des Parlaments und der Weimarer Verfassung. Die Regierung konnte nun Gesetze verfassungsändernden Inhalts, soweit sie nicht die Einrichtung des Reichstags und Rechte des Reichspräsidenten berührten, erlassen. Damit ging die Legislative in die Hände der Regierung Hitlers über.

– „Gleichschaltung der Länder" und „Wiederherstellung des Berufsbeamtentums"

Bei der „**Gleichschaltung der Länder**" mussten diese ihre Hoheitsrechte auf das Reich übertragen. Zwischen dem 5. und dem 9. März 1933 erfolgte die Eroberung der nicht-nationalsozialistischen Länder. Dieser Vorgang verlief zumeist nach dem gleichen Muster: SA- und SS-Leute sorgten für Provokationen und Kundgebungen des sogenannten „Volkszorns". Der Reichsinnenminister setzte unter Berufung auf Artikel 2 der „Reichstagsbrandverordnung" die Landesregierung ab und dafür einen Kommissar, in der Regel den zuständigen Gauleiter der NSDAP oder einen anderen führenden Nationalsozialisten, ein und ernannte auch kommissarische Polizeipräsidenten. Durch das „**Gesetz zur Wiederherstellung des Berufsbeamtentums**" vom 7. April 1933 wurden politisch unliebsame Personen und Juden vom Beamtenstatus ausgeschlossen.

– Ausschaltung der parteiinternen Opposition

Unter dem Vorwand eines unmittelbar drohenden Putsches der SA („**Röhm-Putsch**") wurden zwischen dem 30. Juni und dem 3. Juli 1934 höhere SA-Führer, darunter Röhm, von der Gestapo und der SS verhaftet und ohne Verfahren erschossen. Auch etliche andere politische Gegner und Konkurrenten, derer sich das Regime entledigen wollte, wurden bei dieser Aktion ermordet.

– Bildung des Einparteienstaats

Am 22. Juni 1933 wurde die **SPD verboten**. Bis zum 5. Juli lösten sich die übrigen Parteien selbst auf. Der Vorgang veränderte auch die Situation im Koalitionskabinett, denn mit der Ausschaltung des

Reichstags verlor der nationalistische Minister Hugenberg die Basis seines Einflusses. Als seine Partei, die DNVP, sich selbst auflöste, trat auch er als Minister zurück. Das Gesetz gegen die Neubildung von Parteien vom 14. Juli 1933 verwandelte Deutschland schließlich in einen **Einparteienstaat**.

4 **TIPP** *Anforderungsbereich: III, Bewertungseinheiten: 25*

Die Aufgabenstellung verlangt von Ihnen, die Aussagen der Quelle in Beziehung zum Gedankengut einer anderen Epoche (frühes 19. Jahrhundert) zu setzen. Beschäftigen Sie sich zunächst mit dem Begriff „Konservatismus des frühen 19. Jahrhunderts" und überlegen Sie, welche Verwendungsformen es für diesen Begriff gibt. Anschließend untersuchen Sie, welche Gemeinsamkeiten und Unterschiede es im Gedankengut des Autors und des Konservatismus des frühen 19. Jahrhunderts gibt. Kommen Sie abschließend zu einer begründeten Bewertung der These.

Einleitung
Erläuterung des Konservatismus im frühen 19. Jahrhundert

Der Konservatismus der **Restaurationszeit** verteidigte die auf dem **Wiener Kongress** (1814/15) etablierte Ordnung gegen die Kräfte, die in Deutschland einen liberalen oder demokratisch organisierten Nationalstaat errichten wollten. Im Interesse des Adels ging es ihm um die **Bewahrung eines monarchischen Staates** und einer ständisch strukturierten Gesellschaft. Die **Karlsbader Beschlüsse** (1819) sollten als Maßnahme die auf dem **Wartburgfest** (1817) geäußerten Forderungen nach **nationaler Einheit und volksrepräsentativer Verfassung** unterdrücken. Auch das Vorgehen gegen die **Göttinger Sieben**, Professoren, die 1837 entlassen wurden, ist in diesem Zusammenhang zu sehen. Der wichtigste **Repräsentant** der restaurativen Politik war der österreichische Staatskanzler **Metternich**, der die **Politik des Deutschen Bundes** bis 1848 bestimmte.

Vergleich mit Ansichten des Verfassers
Gemeinsamkeiten

Betrachtet man die Vorstellungen Moeller van den Brucks und die des Konservatismus im frühen 19. Jahrhundert näher, so lassen sich eine Reihe von **Gemeinsamkeiten** feststellen. Beide lehnen die Ideen der Aufklärung und der Französischen Revolution ab und geben sich ausgesprochen **antiliberal**. Damit einhergehend werden demokratisches Gedankengut, aber auch Ideen des Frühsozialismus abgelehnt. Sowohl Moeller van den Bruck als auch beispielsweise Metternich hatten Angst vor einer „Zersetzung" der Verhältnisse durch revolutionäre Elemente und befürworteten **autoritäre Herrschaftssysteme**. Ebenso waren beide überzeugt von einer grundsätzlichen **konservativen Einstellung der Bevölkerung**.

Unterschiede

Doch es gibt auch gewichtige **Unterschiede**. Geht es dem Konservatismus um die **Verteidigung der Erbmonarchie**, so lehnt Moeller van den Bruck gerade das monarchische Prinzip ab und möchte eine konservative Führerschaft sehen. Zwischen den adeligen, monarchischen Eliten gab es eine internationale Solidarität, wie sie beispielsweise in der **Heiligen Allianz** zwischen Österreich, Preußen und Russland (1815) deutlich wird. Moeller van den Bruck betont hingegen die „deutsche Sache" und den **völkischen Nationalismus**. Schließlich ging es in der Restaurationszeit um die **Verteidigung der bestehenden Verhältnisse**, während der Autor zum Zeitpunkt seiner Buchveröffentlichung die bestehende Ordnung infrage stellt.

Fazit

Trotz mancher grundsätzlichen Gemeinsamkeiten kann man daher **nicht** davon ausgehen, dass der Konservatismus des frühen 19. Jahrhunderts wesentliche Gedanken Moeller van den Brucks **vorweggenommen** hat.

Hessen Geschichte ▪ Abiturprüfung 2013
Grundkurs ▪ Vorschlag B

Nationalsozialistische „Machtergreifung“ – eine Folge der politischen Einstellungen und Strukturen im Kaiserreich?

Aufgabenstellung

1 Fassen Sie Luise Solmitz’ Eindrücke aus den Tagen der „Machtergreifung“ zusammen und charakterisieren Sie ihre Sichtweise. (Material) (35 BE)

2 Erläutern Sie den Prozess der Machtsicherung der NSDAP vom 30. 01. 1933 bis zum Sommer 1934. (35 BE)

3 Bewerten Sie die These, die nationalsozialistische „Machtergreifung“ sei vorrangig durch politische Einstellungen und Strukturen ermöglicht worden, die aus der Zeit des Kaiserreiches seit 1871 stammen. (30 BE)

Hinweise:
Luise Solmitz (1889–1973), Hamburger Lehrerin, verfasste ein umfangreiches Tagebuch. Ihr Ehemann war Jude.
Die Rechtschreibung entspricht der Textvorlage.

M Aus dem Tagebuch von Luise Solmitz (1933)

6. 2. 33

Fackelzug der Nationalsozialisten und Stahlhelmer[1]! Ein wunderbar erhebendes Erlebnis für uns alle. Göring sagt, der Tag der Ernennung Hitlers und des nationalen Kabinetts sei gewesen, wie 1914, und etwas, wie 1914 war auch dies […].

Es wurde 22 Uhr, ehe die ersten Fackeln kamen, und dann folgten sich, wie Wellen im Meer, an 20 000 Braunhemden, begeistert leuchteten die Gesichter im Fackelschein. „Unserm Führer, unserm Reichskanzler Adolf Hitler ein dreifaches Heil!“ … Sie sangen „Die Republik ist Schiet“ und von den Farben „Schwarz-rot-Senf“ und „Der Rotmord hat ein blutiges Gesicht, und wir vergessen den Mord an der Sternschanz nicht[2].“ – Dreckmann wurde da gemordet, und ich erhaschte seinen Namen zufällig auf einer der Fahnen, wohl der, zu deren Abteilung er gehört hat. Die Feldzeichen gleichen zu sehr den römischen.

Nun kamen die Stahlhelmer, eine graue Flut; ruhiger, durchgeistigter vielleicht. Sie brachten auf ihren schönen Fahnen unsere alten Farben schwarz-weiß-rot, oben mit dem Trauerflor. […] Wie schön und erhebend, daß der Bruderzwist[3], der uns so betrübte, beigelegt ist! So, wie heute abend, so müßte es sein und bleiben.

Zwischen den SA-Leuten und dem Stahlhelm aber marschierte eine Abordnung nationaler Studenten. Und sie haben Hamburg erobert. Die Gemüsefrauen und ihre Kundinnen, die gesamte Weiblichkeit ist sich einig: „Nein, diese Studenten! Entzückend. Sie waren doch am schönsten, nech?!"

Es war auch ein prachtvoller Anblick, die schneeweißen, die zinnoberroten, die moosgrünen und schwarzen Farben, die phantastischen Baretts, Stiefel und Stulpen[4] im zuckenden Licht der Fackeln, die Schläger, die Fahnen. Ihnen folgte dann mit klingendem Spiel, mit den alten preußischen Armeemärschen und dem blitzenden Schellenbaum der Stahlhelm.

Den Beschluß des Zuges bildeten die SS-Leute.

Wir waren wie berauscht vor Begeisterung, geblendet vom Licht der Fackeln gerade vor unsern Gesichtern und immer in ihrem Dunst, wie in einer süßen Wolke von Weihrauch. Und vor uns Männer, Männer, Männer, braun, bunt, grau, braun, eine Flut von einer Stunde und 20 Minuten. Im zuckenden Licht der Fackeln meinte man nur einige Typen zu sehen, die immer wiederkehrten, aber es waren an 22–25 000 verschiedene Gesichter! [...]

„Juda, verrecke", wurde auch mal gerufen und vom Judenblut gesungen, das vom Messer spritzen solle. [Späterer Zusatz[5]: Wer nahm das damals ernst?!]

1. 3. 33

I. rief an ... sie hatte nie was für Hitler übrig. Ich fragte, was sie wählten zu Hause? Sie war beinah beleidigt. „Hitler natürlich! [...] Man muß doch jetzt seine Sache mit allen Mitteln stützen!" Das hat für mich den Ausschlag gegeben ... da ihn alle die wählen, für die er damals nicht in Frage kam, ihn, den einzigen, der mich politisch wirklich begeistern kann, weil er ohne Programm (!!) genau das will, was ich, und auch ohne Programm! Deutschland! [...]

Die Reichsregierung sprach ... Göring, der wie ein alter, ergrauter Beamter trocken, voll schwersten Ernstes sachlich Bericht erstattete über die fürchterlichen Mordpläne der Kommunisten, – die sich in die Hochburg Hamburg zurückgezogen haben. Es fing an mit der Überholung des Karl Liebknecht Hauses[6], wo man ein ganzes System unterirdischer Gänge, oberirdischer Galerien entdeckte ... Es wurden Belege zentnerweise zutage gefördert. Geiseln aus Bürgerkreisen, Frauen und Kinder von Polizeibeamten als Kugelfang, Zerstörung aller Kulturgüter, wie in Rußland: Schlösser, Museen, Kirchen.[7] – Man fing an mit dem Reichstag. 28 Brandherde, Schutzhaft über die gesamten kommunistischen Parteiführer. [...] Man wollte bewaffnete Rotten zu Mord und Brand auf die Dörfer schicken, inzw. sollte sich der Terror der von der Polizei entblößten Großstädte bemächtigen. Gift, kochendes Wasser, vom raffiniertesten bis zum ursprünglichsten Werkzeug sollte alles zur Waffe werden. Es klingt wie eine Räubergeschichte, – wenn nicht Rußland wäre, das asiatische Foltermethoden und -orgien erlebt hat, die ein germanisches Hirn selbst dann nicht ersinnen kann, wenn es krank, und nicht glauben, wenn es gesund ist.

Werner Jochmann: Nationalsozialismus und Revolution. Ursprung und Geschichte der NSDAP in Hamburg 1922–1933, Frankfurt/Main: Europäische Verlagsanstalt 1963, S. 422 f., 427 f.

Anmerkungen

1 Der Stahlhelm war ein paramilitärisch organisierter, antidemokratischer Wehrverband mit politischer Nähe zur Deutschnationalen Volkspartei (DNVP).

2 Bei einer gewaltsamen Auseinandersetzung zwischen Kommunisten und Nationalsozialisten im Hamburger Sternschanzviertel starb am 7. 9. 1930 der SA-Truppführer Heinrich Dreckmann.
3 Rivalität zwischen DNVP und NSDAP
4 Uniformteile
5 nach 1945 von Luise Solmitz hinzugefügt
6 Durchsuchung der Parteizentrale der KPD (Karl Liebknecht Haus)
7 scheinbare Belege für einen kommunistischen Umsturzversuch

TIPP **Inhaltliche Schwerpunkte**

Die Aufgabe bezieht sich hauptsächlich auf das Themenfeld „Die Welt zwischen Demokratie und Diktatur (1917–1945)" mit dem Themenschwerpunkt „Die nationalsozialistische Diktatur – Zerstörung von Demokratie und Menschenrechten in Europa". Zur Bearbeitung benötigen Sie Kenntnisse über die Zerschlagung des demokratischen Rechtsstaates, den Prozess der „Gleichschaltung", die Rolle von Propaganda und Terror. Weiterhin sind Wissen über die NS-Ideologie und deren Umsetzung, beispielsweise bei der Ausgrenzung und Verfolgung von Minderheiten, von Bedeutung.
Der halbjahresübergreifende Bezug wird durch die dritte Aufgabe hergestellt. Dazu sind Kenntnisse zum thematischen Schwerpunkt „Herrschaft und Gesellschaft im europäischen Vergleich – ein liberaler Nationalstaat für alle Bürger?" wichtig. Insbesondere geht es um die Grundlinien der Innenpolitik Bismarcks sowie die innenpolitische Rückwirkung der imperialen Politik des Wilhelminischen Kaiserreichs.

Lösungsvorschlag

1 **TIPP** *Anforderungsbereich: I/II, Bewertungseinheiten: AFB I: 25/AFB II: 10*

Einleitend sollten Sie einige Bemerkungen über die Autorin und die Art der Quelle machen. Bearbeiten Sie den Text, indem Sie nach einschlägigen Aussagen aus allen Teilen der Quelle suchen. Bei der Aufgabenstellung geht es darum, zielgerichtet die Hauptaussagen zusammenzufassen. Ihre Meinung, sprich: eine Kommentierung, ist nicht gefragt. Die Aufgabe untergliedert sich in zwei Teilaufgaben, denn weiterhin sollen Sie die Sichtweise der Autorin charakterisieren. Achten Sie auf eine sprachliche Distanz zu den Aussagen der Autorin (Benutzung des Konjunktivs).

Einleitung
Autor, Quelle, Datierung, Anlass, Thema

Die Hamburger Lehrerin Luise Solmitz hinterließ ein umfangreiches **Tagebuch**, dem die beiden vorliegenden Auszüge entnommen sind. Der erste Auszug stammt vom 6. Februar 1933, wenige Tage nach der Übertragung der Kanzlerschaft auf Adolf Hitler, der zweite Auszug wurde am 1. März 1933 verfasst, **kurz nach dem Reichstagsbrand**. Beide Einträge sind privater Art und geben Aufschluss über die **persönliche Stimmung** und Einschätzung der Lage durch die Verfasserin in den ersten Wochen der NS-Herrschaft.

strukturierte Wiedergabe

Tagebucheintrag 1: Beschreibung eines nationalsozialistischen Fackelzugs

Im ersten Auszug **beschreibt** Solmitz einen **abendlichen Fackelzug** durch die Straßen Hamburgs. Dabei marschieren Nationalsozialisten, Mitglieder des Stahlhelms, SA-Leute, nationale Studenten und SS-Leute gemeinsam. Den gemeinsamen Aufmarsch begrüßt Solmitz, da insbesondere der „**Bruderzwist**“ (Z. 14), die Rivalität zwischen NSDAP und DNVP, damit endlich **beigelegt** worden sei. Insgesamt schätzt die Autorin die Anzahl der Teilnehmer auf 22 000 bis 25 000 Personen. Eingangs ihres Tagebucheintrags zitiert Solmitz Hermann Göring, der den Tag der Ernennung Hitlers und des nationalen Kabinetts mit **1914** verglichen hatte. Mit dieser Anspielung ist die begeisterte Stimmung zu Beginn des Ersten Weltkriegs gemeint („**Augusterlebnis**“). Dieser **Begeisterung** folgt auch die Autorin („**Wir waren wie berauscht**“, Z. 26). Während des Umzugs werden gegen die Republik und die Kommunisten gerichtete Parolen skandiert und nationale Symbole des Kaiserreichs gezeigt. Auch **antisemitische Rufe** („Juda, verrecke“) werden laut. In einem nachträglich 1945 von der Autorin zugefügten Vermerk kommentiert sie dies mit den Worten: „Wer nahm das damals ernst?!“ (Z. 33) Damit folgt sie einer weitverbreiteten Entschuldigungsstrategie nach 1945, von den Gräueln nichts gewusst oder geahnt zu haben.

Tagebucheintrag 2: bevorstehende Reichstagswahl (März 1933)

Im zweiten Tagebucheintrag nimmt Solmitz auf die **anstehende Reichstagswahl** Bezug. So berichtet sie von einer Bekannten, die zuvor keine Sympathien für Hitler gehegt habe, nunmehr aber zu einer überzeugten Anhängerin geworden sei. Auch Solmitz gesteht, die Partei Hitlers zu wählen, da dieser sie politisch begeistern könne. Ein politisches Programm spielt für ihre Wahlentscheidung keine Rolle, **die nationale Begeisterung für Deutschland** sei das Programm. Die im Zusammenhang mit dem Reichstagsbrand **angeblich aufgedeckten Mord- und Verschwörungspläne der Kommunisten** klingen für Solmitz wie eine „Räubergeschichte“. Dennoch hält sie die von Göring vorgetragenen Vorwürfe für glaubhaft, da sie Russland und damit auch den Kommunisten **„asiatische Foltermethoden und -orgien“** (Z. 53 f.) zutraut.

Charakterisierung der Sichtweise der Autorin

Die Autorin schildert aus der Sicht einer neugewonnenen Anhängerin Hitlers in **euphorischer Weise** die ersten Wochen der NS-Herrschaft. Mit zahlreichen positiven Attributen beschreibt sie den Fackelzug vom 6. Februar und die herrschende Begeisterung. Die Schilderungen vermitteln zugleich die Faszination der **Inszenierung der „Machtergreifung“**, der die Autorin erliegt („wie Wellen im Meer“, Z. 4 f., „wie in einer süßen Wolke von Weihrauch“, Z. 27 f.).

Antisemitische Äußerungen nimmt sie nicht ernst, trotz ihres **jüdischen Ehemannes**. Sie ist erleichtert über die Vereitelung einer angeblich drohenden kommunistischen Revolution. Der Reichsregierung ist es gelungen, bei ihr **antikommunistische und antibolschewistische Ressentiments** zu wecken. In ihrer **Begeisterung für die Tradition der Monarchie** übersieht sie, dass es den Nationalsozialisten nicht um die Wiederherstellung des Kaiserreichs, sondern um die Etablierung einer neuartigen, **totalitären Führerdiktatur** geht. Dies wurde letztlich auch möglich, da zahlreiche Menschen, wie Solmitz, nicht auf das Programm der NSDAP achteten.

2 **TIPP** *Anforderungsbereich: II, Bewertungseinheiten: 35*

Die Aufgabenstellung erfordert von Ihnen Kenntnisse über die innenpolitische Entwicklung in einem festen Zeitraum (30. Januar 1933 bis Sommer 1934). Dabei ist es sinnvoll, einer weitgehend chronologischen Darlegung zu folgen. Die Arbeitsanweisung verlangt von Ihnen die Erklärung historischer Sachverhalte, die durch zusätzliche Informationen und Beispiele verdeutlicht werden. Die nachfolgenden Aspekte müssen nicht alle thematisiert werden. Es können auch inhaltliche Schwerpunkte gesetzt werden.

Prozess der Machtsicherung

Ernennung Hitlers zum Reichskanzler

Am **30. Januar 1933** wurde Adolf Hitler von Reichspräsident Paul von Hindenburg zum Reichskanzler ernannt. Auf den ersten Blick erschien diese Berufung wie eine weitere in der Reihe der vorherigen Präsidialkabinette (Brüning, von Papen, von Schleicher). Neben Hitler traten noch zwei weitere NSDAP-Mitglieder, Wilhelm Frick als Reichsinnenminister und Hermann Göring als Minister ohne Geschäftsbereich und Kommissarischer preußischer Innenminister, in das Kabinett ein. Die Vorstellung rechtskonservativer Kreise, man könne durch die Hereinnahme von acht nicht-nationalsozialistischen Ministern in die Regierung **Hitler zähmen**, erwies sich bald als folgenschwerer Irrtum.

Verfolgung politischer Gegner

In der zweiten Kabinettssitzung am 1. Februar wurden die **Reichstagsauflösung** und die Festsetzung von **Neuwahlen für den 5. März** beschlossen. Mit dem irreführenden Hinweis auf einen von den Kommunisten geplanten Generalstreik wurde am 4. Februar die **Verordnung des Reichspräsidenten „Zum Schutze des deutschen Volkes“** erlassen. Sie ermöglichte bereits Eingriffe in die Presse- und Versammlungsfreiheit und gab die Handhabe für die ersten Verfolgungen politischer Gegner. Insbesondere in Preußen ging Göring gnadenlos vor. Dort ordnete er am 22. Februar an, SA, SS und Stahlhelmleute als Hilfspolizisten einzusetzen.

„Reichstagsbrandverordnung“

Die nach dem Brand des Reichstags (27. Februar) verfügte **„Reichstagsbrandverordnung“** setzte dann die **wesentlichen Grundrechte**

außer Kraft: Freiheit der Person, Meinungs-, Presse-, Vereins- und Versammlungsfreiheit, Post- und Fernsprechgeheimnis, Unverletzlichkeit von Eigentum und Wohnung.

Reichstagswahl

Unter diesen Bedingungen geriet der Wahlkampf zur Farce. Fast alle kommunistischen Kandidaten wurden verhaftet, soweit sie nicht bereits geflohen oder in die Illegalität gegangen waren. Trotz des **NS-Terrors** im Wahlkampf und verfassungswidriger Behinderung besonders von KPD, SPD und Zentrum erreichte die NSDAP in der Reichstagswahl am 5. März nur 43,9 % der gültigen Stimmen.

„Tag von Potsdam" und Errichtung erster Konzentrationslager

Zur Eröffnung des neuen Reichstags am 21. März 1933 setzte der gerade ernannte Reichspropagandaminister Goebbels eine Veranstaltung in Szene, die ihre Wirkung in In- und Ausland nicht verfehlte. Die Inszenierung des „**Tags von Potsdam**" war in ihrer Symbolik auf die Verbindung von nationalkonservativem Traditionsbewusstsein und nationalsozialistischem Revolutionswillen, von „altem" und „neuem" Deutschland, von Preußentum und Nationalsozialismus abgestellt. Hitler und Hindenburg beschworen in der Eröffnungssitzung in der Potsdamer Garnisonskirche **preußische Tugenden** und **nationale Größe**. Durch den Ablauf des Tages fühlten sich die Repräsentanten des „alten" Deutschland in ihrer Illusion bestätigt, dass das Konzept der „Einrahmung" und „Zähmung" Hitlers nunmehr erfolgreich sei. Einen Tag zuvor hatte Heinrich Himmler die Errichtung eines ständigen **Konzentrationslagers in Dachau** bekanntgegeben. Nach der Errichtung des „Modelllagers" Dachau (22. März 1933) entstand in kürzester Zeit ein System von Konzentrationslagern in Deutschland. Der **SS-Führung** waren die **Geheime Staatspolizei (Gestapo)** und der **Sicherheitsdienst (SD)**, zu dessen Aufgaben die geheimdienstlichen Tätigkeiten gehörten, unterstellt.

willkürliche Verhaftung politischer Gegner

Neben der systematischen Errichtung von Konzentrationslagern kam es in den ersten Wochen der Machtübernahme zu „wilden" Schutzhaftlagern, in denen Nationalsozialisten auf grausame und entwürdigende Weise ihrem Hass auf den politischen Gegner freien Lauf ließen. „**Schutzhaft**" ist die verschleiernde Beschreibung für eine illegale Freiheitsberaubung und zeitlich unbegrenzte Inhaftierung ohne richterlichen Haftbefehl sowie ohne die Möglichkeit von Rechtsbehelfen für die Verhafteten, um sie angeblich vor der „gerechten Volkswut zu schützen".

„Ermächtigungsgesetz"

Das am 23. März 1933 gegen die Stimmen der SPD verabschiedete „**Ermächtigungsgesetz**" bedeutete die **Ausschaltung des Parlaments und der Weimarer Verfassung**. Die Regierung konnte nun Gesetze verfassungsändernden Inhalts, soweit sie nicht die Einrichtung des Reichstags und Rechte des Reichspräsidenten berührten, erlassen. Damit ging die Legislative in die Hände der Regierung Hitlers über.

Die „**Gleichschaltung**" der noch nicht nationalsozialistischen **Länder** verlief im März 1933 meist nach dem gleichen Muster: SA- und SS-Leute sorgten für Provokationen und Kundgebungen des sogenannten Volkszorns. Der Reichsinnenminister setzte unter Berufung auf Artikel 2 der „Reichstagsbrandverordnung" die Landesregierung ab und setzte einen Kommissar, in der Regel den zuständigen Gauleiter der NSDAP oder einen anderen führenden Nationalsozialisten, ein und ernannte auch kommissarische Polizeipräsidenten. Das „Gesetz über den Neuaufbau des Reiches" (30. Januar 1934) übertrug die **Hoheitsrechte der Länder auf das Reich**.

„Gleichschaltung"

Ebenso wurden wichtige Organisationen sowie **Rundfunk und Presse** gleichgeschaltet. Sie wurden ihrer Eigenständigkeit beraubt und nach dem **Führerprinzip** ausgerichtet, indem überzeugte Nationalsozialisten die Führungspositionen auf allen Organisationsebenen übernahmen.

Das „**Gesetz zur Wiederherstellung des Berufsbeamtentums**" vom 7. April 1933 schloss politisch unliebsame Personen und Juden vom Beamtenstatus aus. Der **1. Mai 1933** wurde erstmals als „Tag der nationalen Arbeit" zum gesetzlichen Feiertag erklärt. Damit machte sich das Regime eine lang bestehende Forderung der Arbeiterbewegung zu eigen und setzte diese um. Am Tag darauf besetzten nationalsozialistische Rollkommandos die Häuser der Gewerkschaft. Das bedeutete das Ende der **Gewerkschaften**. Es folgte die Zwangseingliederung in die am 10. Mai neu gegründete Deutsche Arbeitsfront (DAF).

Umgestaltung des öffentlichen Lebens

Die ideologische Umgestaltung durch die nationalsozialistischen Machthaber richtete sich nicht nur auf den Bereich des öffentlichen Lebens. Der Zugriff erfolgte **auch in den privaten Bereich**. Alle gesellschaftlichen Gruppen und Vereinigungen im sogenannten vorpolitischen Raum, beispielsweise Sport- und Gesangsvereine, wurden entweder aufgelöst oder unter den Einfluss der Nationalsozialisten gebracht. Durch zahlreiche Neben- und Anschlussorganisationen sollte eine möglichst **lückenlose Erfassung** der Bevölkerung geschehen.

Erfassung der Bevölkerung in NS-Organisationen

Am 22. Juni 1933 wurde die **SPD verboten**. Bis zum **5. Juli lösten sich** die übrigen Parteien **selbst auf**. Der Vorgang veränderte auch die Situation im Koalitionskabinett, denn mit der Ausschaltung des Reichstags verlor Hugenberg die Basis seines Einflusses. Als seine Partei, die DNVP, sich selbst auflöste, trat auch er als Minister zurück.

Verbot bzw. Selbstauflösung der anderen Parteien

Das **Gesetz gegen die Neubildung von Parteien** vom 14. Juli 1933 verwandelte Deutschland in einen **Einparteienstaat**. Das fortan bestehende Monopol der NSDAP vollendete die „Gleichschaltung" auf parlamentarischer Ebene.

Einparteienstaat

Unter dem Vorwand eines unmittelbar drohenden Putsches der **SA** („**Röhm-Putsch**") wurden zwischen dem 30. Juni und dem 3. Juli 1934 höhere SA-Führer, darunter Röhm, von der Gestapo und der SS verhaftet und ohne Verfahren erschossen. Im Zuge dieser Mordaktion, der annähernd 190 Personen zum Opfer fielen, erklärte sich Hitler zum obersten Gerichtsherrn des deutschen Volkes. Mit der widerrechtlichen Inbesitznahme des höchsten Amtes der Judikative fielen auch die letzten Reste des Prinzips der Gewaltenteilung. „Röhm-Putsch"

Nach dem **Tod Hindenburgs** am 2. August 1934 übernahm Hitler den Titel „Führer und Reichskanzler"; zugleich wurde er **Oberbefehlshaber der Reichswehr**. Das Militär versicherte übereilig seine Loyalität gegenüber Hitler. Noch am gleichen Tag wurde die Reichswehr auf die Person Hitlers vereidigt. Eine Volksabstimmung über die **Zusammenlegung der Ämter des Reichspräsidenten und des Reichskanzlers** brachte im gleichen Monat eine überwältigende Zustimmung. Hitler als „Führer und Reichskanzler"

3 **TIPP** *Anforderungsbereich: III, Bewertungseinheiten: 30*

Bei der Bearbeitung dieses Aufgabenteils geht es darum, eine vorgegebene These auf ihre Stichhaltigkeit zu überprüfen. Sie sollten also sowohl Argumente anführen, die die Richtigkeit der Behauptung belegen, als auch Aspekte darlegen, die diese widerlegen. Runden Sie Ihre Darstellung am Ende mit einem Fazit ab.

Bewertung der These

zustimmende Aspekte

Für die These können zunächst eine Reihe von Aspekten der politischen Kultur und Einstellung des Kaiserreichs angeführt werden. Es herrschte ein weitverbreitetes **obrigkeitsstaatliches Politikverständnis**. Insbesondere die gesellschaftlichen Eliten des Kaiserreichs waren **antiparlamentarisch** orientiert. Die Ausgrenzung der Sozialdemokraten und teilweise auch der Katholiken schuf eine **fragmentierte Gesellschaft**. Der Bezug zum Jahr 1914 („Augusterlebnis") in der Quelle spiegelt das **Bedürfnis nach kollektiver Erfahrung**. In diesem Rahmen fielen auch nationale und **nationalistische Vorstellungen** auf fruchtbaren Boden. Der den Staat und die Gesellschaft durchdringende **Militarismus** im Kaiserreich ging einher mit **imperialistischen Vorstellungen**, die auch nach 1918 existent waren. Insbesondere in der Wilhelminischen Zeit kam es zu einer Verbreitung von **rassistischem Gedankengut** im Zeichen des Imperialismus. Die Entstehung rechtsradikaler Organisationen wie des **Alldeutschen Verbandes** trug dazu entscheidend bei. Der **Antisemitismus** wandelte sich im Kaiserreich zu einer neuartigen, rassistischen Form der Judenfeindschaft („moderner Antisemitismus"). Die in der Weimarer Republik herrschende „**Führererwartung**" kann man in der Kontinuität der Verehrung für „große" nationale

Führungspersönlichkeiten im Kaiserreich (Bismarck, Hindenburg) sehen. Trotz der Revolution 1918/19 blieben große Teile der **alten Eliten** des Kaiserreichs, insbesondere in den Bereichen Verwaltung, Justiz und Bildung, **in der Verantwortung** und konnten so ihre republikfeindlichen Ansichten weiterverbreiten.

relativierende und ablehnende Aspekte

Doch gibt es in der Weimarer Republik eine Reihe von zusätzlichen Belastungsfaktoren, die sich **nicht allein als Folge** der Einstellungen und Strukturen des **Kaiserreichs** deuten lassen. So gelang der **Revolution 1918/19** nur teilweise bzw. zeitweise der Wechsel der politischen Führung. Die **Weimarer Verfassung** wies **strukturelle Schwächen** auf, die eine Entwicklung der NSDAP von einer Splitterpartei zu einer Massenpartei forcierten. Dabei bediente sich die Partei einer skrupellosen **Propaganda**, zu der auch die **Dolchstoßlegende** gehörte. Die außenpolitischen Belastungen durch den **Versailler Vertrag** wirkten sich auch auf die Innenpolitik aus. Eine **Mitschuld** des Deutschen Reichs **am Ausbruch des Ersten Weltkriegs**, wie sie im Versailler Vertrag festgeschrieben worden war, wurde von den Deutschen kollektiv zurückgewiesen. Die **wirtschaftlichen Krisen** (Inflation und Weltwirtschaftskrise) führten zu einem Vertrauensverlust in die Republik und entzogen den demokratischen Parteien den Boden. Die **Agitation von Links und Rechts** gegen die Weimarer Republik setzte zudem die Parteien der Weimarer Koalition zunehmend unter Druck. In den letzten Jahren der Weimarer Republik versagten die **demokratischen Kontrollmechanismen** (Regieren durch **Präsidialkabinette**). Die politischen Entscheidungen wurden nur noch von einem kleinen Kreis aus dem Umfeld von **Hindenburg** und von Papen getroffen.

Fazit

Mögliches Fazit: Politische Strukturen und Einstellungen aus dem Kaiserreich begünstigten sicherlich die Destabilisierung der Demokratie. Jedoch spricht einiges dafür, dass erst die politischen und wirtschaftlichen Krisen zwischen 1918 und 1933 der nationalsozialistischen „Machtergreifung“ den Boden bereiteten.

Besatzungszeiten in Deutschland nach dem Ersten und nach dem Zweiten Weltkrieg

Aufgabenstellung

1 Fassen Sie Adenauers Rede über die Jahre der Besetzung des Rheinlands und speziell Kölns zusammen. (Material) (30 BE)

2 Erläutern Sie unter Einbeziehung des Materials die Außenpolitik der Weimarer Republik. (35 BE)

3 „Besatzung durch eine fremde Macht ist niemals ein Instrument des Friedens und der Verständigung, sie hindert die Versöhnung und die Zusammenarbeit der Völker." (Material)
Beurteilen Sie mit Blick auf die Entwicklung Deutschlands von 1945 bis 1955 die Einschätzung Adenauers auch unter Berücksichtigung seiner Politik als Bundeskanzler zur Zeit der frühen Bundesrepublik. (35 BE)

M Rede des Kölner Oberbürgermeisters Konrad Adenauer anlässlich des Besuchs von Reichspräsident Hindenburg in Köln am 21. März 1926

Dezember 1918.

Es rieselt vom grauen Himmel! Still hängen die Fahnen in der nassen Luft, Stille liegt auf der am Dome versammelten Menge, ernst und straff sind die Gesichter der Feldgrauen[1], Wehmut und Tränen stehen in den Augen der sich um sie Drängenden. Dank- und Abschiedsreden werden gewechselt, das Deutschlandlied ertönt. Dann setzt sich das 371. Regiment in Bewegung: *das letzte deutsche Regiment marschiert über den Rhein.* Zum Himmel dringt – Sang und Gebet zugleich –: „Herr mach' uns frei!"

Am folgenden Tage begann unsere Gefangenschaft, unsere Leidenszeit: die Engländer kamen. Sie rückten ein mit schmetterndem Spiel, mit wehenden Fahnen – vor denen der Deutsche den Hut zu ziehen gezwungen wurde –, mit blitzenden Geschützen, mit wundervollen Pferden, sich brüstend in Überfülle von Mensch und Material. Unerträglich war der stolze Einzug der Sieger, unerträglich der triumphierende Klang ihrer Musik. Unser Herz krampfte sich zusammen: unser Köln, das heilige Köln war vom Feinde besetzt, auf unserm Rhein, dem deutschen Rhein die deutsche Flagge gestrichen!

Wir wollen der ehrenhaften Gesinnung vieler unserer Gegner, dem Versuche manchen Befehlshabers, die Besetzung milder zu gestalten, unsere Anerkennung nicht versagen. Aber: das englische Heer kam aus der Feldschlacht in feindliches Land, verhetzt von einer jahrelangen Propaganda, erstaunt, verwirrt und unsicher durch den so plötzlich eingetretenen, nicht für wahr gehaltenen Zusammenbruch der deutschen Macht. Schwer, unendlich schwer haben wir daher in den Jahren 1919 und 1920 unter der harten Faust des Siegers gelitten: ungezählten Familien brachte die Unterbringung des 55 000 Mann starken Heeres, das die Besatzung allein der Stadt Köln bildete, unerträgliche Last und psychische Marter, tausende haben in diesen beiden Jahren in britischer Untersuchungshaft gesessen, viele hundert Jahre Gefängnis sind von den britischen Gerichten über Kölner verhängt und von diesen verbüßt worden: Dank, heißen Dank allen, die Opfer gebracht haben.

In Trauer und Treue aber wollen wir in dieser Stunde vor allem der nicht geringen Zahl von Männern, Frauen und Kindern gedenken, die ihr Leben gelassen haben unter britischer Besatzung; auch sie sind für das *Vaterland* gestorben. –

Erst als im Laufe der Jahre der Engländer uns kennen gelernt hatte, änderten sich langsam und allmählich diese Verhältnisse, aber sie blieben schwer genug!

In der Zwischenzeit hatte man uns widerrechtlich mit einem Netz von Ordonnanzen[2] umsponnen, die Millionen Menschen im Herzen des demokratischen Europa aller Freiheiten beraubten und mit einem unerhörten psychischen Drucke belasteten. –

Es kam der Ruhreinbruch[3], durch den die durch frühere Sanktionen schon geschädigte Wirtschaft auch des Kölner Gebiets bis ins Mark getroffen wurde.

Es folgte der Versuch, uns loszureißen von Deutschland. Das ganze Rheinland, in Not und Gefahr zu einer Einheit zusammengeschmiedet wie nie zuvor, beseelte nur *ein* Wille: niemals zu dulden, daß es losgerissen würde vom deutschen Vaterlande. [...] Warum ich in dieser Stunde alles das sage? Nicht, um zu hetzen oder zu schmähen: nein, wir sind der Geschichte, wir sind uns selbst in dieser historischen Stunde Offenheit und Wahrheit schuldig, damit die ganze Welt es erkennt: Besatzung durch eine fremde Macht ist niemals ein Instrument des Friedens und der Verständigung, sie hindert die Versöhnung und die Zusammenarbeit der Völker. So stark und innig ist das Band, welches jeden Deutschen mit dem heiligen deutschen Strome verbindet, daß ihm die Besatzung rheinischen Landes Tag für Tag am Herzen frißt. Darum: Wenn Ihr der Sache des Friedens in Europa dienen wollt, verstopft diese Quelle des Unfriedens und des Hasses, *räumt das ganze Rheinland!*[4] –

Der Mai 1924 brachte in Frankreich den Umschwung.[5]

Es folgten London[6], Locarno, Genf.

Ob der Weg über London, Locarno, Genf zum Wiederaufstieg Deutschlands, ob er zur Befriedung und Wohlfahrt Europas führen wird, nur die Zukunft kann es erweisen. So weit auch die Rückwirkungen von Locarno auf das besetzte Gebiet hinter unsern berechtigten Erwartungen zurückgeblieben sind, das eine steht fest: ohne London, ohne Locarno würden wir *diese Feier noch nicht* begehen können! Weil wir immer und immer wieder gebeten haben, die folgenschweren Entscheidungen, die mit den Namen London und Locarno verknüpft sind, ohne Rücksicht auf das besetzte Gebiet, allein im Hinblick auf das deutsche Gesamtinteresse zu treffen, dürfen wir uns heute trotz allem frohen Herzens der Freude hingeben über diesen Erfolg der deutschen Politik und der Gerechtigkeit: die Räumung der ersten Zone.

Die Räumung der Kölner Zone ist ein Ereignis von historischer Tragweite. Sie bedeutet die endgültige Verneinung jener Rheinlandpläne, die über unser Land unsägliches Elend gebracht und Europa im Laufe der Zeit mit absoluter Notwendigkeit in einen neuen Krieg gestürzt haben würden. [...]

Konrad Adenauer: Reden 1917–1967. Eine Auswahl, hrsg. v. Hans-Peter Schwarz, Stuttgart: Deutsche Verlags-Anstalt 1975, S. 55 f.

Anmerkungen

1 die Feldgrauen: deutsche Soldaten
2 Ordonnanzen: Befehle, Anweisungen
3 Gemeint ist die Besetzung des Ruhrgebiets durch französische und belgische Truppen ab Januar 1923.
4 Gemeint sind andere Zonen bzw. Gebiete des Rheinlandes, die zum Teil bis Sommer 1930 besetzt bleiben.
5 Nach den Wahlen zur französischen Abgeordnetenkammer wird ein neues Kabinett unter Ministerpräsident Herriot gebildet, das eine Phase der Entspannung zwischen Deutschland und Frankreich einleitet.
6 Die Londoner Konferenz (August 1924) regelt die Reparationsfrage neu und vereinbart einen verbindlichen Räumungsplan für die besetzten Gebiete.

TIPP **Inhaltliche Schwerpunkte**

Der vorliegende Aufgabenvorschlag bezieht sich hauptsächlich auf das Themenfeld „Die Weimarer Republik als erste deutsche Demokratie“. Schwerpunktmäßig geht es um „Entstehungsbedingungen und innenpolitische Entwicklung“ sowie „Ziele, Methoden und Ergebnisse der Weimarer Außenpolitik“. Dabei werden die Stichworte „Versailler Vertrag, Revisionismus, West- versus Ostorientierung, Strategie Stresemanns, Haltung der Siegermächte und der UdSSR“ besonders berücksichtigt. Der Übergriff erfolgt auf das Kurshalbjahr „Die Teilung Deutschlands – eine Nation, zwei Staaten“, wobei besonders Kenntnisse über die „Westorientierung der Bundesrepublik“ erforderlich sind.

Lösungsvorschlag

1 **TIPP** *Anforderungsbereich: I, Bewertungseinheiten: 30*

Beginnen Sie Ihre Zusammenfassung mit einer Identifizierung des Redners und der Einordnung der Quelle. Danach sollten Sie die wichtigsten Aussagen Adenauers in komprimierter Form wiedergeben. Wahren Sie dabei Distanz durch Verwendung des Konjunktivs und die Kennzeichnung wörtlicher Zitate.

Einleitung

Autor, Quelle, Datierung, Anlass, Adressaten, Intention

Konrad Adenauer, ab 1949 der erste Kanzler der Bundesrepublik Deutschland, war seit 1917 Oberbürgermeister der Stadt Köln. In dieser Funktion hielt er am 21. März 1926 anlässlich des **Besuchs von Reichspräsident Hindenburg** die hier abgedruckte Rede. Der Reichspräsident besuchte Köln, um nachträglich die **Räumung der Kölner Zone**, die seit Dezember 1918 von den Briten besetzt gewesen war, feierlich zu begehen. Adenauer wandte sich mit seiner Rede an die Kölner Bevölkerung, deren Heimatgefühle er in pathetischen Worten beschwört.

zusammenfassende Wiedergabe

Erinnerung an Einmarsch der britischen Truppen ins Rheinland

Er beginnt mit der **Erinnerung an den Tag des triumphalen Einmarsches der siegreichen britischen Truppen** ins Rheinland. Dieser war für die deutsche Bevölkerung ein demütigendes Ereignis. Eindringlich mahnt Adenauer zum **Gedenken an die Leiden der Zivilbevölkerung**, vor allem in den ersten Jahren der Besatzung. Dabei erinnert er an die vielen wegen geringfügiger Vergehen gegen die Besatzungsmacht verurteilten Zivilisten und an die nicht wenigen Männer, die noch während der Okkupation „für das *Vaterland* gestorben" (Z. 30) seien.

Betonung der Unfreiheit der deutschen Bevölkerung

Erst ganz allmählich hätten die Briten ihr strenges Regiment etwas gelockert. Dabei sei die **Unfreiheit der deutschen Bevölkerung** trotz besserer Behandlung durch die Okkupatoren allerdings bestehen geblieben (vgl. Z. 31 ff.).

Erinnerung an „Ruhrkampf"

Adenauer erwähnt auch den **Einmarsch der Franzosen und Belgier** im Januar 1923 ins Ruhrgebiet, der die Wirtschaft Kölns schwer geschädigt habe. Ebenso verweist er auf den Versuch der Franzosen, das **Rheinland vom Deutschen Reich abzutrennen**. Dieser sei nur an der Einmütigkeit der deutschen Bevölkerung und ihrer Treue zum Reich gescheitert (vgl. Z. 38 ff.).

Wunsch nach Räumung des Rheinlands

Auf diese Ereignisse mache er nicht aufmerksam, um Hass zu schüren und die Engländer zu schmähen. Die Welt müsse aber erkennen, dass „**Besatzung** durch eine fremde Macht [...] **niemals ein Instrument des Friedens** und der Verständigung" (Z. 43 f.) sein könne. Wer den Frieden wolle, der müsse für die Räumung und die Rückgabe des gesamten Rheinlands an Deutschland eintreten.

Am Ende seiner Rede geht Adenauer auf die **neuen außenpolitischen Beziehungen** ein, die seit 1924 zwischen Deutschland und den Westmächten angebahnt wurden.

neue außenpolitische Beziehungen

Er erwähnt insbesondere die **Londoner Konferenz** vom August 1924 und den **Locarno-Vertrag** vom Oktober 1925 (vgl. Z. 51 ff.). Durch diese Vereinbarungen sei es zu einer **Verständigung mit den Siegermächten** und zu einer **Neuregelung der Reparationsfrage** gekommen. Außerdem habe die neue Politik Erfolge wie die Räumung der Kölner Zone möglich gemacht und einen erneuten Krieg verhindert, den die französischen Abtrennungspläne laut Adenauer unweigerlich heraufbeschworen hätten.

2 **TIPP** *Anforderungsbereich: II, Bewertungseinheiten: 35*

Diese Teilaufgabe verlangt von Ihnen die Wiedergabe Ihres gelernten Wissens zur Außenpolitik der Weimarer Republik. Gehen Sie dazu von den in Adenauers Rede erwähnten Geschehnissen aus und fügen Sie diesen Ihre Erläuterungen, z. B. zu abgeschlossenen Verträgen, hinzu. Dabei können Sie sich besonders auf den außenpolitischen Ansatz Stresemanns sowie dessen Bemühungen um eine Aussöhnung mit Frankreich und mit den Westmächten konzentrieren.

Einordnung in den historischen Kontext

Versailler Vertrag

Ausgangspunkt für die Außenpolitik der Weimarer Republik war der **Versailler Vertrag**. Dieser war dem Deutschen Reich nach seiner Niederlage im Ersten Weltkrieg von den Siegermächten aufgezwungen worden und hatte zu **massiven territorialen Verlusten** geführt. Überdies wurden die **linksrheinischen Gebiete**, wie es Adenauer in seiner Rede beklagt (vgl. Z. 13 ff.), auf lange Jahre **von Truppen der Westalliierten besetzt**. Vor allem aber war dem Reich die **Alleinschuld am Krieg** zugewiesen und die Wiedergutmachung aller Kriegsschäden durch außerordentlich **hohe Reparationen** auferlegt worden.

Ostorientierung durch Vertrag von Rapallo 1922

Aufgrund dieser Voraussetzungen waren alle Regierungen der Weimarer Republik um eine **Revision des Versailler Vertrags** bemüht. Zunächst versuchte man, diese durch eine **Politik der Konfrontation** mit den Westmächten zu erreichen. Man betonte immer wieder die Unerfüllbarkeit der hohen Reparationsforderungen und plante, die Grenzziehung im Osten mithilfe Russlands rückgängig zu machen. Aufgrund der Frontstellung zu den Westmächten und der gemeinsamen Interessen in Polen kam es 1922 zum **Vertrag von Rapallo** mit Russland. Dieser durchbrach die außenpolitische Isolierung der Republik, führte aber auch zu einer weiteren Verschlechterung des Verhältnisses zu den Westalliierten. Deshalb fand der Abschluss des Vertrags in Adenauers Rede wohl keine Erwähnung.

Ein angeblicher Verzug Deutschlands bei den Reparationslieferungen bewirkte im Januar 1923 die **Besetzung des Ruhrgebiets durch französische und belgische Truppen**. Die deutsche Regierung beantwortete diesen „Ruhreinbruch“ (Z. 36) mit der Einstellung aller Reparationszahlungen und der Aufforderung der Ruhrbevölkerung zum „passiven Widerstand“. Der folgende „**Ruhrkampf**“ brachte die Beziehungen zwischen Deutschland und den Westmächten auf einen neuen Tiefpunkt und war einer der entscheidenden Gründe für die **galoppierende Inflation** des Jahres 1923. Diese zerrüttete die wirtschaftlichen, gesellschaftlichen und politischen Verhältnisse in Deutschland und führte zu **separatistischen Bestrebungen**. Diese wollte sich Frankreich zunutze machen, um das Rheinland aus Deutschland herauszulösen, was aber, wie Adenauer in seiner Rede betont (vgl. Z. 38 ff.), am Widerstand der Bevölkerung scheiterte.

„Ruhrkampf“ und Hyperinflation

Gustav Stresemann beendete im September 1923 als Kanzler einer Großen Koalition den Ruhrkampf, führte im November die Rentenmark ein und bemühte sich in der Folgezeit auch als **Außenminister** um einen Ausgleich und eine **Verständigung mit den Westmächten**.

Stresemann als Kanzler und Außenminister

Auf der **Londoner Konferenz** von 1924, die auch Adenauer in seiner Rede erwähnt (vgl. Z. 51 ff.), gelang Stresemann mit dem darauf folgenden **Dawes-Plan** eine Neuregelung und Erleichterung der Reparationslasten. Außerdem stimmte Frankreich dem Abzug seiner Truppen aus dem Ruhrgebiet zu und Deutschland gewann die Unterstützung der USA bei der Wiederherstellung einer stabilen deutschen Währung.

Dawes-Plan

Mit den **Locarno-Verträgen** von 1925 erreichten Stresemann und der französische Außenminister Briand eine **Verständigung über die Unantastbarkeit der neuen** deutsch-französischen und der deutsch-belgischen **Grenze**. Die Frage nach einer Regelung der Ostgrenzen ließ Stresemann dagegen bewusst offen, auch wenn festgelegt wurde, dass eine Revision in jedem Fall friedlich zu erfolgen habe. Das besetzte Rheinland sollte sukzessive geräumt werden, was Adenauer explizit als Erfolg der Locarno-Absprachen wertet (vgl. Z. 55 ff.). Überdies sollte **Deutschland als gleichberechtigte Macht in den Völkerbund aufgenommen** werden, um seine außenpolitische Isolierung endgültig zu überwinden. Auf diese **Rückkehr Deutschlands in den Kreis der Großmächte** verweist Adenauer mit der Erwähnung von „Genf“ (Z. 51). Für ihre Verständigungspolitik erhielten Stresemann und der französische Außenminister Briand im Jahre 1926 den **Friedensnobelpreis**. Der **Berliner Vertrag** mit der Sowjetunion vom April 1926 ergänzte den Rapallo-Vertrag und diente vornehmlich der Beruhigung der UdSSR nach dem Ausgleich mit den Westmächten.

außenpolitische Verträge mit West und Ost

Im Juni 1929 wurden mit dem **Young-Plan** die deutschen Reparationsleistungen noch einmal reduziert und auf einen langen Zeitraum gestreckt. Als Gegenleistung für die deutsche Zustimmung erreichte Stresemann die Zusicherung der **vorzeitigen Räumung des Rheinlands** bis Juni 1930. Damit wurde vier Jahre nach der Rede Adenauers seine vehemente Forderung nach einer vollständigen Aufhebung der Besetzung (vgl. Z. 49) erfüllt.

Young-Plan

Weitergehende Pläne, etwa die **Bildung einer europäischen Wirtschaftsgemeinschaft** mit den Kernländern Frankreich und Deutschland, hat Stresemann in seiner berühmten Völkerbundrede angedeutet. Er konnte sie aber, nicht zuletzt wegen seines frühen Todes im Oktober 1929, nicht mehr realisieren.

Pläne zur weiteren europäischen Zusammenarbeit

Danach wurde die Verständigungspolitik mit den Westmächten nicht sofort beendet, weitere Fortschritte wurden jedoch durch den Ausbruch der **Weltwirtschaftskrise, die Wahlerfolge der Radikalen und die Bildung der Präsidialkabinette** in der Endphase der Republik erschwert. Die deutsche Außenpolitik konzentrierte sich nunmehr auf die Erreichung zweier Ziele: die Beendigung der Reparationszahlungen und die Wiederherstellung der militärischen Gleichberechtigung Deutschlands.

Endphase der Weimarer Republik

3 **TIPP** *Anforderungsbereich: II/III, Bewertungseinheiten: II: 10/III: 25*

Die dritte Teilaufgabe fordert Sie zu einer Beurteilung der Aussage Adenauers auf. Sie müssen also anhand der Entwicklung Deutschlands zwischen 1945 und 1955 sowie anhand Adenauers Politik als Bundeskanzler diskutieren, ob er mit seiner Ablehnung jeglicher Besatzungspolitik Recht hat. Finden Sie sowohl Ereignisse und Entwicklungen, die Adenauers Behauptung stützen als auch Aspekte, die seine These widerlegen. Ziehen Sie am Ende ein abschließendes Fazit.

Konrad Adenauer bezog sich mit seiner vehementen **Ablehnung der Besatzungspolitik** auf die Situation nach dem Ersten Weltkrieg. Damals konnte er noch nicht ahnen, dass er nach dem Zweiten Weltkrieg eine erneute Besetzung Deutschlands erleben würde. Es ist also interessant, Adenauers Einschätzung aus dem Jahr 1926 vor dem Hintergrund der **Entwicklungen zwischen 1945 und 1955** sowie mit Blick auf **Adenauers Politik** als Bundeskanzler zu beurteilen.

Hinführung zur Beurteilung

Adenauers Ablehnung von Besatzungspolitik

Die bedingungslose Kapitulation Deutschlands, die **Aufteilung des Landes in vier Besatzungszonen** und die Übertragung der Macht auf die vier Militärkommandeure bedeuteten zweifellos einen **tiefen Einschnitt** in die deutsche Geschichte. Das Land verlor dadurch seine Souveränität und gab die Entscheidung über das Schicksal seiner Bewohner in die Hände der Alliierten. Besonders in den deutschen Ostgebieten kam es danach zu **Übergriffen** der Roten Armee

zustimmende Aspekte

Aufteilung Deutschlands in Besatzungszonen

auf die Zivilbevölkerung. Solche Racheakte waren im Hinblick auf die begangenen Gräueltaten der Nationalsozialisten in den eroberten Ostgebieten zwar nachvollziehbar, trugen aber nicht zu Versöhnung und Verständigung zwischen den ehemaligen Kriegsgegnern bei.

Belastungen durch Beschlüsse der Potsdamer Konferenz

Des Weiteren stellten die auf der Potsdamer Konferenz beschlossenen Demontagen, Reparationen und Produktionsbeschränkungen **große Belastungen** (v. a. wirtschaftlicher Art) für die deutsche Bevölkerung dar. Mit Recht kann man sie als **Behinderung von Versöhnung** und Zusammenarbeit ansehen.

Bruch der Anti-Hitler-Koalition

Doch nicht nur das Verhältnis von Besatzern und Besetzten litt unter den harten Maßnahmen, sondern auch die **Beziehung der Besatzungsmächte untereinander** verschlechterte sich im Lauf der Zeit. Dies lag an der unterschiedlichen Umsetzung der abgesprochenen Bestimmungen in den Besatzungszonen, die die **ideologischen Gegensätze** zwischen den Westalliierten und der Sowjetunion immer deutlicher hervortreten ließ. Die Sowjetunion strebte nach einer **Eingliederung der SBZ in das System sozialistischer Staaten**. Dazu wandte sie eine konsequente Sowjetisierungspolitik an. Diese bestand in der Unterstützung kommunistischer und sozialistischer Politik, Enteignungen und einer Bodenreform in der Landwirtschaft sowie Verstaatlichungen der Industrie und Banken. Demgegenüber wollten die USA Westdeutschland durch eine **Demokratisierung** und einen raschen **wirtschaftlichen Wiederaufbau** als Verbündeten zur **Eindämmung des Kommunismus** gewinnen.

Teilung Deutschlands

Seit 1947 zeichnete sich dann die langfristige **Teilung Deutschlands** ab. Einen Schritt in diese Richtung stellten die Währungsreformen in Ost und West dar. Auf die Einführung der Westmark reagierte die UdSSR mit der **Berlin-Blockade**, durch die die Westberliner Bevölkerung von der Außenwelt abgeschnitten wurde. Einzig über die alliierten „Rosinenbomber" gelang in der Zeit zwischen Juni 1948 und Mai 1949 die Versorgung der Westsektoren mit Kohle und Lebensmitteln. Bereits hier zeigte sich also, dass die Besetzung durch zwei sich feindlich gegenüberstehende Machtblöcke das **Verhältnis der beiden Teile Deutschlands belastete**. Konsolidiert wurde diese Entwicklung durch die **Staatsgründungen von Bundesrepublik und DDR** im Jahr 1949 und deren Einbindung in das Bündnissystem der jeweiligen Supermacht.

relativierende Aspekte

Entnazifizierung

Alle genannten Gesichtspunkte scheinen die These Adenauers über die Unvereinbarkeit von Besatzung und Versöhnung zunächst zu stützen. Allerdings wäre es ohne die vollständige Kontrolle des Landes durch die Alliierten nach dem Zweiten Weltkrieg nicht zu einer **Ausschaltung des Nationalsozialismus** gekommen. Entnazifizierung, Demilitarisierung und Demokratisierung in den westlichen Besatzungszonen waren durchaus Maßnahmen, die den **zukünftigen Frieden** in Europa gewährleisteten.

Zur langsamen Annäherung an die Westalliierten trug außerdem die amerikanische **Wirtschaftshilfe in Form des Marshallplans** bei, die das spätere „Wirtschaftswunder" möglich machte. Seit der Gründung der Bundesrepublik betrieb Adenauer als Bundeskanzler trotz vieler kritischer Stimmen schrittweise eine **Politik der Westintegration**. Dabei ging es ihm sowohl um die Rückerlangung der deutschen Souveränität als auch langfristig um eine Wiederherstellung der deutschen Einheit. Diese war seiner Meinung nach nur über eine enge Anbindung an Westeuropa zu erreichen. Er forcierte 1951 die Gründung der **Montanunion**, mit der die Ängste Frankreichs vor einem Wiedererstarken des deutschen Nachbarn abgebaut werden sollten. Mit dem Abschluss der **Pariser Verträge** 1954 erhielt die Bundesrepublik ihre staatliche Souveränität zurück, sodass sich die **ehemaligen Besatzer zu Bündnispartnern** wandelten. Gleichzeitig wurde der Beitritt Deutschlands zur NATO beschlossen und 1955 vollzogen. Damit war die Bundesrepublik ein gleichwertiges Mitglied in einer westeuropäischen Verteidigungsgemeinschaft. Durch die Einbindung in all diese Bündnisse sorgte Adenauer für ein wachsendes **Vertrauensverhältnis** zwischen den Westalliierten und der jungen Bundesrepublik, wodurch auch eine **Aussöhnung mit dem langjährigen „Erbfeind"** Frankreich möglich wurde. Westintegration

Betrachtet man diese Entwicklung, **widerlegt Adenauers eigene Politik der Westintegration seine Einschätzung** aus dem Jahr 1926. Während diese auf die Zeit nach dem Ersten Weltkrieg durchaus zugetroffen haben mag, muss man seiner These entgegenhalten, dass aus der Besetzung Westdeutschlands nach dem Zweiten Weltkrieg eine Erfolgsgeschichte geworden ist. Die **Versöhnung und Zusammenarbeit der Völker** wurden dadurch langfristig vorangebracht. Einschränkend muss hier allerdings erwähnt werden, dass **Gleiches nicht auf die ehemalige DDR zutraf**. Hier sorgte die sowjetische Besatzungspolitik für die Etablierung der SED-Diktatur, die weitere vierzig Jahre das Volk unterdrückte und ihm ein Leben in Freiheit vorenthielt. **Fazit**

Kampf gegen staatliche Unterdrückung im Vormärz und 1989/90

Aufgabenstellung

1 Fassen Sie zusammen, wie Schurz in der Rückschau die Revolution von 1848 beurteilt. (Material) (30 BE)

2 Erläutern Sie, auch unter Bezugnahme auf den Text, für die Zeit des Vormärz 1815–1848 die Auseinandersetzung zwischen den nach politischer Selbstbestimmung strebenden Bürgern und dem „herrschende[n] Bevormundungssystem" (Material) in Deutschland. (40 BE)

3 „Plötzlich, nach langer innerer Gärung einem fremden Anstoß folgend, erhob sich dieses Volk." (Material)
Diskutieren Sie, inwieweit dieser Befund auch auf den Umbruch in der DDR 1989/90 zutrifft. (30 BE)

M Aus den „Lebenserinnerungen" von Carl Schurz, erstmals 1906/07 publiziert

Seit dem deutsch-französischen Kriege von 1870 und der Errichtung des neuen deutschen Kaiserreichs hat man sich in Deutschland vielfach daran gewöhnt, das Jahr 1848 das „tolle[1] Jahr" zu nennen und die „Gedankenlosigkeit" zu verspotten, mit welcher damals großartige Programme entworfen, umfassende Forderungen gestellt, weitausschauende Bewegungen ins Werk gesetzt und dann grausamen Enttäuschungen und Katastrophen entgegengeführt wurden. Verdient das deutsche Volk von 1848 solchen Spott? Wahr ist, daß die Repräsentanten des Volksgeistes jener Zeit nicht verstanden, mit den bestehenden Verhältnissen zu rechnen und eine siegreich und hoffnungsvoll begonnene Bewegung zu dem gewünschten Ende zu führen. Ebenso wahr ist es, daß dadurch jene Bewegung zerfahren und in manchen Dingen phantastisch erschien. Aber wen sollte das jetzt noch, im Rückblick gesehn, wundernehmen? Hier war ein Volk, das, obgleich in Wissenschaft, Philosophie, Literatur und Kunst hoch entwickelt, in politischen Dingen unter strenger Vormundschaft gelebt hatte. Dieses Volk hatte nur aus der Ferne beobachten können, wie andere Nationen ihr Selbstbestimmungsrecht oder ihren tätigen Anteil an der Regierung ausübten, und diese fremden Nationen hatte es bewundern und vielleicht beneiden lernen. Es hatte das Wirken freier Institutionen in Büchern studiert und in Zeitungsberichten verfolgt, sich nach dem Besitz solcher Institutionen gesehnt und nach ihre[r] Einführung im eigenen Lande gestrebt. Aber bei all diesem Beobachten[,] Lernen, Sehnen und Streben hatte das herrschende Bevormundungssystem es von aller Erfahrung in der Ausübung des politischen Selbstbestimmungsrechts ausgeschlossen. Es hatte nicht praktisch lernen dürfen, was die politische Freiheit tatsächlich sei. Es hatte die Lehren, welche aus dem Gefühl der Verantwortlichkeit im politischen Handeln entspringen, nie empfangen. Freie Staatseinrichtungen lagen außerhalb seiner Lebensgewohnheiten [...].

Plötzlich, nach langer innerer Gärung einem fremden Anstoß folgend, erhob sich dieses Volk. Seine Fürsten gestanden ihm alles zu, was sie ihm früher verweigert, und es sah sich im vollen Besitz einer ungewohnten Macht. Ist es zu verwundern, daß die überraschende Wandlung manchen verworrenen Wunsch und manche ziellose Bestrebung hervorbrachte? Wäre es nicht wunderbarer gewesen, hätte das Volk, bestimmter erreichbarer Zwecke sich wohl bewußt, zu deren Erfüllung mit sicherem Blick die richtigen Mittel gefunden und zugleich eine weise Wertschätzung dessen gezeigt, was es in den bestehenden Verhältnissen Gutes gab? Erwarten wir, daß der Bettler, der plötzlich zum Millionär wird, sogleich von seinem ungewohnten Reichtum den besten Gebrauch zu machen verstehe? Und doch kann nicht von der großen Mehrheit des deutschen Volkes gesagt werden, daß sie, wie allgemein auch die Unklarheit ihrer politischen Begriffe gewesen sein mag, in der revolutionären Bewegung des Jahres 1848 der Hauptsache nach etwas Unvernünftiges oder Unerreichbares verlangt hätte. Vieles von dem, was damals angestrebt wurde, ist ja seither verwirklicht worden. Die im Jahre 1848 begangenen Irrtümer betrafen mehr die angewendeten Mittel als die vorgesteckten Ziele. Und die größten dieser Irrtümer entsprangen aus der kindlichen Vertrauensseligkeit, mit der man die vollständige Erfüllung all der den Königen und Fürsten, besonders dem König von Preußen, mit Gewalt abgerungenen Versprechen erwartete. Es ist müßig, sich in Spekulationen zu ergehen über das, was hätte sein können, wenn das, was war, anders gewesen wäre. Aber eins ist doch gewiß: Hätten die Fürsten, unbeirrt von den Umtrieben der reaktionären Parteien auf der einen und von gelegentlichen Exzessen auf der andern Seite, mit unentwegter Treue und mit Aufbietung all ihrer Macht das getan, was sie dem Volke in den Märztagen Ursache gegeben hatten, von ihnen zu erwarten, so würden die wesentlichsten der im Jahre 1848 angestrebten Ziele sich als damals schon durchaus erreichbar erwiesen haben. Daß man im Vollgenuß des „Völkerfrühlings", welchem sich das Volk mit solcher Gefühlswollust hingab, dieses Vertrauen hegte, statt sich gegen die Reaktion, die vorauszusehen war, die nötigen Garantien zu sichern, war wohl nicht klug, aber diese Unklugheit entsprang aus keiner unedlen Quelle. Sicherlich tut man dem deutschen Volke Unrecht, wenn man die Mißerfolge der Jahre 1848 und 49 hauptsächlich auf seiner Führer Rechnung schreibt.

Was aber dem deutschen Volk die Erinnerung an den Frühling 1848 besonders wert machen sollte, ist die begeisterte Opferwilligkeit für die große Sache, die damals mit seltener Allgemeinheit fast alle Gesellschaftsklassen durchdrang.

Carl Schurz: Lebenserinnerungen. Bis zum Jahre 1852, Bd. I, Berlin 1911, S. 83 ff.

Anmerkung

1 toll: hier im Sinne von verrückt

Hinweis:
Carl Schurz (1829–1906), deutscher Revolutionär von 1848, Emigration 1852 in die USA, 1877 bis 1881 Innenminister der Vereinigten Staaten
Mit der Niederschrift seiner Lebenserinnerungen begann Schurz in den achtziger Jahren; sie wurden erst nach seinem Tode veröffentlicht.
Die Rechtschreibung entspricht der Textvorlage.

TIPP Inhaltliche Schwerpunkte

Bei diesem Aufgabenvorschlag steht das Themenfeld „Die deutsche Revolution von 1848/49 – Markstein auf dem Weg zu Parlamentarismus, Demokratie und Nationalstaat?" im Mittelpunkt. Berücksichtigt wird dabei vor allem der Aspekt „Entstehung, Entwicklung und Unterdrückung der liberal-nationalen Bewegung im europäischen Kontext (1813/15–1848)". Der kursübergreifende Bezug entsteht über das Themenfeld „Deutschland von der Teilung zur Einheit". Dabei spielt vor allem das Stichwort „Revolution in der DDR und Prozess der deutschen Einigung (Glasnost und Perestroika, oppositionelle Bewegung in der DDR und Mauerfall, der Weg zur Vereinigung der beiden deutschen Staaten im internationalen Kontext)" eine zentrale Rolle.

Lösungsvorschlag

1 **TIPP** *Anforderungsbereich: I, Bewertungseinheiten: 30*

Die erste Teilaufgabe fordert Sie dazu auf, die von Carl Schurz vorgenommene Beurteilung der Revolution von 1848 zusammenzufassen. Dazu stellen Sie die Quelle zunächst in einem Einleitungssatz vor, indem Sie Angaben zum Autor, zur Art der Quelle, zum Titel und zum Erscheinungsdatum machen. Zur inhaltlichen Orientierung formulieren Sie in ein bis zwei Sätzen kurz die Kernaussage des Textes. Ihre Zusammenfassung sollte dann komprimiert auf die wesentlichen Aspekte der Quelle eingehen. Verzichten Sie dabei auf unnötige Wiederholungen, Kommentare und Deutungen. Formulieren Sie soweit wie möglich in Ihren eigenen Worten und verwenden Sie in Ihrer Darstellung die indirekte Rede (Benutzung des Konjunktivs). Beim Aufbau Ihrer Zusammenfassung können Sie sich an der Struktur der Argumentation von Carl Schurz orientieren: Er reagiert auf Kritik an der Revolution von 1848, indem er ihr teilweise zustimmt, aber das Handeln der Revolutionäre von damals dennoch rechtfertigt und am Ende auch würdigt.

Bei der vorliegenden Quelle handelt es sich um einen Auszug aus den „**Lebenserinnerungen**" von Carl Schurz, einem **deutschen Revolutionär** von 1848. Er hat den Text, der 1906/07 posthum erschienen ist, in den 1880er-Jahren in den USA verfasst, wohin er 1852 emigriert war und wo er von 1877 bis 1881 das Amt des Innenministers bekleidete. In seinen Aufzeichnungen **nimmt** Schurz die **Akteure der gescheiterten Revolution** von 1848 gegen ihre spöttischen Kritiker im Kaiserreich **in Schutz**. Das Scheitern der Erhebung erklärt er damit, dass die **Revolutionäre politisch unerfahren** gewesen seien und den Fürsten zu viel Vertrauen entgegengebracht hätten. Ihre **Forderungen** seien jedoch **nicht unvernünftig** gewesen und **edlen Motiven** entsprungen.

Einleitung
Quelle, Autor, Erscheinungsjahr, Thema, Intention

Ausgangspunkt der Beurteilung von Carl Schurz ist der **Spott**, mit dem man sich seit 1870 über die Akteure von damals lustig mache (vgl. Z. 1 ff.). Es kursiere der **Vorwurf**, die Revolutionäre hätten ohne nachzudenken, großartige Programme und **Forderungen** aufgestellt, die dann allesamt **gescheitert** seien (vgl. Z. 3 ff.).

Zusammenfassung des Textes
Vorwürfe der Konservativen

Auch Schurz räumt ein, dass die **revolutionären Ideen teilweise zu idealistisch**, realitätsfern und uneinheitlich gewesen seien (vgl. Z. 7 ff.). Vor allem aber hätten die Revolutionäre die **Stärke der herrschenden Machtverhältnisse unterschätzt**.

Bewertung durch Carl Schurz
- Naivität der Revolutionäre

Dies sei jedoch auf die **fehlende politische Erfahrung** des deutschen Volks und der Revolutionsträger sowie auf die **repressive Politik der Obrigkeiten** zurückzuführen (vgl. Z. 18 ff.). Damit seien die Revolutionäre nicht in der Lage gewesen, das erkämpfte Selbstbestimmungsrecht zu verwirklichen und Regierungsverantwortung zu übernehmen.

- fehlende politische Erfahrung

Die revolutionären **Forderungen** schätzt Schurz an sich als **vernünftig** und **realisierbar** ein (vgl. Z. 34 ff.). Allerdings sei es **naiv** gewesen, zu glauben, dass die Fürsten die „Märzforderungen" wirklich umsetzen würden (vgl. Z. 40 ff.). Stattdessen hätte man auf eine **Gegenreaktion der Herrschenden** vorbereitet sein müssen.

- vernünftige und realisierbare Ziele

Schurz betont jedoch, dass die Revolutionäre den Fürsten aus **edlen Motiven** Vertrauen entgegengebracht hätten. Deshalb dürfe man den Misserfolg der Revolution nicht ihren Führern anlasten (vgl. Z. 53 ff.). Abschließend fordert Carl Schurz dazu auf, die sich damals durch alle Gesellschaftsschichten ziehende „begeisterte Opferwilligkeit" (Z. 57) in **anerkennender Erinnerung** zu behalten (vgl. Z. 56 ff.).

- edle Motive und Opferbereitschaft

2 **TIPP** *Anforderungsbereich: II, Bewertungseinheiten: 40*

Bei der zweiten Teilaufgabe müssen Sie Ihr im Unterricht erworbenes Wissen anwenden, um zu erläutern, wie sich im Vormärz von 1815 bis 1848 die Auseinandersetzungen zwischen der liberal-nationalen Bewegung und dem Obrigkeitsstaat der absolutistischen Fürsten entwickelten. Den Ausgangspunkt Ihrer Darstellung sollte die Gründung des Deutschen Bundes auf dem Wiener Kongress 1815 bilden, gegen den sich Protest formierte, der in eine revolutionäre Bewegung mündete. Machen Sie anhand prägender Ereignisse deutlich, wie beide Seiten, die revolutionären und die restaurativen Kräfte, handelten und aufeinander reagierten (Wartburgfest, Karlsbader Beschlüsse usw.). Verweisen Sie an passenden Stellen immer wieder auf die „Lebenserinnerungen" von Carl Schurz, um einen Bezug zur Quelle herzustellen.

Auseinandersetzung zwischen Revolutionären und Reaktion

Carl Schurz setzt sich in seinen „Lebenserinnerungen" mit dem **Konflikt** zwischen den Revolutionären von 1848 und dem „herrschende[n] Bevormundungssystem" (Z. 19 f.) auseinander.

Wiener Kongress als Ausgangspunkt

Dessen Wurzeln liegen in den Beschlüssen des **Wiener Kongresses** 1815, der mit seinen **konservativen Grundprinzipien** der Restauration, der Legitimität und der Solidarität („System Metternich") die vorrevolutionären Verhältnisse wiederherstellte und anstelle eines gesamtdeutschen Nationalstaats den **Deutschen Bund** als Bollwerk gegen Liberalismus und Demokratie gründete. Dieser lose Staatenbund aus 34 weitgehend souveränen Fürstentümern und vier freien Städten **stärkte die Macht der absolutistischen deutschen Fürsten**. Damit stellte er eine bittere **Enttäuschung für** das Bildungsbürgertum sowie die **Studenten** dar, die nach ihrem Einsatz in den Befreiungskriegen gegen die napoleonische Fremdherrschaft auf einen **Nationalstaat** und eine Verwirklichung der in Aussicht gestellten **Bundesverfassung** gehofft hatten.

Entstehung der bürgerlichen Oppositionsbewegung

Aus ihrer Enttäuschung entwickelte sich in Deutschland eine **bürgerliche Oppositionsbewegung**. Diese trat mit Forderungen nach **nationaler Einheit** und einer **liberalen Verfassung** auf, die nach dem Vorbild anderer Nationen politische Selbstbestimmung (vgl. Z. 14) ermöglichen und bürgerliche Freiheiten wie die Presse- und Meinungsfreiheit garantieren sollte.

Wartburgfest

Ein wichtiger Motor der Bewegung waren die **studentischen Burschenschaften**. Im Oktober 1817 feierten sie mit dem **Wartburgfest** den 300. Jahrestag von Luthers Thesenanschlag und den vierten Jahrestag der Völkerschlacht von Leipzig. Neben Kundgebungen und **Forderungen nach politischer Einheit und Freiheit** setzten sie ein deutliches Signal des Widerstandes und der Empörung, indem sie symbolisch die Bundesakte sowie in ihren Augen reaktionäre Literatur verbrannten.

repressive Maßnahmen der Obrigkeit

Zwei Jahre später wurde der **konservative Schriftsteller** August von Kotzebue von dem Studenten Karl Ludwig Sand **ermordet**, worauf die Fürsten des Deutschen Bundes mit drastischen Maßnahmen zur Unterdrückung (**Karlsbader Beschlüsse** 1819) reagierten: Die Burschenschaften wurden verboten, politisch unliebsame Professoren entlassen (Demagogenverfolgung), Universitäten streng überwacht und Oppositionelle verfolgt. Außerdem wurde die Meinungs- und Pressefreiheit aufgehoben und eine Zensur eingeführt. Viele liberal-national eingestellte Bürger zogen sich daraufhin von ihrem politischen Engagement ins Private zurück (**Biedermeierzeit**).

Hambacher Fest der bürgerlichen Opposition

Erst mit der **Juli-Revolution** 1830 in Frankreich nahm die liberal-nationale Bewegung in den deutschen Staaten wieder an Fahrt auf. 1832 fand im damals bayerischen **Hambach** ein großes Bürgerfest mit über 20 000 Teilnehmern aus ganz Europa statt. Auf diesem wurden erneut **Forderungen nach einem deutschen Nationalstaat auf Grundlage einer Verfassung** laut. Der Deutsche Bund reagierte auf das Hambacher Fest mit einer **Verschärfung der Unterdrückung und Verfolgung** oppositioneller Kräfte („Zehn Artikel" von 1832).

revolutionärer Frankfurter Wachensturm

Nicht einmal ein Jahr später, Anfang April 1833, zeigte sich mit dem **Frankfurter Wachensturm** die radikalere Seite der revolutionären Bewegung. Rund fünfzig Studenten versuchten von Frankfurt am Main, der Hauptstadt des Deutschen Bundes, aus, die Revolution in ganz Deutschland anzufachen. Jedoch wurde ihr Versuch der Erstürmung zweier Polizeiwachen **mühelos niedergeschlagen**. Wieder reagierte der Deutsche Bund mit **Verhaftungen** und der **Verfolgung Verdächtiger** auf die revolutionären Umtriebe.

Protest der „Göttinger Sieben"

1837 kam es zu einem aufsehenerregenden öffentlichen Protest von sieben namhaften Göttinger Professoren („**Göttinger Sieben**") gegen die Aufhebung der 1833 erlassenen liberalen Verfassung im Königreich Hannover durch den neuen König Ernst August I. Mit der **Entlassung aller sieben Professoren** setzte eine restaurative Macht ein weiteres Mal ihr Unterdrückungs- und „Bevormundungssystem" (Z. 19 f.) durch.

Märzrevolution

Im Anschluss an **Unruhen in Frankreich** im Februar 1848 – Schurz spricht in diesem Zusammenhang von einem „fremden Anstoß" (Z. 25) – erfolgten schließlich im **März 1848** in ganz Deutschland **revolutionäre Erhebungen**, die zunächst erfolgversprechend aussahen. Die Landesfürsten ließen sich aus taktischen Gründen auf die „**Märzforderungen**" der Revolutionäre ein und machten **weitreichende Zugeständnisse** (vgl. Z. 26). Sie beteiligten reformwillige Politiker an der Regierung („Märzminister") und versprachen liberale Landesverfassungen. Sie erlaubten außerdem im „Vorparlament" Planungen zur Wahl einer verfassunggebenden Nationalversammlung, die schließlich am 18. Mai 1848 in der **Frankfurter Paulskirche** zusammentrat.

Gegenrevolution

Die Mehrzahl der Revolutionäre zog sich daraufhin im **Glauben an die Erfüllung aller Zusagen** durch die Fürsten zurück, was Schurz als „kindlich[e] Vertrauensseligkeit" (Z. 40 f.) kritisiert. Seiner Meinung nach verstanden es die Revolutionäre nicht, „mit den bestehenden Verhältnissen zu rechnen" (Z. 8). Denn kaum waren Ruhe und

Ordnung im Land wiederhergestellt, kam es ab Oktober 1848 in Preußen und Österreich zur **Gegenrevolution:** Mithilfe von Regierungstruppen wurden die verfassunggebende Versammlung in Österreich sowie die preußische Nationalversammlung aufgelöst und durch konservative Kabinette ersetzt. Der preußische König **Friedrich Wilhelm IV.**, der sich im März 1848 noch öffentlich an die Spitze der Volksbewegung gestellt hatte, **weigerte sich** ein Jahr später, die deutsche **Kaiserkrone anzunehmen**. So konnte die von den Parlamentariern ausgearbeitete Reichsverfassung nicht in Kraft treten und die **Revolution war zum Scheitern verurteilt**.

Scheitern der Revolution

Die absolutistischen Fürsten hatten ihr **konservatives Herrschaftssystem** gegen die seit 1815 im Vormärz wirkende liberal-nationale Oppositionsbewegung **erfolgreich verteidigt**. Die bürgerlichen **Hoffnungen auf Einheit und Freiheit** mussten also vorerst erneut **begraben** werden.

3 **TIPP** *Anforderungsbereich: II/III, Bewertungseinheiten: AFB II: 5/AFB III: 25*

In der dritten Teilaufgabe sollen Sie ein auf die Revolution von 1848/49 bezogenes Zitat aus dem Textauszug auf den Umbruch in der DDR 1989/90 anwenden und diskutieren, inwieweit es für diese Zeit passend erscheint. Dazu sollten Sie zunächst kurz erläutern, was Schurz mit seiner Aussage meint. Übertragen Sie diese dann auf den Umbruch in der DDR 1989/90, indem Sie darstellen, inwieweit man bei der Wende in der DDR von einer langen inneren Gärung und einem fremden Anstoß von außen sprechen kann. Behandeln Sie beide Aspekte am besten getrennt voneinander und fassen Sie Ihre Argumentation am Ende in einem auswertenden Fazit zusammen. Machen Sie dabei zum Beispiel deutlich, inwieweit eine innere Gärung und der Anstoß von außen für die Revolutionen von 1848/49 und 1989/90 unterschiedlich relevant waren.

Einleitung
Erläuterung des Zitats

Carl Schurz beschreibt den Ausbruch der Revolution im März 1848 mit folgenden Worten: „Plötzlich, nach langer innerer Gärung einem fremden Anstoß folgend, erhob sich dieses Volk.“ (Z. 25 f.) Mit „**langer innerer Gärung**“ meint Schurz die ab 1815 dreiunddreißig Jahre andauernden Auseinandersetzungen im Deutschen Bund zwischen bürgerlicher Oppositionsbewegung und reaktionären Mächten. Den „**fremden Anstoß**“ von außen für die Deutsche Revolution von 1848 bildete die Februarrevolution im benachbarten Frankreich.

Hinführung zur Diskussion

Im Folgenden soll diskutiert werden, ob auch dem **Umsturz in der DDR** 1989/90 eine lange innere Gärung vorausging und ein Anstoß von außen zu Hilfe kam.

innere Gärung in der DDR
Unzufriedenheit

Unmut in der Bevölkerung gab es **in der DDR** von Anfang an. Allerdings brach er außer am Ende, im Jahr 1989, nur einmal öffentlich aus: Am **17. Juni 1953** protestierten Arbeiter in Ostberlin gegen die

Verschlechterung ihrer Arbeitsbedingungen. Ihr Protest weitete sich zu einem **gewaltsamen Aufstand** auch in anderen Städten der DDR aus und brachte die **Unzufriedenheit weiter Teile der Bevölkerung mit dem SED-Regime** zum Ausdruck. Truppen der UdSSR schlugen den Aufstand schließlich nieder.

Massenflucht wegen SED-Repressionen

Wie sehr es damals in der Bevölkerung gärte, zeigt sich auch daran, dass Hunderttausende DDR-Bürger in den 1950er-Jahren ihrem Land enttäuscht den Rücken kehrten. Erst der **Mauerbau** im August 1961 konnte die **massenhafte Flucht** aus der DDR unterbinden. Die Gründe für die **Kritik am totalitären SED-Regime** blieben: Es gab weder politische Mitsprache und Meinungsfreiheit noch individuelle Freiheitsrechte; politisch unzuverlässige Bürger wurden durch das Ministerium für Staatssicherheit (MfS, kurz Stasi) schikaniert, unterdrückt und bespitzelt. Außerdem war die **Versorgungslage** anhaltend **schlecht**. Gleichwohl arrangierten sich viele DDR-Bürger mit diesen Verhältnissen und lebten unauffällig im Privaten.

Bürgerrechts- und Friedensbewegung

Das änderte sich erst in den 1980er-Jahren, als in der DDR erste Oppositionsgruppen entstanden. Die **Bürgerrechtsbewegung** forderte die Umsetzung der in der KSZE-Schlussakte von 1975 zugesagten Bürger- und Menschenrechte. Die **Friedensbewegung** verlangte ein Ende des weltweiten Wettrüstens („Schwerter zu Pflugscharen"). Die Oppositionsbewegungen wurden von den eigentlich unpolitischen **Kirchen** unterstützt und scheuten auch eine **Konfrontation mit dem gefürchteten Staatsapparat** nicht.

Ausweitung zu Montags- und Massendemonstrationen

Im Jahr 1989, an dessen Ende der Umbruch stand, erhielt die oppositionelle Bewegung mehr und mehr Zulauf. Als politisch engagierte Bürger bei den **Kommunalwahlen** im Mai 1989 **Manipulationen** aufdeckten, wurde der **Ruf nach politischen Reformen** in der DDR immer lauter. Im Sommer und Herbst 1989 setzte eine **Massenflucht** über die durchlässig gewordenen Grenzen Ungarns und der Tschechoslowakei in den Westen ein. Die ab September 1989 stattfindenden **Montagsdemonstrationen** weiteten sich ab Oktober 1989 unter dem Slogan „*Wir* sind das Volk!" zu friedlichen **Massendemonstrationen** für demokratische Reformen aus. Die teilnehmerstärkste dieser **Großdemonstrationen** fand **wenige Tage vor dem Mauerfall** am 4. November 1989 in Ostberlin statt. Damit hatte die Gärung in der DDR vor dem tatsächlichen Umbruch ihren Höhepunkt erreicht.

fremder Anstoß von außen

Westdeutschland als attraktive Alternative

Neben dem Anwachsen des Widerstands im Inneren, trugen aber auch **Anstöße von außen** zum letztlichen Zusammenbruch des SED-Regimes bei. So stellte die **benachbarte Bundesrepublik** mit ihrem wachsenden Wohlstand und der Gewährung von Grund- und Freiheitsrechten einen permanenten Anstoß von außen dar. Viele DDR-Bürger sahen im **westlichen Erfolgsmodell** eine **Alternative zur eigenen Mangelwirtschaft und zur politischen Unterdrückung**, was ihre Unzufriedenheit weiter steigerte.

Ein zusätzlicher Anstoß für den Umbruch in der DDR ging dann von den **Oppositionsbewegungen in anderen Ostblockstaaten** aus. Die Bürgerrechtsbewegung von Václav Havel in der Tschechoslowakei (**Charta 77**) und die polnische Gewerkschaftsbewegung von Lech Walesa (**Solidarnosc**) stellten **Vorbilder** für den Versuch dar, den Sozialismus im eigenen Land zu reformieren.

Oppositionsbewegungen im Ostblock

Als Anstoß von außen ist auch **Ungarns Entschluss** im Sommer 1989 zu sehen, seine **Grenze** zu Österreich **zu öffnen**. Diesen Weg nutzten im Sommer und Herbst 1989 zahlreiche DDR-Bürger, um über Ungarn in den Westen zu fliehen („**Abstimmung mit den Füßen**").

Grenzöffnung in Ungarn

Als stärkster äußerer Anstoß kann jedoch die **Reformpolitik** des sowjetischen Staatschefs **Michail Gorbatschow** gelten. In seiner Funktion als Generalsekretär des Zentralkomitees versuchte er ab 1985, durch **Glasnost** (Transparenz) und **Perestroika** (Umbau) den Sozialismus in der UdSSR zukunftsfähig zu machen. Er kehrte sich von der Breschnew-Doktrin (beschränkte Souveränität der sozialistischen Staaten) ab und vertrat stattdessen die Ansicht, dass alle Ostblockstaaten ihre inneren Angelegenheiten selbst regeln sollten (**Sinatra-Doktrin**). Er ermahnte die DDR-Führung anlässlich des 40-jährigen Staatsjubiläums im Oktober 1989 sogar direkt, sich für Reformen zu öffnen, weshalb die Bürgerrechtsbewegung große Hoffnungen in ihn setzte. Diese erfüllte er dadurch, dass er einer gewaltsamen Unterdrückung der Proteste unter Mitwirkung der Sowjetunion eine Absage erteilte.

Gorbatschows Reformpolitik

Dass es schließlich nicht nur zu einer Reformierung des Sozialismus innerhalb der DDR, sondern zu einem vollständigen **Systemwechsel** kam, ist im Wesentlichen dem Einfluss von außen zu verdanken. Vor allem das Bemühen von **Bundeskanzler Helmut Kohl** um eine **Wiedervereinigung** der beiden deutschen Staaten hat wohl entscheidend zum radikalen Umbruch und dem Ende der DDR beigetragen (**Zehn Punkte-Plan** bereits im November 1989).

Kohls Pläne zur Wiedervereinigung

Auch wenn es in der DDR lange Zeit **keine** dem Vormärz von 1815 bis 1848 vergleichbaren **offen ausbrechenden Auseinandersetzungen** zwischen dem Volk und der Regierung gab, schwelte in der DDR eine **weitverbreitete Unzufriedenheit**, die sich ab 1989 in den Protesten der Bürgerrechtsbewegung Bahn brach. Noch deutlicher ist in der DDR der **fremde Anstoß** von außen, der sich nicht wie 1848 auf ein Einzelereignis beschränken lässt. Stattdessen gab es immer wieder **starke Impulse**, die das SED-Regime destabilisierten und der Protestbewegung Aufwind verliehen. Die DDR-Führung war, anders als die Regierungen der deutschen Staaten 1848/49, trotz mehrerer dahin gehender Versuche nicht in der Lage, sich durch Zugeständnisse an der Spitze zu behaupten. So kam es 1990 schließlich zum **vollständigen Zusammenbruch**.

Fazit

Instrumentalisierung der liberal-nationalen Bewegung im Nationalsozialismus

Aufgabenstellung

1 Fassen Sie die Rede Kästners zusammen. (Material) (25 BE)

2 Erläutern Sie, auch unter Bezugnahme auf die Rede Kästners, den Prozess der nationalsozialistischen „Machtergreifung“ 1933/34. (45 BE)

3 „Die Parallele zum Wartburgfest Anno 1817 zu ziehen, […] war eine Frechheit ohne Beispiel.“ (Material)
Begründen Sie, warum es unangemessen ist, Parallelen zwischen dem Nationalsozialismus und der liberal-nationalen Bewegung von 1815 bis 1848 herzustellen. (30 BE)

M Rede von Erich Kästner „Über das Verbrennen von Büchern“, gehalten am 10. 05. 1958 auf einer Tagung des Schriftstellerverbandes PEN in Hamburg

Als am 10. Mai 1933 die deutschen Studenten in allen Universitätsstädten unsere Bücher tonnenweise ins Feuer warfen, spürten wir: Hier vollzieht sich Politik, und hier ereignet sich Geschichte. Die Flammen dieser politischen Brandstiftung würden sich nicht löschen lassen. Sie würden weiterzüngeln, um sich fressen, auflodern und Deutschland, wenn nicht ganz Europa in verbrannte Erde verwandeln. Es würde so kommen und kam so. Es lag in der Unnatur der Sache.

Sie machten sich viel mit Fackeln und Feuer zu schaffen, jene Pyrotechniker[1] der Macht. Es begann mit dem brennenden Reichstag und endete in der brennenden Reichskanzlei. Es begann mit Fackelzügen und endete mit Feuerbestattung. Zwischen dem Reichstagsbrand und der Bücherverbrennung, also zwischen dem 27. Februar und dem 10. Mai 1933, arbeiteten sie freilich ohne Streichhölzer und ohne Benzin. Sie sparten Pech und Schwefel. Es ging auch so. Der Feldmarschall und Reichspräsident kapitulierte in der Potsdamer Garnisonskirche. Das geschah am 21. März. Zwei Tage später kapitulierten, mit Ausnahme der Sozialdemokratie, die Parteien in der Krolloper.[2] […] Am 10. Mai brauchte man wieder Feuer. Für die Bücher.

Der kleine Hinkende Teufel[3] […] hatte das Autodafé[4] fehlerlos organisiert. Eine Münchner Zeitung schrieb am 5. Mai: „Die Hinrichtung des Ungeistes wird sich zur selben Stunde in allen Hochschulstädten Deutschlands vollziehen. In einer großen Staffelreportage zwischen 11 und 12 Uhr nachts wird gleichzeitig der Deutschlandsender ihren Verlauf aus sechs Städten, darunter auch München, mitteilen. Schon einmal weihten deutsche Burschen öffentlich vor allem Volk einen Haufen Bücher dem Feuer. Das war vor nunmehr hundert Jahren auf der Wartburg, und die achtundzwanzig Schriften, die der Zorn der Flammen damals ergriff, ... waren Werke des Muckertums[5], der Knechtsgesinnung, von Bütteln[6], Spießern und Dreigroschenseelen im Sold der Herrschenden hingesudelt ... Und heute steht abermals das Gericht über sie auf, und abermals schichtet der deutsche Bursch ihnen das Feuer der Vernichtung."[7]

Die Parallele zum Wartburgfest Anno 1817 zu ziehen, zur Verbrennung einiger preußischer Polizeivorschriften sowie etlicher Bände von Kotzebue und eines Autors namens Schmalz, der Vergleich eines Ulks mit der Verbrennung nicht des „deutschen Ungeistes", sondern des deutschen Geistes, das war eine Frechheit ohne Beispiel. [...] Die Zahl der Autoren, deren Bücher [1933] verbrannt wurden, geht in die Hunderte. Einige dieser Schriftsteller sitzen heute unter uns. Wir waren Spießer und Dreigroschenseelen?

Der Lügner wußte, wie infam er log. Er nahm sich nicht einmal die Mühe, seinen Haß und Neid gescheiter zu artikulieren, und er hatte recht. Denn „der deutsche Bursch schichtete das Feuer der Vernichtung", wie es so schön hieß, sowieso. [...]

Die Feuer brannten. Auf dem Opernplatz in Berlin. Auf dem Königsplatz in München. Auf dem Schloßplatz in Breslau. Vor der Bismarcksäule in Dresden. Auf dem Römerberg in Frankfurt. Sie loderten in jeder deutschen Universitätsstadt. Die Studenten hielten in brauner Uniform die Ehrenwache.

[...]

Meine Damen und Herren, eine Gedenkstunde soll eine Gedächtnis-Übung sein, und noch etwas mehr. Was hülfe es, wenn sie nur der Erinnerung an arge Zeiten diente, nicht aber der Erinnerung an unser eignes Verhalten? Das heißt, hier und jetzt, für mich nicht mehr und nicht weniger: an mein Verhalten? Ich bin nur ein Beispiel neben anderen Beispielen. Doch da ich mich etwas besser als andere kenne, muß in meiner Rede nun auch ein wenig von mir die Rede sein.

Ich habe mich, damals schon und seitdem manches Mal gefragt: „Warum hast du, am 10. Mai 1933 auf dem Opernplatz in Berlin, nicht widersprochen? [...]"

Ich hatte angesichts des Scheiterhaufens nicht aufgeschrien. Ich hatte nicht mit der Faust gedroht. Ich hatte sie nur in der Tasche geballt. [...] Keiner weiß, ob er aus dem Stoffe gemacht ist, aus dem der entscheidende Augenblick Helden formt. Kein Volk und keine Elite darf die Hände in den Schoß legen und darauf hoffen, daß im Ernstfall, im ernstesten Falle, genügend Helden zur Stelle sein werden.

[...]

Die Ereignisse von 1933 bis 1945 hätten spätestens 1928 bekämpft werden müssen. Später war es zu spät. Man darf nicht warten, bis der Freiheitskampf Landesverrat genannt wird. Man darf nicht warten, bis aus dem Schneeball eine Lawine geworden ist. Man muß den rollenden Schneeball zertreten. Die Lawine hält keiner mehr auf. Sie ruht erst, wenn sie alles unter sich begraben hat.

Das ist die Lehre, das ist das Fazit dessen, was uns 1933 widerfuhr. Das ist der Schluß, den wir aus unseren Erfahrungen ziehen müssen, und es ist der Schluß meiner Rede. Drohende Diktaturen lassen sich nur bekämpfen, ehe sie die Macht übernommen haben.

Erich Kästner: Über das Verbrennen von Büchern. Zürich: Atrium-Verlag 2013

Anmerkungen
1 Pyrotechniker: Experte für Feuerwerkskörper
2 Die Zustimmung des Reichstages zum Ermächtigungsgesetz fand aufgrund des durch den Reichstagsbrand beschädigten Reichstagsgebäudes in der Berliner Krolloper statt.
3 Erich Kästner meint hier Joseph Goebbels.
4 Autodafé: Bücherverbrennung
5 Muckertum: durch Feigheit und Heuchelei gekennzeichnete Haltung
6 Büttel: (abwertend) Ordnungshüter, Diener der Obrigkeit
7 Während auf dem Wartburgfest 1817 Burschenschaftler symbolisch ca. 30 mit Buchtiteln beschriftete Altpapierbündel verbrannten, die sie als gegen die Einheits- und Freiheitsbewegung gerichtet verstanden, verbrannten die Nationalsozialisten in 70 Städten insgesamt 20 000 Bücher von 300 Schriftstellern, darunter auch die Werke Erich Kästners.

Hinweise:
Erich Kästner (1899–1974), deutscher Schriftsteller, dessen Bücher im Rahmen der Bücherverbrennung als „undeutsch" diffamiert wurden
Die Rechtschreibung entspricht der Textvorlage.

TIPP **Inhaltliche Schwerpunkte**

Die vorliegende Aufgabe setzt sich mit dem Themenfeld „Aushöhlung der Demokratie und Errichtung der Diktatur in Deutschland" auseinander, wobei der Schwerpunkt auf dem Stichwort „Errichtung des totalitären Staates (Zerstörung von Rechtstaat, Parlamentarismus und Pluralismus, Einparteienstaat und Führerdiktatur)" liegt. Ein halbjahresübergreifender Bezug wird dabei zum Themenfeld „Die deutsche Revolution von 1848/49 – Markstein auf dem Weg zu Parlamentarismus, Demokratie und Nationalstaat?" hergestellt. Dabei steht besonders das Stichwort „Entstehung, Entwicklung und Unterdrückung der liberal-nationalen Bewegung im europäischen Kontext (1813/15–1848)" im Zentrum.

Lösungsvorschlag

1 **TIPP** *Anforderungsbereich: I, Bewertungseinheiten: 25*

Die erste Teilaufgabe fordert Sie dazu auf, den vorliegenden Auszug aus der Rede Erich Kästners, die er anlässlich des Jahrestags der Bücherverbrennung gehalten hat, zusammenzufassen. Im Rahmen einer Einleitung sollten Sie den Text kurz vorstellen, indem Sie den Verfasser, die Art der Quelle, den Titel, das Datum der Rede, die Adressaten sowie das Thema und die Intention nennen. Stellen Sie anschließend die wesentlichen Inhalte des Redeauszugs komprimiert dar. Achten Sie dabei darauf, die indirekte Rede (Konjunktiv I) zu verwenden und in Ihren eigenen Worten zu formulieren.

Im vorliegenden Auszug seiner am 10. Mai 1958 auf einer Tagung des Schriftstellerverbandes PEN vor Kollegen in Hamburg gehaltenen **Rede** „Über das Verbrennen von Büchern“ setzt sich **Erich Kästner** mit den **Bücherverbrennungen** durch die Nationalsozialisten im Kontext der „Machtergreifung“ auseinander. Dabei betont er auch die **Bedeutung eines frühzeitigen Widerstands** gegen totalitäre Tendenzen.

Einleitung

Quelle, Autor, Erscheinungsdatum, Thema, Intention

In seiner Ansprache schildert Kästner zunächst sein **Empfinden** beim Anblick der brennenden Büchermassen und schreibt ihnen eine **symbolhafte Bedeutung** für die weitere historische Entwicklung in Deutschland und Europa zu (vgl. Z. 2 ff.). Von Anfang bis Ende der Herrschaft des Nationalsozialismus sei das **Feuer** mit dem Regime und seiner Politik in Verbindung zu bringen: Kästner verweist hier unter anderem auf den **Reichstagsbrand** 1933 und den späteren **Brand der Reichskanzlei** im Krieg (vgl. Z. 7 ff.). In der Zeit zwischen dem Reichstagsbrand am 27. Februar 1933 und der Bücherverbrennung habe das Regime aber, ohne dafür Feuer zu benötigen, seine **Macht festigen** können, indem sich am 21. März 1933 der **Reichspräsident** und zwei Tage später alle **Parteien** bis auf die SPD **den Nationalsozialisten unterworfen** hätten (vgl. Z. 9 ff.).

Zusammenfassung der Rede

Rekapitulation der Ereignisse im Kontext der Bücherverbrennung

Im Folgenden zitiert Kästner einen Ausschnitt aus einer Münchner Zeitung vom 5. Mai 1933, in der die **Bücherverbrennung** angekündigt und **mit** der des **Wartburgfests** von 1817 **verglichen** wird (vgl. Z. 16 ff.). Diese Gleichsetzung **weist Kästner** entschieden **zurück** und bezeichnet den Verfasser des Zeitungsberichts als Lügner (vgl. Z. 34). **Deutscher Geist**, nicht Ungeist sei auf den von Goebbels organisierten Veranstaltungen **verbrannt** worden, zudem Werke hunderter Autoren, während **1817** als **kleiner Streich** lediglich obrigkeitsstaatliche Verordnungen und einige wenige Autorenwerke ins Feuer geworfen worden seien (vgl. Z. 27 ff.).

Zitat eines Vergleichs der Bücherverbrennung 1933 mit dem Wartburgfest von 1817

Gegen Ende der Rede fordert Kästner seine Zuhörerschaft auf, sich bei einer Gedenkstunde nicht nur an die Ereignisse des Jahres 1933 zu erinnern, sondern sich auch das **eigene Verhalten in der Anfangszeit der Diktatur** bewusst zu machen (vgl. Z. 43 ff.). Er gibt zu, im Angesicht der brennenden Bücher **nicht eingegriffen** zu haben, obwohl er die Geschehnisse schon damals abgelehnt habe (vgl. Z. 48 ff.). Im Folgenden kommt er zu dem Schluss, dass man den Nationalsozialismus spätestens ab 1928 hätte bekämpfen müssen, da es **zum Zeitpunkt der Bücherverbrennung bereits zu spät** gewesen sei, um noch etwas ausrichten zu können (vgl. Z. 56 ff.).

Aufforderung zur Reflexion des eigenen Verhaltens angesichts einer Diktatur

Er appelliert also an die Deutschen, eine **entstehende Diktatur bereits im Keim zu ersticken** und sich nicht erst dann zu wehren, wenn sie bereits etabliert sei und jeder Widerstand als Landesverrat gelte (vgl. Z. 57 ff.).

Appell zu rechtzeitigem Widerstand

2 **TIPP** *Anforderungsbereich: I/II, Bewertungseinheiten: AFB I: 5/AFB II: 40*

Die zweite Teilaufgabe erfordert mit dem Operator „erläutern" die Verdeutlichung des Prozesses der „Machtergreifung" durch die Nationalsozialisten in den Jahren 1933/34. Sie sollen also auf Ihr im Unterricht erworbenes Hintergrundwissen zurückgreifen und über die Quelle hinausgehend die zentralen Ereignisse der nationalsozialistischen „Machtergreifung" darstellen. Halten Sie sich am besten an die Chronologie der Geschehnisse, indem Sie mit der Ernennung Hitlers zum Reichskanzler am 30. Januar 1933 beginnen und mit dem Tod Hindenburgs sowie den damit verbundenen Regelungen aufhören. Erich Kästner erwähnt in seiner Rede bereits einige zentrale Aspekte des nationalsozialistischen Vorgehens, sodass es Ihnen nicht schwerfallen dürfte, immer wieder Bezüge zum Text herzustellen, wie es die Aufgabenstellung von Ihnen verlangt.

Erläuterung der nationalsozialistischen „Machtergreifung"

Für die Nationalsozialisten waren die in vielen Städten des Reichs stattfindenden **Bücherverbrennungen** nicht nur eine propagandistische Inszenierung des Kampfs gegen von ihnen abgelehntes Gedankengut. Sie waren auch Teil ihrer **Verfolgung Andersdenkender** und dienten der „**Gleichschaltung**" der Gesellschaft, die die NS-Herrschaft fest etablieren und Widerstand unmöglich machen sollte.

Einschränkung und Aufhebung von Grundrechten

Um dieses Ziel zu erreichen, sicherten sich die Nationalsozialisten schon bald nach der **Ernennung Hitlers zum Reichskanzler** an der Spitze einer Regierungskoalition von NSDAP und DNVP durch den Reichspräsidenten Hindenburg am 30. Januar 1933 alle rechtlichen Möglichkeiten. So schränkte am 4. Februar 1933 die „**Verordnung zum Schutze des deutschen Volkes**" die Versammlungs- und Pressefreiheit ein (angeblich, um das Volk vor einem kommunistischen Umsturzversuch zu schützen). Diese Maßnahme wurde einen Tag nach dem auch von Kästner erwähnten Brand des Reichstags am 27. Februar 1933 (vgl. Z. 8 ff.) mit der „**Reichstagsbrandverordnung**" um die Außerkraftsetzung weiterer wesentlicher Grundrechte ergänzt. Die Verordnung, für die der Brand des Reichstags nur ein Vorwand war, erleichterte die **Verfolgung und Inhaftierung politischer Gegner**, worunter vor allem Sozialdemokraten und Kommunisten zu leiden hatten.

Terror und Propaganda

Trotz des **Terrors gegen die linksgerichteten Parteien** erreichte die NSDAP bei den Reichstagswahlen am 5. März 1933 nicht die absolute Mehrheit. Um konservative Kreise für das neue Regime zu gewinnen, inszenierte Reichspropagandaminister Joseph Goebbels, den Kästner als „kleine[n] Hinkende[n] Teufel" (Z. 16) bezeichnet, am 21. März 1933 zur Eröffnung des neuen Reichstags den „**Tag von Potsdam**" in der Potsdamer Garnisonkirche. Reichspräsident Hindenburg stellte sich hier in den Dienst des neuen Regimes, indem er sich für dessen Propagandaveranstaltung vereinnahmen ließ, die einen **Schulterschluss zwischen Preußentum und Nationalsozialismus** zeigen sollte. Kästner spricht in diesem Zusammenhang von einer „Kapitulation" des Reichspräsidenten (vgl. Z. 12 f.).

Aushöhlung der Verfassung durch „Ermächtigungsgesetz"

Die „Kapitulation" der demokratisch-bürgerlichen Parteien (abgesehen von der SPD) erfolgte dann, wie von Kästner richtig genannt (vgl. Z. 13 ff.), zwei Tage später mit der Annahme des „**Ermächtigungsgesetzes**" im Reichstag. Mit diesem „Gesetz zur Behebung der Not von Volk und Reich" verschaffte sich die von den Nationalsozialisten dominierte Regierung die Erlaubnis, ohne Mitwirkung des Reichstags und des Reichsrats Gesetze zu erlassen, was einer **Ausschaltung des Parlaments und der Weimarer Verfassung** gleichkam. Die dafür nötige 2/3-Mehrheit erreichte die NSDAP, indem die bereits verhafteten Abgeordneten (vornehmlich der KPD) als „unentschuldigt fehlend", aber anwesend gewertet wurden. Die übrigen Parteien (mit Ausnahme der SPD) stimmten der Gesetzesvorlage unter dem Druck Hitlers zu und entmachteten sich dadurch faktisch selbst.

Einordnung der Bücherverbrennung in Kontext der „Machtergreifung"

Das „Ermächtigungsgesetz" bildete die Grundlage für alle noch folgenden Maßnahmen der „**Gleichschaltung**", die von einer **umfangreichen Propaganda** begleitet wurden. Zu dieser gehörte auch die von Kästner thematisierte **Bücherverbrennung**. Diese diente nicht nur der Machtdemonstration und Einschüchterung, sondern sollte zugleich den geistigen Wandel symbolisieren, den die neuen Machthaber anstrebten. Die von Kästner zitierte Zeitung aus dem Jahr 1933 spricht von der „Hinrichtung des Ungeistes" (Z. 17), die laut Kästner eigentlich eine „Verbrennung […] des deutschen Geistes" (Z. 29 f.) war.

„Gleichschaltung der Länder"

Bereits eine Woche nach Inkrafttreten des „Ermächtigungsgesetzes" kam es am 31. März 1933 zur „**Gleichschaltung der Länder**", die eine **Aufhebung des Föderalismus** bedeutete. Mit dem „Gesetz über den Neuaufbau des Reichs" vom 30. Januar 1934 und der damit verbundenen Übertragung aller Rechte der Länder auf die Reichsregierung fand der Prozess der **Zentralisierung** seinen endgültigen Abschluss.

„Gleichschaltung" der Arbeiterschaft

Auf die pompös inszenierten **Feierlichkeiten** zum 1. Mai 1933, dem traditionellen „**Tag der Arbeit**", den die Nationalsozialisten zum Staatsfeiertag erhoben, um Arbeiterfreundlichkeit zu suggerieren, folgte nur einen Tag später die **Zerschlagung der Gewerkschaften**. Nach deren Auflösung sollten sämtliche Arbeitnehmer in die „**Deutsche Arbeitsfront**" (DAF) integriert und dort kontrolliert sowie im Sinne des NS-Regimes indoktriniert werden.

Etablierung des Einparteienstaats

Ab Ende Juni 1933 kam es, nach dem Verbot der SPD am 22. Juni 1933, schrittweise zur Selbstauflösung der anderen Parteien. Mit dem **Verbot der Neugründung von Parteien** am

14. Juli 1933 etablierte sich die **NSDAP** endgültig als **alleinige Staatspartei**, die nur zum Schein eine politische Vertretung des Volks darstellen sollte.

Ausschaltung innerparteilicher Gegner

Dass mit den Mitteln des organisierten Terrors nicht nur Andersdenkende unterdrückt, sondern auch potenzielle **innerparteiliche Gegner beseitigt** wurden, zeigt die Ermordung von SA-Funktionären wie Ernst Röhm und anderen Parteigenossen in den Tagen nach dem 30. Juni 1934. Der **„Röhm-Putsch“** verschaffte Hitler und der NS-Elite endgültig eine Machtposition, die Deutschland schließlich in die Katastrophe des Kriegs führte.

Abschluss des Prozesses der „Machtergreifung“

Als **Hindenburg** am 2. August 1934 **starb**, konnte Hitler das Amt des Reichskanzlers mit dem des Reichspräsidenten auf sich vereinigen. Zudem brachten die Nationalsozialisten mit der **Vereidigung der Reichswehr auf Hitler** als „Führer und Reichskanzler“ auch das Militär unter ihre Kontrolle. Mit diesem Schritt gilt die Etablierung der NS-Herrschaft als abgeschlossen, da nun alle zentralen politischen und gesellschaftlichen Bereiche Hitlers **uneingeschränkter Kontrolle** unterstanden.

3 **TIPP** *Anforderungsbereich: II/III, Bewertungseinheiten: AFB II: 5/AFB III: 25*

Die dritte Teilaufgabe fordert Sie zu einer Begründung auf, warum es unangemessen ist, Parallelen zwischen dem Nationalsozialismus und der liberal-nationalen Bewegung zu ziehen. Sie müssen also fachliche Argumente anführen, die zeigen, dass eine solche Parallelisierung unzulässig ist. Beginnen Sie am besten mit einer kurzen Erläuterung der Aussage Kästners. Rufen Sie sich dann Ihr Wissen zur Vormärz-Zeit ins Gedächtnis und finden Sie Gesichtspunkte, in denen sich die liberal-nationale Bewegung vom Nationalsozialismus unterscheidet. Ihre Ausführungen können mit einem Vergleich der beiden Bücherverbrennungen ihren Ausgang nehmen, sollten aber über diese Einzelereignisse hinausgehen und die beiden Bewegungen generell voneinander abgrenzen. Ziehen Sie am Schluss ein Fazit, das Ihre Position prägnant auf den Punkt bringt.

Einleitung

vehemente Ablehnung der Parallelisierung von Wartburgfest und Bücherverbrennung durch Kästner

Erich Kästner findet in seiner Rede deutliche Worte für seine **Ablehnung der Parallele**, die eine Münchner Zeitung 1933 **zwischen** dem **Wartburgfest** von 1817 **und der Bücherverbrennung durch die Nationalsozialisten** am 10. Mai 1933 gezogen hat, indem er sie als „Frechheit ohne Beispiel“ (Z. 30) bezeichnet. Und tatsächlich lassen sich zahlreiche fachliche Begründungen anführen, die seine Position stützen.

fachliche Begründung der Ablehnung

So handelt es sich **lediglich dem äußeren Anschein nach** bei der Bücherverbrennung auf dem Wartburgfest und der von Goebbels 1933 inszenierten Verbrennung von Werken deutscher Autoren um

ähnliche Vorgänge. Nimmt man beide genauer in Augenschein, erkennt man, dass sie sich deutlich voneinander unterscheiden.

formale Unterschiede

Auf dem **Wartburgfest** wurden etwa **30 Werke**, die sich gegen die Einheits- und Freiheitsbewegung richteten, **lediglich symbolisch** in Form von Altpapierbündeln mit Titeln verhasster Bücher **verbrannt**. Demgegenüber landeten **1933** in zahlreichen Städten und über Wochen hinweg **zigtausende Werke von 300 bedeutenden Schriftstellern** in den Flammen.

Unterschiede in der Gesinnung

Doch noch viel gewichtiger als diese rein formalen Unterschiede sind die **Differenzen in** der mit der Bücherverbrennung einhergehenden **Denkweise und Intention**. Die Bücherverbrennung auf dem **Wartburgfest** war **gegen** die **absolutistische Unterdrückung** gerichtet und stand im Zeichen der Geistesfreiheit. Die **NS-Bücherverbrennung** war dagegen **Ausdruck der Unterdrückung durch ein Terrorregime**, das sich gegen Presse- und Meinungsfreiheit richtete, die die Liberalen auf dem Wartburgfest gefordert hatten. Auch wenn die liberal-nationale Bewegung mitunter antisemitische Züge aufwies und es beim **Wartburgfest vereinzelt** zu entsprechenden **judenfeindlichen Äußerungen** kam, ist sie auch in dieser Hinsicht mit dem **stark antisemitischen Charakter der NS-Bücherverbrennungen** nicht zu vergleichen.

unterschiedliche Initiatoren

Zudem war es **1817** eine **studentische Bewegung**, die gegenüber einer repressiven und reaktionären Obrigkeit **Widerstand** leistete, wohingegen die Aktionen **1933**, die zwar auch vornehmlich von Studenten ausgeführt wurden, maßgeblich **staatlich initiiert** und gelenkt waren. Deutlichstes Zeichen davon war, dass Propagandaminister Joseph Goebbels selbst an einer Bücherverbrennung teilnahm und eine hetzerische Rede hielt. Überdies war die nationalsozialistische Bücherverbrennung Teil einer Reihe von Maßnahmen ähnlicher Art („**Aktion wider den undeutschen Geist**"), die nicht nur auf eine breit angelegte „Säuberung" der Bibliotheken und Universitäten von unerwünschter Literatur hinausliefen, sondern auch auf die Stigmatisierung, **Ausgrenzung und Verfolgung missliebiger Personen** zielten.

unterschiedliche Interessen und Zielsetzungen

Den Kontext bildete der **Ausbau eines Systems der Unterdrückung** durch die Nationalsozialisten, für das sie sich seit ihrer Machtübernahme nicht nur rechtliche Mittel schufen, sondern das sie auch in alle Bereiche der Gesellschaft trugen. Demgegenüber war das **Wartburgfest**, wie überhaupt die oppositionelle Bewegung der Vormärz-Zeit, stark **von freiheitlichen Forderungen geprägt** und seine Veranstalter strebten nach parlamentarischer Repräsentation. Teilweise war die Freiheitsbewegung sogar **international ausgerichtet**, was sich zum Beispiel in der Unterstützung des polnischen Freiheitskampfs zeigte. Solche nationsübergreifenden Ambitionen lassen sich beim Nationalsozialismus nicht finden. Vielmehr war die

NS-Bewegung von Anfang an **gegen andere Nationen eingestellt** und strebte einen ideologisch und rassistisch motivierten Eroberungskrieg an.

Während die **Freiheitsbewegung** des 19. Jahrhunderts **unter** einer repressiven und **obrigkeitsstaatlichen Politik litt**, strebten die **Nationalsozialisten** 1933 eine solche an und taten alles, um **Grund- und Freiheitsrechte** zu **unterdrücken**. Wenn man also eine Parallele zwischen Vormärz-Zeit und Nationalsozialismus ziehen will, müssten die nationalsozialistischen Machthaber mit den Obrigkeiten der Restaurationsepoche verglichen werden. Denn auch im **Vormärz** war durch die Aufhebung von Presse- und Meinungsfreiheit sowie die Bespitzelung und Verfolgung Oppositioneller (Karlsbader Beschlüsse) ein **System der Repression** geschaffen worden, das jedoch bei Weitem **nicht so radikal und umfänglich** war wie das nationalsozialistische. Obwohl sich also beide Systeme gegen das freiheitliche Gedankengut von Aufklärung und Französischer Revolution richteten, ist somit auch eine solche **Parallelisierung unangemessen**.

mögliche Parallelisierung der Obrigkeiten von 1817 mit NS-Regime?

Die Heranziehung des Wartburgfests von 1817 als Vorläufer für die nationalsozialistische Bücherverbrennung durch die Münchner Zeitung übersieht die **grundlegenden Unterschiede** zwischen beiden Veranstaltungen und den dahinterstehenden Bewegungen. Der Grund dafür liegt in der **propagandistischen Intention** der Verfasser des Zeitungsartikels, die das Vorgehen der Nationalsozialisten in eine **positiv besetzte Traditionslinie** stellen wollen. Dies **ist jedoch fachlich nicht fundiert** und zeigt beispielhaft die Problematik historischer Gleichsetzungen.

Fazit

Gleichsetzung allein aus propagandistischen Gründen

Deutsche Außenpolitik im Wandel der Zeiten

Aufgabenstellung

1 Fassen Sie Kohls Aussagen aus dem Interview mit der sowjetischen Zeitung PRAWDA zusammen. (Material) (25 BE)

2 Erläutern Sie, auch mit Bezug auf das Material, die Bedeutung der Siegermächte für Ausgangslage, Verlauf und Ergebnis des Wiedervereinigungsprozesses. (45 BE)

3 „Als Volk der Mitte Europas […] sind wir in besonderem Maße einer Politik der Vermittlung, des Augenmaßes und der richtigen Proportion verpflichtet". (Material)
Überprüfen Sie, ob die Außenpolitik der Weimarer Republik (1919–1929) dieser Einschätzung entsprach. (30 BE)

M Interview mit Helmut Kohl, veröffentlicht in der sowjetischen Zeitung PRAWDA am 3. Oktober 1990

PRAWDA: Die staatliche Vereinigung Deutschlands ist geschehen, ist Tatsache geworden. Wie beurteilen Sie, Herr Bundeskanzler, dieses Ereignis für das deutsche Volk, für Europa und für die Welt?

KOHL: Für uns Deutsche verwirklicht sich ein Traum, wenn wir jetzt – am 3. Oktober 1990 – nach 45 Jahren der Trennung im Einvernehmen mit allen unseren Nachbarn – in West und Ost – unsere Einheit wiedergewinnen. Dies ist zugleich eine einmalige historische Chance, durch eine verantwortliche Politik dazu beizutragen, dauerhaften Frieden auf unserem Kontinent zu begründen, alte Wunden zu heilen und der nachwachsenden Generation die konkrete Perspektive zu bieten, dass sie ein Leben in Frieden und Freiheit und mit dem Recht auf persönliches Glück f[ü]hren kann. […]

PRAWDA: Was verlangte Ihre größte Aufmerksamkeit und Ihr größtes persönliches Engagement im [Vereinigungs-]Prozess? Welche Entscheidung war dabei für Sie psychologisch am schwierigsten?

KOHL: Meine größte Aufmerksamkeit, mein größtes Engagement richtete sich ohne Zweifel darauf, von allen Seiten alles zu tun, damit die friedliche Revolution der Menschen in Ost-Berlin, in Leipzig, in Dresden auch friedlich blieb – und den Menschen zugleich die berechtigte Hoffnung zu vermitteln, dass ihr Wunsch nach freier Selbstbestimmung und nach Einheit in naher Zukunft erfüllt werden würde.

Wäre dies nicht gelungen, so wären die Menschen zu Hunderttausenden in die Bundesrepublik Deutschland übergesiedelt – und die Chancen, die ehemalige DDR politisch, wirtschaftlich und gesellschaftlich rasch auf die Beine zu bringen, wäre in ferne Zukunft gerückt. […]

PRAWDA: Wie stellen Sie sich das vereinte Deutschland und seine Rolle im neuen Europa und in der internationalen Gemeinschaft vor? Worin sehen Sie seine wichtigste Verantwortung vor der Welt und Geschichte?

KOHL: Ich glaube, dass die Rolle, die unser Land und Volk in Europa und in der Welt zu spielen hat, sich aus unserer Geographie, aus unserer Geschichte und aus unserem Gewicht herleitet. Als Volk der Mitte Europas, als Land der traditionellen Verbindungswege zwischen Ost und West, zwischen Nord und Süd, sind wir in besonderem Maße einer Politik der Vermittlung, des Augenmaßes und der richtigen Proportion verpflichtet – das bedeutet immer auch: in unserer Politik die Wünsche, die Sorgen und Interessen unserer Nachbarn mit im Auge zu behalten. Wir sind zu einer Politik gehalten, die sich als Brückenbau versteht und vermittelt, die Menschen zusammenbringt, die dem Handel und Wandel die Tür öffnet und die den Austausch von Ideen, von Kultur und Wissenschaft fördert.

Aus unserer Geschichte haben wir gelernt, dass wir eine besondere Verantwortung für Frieden, Sicherheit und Stabilität im Herzen Europas tragen. Dieser Verantwortung werden wir am besten durch klare Verhältnisse gerecht: als zuverlässige Freunde, als treue Verbündete und als zu engster Zusammenarbeit bereite Partner.

[…]

Schließlich sind wir uns voll und ganz bewusst, dass das wachsende Gewicht des vereinten Deutschlands für uns die Pflicht zu verstärkter Verantwortung innerhalb der Völkergemeinschaft bedeutet.

[…]

PRAWDA: Die deutsche Frage ist immer sensibel für unser Volk gewesen. Wie sehen Sie, Herr Bundeskanzler, die Zukunft der Beziehungen zwischen der Sowjetunion und [dem] vereinigte[n] Deutschland, zwischen unseren V[ö]lkern? Welche Bedeutung messen Sie dabei dem neuen großen Vertrag[1] zwischen der Sowjetunion und der Bundesrepublik Deutschland bei, unter dem eine der Unterschriften erwartungsgemäß die Ihre sein wird?

KOHL: Ich habe immer wieder betont – und wiederhole es auch an dieser Stelle –, dass ich gerade angesichts der leidvollen Geschichte der ersten Hälfte dieses Jahrhunderts größtes Verständnis habe, wenn die Menschen in vielen Ländern, insbesondere Menschen der älteren Generation, die deutsche Einheit mit Skepsis sehen.

Um so größer ist unsere Aufgabe, gerade diese Menschen durch Wort und Tat zu überzeugen, dass die deutsche Einheit auch zu ihrem Vorteil ist. Genau dies ist meine Politik auch im Verhältnis zu den Völkern der Sowjetunion. Nachdem Ihr Land einen so bedeutenden Beitrag zur Überwindung der deutschen Teilung geleistet hat, ist jetzt der geschichtliche Augenblick gekommen, den deutsch-sowjetischen Beziehungen – in voller Verantwortung vor der Geschichte – eine neue, zukunftsgewandte Qualität zu verleihen.

Dabei hat der von Ihnen erwähnte „große Vertrag“, den wir mit Ihrem Land bereits ausgehandelt haben, eine Schlüsselbedeutung: als Beginn einer vertrauensvollen Partnerschaft in allen Bereichen und – für die Menschen in beiden Ländern vielleicht noch wichtiger – als Schlussstrich unter die unglücklichen Kapitel der Geschichte und als Appell zur Versöhnung. […]

PRAWDA: Das „Zwei-plus-Vier“-Verfahren war nicht einfach, aber erfolgreich. Was könnte man aus dieser Erfahrung für die Abrüstung, für das „europäische Haus“, den Ausbau der Sicherheitsstrukturen und die Zusammenarbeit in Europa gebrauchen?

KOHL: Die „Zwei-plus-Vier“-Gespräche haben gezeigt, dass heute – wenn alle Partner mit dem Willen zur Einigung zusammenkommen und ihrer historischen Verantwortung gemäß handeln – auch sehr schwierige Fragen […] glücklich und einvernehmlich gelöst werden können. […]
Geben Sie uns die Chance, gemeinsam mit Ihnen wieder an die guten Traditionen unserer langen Geschichte anzuknüpfen, an die Jahrhunderte der freundschaftlichen Verbundenheit, der engen wirtschaftlichen Zusammenarbeit und des befruchtenden Austauschs in Kultur und Wissenschaft. Sie eröffnen damit den deutsch-sowjetischen Beziehungen die bedeutenden Zukunftsperspektiven, die wir alle wünschen.
Wir Deutsche wissen, dass unser Weg zur Einheit mit einer besonders schwierigen Etappe der Reformen in Ihrem Lande zusammenfällt: Ich versichere, dass wir Ihnen gerade jetzt helfen möchten. Die Chancen des vereinten Deutschlands sind dafür ungleich größer. Unsere Völker können jetzt in Gemeinschaft mit allen anderen Völkern Europas einen langen Weg des Friedens, der Zusammenarbeit und der guten Nachbarschaft gehen.

Pressemitteilung Nr. 394/90 des Presse- und Informationsamts der Bundesregierung (3. Oktober 1990)

Anmerkung

1 Die Sowjetunion und die Bundesrepublik schlossen am 9. November 1990 den „Vertrag über gute Nachbarschaft, Partnerschaft und Zusammenarbeit“, in dem sich beide Seiten verpflichteten, die souveräne Gleichheit, territoriale Integrität und politische Unabhängigkeit zu achten.

Hinweise:

Die PRAWDA war die wichtigste Tageszeitung der Sowjetunion und wurde von der kommunistischen Partei herausgegeben.
Die Rechtschreibung entspricht der Textvorlage.

TIPP **Inhaltliche Schwerpunkte**

Das Themenfeld „Deutschland von der Teilung zur Einheit“ bildet den Schwerpunkt des vorliegenden Aufgabenvorschlags. Dabei spielt besonders das Stichwort „Revolution in der DDR und Prozess der deutschen Einigung (Glasnost und Perestroika, oppositionelle Bewegung in der DDR und Mauerfall, der Weg zur Vereinigung der beiden deutschen Staaten im internationalen Kontext)“ eine zentrale Rolle. Der kursübergreifende Bezug ergibt sich durch die dritte Teilaufgabe, die sich auf das Themenfeld „Die Weimarer Republik als erste deutsche Demokratie“ fokussiert. Von besonderer Bedeutung ist hier das Stichwort „Ziele, Methoden und Ergebnisse der Weimarer Außenpolitik (Versailler Vertrag, Revisionismus, West- versus Ostorientierung, Strategie Stresemanns, Haltung der Siegermächte und der UdSSR)“.

Lösungsvorschlag

1 **TIPP** *Anforderungsbereich: I, Bewertungseinheiten: 25*

Die erste Teilaufgabe fordert Sie zu einer Zusammenfassung von Kohls Aussagen in einem Interview mit der sowjetischen Zeitung PRAWDA auf. Beginnen Sie diese mit einer Einleitung, in der Sie die vorliegende Quelle kurz vorstellen (Nennung des Autors, der Textsorte, der Entstehungszeit, des Themas, der Intention und der Adressaten). Anschließend geben Sie die zentralen Äußerungen Kohls in Ihren eigenen Worten wieder. Dabei ist es nicht nötig, noch einmal separat auf die Fragen des Reporters einzugehen, da das nur zu unnötigen Wiederholungen führen würde. Konzentrieren Sie sich also ganz auf die Aussagen des Bundeskanzlers. Zur Gliederung Ihres Textes folgen Sie am besten dem dreiteiligen Aufbau des Interviews und stellen dar, wie Kohl die Bedeutung der deutschen Einheit für Deutschland, für Europa und für die Sowjetunion einschätzt.

Einleitung
Autor, Quelle, Datierung, Adressaten, Thema, Intention

Am **Tag der deutschen Einheit**, dem 3. Oktober 1990, ist in der bekanntesten sowjetischen Tageszeitung, der PRAWDA, ein **Interview** mit dem damaligen deutschen Bundeskanzler **Helmut Kohl** erschienen. Er äußert sich darin zur **Bedeutung der deutschen Wiedervereinigung** für Deutschland sowie für Europa und die Welt. Im Hinblick auf die Adressaten des Interviews – die sowjetische Bevölkerung als **Leserschaft der PRAWDA** – geht Kohl besonders auf die Auswirkungen der Wiedervereinigung auf die deutsch-sowjetischen Beziehungen ein. Er möchte die **Bedenken** vieler Sowjetbürger hinsichtlich einer deutschen Vormachtstellung **zerstreuen** und verspricht, sich für ein **gutnachbarschaftliches Verhältnis** und einen dauerhaften Frieden einzusetzen.

Zusammenfassung der Aussagen Kohls

Bedeutung der Wiedervereinigung für Deutschland

Zunächst äußert sich Kohl zur **Bedeutung der Wiedervereinigung für Deutschland**. Er betont, dass mit der deutschen Einheit ein langgehegter Wunsch in Erfüllung gehe (vgl. Z. 4). Außerdem sei sie von **großer historischer Bedeutung**, da sie in Übereinstimmung mit Deutschlands Nachbarstaaten erreicht worden sei und die Chance auf dauerhaften **Frieden und auf Freiheit** ermögliche (vgl. Z. 5 ff.). Dabei sei es für ihn persönlich während des **Einigungsprozesses** besonders wichtig gewesen, dass dieser **friedlich** bleibe (vgl. Z. 15 ff.). Zugleich sei es aber entscheidend gewesen, den Menschen im Osten die **Perspektive einer Wiedervereinigung** in Aussicht zu stellen, um eine massenhafte Übersiedlung aus der DDR in die Bundesrepublik zu verhindern (vgl. Z. 17 ff.).

Bedeutung der Wiedervereinigung für Europa

Deutschlands künftige **Rolle in Europa** ergebe sich aus seiner Geschichte und seiner geopolitischen Lage (vgl. Z. 27 ff.). Es werde als „**Brückenbauer**" vermitteln und den kulturellen, wirtschaftlichen und wissenschaftlichen Austausch in Europa fördern (vgl. Z. 29 ff.). Als **treuer Verbündeter** und **zuverlässiger Partner** werde es die Interessen seiner Nachbarn stets im Auge behalten und **Verantwortung für Frieden, Sicherheit und Stabilität** in Europa übernehmen (vgl. Z. 37 ff.).

Bedeutung der Wiedervereinigung für die UdSSR

Kohl betont, dass sich das wiedervereinigte Deutschland besonders **gegenüber der Sowjetunion in der Pflicht** fühle, da diese in so hohem Maße zur Verwirklichung der Einheit beigetragen habe (vgl. Z. 58 ff.). Der anstehende deutsch-sowjetische Vertrag diene einer umfassenden **Aussöhnung** der beiden Völker, deren Verhältnis vor allem in der ersten Hälfte des 20. Jahrhunderts von großem Leid geprägt gewesen sei (vgl. Z. 63 ff.). Der erfolgreiche **Abschluss des „Zwei-plus-Vier"-Vertrags** hätte jedoch gezeigt, dass sich auch schwierige Probleme bei gutem Willen aller Beteiligten einvernehmlich lösen ließen (vgl. Z. 72 ff.). Deshalb appelliert Kohl an die Sowjetunion, sich einer gemeinsamen Zukunft mit Deutschland zu öffnen, und stellt dem Land **wirtschaftliche Unterstützung** in Aussicht (vgl. Z. 81 ff.), zu der das wiedervereinigte Deutschland umso besser in der Lage sei.

2 **TIPP** *Anforderungsbereich: I/II, Bewertungseinheiten: AFB I: 5/AFB II: 40*

Die zweite Teilaufgabe macht mit 45 BE fast die Hälfte der von Ihnen zu erbringenden Gesamtleistung aus. Das sollte Sie motivieren, die Aufgabe besonders sorgfältig auszuarbeiten. Es wird von Ihnen verlangt, die Bedeutung der Siegermächte des Zweiten Weltkriegs für die Ausgangslage, den Verlauf und das Ergebnis des Wiedervereinigungsprozesses zu erläutern. Die Gliederung Ihrer Darstellung ist Ihnen damit bereits vorgegeben: Beschäftigen Sie sich zunächst mit der Ausgangslage des Wiedervereinigungsprozesses (von der Teilung nach 1945 bis zum Mauerfall 1989), dann mit dessen Verlauf 1989/1990 und schließlich mit seinem Ergebnis. Konzentrieren Sie sich bei der Abhandlung aller drei Gliederungspunkte vor allem auf die Rolle der Siegermächte im Einigungsprozess. Auf keinen Fall sollten Sie sämtliche Aspekte der deutsch-deutschen Beziehungen darlegen, da das weder von Ihnen verlangt wird noch zeitlich zu schaffen ist. Auch bei der Beschreibung der Ausgangslage sollten Sie sich auf Ereignisse beschränken, die sich in zeitlicher Nähe zur Wiedervereinigung befinden, obwohl ein kurzer Rückblick auf die Anfangsjahre der deutschen Teilung durchaus sinnvoll sein kann. Im Abschnitt zum Verlauf sollten Sie zunächst die anfänglich unterschiedlichen Ansichten der vier Siegermächte zur Wiedervereinigung erläutern und dann zeigen, wie die Gegensätze überwunden wurden. Bei der Beschäftigung mit dem Ergebnis des Wiedervereinigungsprozesses kann eine Würdigung des „Zwei-plus-Vier"-Vertrags im Zentrum stehen. Vergessen Sie nicht, an geeigneten Stellen immer wieder auf Helmut Kohls Aussagen im Interview zu verweisen oder auch direkt daraus zu zitieren, um zu zeigen, dass Sie dem in der Aufgabenstellung geforderten Materialbezug nachkommen.

Bedeutung der Siegermächte für Wiedervereinigungsprozess

Ausgangslage

deutsche Teilung nach dem Zweiten Weltkrieg

Kalter Krieg

Nachdem sich die Siegermächte des Zweiten Weltkriegs (USA, UdSSR, Großbritannien und Frankreich) nach dem **Bruch der Anti-Hitler-Koalition** nicht mehr auf eine gemeinsame Deutschlandpolitik hatten einigen können, entstanden 1949 mit der Bundesrepublik Deutschland und der DDR **zwei voneinander getrennte deutsche Staaten**. Diese wurden in der Folgezeit jeweils in die politischen, militärischen und wirtschaftlichen **Bündnisse der Supermächte** USA und UdSSR integriert, um beiden Teilen Deutschlands die Wiedererlangung einer gewissen Souveränität zu ermöglichen. Jegliche Regelungen im Hinblick auf Deutschland als Ganzes blieben aber an eine einvernehmliche Zustimmung aller vier Siegermächte gebunden, was eine **Wiedervereinigung lange Jahre ausgeschlossen** erscheinen ließ (Kohl verweist im Interview deshalb auf „45 Jahr[e] der Trennung", Z. 5).

allgemeine Entspannung und Reformpolitik Gorbatschows

Erst infolge der **Entspannungspolitik** nach der Kuba-Krise von 1962 verbesserte sich allmählich die Ausgangslage für eine Wiedervereinigung. Einen entscheidenden **Anstoß für Reformprozesse** innerhalb des Ostblocks bildete schließlich Gorbatschows Politik von **Glasnost** (Offenheit) und **Perestroika** (Umbau), die er ab 1985 in der Sowjetunion betrieb. Damit ging eine **Abkehr von der Breschnew-Doktrin** (beschränkte Souveränität der sozialistischen Staaten) und die Propagierung der **Sinatra-Doktrin** (Möglichkeit für die Ostblockstaaten, ihre inneren Angelegenheiten selbst zu regeln) einher. In der Praxis bedeutete diese politische Wandlung, dass die Sowjetunion auf eine militärische Unterdrückung der entstehenden Reformbewegungen in ihren Satellitenstaaten (z. B. Charta 77 in der Tschechoslowakei oder Solidarność in Polen) verzichtete. Anlässlich des 40-jährigen Staatsjubiläums der DDR forderte Gorbatschow den ostdeutschen Teilstaat im Oktober 1989 sogar ausdrücklich zu Reformen auf. Die Haltung Gorbatschows und der Sowjetunion verlieh der **oppositionellen Bewegung in der DDR** weiteren Aufwind, was auch Kohl im Interview anerkennt, wenn er von einem „so bedeutenden Beitrag zur Überwindung der deutschen Teilung“ (Z. 59) spricht, den die UdSSR geleistet habe.

Abrüstung

Doch nicht die Politik der Sowjetunion allein verbesserte die Ausgangslage für eine deutsche Wiedervereinigung. Vielmehr trugen auch die **Abrüstungsverhandlungen** zwischen den beiden Supermächten, die 1987 im **INF-Vertrag** gipfelten, entscheidend zur Entspannung und zur langsamen **Aufhebung der Blockkonfrontation** bei.

Verlauf

Mauerfall

Mit dem **Fall der Mauer** am 9. November 1989 ergab sich dann die Möglichkeit einer Wiedervereinigung der beiden deutschen Staaten, für die Bundeskanzler Helmut Kohl bereits am 28. November 1989 einen **Zehn-Punkte-Plan** vorlegte, um den „Wunsch nach freier Selbstbestimmung und nach Einheit in naher Zukunft“ (Z. 18 f.) zu erfüllen. Bis zur wirklichen Wiedervereinigung am 3. Oktober 1990 dauerte es jedoch noch knapp ein Jahr, was auch mit dem anfänglichen **Widerstand der vier Siegermächte** zusammenhing.

Vorstellungen der Siegermächte

Diese hatten zu Beginn des Prozesses der Wiedervereinigung noch sehr **unterschiedliche Vorstellungen** von der Zukunft Deutschlands.

– USA

Die **USA** unterstützten eine Wiedervereinigung nach dem Prinzip der nationalen Selbstbestimmung. Allerdings machte Präsident Bush den **Beitritt Deutschlands zu den westlichen Bündnissen und Institutionen** (NATO und EU) zur Bedingung für seine Zustimmung zur deutschen Einheit.

– UdSSR

Die **Sowjetunion** verzichtete zwar im Sinne von Gorbatschows Reformpolitik auf ein Eingreifen in den Prozess der friedlichen Revolution in der DDR, reagierte jedoch **zunächst ablehnend** auf Pläne einer deutschen Wiedervereinigung. Während Gorbatschow eine **innere Reformierung der DDR** begrüßt hätte, befürchtete er, durch eine Wiedervereinigung die DDR als sozialistisches Land im Ostblock zu verlieren. Außerdem konnte er sich zunächst **keinen Beitritt der DDR zur NATO oder zur EU** vorstellen. Bundeskanzler Helmut Kohl äußert in dem Interview mit der PRAWDA „größtes Verständnis“, wenn „Menschen […] die deutsche Einheit mit Skepsis sehen“ (Z. 54 f.). Mit dem gleichen Feingefühl begegnete er in mehreren **persönlichen Gesprächen** auch dem Staatschef der

UdSSR und machte ihm wirtschaftliche sowie finanzielle Hilfszusagen. Auf diesem Weg gelang es ihm im Laufe des Jahres 1990, **Gorbatschow** von der Wiedervereinigung **zu überzeugen**.

– Großbritannien

Großbritannien hatte zunächst aufgrund der im Zweiten Weltkrieg mit Deutschland gemachten Erfahrungen **große Bedenken** hinsichtlich einer Einigung. Premierministerin Margaret Thatcher fürchtete, das **geeinte Deutschland** könne **militärisch und wirtschaftlich zu stark** werden. Sie glaubte, durch eine deutsche Wiedervereinigung würde das **Gleichgewicht der Mächte** auf dem Kontinent („Balance of Power") **gestört** und der Frieden gefährdet. Deshalb wollte sie eine **Wiedervereinigung** allenfalls **erst in ein paar Jahren**, wenn Deutschland sich als vertrauenswürdiger Partner erwiesen habe. Im Rahmen der „Zwei-plus-Vier"-Verhandlungen konnte sie dann aber doch für eine schnellere Wiedervereinigung gewonnen werden.

– Frankreich

Auch **Frankreichs** Präsident François Mitterrand sah nach zwei Weltkriegen die **Sicherheit** seines Landes durch ein größer werdendes Deutschland **erneut bedroht** und **lehnte** eine **Wiedervereinigung** zunächst **ab**. Erst nachdem Deutschland zugesichert hatte, sich weiterhin für die **europäische Integration** einzusetzen und die deutschen Ostgrenzen endgültig anzuerkennen, legte auch **Frankreich** seine Skepsis ab und **stimmte** der Wiedervereinigung **zu**.

Aushandlung des „Zwei-plus-Vier"-Vertrags

Ausgehandelt wurden die Bedingungen, unter denen die deutsche Einheit Wirklichkeit werden sollte, ab Mai 1990 in den **„Zwei-plus-Vier"-Gesprächen** zwischen den vier Siegermächten und den beiden deutschen Staaten. Diese Unterredungen bereiteten einen Vertrag vor, in dem außenpolitische und völkerrechtliche Aspekte der Wiedervereinigung festgeschrieben sein sollten. Beispielsweise vereinbarten die Siegermächte auf Wunsch Frankreichs, Deutschland mit seiner durch die Wiedervereinigung größeren Wirtschaftskraft in eine künftig **noch stärkere EU** zu integrieren. Außerdem wurde die **Truppenstärke** des deutschen Militärs auf maximal 370 000 Mann **begrenzt** und Deutschland musste ausdrücklich den **Status-quo der Grenzen in Europa**, also auch die Oder-Neiße-Grenze zu Polen, akzeptieren. Im Gegenzug stimmte die UdSSR schließlich der **Mitgliedschaft Gesamtdeutschlands in der NATO** zu. Neben der Bündniszugehörigkeit des wiedervereinigten Landes wurde auch der **Status Berlins** endgültig geklärt. Wie Kohl betont, fand die Wiedervereinigung „im Einvernehmen mit [Deutschlands] Nachbarn – in West und Ost –" (Z. 5 f.) statt.

Ergebnis

Bedeutung des „Zwei-plus-Vier"-Vertrags

Zur damaligen Zeit sorgte der **„Zwei-plus-Vier"-Vertrag** für eine weitere Entspannung zwischen Ost und West und noch heute gilt er als **Meisterwerk der Diplomatie**, dem es gelungen ist, in kürzester Zeit in jahrzehntelangen Streitfragen eine Einigung zu erzielen.

Am 12. September 1990 ratifizierten die beiden deutschen Staaten und die vier Siegermächte schließlich das Vertragswerk zur deutschen Wiedervereinigung. Damit verloren die Alliierten ihre Vorbehaltsrechte und Deutschland erlangte seine **volle Souveränität**. Der Vertrag war somit praktisch der **Friedensvertrag**, der nach dem Zweiten Weltkrieg wegen des Zwists der Siegermächte nicht zustande gekommen war und der jetzt endgültig die Nachkriegszeit beendete.

Fazit

Helmut Kohl würdigt die **gemeinsamen Bemühungen der vier Siegermächte** und der beiden deutschen Regierungen im Interview mit den folgenden Worten: „Die ‚Zwei-plus-Vier'-Gespräche haben gezeigt, dass heute – wenn alle Partner mit dem Willen zur Einigung zusammenkommen und ihrer historischen Verantwortung gemäß handeln – auch sehr schwierige Fragen [...] glücklich und einvernehmlich gelöst werden können." (Z. 72 ff.)

3 **TIPP** *Anforderungsbereich: II/III, Bewertungseinheiten: AFB II: 5/AFB III: 25*

Die dritte Teilaufgabe stellt mit dem Operator „überprüfen" die höchsten Ansprüche an Ihre Kenntnisse und Fähigkeiten: So müssen Sie einerseits über fundiertes Wissen zur Außenpolitik der Weimarer Republik verfügen, allerdings dürfen Sie dieses nicht einfach nur strukturiert darlegen, sondern müssen es auf das Zitat von Helmut Kohl beziehen. Beginnen Sie Ihren Aufsatz also am besten mit einer kurzen Erläuterung der Aussage des Bundeskanzlers in ihrem eigentlichen Kontext, um dann zur Zeit der Weimarer Republik überzuleiten. Anschließend können Sie die wichtigsten Ereignisse und Verträge der Weimarer Außenpolitik von 1919 bis 1929 chronologisch darstellen und dabei stets fragen, ob sie zu Kohls Vorgabe passen oder nicht. Am Schluss sollten Sie dann in einem Fazit noch einmal konkret abwägen, ob bzw. inwiefern die Weimarer Außenpolitik Kohls Einschätzung entsprach.

Einleitung

Vergleich der Lage Deutschlands nach dem Ersten Weltkrieg und bei der Wiedervereinigung

Zum Zeitpunkt der **deutschen Wiedervereinigung** am 3. Oktober 1990 hatten einige Staaten aufgrund ihrer im Zweiten Weltkrieg mit Deutschland gemachten Erfahrungen **Bedenken hinsichtlich eines wiedererstarkten Deutschlands**. Aus diesem Grund betont Kohl im Interview mit der PRAWDA die geopolitische Lage des Landes in der Mitte Europas, die eine „**Politik der Vermittlung**, des Augenmaßes und der richtigen Proportion" (Z. 31 f.) nötig mache. Damit will er die Befürchtungen der anderen Nationen zerstreuen und seine Bereitschaft zur Zusammenarbeit zeigen. Auch **nach dem Ersten Weltkrieg** befand sich Deutschland in einer **prekären Lage** und musste alles daransetzen, das Vertrauen der übrigen Großmächte zurückzugewinnen. Es ist deshalb interessant, zu überprüfen, inwiefern die **Außenpolitik der Weimarer Republik** von 1919 bis 1929 den **späteren Maßgaben Helmut Kohls entsprochen hat**.

Überprüfung der Weimarer Außenpolitik

Ausgangslage: Kriegsniederlage und Versailler Vertrag

Die Außenpolitik der Weimarer Republik war zunächst einmal in hohem Maße von der **Niederlage** des Deutschen Reichs **im Ersten Weltkrieg** sowie von den **Bestimmungen des Versailler Vertrags** von 1919 geprägt. Beides machte eine **eigenständige Außenpolitik** vorerst **unmöglich:** Deutschland und seine Verbündeten galten nach **Artikel 231** als alleinige Kriegsschuldige, die sich den strengen Vorgaben der Siegermächte unterwerfen mussten. Dazu gehörten neben **Gebietsabtretungen** und **militärischen Einschränkungen** auch hohe **Reparationsleistungen** sowie die **Besetzung** einzelner Gebiete im Westen Deutschlands. Zudem war die neue Republik **außenpolitisch isoliert**, was ihre Handlungsfähigkeit stark einschränkte. Es lag also im Interesse der Regierungen der Weimarer Republik, das Vertrauen der anderen Mächte wiederzugewinnen und aus der **Isolation auszubrechen**, was eine Befolgung der späteren Maßgaben Helmut Kohls sinnvoll erscheinen lässt.

zentrale außenpolitische Ziele: Durchbrechen der Isolation und Revision des Versailler Vertrags

Allerdings stießen die als zu hart empfundenen Bestimmungen des **Versailler Vertrags**, vor allem der „Kriegsschuldartikel“, in der deutschen Bevölkerung auf **vehemente Ablehnung**, was rechte Republikgegner propagandistisch nutzten und zur weiteren Diskreditierung der neuen Staatsform die **Dolchstoßlegende** verbreiteten. Nach dieser hatte das deutsche Heer nicht im Feld eine Niederlage erlitten, sondern war durch Verrat an der „Heimatfront“ hinterrücks erdolcht worden. Eine solche Geschichtsauffassung, die in der Weimarer Republik sehr populär war, **erschwerte eine versöhnliche Außenpolitik**. Alle Regierungen der Weimarer Republik strebten immer auch eine **Revision des Versailler Vertrags** an. Diese sollte jedoch nach Meinung der demokratischen Parteien in **Übereinstimmung mit den anderen Großmächten** erreicht werden, weshalb die Weimarer Außenpolitik von Beginn an darauf aus war, wieder in deren Kreis aufgenommen zu werden.

Vertrag von Rapallo

Ein erster Schritt **eigenständiger Außenpolitik** war der **Vertrag von Rapallo** 1922, infolgedessen Deutschland und die Sowjetunion diplomatische und wirtschaftliche Beziehungen aufnahmen sowie gegenseitig auf Reparationen verzichteten. Beide Staaten gewannen dadurch außenpolitischen Handlungsspielraum zurück, der ihnen als Kriegsverlierer verwehrt gewesen war. Allerdings weckte die **deutsch-russische Verständigung** das **Misstrauen der Westmächte** und bewirkte eine Verschärfung der französischen Außenpolitik gegenüber Deutschland (z. B. Ruhrbesetzung). Von einer wirklichen **Politik der Vermittlung**, wie Kohl sie im Interview vorgibt, kann zu diesem Zeitpunkt somit **noch keine Rede** sein.

Ein wichtiger Schritt auf dem Weg dorthin war der unter Außenminister **Gustav Stresemann** ausgehandelte **Dawes-Plan** von 1924, in dem die Siegermächte und Deutschland eine **Einigung in Bezug auf die Reparationen** erzielten. Anstelle einer Gesamtforderung wurden steigende, an die tatsächliche Leistungsfähigkeit Deutschlands angepasste Ratenzahlungen festgelegt. Dadurch konnte Deutschland wieder als Kreditnehmer auftreten und wurde durch US-amerikanisches Kapital wirtschaftlich unterstützt. Dieses bildete in Verbindung mit der Währungsreform von 1923 die Voraussetzung für die wirtschaftliche Blütezeit („Goldene Zwanzigerjahre"), die die Weimarer Republik unter Stresemann erlebte.

Dawes-Plan

Ein Jahr später führte der **Vertrag von Locarno** zu Deutschlands internationaler **Rehabilitation**. In dem Dokument garantierte Deutschland Frankreich und Belgien die **Unverletzlichkeit der gemeinsamen Grenzen** und akzeptierte damit den Verlust der Gebiete Elsass-Lothringen und Eupen-Malmédy. In Bezug auf seine **Ostgrenzen** zu Polen und der Tschechoslowakei **verzichtete** Deutschland in Schiedsverträgen **auf eine gewaltsame Wiederherstellung**, hielt sich jedoch die Möglichkeit einer friedlichen Revision offen. Im Gegenzug zu den deutschen Zugeständnissen **räumten die alliierten Besatzungstruppen das Rheinland** fünf Jahre früher als im Versailler Vertrag vorgesehen. Die Verträge von Locarno kennzeichnen eine **Verständigungspolitik**, die Kohls Maßgaben zumindest sehr nahekommt.

Vertrag von Locarno

Der Erfolg dieser Politik zeigte sich 1926, als Deutschland in den **Völkerbund** aufgenommen wurde und dadurch acht Jahre nach Kriegsende in den **Kreis der Großmächte** zurückkehren konnte. Stresemann und sein französischer Amtskollege Aristide Briand erhielten für die Aussöhnung ihrer Völker 1926 gemeinsam den **Friedensnobelpreis**.

Aufnahme Deutschlands in den Völkerbund

Dass Deutschland in seiner Außenpolitik aber **nicht einseitig auf den Westen ausgerichtet** war, demonstrierte Stresemann 1926 durch den **Berliner Vertrag mit der Sowjetunion**, der die 1922 begonnene Annäherung der beiden Länder bekräftigte. Deutschland zeigte damit seinen Willen, in seiner Außenpolitik auf Westen und Osten Rücksicht zu nehmen, betrieb also durchaus die von Kohl genannte **Politik der Vermittlung** und des Augenmaßes.

Berliner Vertrag

1928 gehörte Deutschland außerdem zu den Erstunterzeichnern des französisch-amerikanischen **Briand-Kellogg-Pakts** zur **Ächtung des Kriegs** als Mittel der Politik, bewies also auch hier sein Bestreben, aktiv zum Frieden beizutragen.

Briand-Kellogg-Pakt

Einen weiteren Erfolg bei der **Revision der Reparationen** brachte 1929 der **Young-Plan**, durch den die von Deutschland zu leistenden Zahlungen zeitlich begrenzt und 1932 schließlich ganz aufgehoben wurden.

Young-Plan

Überschaut man die **Außenpolitik der Weimarer Republik** von 1919 bis 1929, so **entspricht** sie in gewisser Weise der außenpolitischen Perspektive für das geeinte Deutschland, die Bundeskanzler **Kohl** 1990 formuliert hat.

Ergebnis der Überprüfung

Übereinstimmung

Vor allem Stresemanns **Verständigungspolitik** mit Verhandlungen, Kompromissen und Zugeständnissen **stimmt mit Kohls Forderung** nach Augenmaß und der richtigen Proportion **überein**. Beide Politiker waren überzeugt, nur in der **Zusammenarbeit mit den anderen Staaten**, die Interessen Deutschlands durchsetzen zu können.

Unterschiede

Einen gravierenden **Unterschied** stellt jedoch die Tatsache dar, dass Deutschland **1990** die Teilung überwunden hatte und **mit** dem **Status-quo zufrieden** war, während die **Weimarer Republik** weiterhin unter dem als **nationale Schande** empfundenen **Versailler Vertrag** litt und ihn fortwährend **bekämpfte**. Stresemanns Politik lagen somit ganz andere Motive zugrunde als Kohls Herangehensweise. **Stresemann** war national-konservativ eingestellt und wollte Deutschland über den Weg des Ausgleichs wieder zu seiner **alten Vormachtstellung** in Europa verhelfen. **Kohl** dagegen sieht Deutschlands Zukunft in der enger zusammenwachsenden **Völkergemeinschaft Europas**, die das **Ziel seiner Politik** darstellt und nicht nur Mittel zum Zweck ist.

Hessen Geschichte ▪ Abiturprüfung 2020
Leistungskurs ▪ Vorschlag A

Das Verhältnis von Obrigkeit und Volk im Zuge der Staatswerdung Deutschlands

Aufgabenstellung

1 Fassen Sie Liebknechts Einschätzungen zum Prozess der Einigung Deutschlands zusammen. (Material) (25 BE)

2 Erläutern Sie, auch unter Bezugnahme auf die Rede Liebknechts, die Bedeutung des Volkes einerseits und die der Fürsten andererseits bei den Anläufen zur Herstellung der deutschen Einheit 1848/49 und 1870/71. (40 BE)

3 Liebknecht prophezeit eine Entscheidungsschlacht zwischen den Verfechtern der Demokratie und ihren Feinden.
Beurteilen Sie, inwieweit die Gründungsphase der Weimarer Republik eine Entscheidungsschlacht darstellte, die zum Sieg der Demokratie führte. (35 BE)

M 1 Wilhelm Liebknecht im Reichstag des Norddeutschen Bundes (9. Dezember 1870)

Nun komme ich zur eigentlichen Sache. Es handelt sich, wie man sagt, darum, die deutsche Einheit herzustellen. […]

Das Hinderniß einer Einigung Deutschlands liegt nun aber in der Machtstellung, welche unsere Fürsten haben, und blos dadurch, daß das Volk durch eine Aktion seine Souveränität zur Geltung bringt, daß es die Macht der Fürsten bricht, mit anderen Worten durch eine Bewegung von unten herauf kann allein die Einigung des gesammten Deutschlands bewerkstelligt werden. Sie kann nicht bewerkstelligt werden *durch* die Fürsten, sondern blos *gegen* die Fürsten, denn die deutschen Fürsten sind das Hinderniß dieser Einheit. Es wurde von dem deutschen Volke vor jetzt 21 Jahren ein Versuch gemacht, die deutsche Einheit von unten herauf zuwege zu bringen; das Parlament, gewählt von dem deutschen Volk, suchte eine Vermittelung anzubahnen zwischen der fürstlichen Souveränität und der Volkssouveränität. Es kam die sogenannte Reichsverfassung zu Stande. Wie dieselbe zu Grunde ging, das ist Ihnen Allen bekannt. Es war gerade diejenige Dynastie, der damals die Kaiserkrone angeboten wurde und die auch heute die Kaiserkrone aufsetzen soll, welche ihre Soldaten nach Dresden und Baden schickte, um die Reichsverfassung, um die deutsche Einheit und Freiheit, in deren Namen jetzt dieses neue Werk errichtet werden soll, zusammenzuschießen, und die Vorkämpfer deutscher Freiheit und Einheit, die dem Schlachtfeld entronnen waren, durch das Standrecht[1] niederzumetzeln. Ich finde in dem damaligen Vorgehen der königlich preußischen Monarchie eine vollständige Logik. Die Reichsverfassung von 1849 mußte zu Grunde gehen an dem unlösbaren Widerspruch zwischen Volkssouveränität und Fürstensouveränität.

Eine Kaiserkrone aus der Hand des deutschen Volkes wurde von dem König aus dem Hause der Hohenzollern zurückgewiesen und von seinem Standpunkte als absoluter Monarch mußte er sie zurückweisen: es ist eben zwischen Volkssouveränität und Fürstensouveränität eine Harmonie nicht herzustellen, und an dieser Unmöglichkeit ging die Reichsverfassung zu Grunde. Kurz, eine Einigung des gesammten Deutschlands ist bloß möglich *ohne* die Fürsten und *gegen* die Fürsten, durch eine Aktion des Volkes von unten.

Es giebt aber noch eine andere Einigung Deutschlands, [...] eine Einigung von oben her, eine Einigung, welche bloß bewerkstelligt werden kann dadurch, daß einer der verschiedenen Fürsten, welche Deutschland besitzt, die übrigen sich unterordnet, sie zu seinen Vasallen herabdrückt. Ein Anlauf hierzu wurde gemacht im Jahre 1866. [...] [D]urchaus logisch ist die Handlung Preußens gewesen: es warf Oesterreich, welches ihm im Wege stand, [...] aus Deutschland hinaus und machte sich einen Theil der übrigen Fürsten zu Vasallen. [...]

Als nothwendige Folge des Jahres 1866 ist das Jahr 1870 gekommen. [...] Die Fürsten, die auf der Seite der preußischen Monarchie gekämpft haben, die wesentlich zu dem Siege der preußischen Waffen beigetragen haben, diese Fürsten können unter keinen Umständen zu Vasallen herabgedrängt werden; und das Produkt dieser einfachen Thatsache, die wohl Keiner hier wird ableugnen können, ist die sogenannte neue Reichsverfassung, welche uns vorgelegt worden ist. [...] [E]s ist ein Kompromiß der von der preußischen Monarchie mit den übrigen deutschen Fürsten vereinbart worden ist, um dem deutschen Volke, dem kein wirklicher Erfolg geboten wird, wenigstens einen Scheinerfolg zu bieten. [...]

Dieses Werk ist in dem Heerlager von Versailles gemacht und ist Ihnen[2] einfach vorgelegt mit der stillschweigenden Weisung: entweder angenommen ganz, so wie es ist, oder abgelehnt! Sie Alle wissen aber, Sie so gut wie ich, daß, wenn das Werk auch von Ihnen abgelehnt wird, es damit doch nicht umgestoßen ist.

(Oh! oh!)

Dies Werk ist das Produkt der realen Verhältnisse; es ist aus den Machtverhältnissen hervorgegangen; [...] das Resultat wird dasselbe sein, ob Sie Ja oder Nein sagen, und Sie werden Ja sagen, um nicht durch das Nein Ihre Machtlosigkeit völlig zu enthüllen.

[...]

(Zur Rechten gewandt:)

Wenn es Ihnen gelingt, Frankreich nieder zu werfen, [...] dann werden wir den krassesten Absolutismus haben, und der neue Bund wird dann in krassester Form das, wozu er bestimmt ist: eine fürstliche Versicherungsanstalt gegen die Demokratie.

(Ruf der Socialdemokraten: Sehr gut!)

[...]

Das, was in unserer Macht liegt, wird geschehen, um diesen Bund zu bekämpfen; [...] der Kampf, und das ist der große Fortschritt, den die Ereignisse geschaffen haben, der Kampf ist zwischen den beiden Extremen, zwischen uns und der äußersten Rechten. [...] Es wurde neulich gelacht, als mein Freund Bebel[3] sagte, der jetzige Krieg sei gegen die Demokratie gerichtet. Nun, meine Herren, die Kriege der Fürsten sind überhaupt stets gegen die Demokratie gerichtet, es braucht das nicht im Einzelnen bewiesen zu werden.

[…]

Es handelt sich um einen Kampf zwischen Demokratie und Absolutismus, das wissen die Herren, so gut wie wir es wissen. Im Jahre 1849 haben wir uns auf dem Schlachtfelde gegenübergestanden; –

(Oh! oh!)

nicht in diesem Reichstage wird die deutsche Frage gelöst, sie wird zwischen uns auf dem Schlachtfelde gelöst werden!

In: Stenographische Protokolle des Reichstages des Norddeutschen Bundes, 1. Legislaturperiode, 3. Sitzungsperiode 1870, Band 19, S. 152 ff.

Anmerkungen

1 Standrecht: vereinfachtes Gerichtsverfahren vor allem bezüglich der Vollziehung von Todesurteilen
2 Gemeint sind hier die anwesenden Parlamentarier.
3 August Bebel (1840–1913): einer der Begründer und führender Politiker der deutschen Sozialdemokratie

Hinweise:

Wilhelm Liebknecht (1826–1900), Politiker und einer der Gründer der SPD, Teilnahme an der Revolution 1848/49, 1849–1862 im Exil, 1867–1871 sozialdemokratischer Abgeordneter im Reichstag des Norddeutschen Bundes, 1874 bis an sein Lebensende Abgeordneter im Deutschen Reichstag
Wilhelm Liebknecht war der Vater von Karl Liebknecht.
Der Reichstag des Norddeutschen Bundes war die parlamentarische Vertretung der 1867 unter Führung Preußens zusammengeschlossenen nord- und mitteldeutschen Staaten. Am 9. Dezember 1870 stimmte er dem Beitritt der süddeutschen Staaten und der Umbenennung des erweiterten Bundes in „Deutsches Reich“ zu.
Die Rechtschreibung entspricht den Textvorlagen.

TIPP **Inhaltliche Schwerpunkte**

Die vorliegende Aufgabe bezieht sich schwerpunktmäßig auf das Themenfeld „Die deutsche Revolution von 1848/49 – Markstein auf dem Weg zu Parlamentarismus, Demokratie und Nationalstaat?“, wobei die Stichworte „Kernprobleme der Revolution: politische Strömungen, soziale und politische Forderungen, Verfassungsfragen (Staatsorganisation, Wahlrecht), nationale Frage (kleindeutsch vs. großdeutsch, Polenfrage) […]“ sowie „Ursachen des Scheiterns der Revolution und bleibende Errungenschaften (Vergleich 1849 und Reichsgründung 1871 – Parallele und Kontrast) […]“ im Zentrum stehen. Ein kursübergreifender Bezug entsteht durch das Themenfeld „Die Weimarer Republik als erste deutsche Demokratie“, bei dem das Stichwort „Entstehungsbedingungen und innenpolitische Entwicklung (Novemberrevolution, Parteien, Verfassung, Krisenjahr 1923, Stabilisierung, Präsidialregierungen und nationalsozialistische ‚Machtergreifung‘)“ die Hauptrolle spielt.

Lösungsvorschlag

1 **TIPP** *Anforderungsbereich: I, Bewertungseinheiten: 25*

Die erste Teilaufgabe verlangt von Ihnen, die Einschätzungen Wilhelm Liebknechts zum Prozess der Einigung Deutschlands zusammenzufassen. Beginnen Sie dafür zunächst mit einer kurzen Vorstellung der Quelle, in der Sie den Autor, die Textsorte, den Veröffentlichungszeitpunkt und -ort, die Adressaten, das Thema sowie die Intention nennen. Anschließend müssen Sie die wichtigsten Inhalte der Rede in Ihren eigenen Worten wiedergeben. Wichtig ist es, dass Sie dabei auch die Argumentationsstruktur der Ansprache berücksichtigen und die genannten Aspekte in abstrahierender Form auf den Punkt bringen. Denken Sie dabei daran, dass jemand, der die Quelle nicht selbst gelesen hat, mithilfe Ihres Textes deren Aussage verstehen können sollte. An einzelnen Stellen können Sie Ihre Ausführungen auch mithilfe von Zeilenangaben belegen.

Einleitung

Autor, Quelle, Veröffentlichungsdatum, Adressaten, Thema, Intention

Bei der vorliegenden Quelle handelt es sich um den Auszug einer **Rede** des SPD-Abgeordneten **Wilhelm Liebknecht**, die dieser am 9. Dezember 1870 vor dem **Reichstag** des Norddeutschen Bunds gehalten hat. Er beschäftigt sich darin mit der Frage, wie eine **deutsche Einigung** erzielt werden könne, wozu er **vergangene und gegenwärtige Versuche**, diese zu verwirklichen, rekapituliert. Er stellt die Hypothese auf, dass sich **Fürstenherrschaft und** der Wunsch des Volks nach **Einheit und Freiheit unvereinbar** entgegenstünden. Sein Ziel ist es, seine Kollegen im Reichstag davon zu überzeugen, dass ein demokratisches Gesamtdeutschland nur über einen **Kampf gegen die Fürsten** verwirklicht werden könne.

Zusammenfassung

Verhinderung der Einigung durch Fürstenherrschaft

Bereits zu Beginn des Redeauszugs macht der Vertreter der SPD deutlich, dass die **Fürstenherrschaft als Hinderungsgrund für** die Herstellung einer **Einigung** zu sehen sei. Daraus schlussfolgert er, dass diese **nur „von unten" durch das Volk** und gegen die Fürsten umgesetzt werden könne (vgl. Z. 3 ff.).

Versuch der Einigung „von unten" 1848/49

Er erinnert an die **Revolution von 1848/49**, in der die gewählten Abgeordneten den Versuch gemacht hätten, mit der von ihnen erarbeiteten **Reichsverfassung** zwischen den Fürsten und dem Volk zu vermitteln (vgl. Z. 9 ff.). Dies sei aber an der **Ablehnung der Kaiserkrone** durch den preußischen König gescheitert, der anschließend die **Volkserhebung mit Gewalt** habe **niederschlagen** lassen. Auf diesem Weg habe er auch die Herstellung von Einheit und Freiheit in Deutschland vereitelt (vgl. Z. 13 ff.). Es habe sich also gezeigt, dass es zwischen **Volkssouveränität und Fürstensouveränität** einen unlösbaren **Widerspruch** gebe. Diese Tatsache führt Liebknecht zu seiner Ausgangshypothese zurück, die besagt, dass eine deutsche **Einigung in Freiheit nur gegen die Fürsten** erreicht werden könne (vgl. Z. 20 ff.).

Allerdings zeigt Liebknecht auch noch eine andere Möglichkeit der **Einigung** auf, indem er erwähnt, dass diese **„von oben"** durch die **Vormachtstellung eines Fürsten** herbeigeführt werden könne, der sich die anderen Potentaten unterordne (vgl. Z. 30 ff.). **Preußen** habe dies **1866 versucht**, indem es Österreich ausgeschlossen und einige andere deutsche Fürsten unter preußische Herrschaft gestellt habe (vgl. Z. 33 ff.).

Versuch der Einigung „von oben" durch Preußen 1866

Dies habe dann zum **Krieg von 1870 gegen Frankreich** geführt, das Preußen mithilfe seiner Verbündeten besiegen konnte. Da es laut Liebknecht nicht möglich war, die siegreichen Staaten zu Vasallen herabzuwürdigen, sei die **Reichsverfassung** ausgearbeitet worden, die einen **Kompromiss zwischen Preußen und den übrigen Fürsten** darstelle (vgl. Z. 39 ff.). Das **Volk** habe dabei **keinerlei Mitspracherecht**, sodass das neu gegründete Reich nur die aktuellen Machtverhältnisse stabilisiere (vgl. Z. 44 ff.).

Reichseinigung „von oben" nach Krieg gegen Frankreich

Aus diesem Grund kündigt Liebknecht an, mit aller Kraft **gegen die Fürsten kämpfen** zu wollen, da nur auf diesem Weg eine Herrschaft des Volks und damit eine **demokratische Einigung** erzielt werden könne (vgl. Z. 62 ff.).

Prophezeiung eines Kampfs gegen die Fürsten

2 **TIPP** *Anforderungsbereich: I/II, Bewertungseinheiten: AFB I: 5/AFB II: 35*

In der zweiten Teilaufgabe geht es darum, Ihr im Unterricht erworbenes historisches Wissen abzurufen. Sie müssen hier sowohl die Bedeutung des Volks als auch die der Fürsten bei den beiden Anläufen zur Reichseinigung 1848/49 und 1870/71 erläutern. Dafür sollten Sie sich zuerst entscheiden, wie Sie Ihre Lösung aufbauen wollen. Denkbar wäre es, Ihren Aufsatz nach der Rolle von Volk und Fürsten zu strukturieren. Ebenso können Sie aber, wie in der vorliegenden Musterlösung, chronologisch vorgehen und erst die Revolution von 1848/49 und daran anschließend die Reichsgründung von 1870/71 behandeln. Wenn Sie so vorgehen, ist es wichtig, jeweils noch einmal in einem abschließenden Satz darzulegen, welche Rolle die beiden Gruppen für den Gang des jeweiligen Ereignisses gespielt haben. Achten Sie außerdem darauf, sich bei Ihren Ausführungen immer wieder an passender Stelle auf Liebknechts Rede zu beziehen und dies anhand von direkten sowie indirekten Zitaten deutlich zu machen.

Einleitung

Bedeutung von Volk und Fürsten bei Versuchen zur Herstellung der deutschen Einheit

Für Wilhelm Liebknecht hat es sowohl 1848/49 als auch 1870 einen „**Kampf zwischen Demokratie und Absolutismus**" (Z. 70) gegeben, der 1849 zugunsten der Fürsten ausgegangen sei. 1870 droht seiner Meinung nach das gleiche Ergebnis, da **Preußen** danach strebe, einen Kompromiss mit den übrigen Machthabern zu schließen, um so die **Fürstenherrschaft gegen die Wünsche des Volks** nach politischer Beteiligung abzusichern („Versicherungsanstalt gegen die Demokratie“, Z. 59). Im Folgenden soll deshalb dargestellt werden, welche **Bedeutung** sowohl dem **Volk** als auch den **Fürsten** bei den Anläufen zur **Herstellung der deutschen Einheit** 1848/49 und 1870/71 jeweils zukam.

Revolution von 1848/49

Anfangserfolge der Volkserhebung

Im März 1848 konnte die **revolutionäre Massenbewegung** des Volks zunächst in allen Staaten und Städten des Deutschen Bunds Erfolge verzeichnen. Die **Fürsten** wurden **zu Zugeständnissen gezwungen** und gaben den von den Revolutionären erhobenen „Märzforderungen“ nach, indem sie **liberale Minister** einsetzten („Märzminister“) und die **Bildung verfassunggebender Versammlungen** in den deutschen Einzelstaaten zuließen. Zudem erlaubten sie die **Wahl einer verfassunggebenden Nationalversammlung**, die am 18. Mai 1848 in der Frankfurter Paulskirche zusammentrat und sich an die Ausarbeitung einer **Verfassung für ein vereinigtes Deutschland** machte. Diese sollte laut Liebknecht „eine Vermittelung [anbahnen] zwischen der fürstlichen Souveränität und der Volkssouveränität“ (Z. 11 f.).

Gegenrevolution

Noch während der Debatten der Abgeordneten kam es in Preußen und Österreich zu einem **Erstarken der gegenrevolutionären Kräfte**, das im Herbst 1848 die Auflösung der preußischen sowie der österreichischen Nationalversammlung und den Erlass oktroyierter Verfassungen zur Folge hatte. Dennoch verkündete das Paulskirchenparlament im Dezember 1848 seinen **Grundrechtekatalog** und wählte im März 1849 den **preußischen König** Friedrich Wilhelm IV. zum **Kaiser der Deutschen**. Dieser **lehnte** allerdings im April 1849 die ihm von den Parlamentariern angebotene **Kaiserkrone** als „mit dem Ludergeruch der Revolution behaftet“ **ab** und ließ damit die **Paulskirchenverfassung scheitern** (vgl. Z. 23 ff.).

Scheitern der Revolution

Dadurch, dass die Revolutionsträger zu keinem Zeitpunkt die **Monarchien in den Einzelstaaten** mit ihren Herrschaftsapparaten angetastet hatten, stand den Fürsten weiterhin das **Militär zur Verfügung**. Dieses setzten sie nun nach dem Scheitern der ersten Volkserhebung zur **Niederschlagung eines zweiten revolutionären Versuchs** ein, was Liebknecht mit den Worten „zusammenzuschießen“ (Z. 17) und „niederzumetzeln“ (Z. 19) beschreibt. Das sogenannte **Rumpfparlament** musste vor den heranrückenden preußischen Truppen nach Stuttgart ausweichen, wo es schließlich von württembergischem Militär **aufgelöst** wurde. Auch die „**Reichsverfassungskampagne**“ als Widerstandsbewegung gegen die Konterrevolution wurde von einer preußischen Invasionsarmee **niedergeschlagen**. Ihr endgültiges Ende fand die Revolution schließlich im Juli 1849 durch die **Übergabe der Bundesfestung Rastatt** an die preußischen Truppen.

Insgesamt kann man feststellen, dass die **Fürsten** 1848/49 **aus taktischen Gründen** zunächst eine **passive Rolle** eingenommen und sich zu Zugeständnissen bereiterklärt hatten, um ihre Herrschaft nicht zu gefährden. Erst im weiteren Verlauf der Ereignisse kam ihnen die **Uneinigkeit der Revolutionäre** und die **Angst** der Mehrheit in der Frankfurter Paulskirche **vor einem Umsturz** der sozialen Verhältnisse entgegen, die ihnen ein **gegenrevolutionäres Vorgehen** erlaubten. Auch dann war es aber vor allem Preußen, das sich aktiv gegen die Revolutionäre stellte, während die übrigen Fürsten weitestgehend in ihrer passiven Position verharrten. Da die Initiative zur **Verwirklichung der deutschen Einheit** 1848/49 **vom Volk ausgegangen** war und von fürstlicher Seite keine Versuche gemacht wurden, diese herzustellen, kann man Liebknecht also durchaus rechtgeben, wenn er die Revolution von 1848/49 als Versuch einer **Einigung „von unten“** (Z. 10) bezeichnet.

Fazit I
Versuch der Einigung „von unten“

Ganz anders stellte sich die Lage **1870/71** dar. Hier gingen der Reichseinigung **drei Kriege** voraus, in denen sich die **preußische Monarchie** eine **Vormachtstellung** gegenüber den anderen Staaten verschaffte. 1864 kämpfte **Preußen** noch **gemeinsam mit Österreich gegen Dänemark**, das versucht hatte, Schleswig gegen den Widerstand des Deutschen Bunds stärker an sich zu binden. Der **deutsche Sieg** führte zu einer Aufteilung der Verwaltung Schleswigs und Holsteins zwischen Preußen und Österreich, woran sich 1866 der **Deutsche Krieg** entzündete.

Reichsgründung 1870/71
Deutsch-Dänischer Krieg 1864

Österreich hatte die Entscheidung über die Zukunft der beiden Herzogtümer entgegen der mit Preußen getroffenen Absprachen vor den Deutschen Bund gebracht, woraufhin Preußen einen Teil Holsteins besetzte. Nach der Mobilmachung des Deutschen Bunds gegen **Preußen griff** dieses mit seinen Verbündeten **Österreich an** und siegte bereits nach zwölf Tagen in der **Schlacht bei Königgrätz**. Daraufhin wurde der **Deutsche Bund aufgelöst** und 1867 durch den **Norddeutschen Bund** unter der Führung Preußens ersetzt. Liebknecht beschreibt diese Ereignisse in seiner Rede mit den Worten: „[E]s warf Oesterreich […] aus Deutschland hinaus und machte sich einen Theil der übrigen Fürsten zu Vasallen.“ (Z. 34 ff.) Die süddeutschen Staaten, die sich im Krieg auf Österreichs Seite gestellt hatten, wurden über sogenannte **Schutz- und Trutzbündnisse** an den Norddeutschen Bund angeschlossen.

Deutscher Krieg 1866

Diese traten in Kraft, als Preußen 1870 über eine Provokation Bismarcks im Rahmen des spanischen Erbfolgestreits („**Emser Depesche**“) die **Kriegserklärung Frankreichs an Preußen** erreicht hatte. Letzteres kämpfte nun gemeinsam mit dem Norddeutschen Bund und den süddeutschen Staaten gegen Frankreich, das bereits

Deutsch-Französischer Krieg 1870/71

nach sechs Wochen kapitulieren musste. In der **nationalen Begeisterung über den militärischen Erfolg** gelang es Bismarck, die süddeutschen Fürsten für die Gründung eines Deutschen Reichs unter preußischer Führung zu gewinnen. So konnte am 18. Januar 1871 in einem feierlichen Festakt im Spiegelsaal von Versailles die **Reichsgründung** vollzogen werden. Das deutsche Kaiserreich war demzufolge ein **föderaler Bundesstaat** aus 26 monarchischen Einzelstaaten, in denen die **Fürsten ihre Souveränität behaupten** konnten. Liebknecht spricht von der im April 1871 verabschiedeten Reichsverfassung als „Kompromiß der von der preußischen Monarchie mit den übrigen deutschen Fürsten vereinbart worden ist" (Z. 42 ff.).

Fazit II
Einigung „von oben"

Im Gegensatz zum Einigungsversuch von 1848/49 ging die **Reichsgründung** 1870/71 also **von den Fürsten** bzw. von Bismarck als preußischem Ministerpräsidenten aus. Das **Volk** hatte dabei keinerlei Mitspracherecht, sondern nahm eine **rein passive Position** ein, was auch Liebknecht an mehreren Stellen betont (vgl. Z. 48 f., 52 ff.). Man muss also von einer Verwirklichung der **nationalen Einheit „von oben"** (Z. 30) auf Kosten der in der Mitte des 19. Jahrhunderts angestrebten Freiheitsrechte sprechen.

3 **TIPP** *Anforderungsbereich: II/III, Bewertungseinheiten: AFB II: 5/AFB III: 30*

Die dritte Teilaufgabe nimmt die Prophezeiung Liebknechts von einer bevorstehenden Entscheidungsschlacht zwischen Verfechtern einer Demokratie und deren Feinden als Ausgangspunkt für eine Beurteilung der Gründungsphase der Weimarer Republik. Sie sollen sich damit auseinandersetzen, inwieweit die Anfangszeit der Weimarer Republik eine Entscheidungsschlacht darstellte, die zum Sieg der Demokratie führte. Überlegen Sie sich am besten vor dem Schreiben, worauf Sie den Schwerpunkt Ihrer Erörterung legen wollen: Soll es hauptsächlich um den Sieg der Demokratie oder die Bezeichnung Entscheidungsschlacht gehen? Ideal wäre es, wenn Sie auf einen Aspekt Ihr Hauptaugenmerk legen, den anderen aber mit einfließen lassen. Die vorliegende Musterlösung konzentriert sich schwerpunktmäßig auf die Frage nach dem Sieg der Demokratie, für den je drei zustimmende und drei relativierende Gesichtspunkte angeführt werden. In jedem Fall ist es wichtig, dass Sie über profundes Wissen zur Zeit der Weimarer Republik verfügen, das Sie jedoch nicht einfach nur chronologisch wiedergeben dürfen, sondern aus dem Sie die passenden Aspekte auswählen und auf die Erörterungsfrage beziehen müssen. Am Ende Ihres Aufsatzes sollte dann ein differenziertes Fazit stehen.

Hinführung zur Beurteilung

In der **Gründungsphase der Weimarer Republik** bestand die politische Landschaft auf der einen Seite aus **Unterstützern einer par-**

lamentarischen Demokratie wie den Sozialdemokraten, den Linksliberalen und den Vertretern des Zentrums. Auf der anderen Seite gab es aber auch aus mehreren Richtungen **Angriffe auf die neue Staatsform:** So hielten die sogenannten **alten Eliten** aus dem Kaiserreich an Militarismus, Konservativismus, Monarchismus und Nationalismus fest. Außerdem stellten sich die **Linksradikalen** (Spartakusbund bzw. KPD) gegen die neu gegründete Republik, da sie ein **Rätesystem nach sowjetischem Vorbild** anstrebten. Aufgrund dieser Differenzen ist es interessant zu untersuchen, ob man bei der Gründungsphase der Weimarer Republik von einer **Entscheidungsschlacht mit einem Sieg der Demokratie** sprechen kann.

Sieg der Demokratie in Gründungsphase der Weimarer Republik?

Für einen **Erfolg der Demokratie** spricht zunächst einmal, dass nach dem Ersten Weltkrieg in der **Novemberrevolution** 1918 die **Monarchie gestürzt** wurde. Als die Marineleitung noch Ende Oktober 1918, nachdem die Oberste Heeresleitung (OHL) die **militärische Niederlage** längst eingestanden hatte, ein Auslaufen der Flotte befahl, kam es zu **Matrosenaufständen**, die sich im gesamten Reichsgebiet ausbreiteten. Es wurden **Arbeiter- und Soldatenräte** gebildet, die das sofortige Kriegsende und die Abdankung des Kaisers forderten. Am 9. November 1918 übertrug daraufhin der **Reichskanzler Max von Baden** die Regierungsverantwortung an Friedrich Ebert von der MSPD und **verkündete** eigenmächtig die **Abdankung des Kaisers**. Noch am selben Tag erfolgte die **doppelte Republikausrufung**, bei der Philipp Scheidemann (MSPD) eine „Deutsche Republik" und Karl Liebknecht (USPD/Spartakusbund) eine „Freie Sozialistische Republik" proklamierte. Dies hatte die Bildung einer provisorischen Regierung aus je drei Vertretern von USPD und MSPD („**Rat der Volksbeauftragten**") zur Folge, die am 11. November 1918 den **Waffenstillstand** unterzeichnete.

zustimmende Aspekte

Sturz der Monarchie in Novemberrevolution

Im Folgenden bestimmten die **Konflikte zwischen MSPD und USPD** das Geschehen. Die Mehrheitssozialdemokraten traten für die Wahl einer Nationalversammlung ein, strebten also ein **parlamentarisches System** an, während USPD und Spartakusbund eine **Räterepublik nach russischem Vorbild** realisieren wollten. Auch in diesem Konflikt konnte die Demokratie einen Sieg davontragen, da sich der **Reichsrätekongress** im Dezember 1918 für die **Wahl einer Nationalversammlung** und damit für das parlamentarische System entschied. **Angriffe von links** gegen diese Entscheidung (Matrosenaufstände in Berlin, „Spartakusaufstand") konnten **mithilfe des Militärs abgewehrt** werden. Es scheint also auch aufgrund der mit Waffengewalt geführten Auseinandersetzung durchaus berechtigt, von einer **Entscheidungsschlacht** zu sprechen, die zugunsten der Demokratie ausgegangen ist.

Entscheidung für parlamentarisches System und Abwehr von Angriffen von links

Einen weiteren Sieg konnte die Demokratie für sich verbuchen, als am 19. Januar 1919 die **Wahl zur Nationalversammlung** stattfand. Bei dieser erwies sich die **MSPD als stärkste Partei** und bildete zusammen mit der Deutschen Demokratischen Partei (DDP) und dem Zentrum die **Weimarer Koalition**. Die drei Parteien verteidigten das parlamentarische System und waren während des Bestehens des Weimarer Staats wichtige **Stützen der Republik**. Sie arbeiteten außerdem auch die **Weimarer Reichsverfassung** aus, die aus einer Vielzahl von **demokratischen Elementen** bestand. So wurde das **Frauenwahlrecht** verwirklicht, es gab in Anlehnung an die Paulskirchenverfassung einen langen **Grundrechtekatalog** (auch wenn dieser nicht einklagbar war), das **Staatsoberhaupt** wurde direkt **vom Volk gewählt**, das zudem mithilfe von **Volksentscheiden** an der Gesetzgebung mitwirken konnte, und die Regierung unterstand der **Kontrolle durch das Parlament**. Es hat also durchaus seine Berechtigung, in der Gründungsphase der Weimarer Republik einen Sieg der Demokratie zu konstatieren.

Weimarer Koalition und Reichsverfassung mit demokratischen Elementen

Allerdings gab es in den Jahren 1918/19 auch Momente, die diesen Eindruck relativieren. So entschied sich die MSPD bereits frühzeitig für eine **Zusammenarbeit mit den „alten Eliten"**, was eine **vollständige Demokratisierung** der Republik **verhinderte**. Symbolisch für diese Kooperation steht der am 10. November 1918 abgeschlossene **Ebert-Groener-Pakt** zwischen dem neuen Reichskanzler und dem Chef der Reichswehr. Ebert fürchtete eine Radikalisierung und Sozialisierung der Revolution, weshalb er sich mit der Reichswehr verbündete, um das **Militär zur Wiederherstellung von Ruhe und Ordnung** einsetzen zu können. Zwar sicherte er so kurzfristig die Demokratie ab, **verzichtete** dafür aber **auf** eine **personelle Erneuerung** der Republik, was dieser langfristig erheblichen Schaden zufügte. **Konservative Beamte** in Justiz, Militär und Verwaltung blieben auf ihren Posten und machten aus ihrer **monarchistischen Einstellung** oft keinen Hehl. Hier von einem Sieg der Demokratie zu sprechen, erscheint also fragwürdig.

relativierende Aspekte

Zusammenarbeit mit „alten Eliten"

Zudem ist es nicht völlig von der Hand zu weisen, dass es sich bei der Weimarer Republik zwar **der Staatsform nach** um eine **Demokratie** handelte, sie hinsichtlich der Geisteshaltung vieler ihrer Bürger aber eine **Republik ohne Republikaner** blieb. So wurde die Republik auch aufgrund ihrer schwierigen Anfangsbedingungen **von weiten Teilen der Bevölkerung abgelehnt**. Gerade der Abschluss des **Versailler Vertrags** sowie damit und mit der Kriegsniederlage zusammenhängende **wirtschaftliche Schwierigkeiten** trugen nicht gerade zur Beliebtheit der neuen Staatsform bei. Viele Deutsche schenkten der **Dolchstoßlegende** Glauben, wonach das deutsche Heer nicht auf dem Schlachtfeld besiegt, sondern hinterrücks in der

Ablehnung der Republik von weiten Teilen der Bevölkerung

Heimat von den Revolutionären um den vermeintlich bevorstehenden militärischen Erfolg gebracht worden sei. Solche Denkmuster waren weit verbreitet und **diskreditierten die Republik** von Beginn an. Auch dass sich am Ende **kaum** jemand zu ihrer **Verteidigung** bereitfand, lässt Zweifel an einem eindeutigen Sieg der Demokratie aufkommen.

Angriffe auf Demokratie und Scheitern der Weimarer Republik

Blickt man über die Jahre 1918/19 hinaus wird außerdem deutlich, dass der **Sieg der Demokratie** nicht nur **unvollständig**, sondern auch nur **vorläufig** war. Schon Anfang der 1920er-Jahre gab es immer wieder ernsthafte **Angriffe von links und rechts** auf den demokratischen Staat. Diese konnten zwar stets abgewehrt werden, hinterließen aber dennoch ihre Spuren. So scheiterte zum Beispiel 1923 der **von Adolf Hitler geplante Putschversuch**, jedoch konnte er seine Gerichtsverhandlung als Propagandaplattform nutzen und auf diese Weise die Reichweite der **staatsfeindlichen NSDAP** erhöhen. Nach dem Bruch der Großen Koalition 1930 gelang es schließlich nicht mehr, eine auf eine Parlamentsmehrheit gestützte Regierung zu bilden. Stattdessen wurde in **Präsidialkabinetten** mithilfe von **Notverordnungen** regiert, was nicht gerade dem Ideal einer Demokratie entspricht. Diese Form der Politik ermöglichte 1933 schließlich die **Ernennung Hitlers zum Reichskanzler**, was das endgültige **Ende der ersten deutschen Demokratie** bedeutete.

Fazit

Insgesamt steht es außer Frage, dass die Gründungsphase der Weimarer Republik **zunächst** als **Sieg der Demokratie** nach einer langen, teilweise auch gewaltsamen Auseinandersetzung zu bezeichnen ist. Allerdings erscheint der Ausdruck „**Entscheidungsschlacht**" **eher unpassend**, da die **Demokratie** sich mit ihrer Etablierung noch längst **nicht endgültig und dauerhaft durchgesetzt** hatte. Vielmehr war sie immer wieder schwerwiegenden Anfeindungen ausgesetzt, die letzten Endes dazu führten, dass die erste deutsche Republik nur vorläufig und von relativ kurzer Dauer war.

Hessen Geschichte ▪ Abiturprüfung 2020
Leistungskurs ▪ Vorschlag B

Deutschland zwischen Ost und West

Aufgabenstellung

1 Beschreiben Sie die Ausführungen Stresemanns (Material 1) und die Reaktionen des Auslandes zum Berliner Vertrag (Material 2). (30 BE)

2 Erläutern Sie, auch unter Bezugnahme auf die vorliegenden Materialien, Konzeption und Durchführung der Außenpolitik Stresemanns. (35 BE)

3 Beurteilen Sie, inwiefern die Außen- und Deutschlandpolitik von Willy Brandt Ähnlichkeiten mit Stresemanns außenpolitischen Vorstellungen aufweist. (35 BE)

M 1 Rundfunkrede von Außenminister Gustav Stresemann zum Berliner Vertrag zwischen Deutschland und der Sowjetunion (1. Mai 1926)

Der Abschluß des Berliner Vertrages zwischen dem Deutschen Reich und Rußland hat die Weltöffentlichkeit stark berührt. An sich lag dazu keinerlei Veranlassung vor. Es ist der Abschluß eines Vertrages zwischen zwei großen benachbarten Mächten und Völkern, aufgebaut auf der Absicht, Frieden und Freundschaft zu bewahren und sich fernzuhalten von der Unterstützung dritter Mächte, welche gegen eine von beiden aggressiv vorgehen. Der Vertrag ist eher eine Selbstverständlichkeit als eine Sensation. Zwischen Deutschland und Rußland besteht eine jahrhundertelange traditionelle Freundschaft. Die beiden Staaten und vordem Preußen und Rußland haben seit der Zeit Friedrichs des Großen[1] bis zum Weltkriege die Waffen nicht gegeneinander gekehrt. Sie waren wirtschaftlich aufeinander angewiesen, ja sie bildeten einen sich ergänzenden Teil der europäischen Volkswirtschaft. Wir konnten damals nicht leben ohne die russischen Agrarprodukte, Rußland nicht ohne unsere Industrie. Der Erhaltung des Friedens und der Freundschaft mit Rußland war Bismarcks Politik gewidmet. Der Bruch dieser Tradition durch Rußland seit den Zeiten der allslawischen Einstellung wurde von uns stark empfunden. Durch den Vertrag von Rapallo erklärten Deutschland und Rußland trotz des Weltkrieges und seiner Erschütterungen, daß sie wieder auf die alte Grundlage guter Beziehungen zueinander treten wollten. Darin zeigt sich, wie stark die Tradition dieser Beziehungen war gegenüber allem, was ihr entgegenstand. Sie war auch stark gegenüber den innerpolitischen Umwälzungen in Rußland, die zu einer Staatsgewalt und Staatsordnung führten, die der unsrigen völlig entgegengesetzt ist. Sollten die Ideen dieser Staatsordnung auf unser Land übergreifen, würden sie stärkste Bekämpfung durch die Regierungsgewalt erfahren. Das aber hat nichts zu tun mit dem Verhältnis der Staaten zueinander. Wir haben früher gesehen, wie falsch es war, wenn ein Staat glaubte, dazu berufen zu sein, seine eigenen Gedanken über Staatsordnung und Kultur anderen aufzuzwingen. […]

Letzten Endes erscheint es, als wenn manche Kritik im Auslande wesentlich ausgeht von der Überraschung über die selbständige Politik, die Deutschland mit diesem Schritt offenbart. Aber die Politik, die nach Locarno führte, war auch selbständige Politik. Man muß sich daran gewöhnen, daß Deutschland die Gestaltung des deutschen Geschickes selbst in die Hand nimmt und nicht unter Vormundschaft irgendwelcher Mächte oder Mächtegruppierungen, sei es im Osten oder im Westen. […]

Die deutsche Initiative führte nach Locarno. Sinnbild dieser Politik war die Sicherung des europäischen Friedens unter Verzicht auf manche seelischen Empfindungen des deutschen Volkes, die, schmerzlich genug, aufgegeben werden mußten. Niemals aber war es die deutsche Absicht, sich im Westen zu einer Kampfgemeinschaft gegen den Osten zu verbinden. Unsere Politik war vielmehr, das System friedlicher Abmachungen auf ganz Europa zu erstrecken. Mit nahezu allen unseren Nachbarstaaten haben wir weitgehende Schiedsverträge abgeschlossen oder stehen in fortgeschrittenen Verhandlungen mit ihnen darüber. Welch eine andere europäische Großmacht kann ein gleiches Bekenntnis zur Schiedsidee aufweisen? Diese Idee ist Basis unserer Friedenspolitik. Darüber hinaus ist Deutschland kraft seiner geographischen Lage der gegebene große Mittler und die Brücke zwischen Ost und West. […] Wir haben ein ganz bestimmtes Ziel europäischer Entwicklung vor Augen. Wir verfolgen es gradlinig und ohne Schwanken. Wir wissen, daß wir Machtpolitik nicht treiben können, aber wir wollen in der Politik der Friedenssicherung unseren eigenen Weg gehen. Wer guten Willens in der Welt dasselbe Ziel verfolgt, kann und muß uns unterstützen. Er möge nur Verständnis dafür aufbringen, daß neben dem Wunsch der Friedenssicherung für alle Völker dieser Weg gekennzeichnet ist durch die Lebensinteressen Deutschlands.

Gustav Stresemann: Reden und Schriften, Bd. 2, Dresden 1926, S. 250 f., 258 ff.

Anmerkung

1 Friedrich der Große war von 1740 bis 1786 preußischer König.

M 2 Der „Economist“ über den Berliner Vertrag (17. April 1926)

Der Bericht in der „Times“, dass ein neuer russisch-deutscher Vertrag gerade ausgehandelt werde, scheint sich zu bestätigen. […] Es sieht […] so aus, dass die deutsche Regierung die alliierten Regierungen über ihre Verhandlungen mit Russland informiert hat. Es gibt überhaupt keinen Grund, daran zu zweifeln, dass die Absichten der deutschen Regierung ehrlich und ehrenhaft sind und dass der neue Vertrag nicht nur für die beiden Vertragspartner, sondern für ganz Europa von Vorteil sein könnte.

[…] Glücklicherweise stehen sich die Westmächte und Russland – so schwierig auch ihre Beziehungen sein mögen – noch nicht in zwei unwiderruflich verfeindeten Lagern gegenüber und, wenn sie dies auch täten, besteht keine große Gefahr, dass sich Deutschland jemals auf die russische Seite schlagen würde. Für Deutschland sind die politischen Beziehungen mit Russland viel eher eine Frage der Innen- als der Außenpolitik. Der Traum einer militärischen Unterstützung durch Russland in einem Revanchekrieg […] mag der Fantasie einiger deutscher politischer Extremisten des rechten oder linken Flügels entspringen; aus der Sicht der gemäßigten Masse der Deutschen bedeutet politische Annäherung an Russland die Gefahr einer sozialen [kommunistischen] Revolution, die sie von sich fernhalten wollen. Diese Entschlossenheit wurde genügend dadurch demonstriert, dass Deutschland […] eine westliche Orientierung eingenommen hat, seit sich [seit 1924] die Chance einer solchen Politik ergab.

Deutschlands Ziele bei den Verhandlungen mit Russland sind nicht politischer, sondern wirtschaftlicher Natur. Das wachsende Handelsvolumen zwischen den beiden Ländern ist eine der bemerkenswertesten Tatsachen in der Wirtschaftsgeschichte seit dem Krieg, und es ist eine Tatsache, zu der wir uns gratulieren. Russland bietet der deutschen Industrie eine Alternative zu den Märkten, die es in anderen Regionen verloren hat, und wenn Deutschland diesen Markt entwickelt, hilft es dabei, Russland wieder in das System der Weltwirtschaft zu integrieren, für die seine Teilhabe unbedingt notwendig ist.

The Reported Russo-German Treaty, in: The Economist (London, England), 17. April 1926. Übersetzung von den Verfassern.

Hinweise zu Material 1 und 2:

Der „Economist" ist eine britische Wochenzeitschrift mit wirtschaftspolitischem Schwerpunkt.
Die Rechtschreibung von Material 1 entspricht der Textvorlage.

TIPP **Inhaltliche Schwerpunkte**

Die vorliegende Aufgabe betrifft das Themenfeld „Die Weimarer Republik als erste deutsche Demokratie". Dabei steht das Stichwort „Ziele, Methoden und Ergebnisse der Weimarer Außenpolitik (Versailler Vertrag, Revisionismus, West- versus Ostorientierung, Strategie Stresemanns, Haltung der Siegermächte und der UdSSR)" im Zentrum. Kursübergreifende Bezüge ergeben sich durch das Themenfeld „Deutschland von der Teilung zur Einheit", wobei die Stichworte „Entwicklung der innerdeutschen Beziehungen (Hallsteindoktrin, Neue Ostpolitik)" und „vertiefende Auseinandersetzung mit Interpretationen und Kontroversen zu den Auswirkungen der Entspannungspolitik (z. B. ‚Wandel durch Annäherung' oder Stabilisierung der DDR durch die Entspannungspolitik?)" die Hauptrolle spielen.

Lösungsvorschlag

1 **TIPP** *Anforderungsbereich: I/II, Bewertungseinheiten: AFB I: 25/AFB II: 5*

Die erste Teilaufgabe fordert Sie dazu auf, die Ausführungen Stresemanns in seiner Rede zum Berliner Vertrag (Material 1) sowie einen britischen Zeitungskommentar (Material 2) zu beschreiben. Beginnen Sie die Wiedergabe der Quelleninhalte jeweils mit einem Einleitungssatz, in dem Sie den Verfasser (soweit bekannt), die Art der Quelle sowie die Zeit der Veröffentlichung nennen und das Thema knapp umreißen. Führen Sie dann strukturiert und unter Verwendung der Fachsprache die Hauptaspekte der beiden Quellen aus. Greifen Sie dabei möglichst auf eigenständige Formulierungen zurück, aber vergessen Sie nicht, Ihre Aussagen mithilfe von Zeilenangaben an den Texten zu belegen. Distanzieren Sie sich von den subjektiven Perspektiven der Quellen, indem Sie den Konjunktiv verwenden.

Beschreibung

Ausführungen Gustav Stresemanns (M 1)

Bei der ersten Quelle (M 1) handelt es sich um eine **Rundfunkrede** des deutschen Außenministers **Gustav Stresemann** vom 1. Mai 1926, in der er den **Berliner Vertrag** erläutert und auf die im Ausland daran erhobene **Kritik** eingeht. Der Außenminister stellt fest, dass der Abschluss des Vertrags zwischen Deutschland und der Sowjetunion in der Weltöffentlichkeit **große Resonanz** ausgelöst habe, was nur schwer nachvollziehbar sei (vgl. Z. 1 f.). Bei der Vereinbarung handele es sich um einen **Freundschafts- und Neutralitätsvertrag** zwischen zwei Mächten, die **traditionell gute Beziehungen** zueinander unterhalten und bereits früher wirtschaftlich eng kooperiert hätten (vgl. Z. 6 ff.). Nach einer vorübergehenden Störung im Ersten Weltkrieg habe man dieses gute Verhältnis mit dem

Vertrag von Rapallo wiederaufgegriffen (vgl. Z. 15 ff.). Das neue (kommunistische) **politische System Russlands stünde** den **deutschen Verhältnissen diametral entgegen**, doch beeinträchtige es nicht die Beziehungen zwischen beiden Ländern (vgl. Z. 19 ff.). Die **Kritik des Auslands** an dem Dokument führt Stresemann darauf zurück, dass Deutschland mit dem Vertragsabschluss die **Eigenständigkeit** seiner Außenpolitik demonstriert habe (vgl. Z. 26 ff.). Diese habe Deutschland aber auch schon beim **Vertrag von Locarno** bewiesen und sei nun bestrebt, sie fortzusetzen (vgl. Z. 28 ff.). Stresemann betont, dass man mit dem Locarno-Vertrag keinesfalls eine antirussische Allianz habe schaffen wollen (vgl. Z. 34 ff.). Vielmehr sehe Deutschland seine Aufgabe darin, als **Mittler zwischen West und Ost** den **Frieden in Europa** zu gewährleisten (vgl. Z. 41 f.). Dazu werde es auch weiterhin eine **selbstständige Politik** betreiben, die zwar keine Machtpolitik mehr sei, aber durchaus die in Stresemanns Augen legitimen deutschen Interessen vertrete (vgl. Z. 44 ff.).

Reaktionen des Auslands auf Berliner Vertrag (M 2)

Die zweite Quelle (M 2) ist ein Artikel vom 17. April 1926 aus der **britischen Wochenzeitschrift** „Economist", der den **Vertragsabschluss positiv** beurteilt. Es sei nicht zu vermuten, dass Deutschland mit dem Abkommen irgendwelche schädlichen Absichten verfolge (vgl. Z. 4 ff.). Insbesondere sei die **Befürchtung unbegründet**, Deutschland könne eine enge Kooperation mit der Sowjetunion zur Vorbereitung eines **Kriegs gegen die Westmächte** nutzen (vgl. Z. 9 f., 12 ff.). Eine solche Annäherung würde nämlich die Gefahr eines kommunistischen Systemwandels in Deutschland mit sich bringen, was die deutsche Regierung um jeden Preis verhindern wolle (vgl. Z. 14 ff.). Die im Grunde **westliche Orientierung Deutschlands** sei seit 1924 deutlich geworden (vgl. Z. 16 ff.). Tatsächlich bezwecke die deutsche Russlandpolitik in erster Linie eine Intensivierung der **wirtschaftlichen Kooperation**, was auch allen anderen Ländern zugutekomme (vgl. Z. 19 ff.).

2 **TIPP** *Anforderungsbereich: I/II, Bewertungseinheiten: AFB I: 5/AFB II: 30*

Die zweite Teilaufgabe verlangt von Ihnen, Stresemanns Außenpolitik zu erläutern. Wie in der Aufgabenstellung vorgegeben, empfiehlt es sich, dabei zwischen Konzeption und Durchführung zu unterscheiden. Neben Ihrem im Unterricht erworbenen Wissen sollen Sie dabei auch auf Aspekte aus den Materialien zurückgreifen. Machen Sie diese Bezüge durch direkte und indirekte Textbelege deutlich. Am Ende Ihrer Ausführungen sollten Sie ein abrundendes Fazit ziehen.

Gustav Stresemann, der 1923 Reichskanzler und danach bis zu seinem Tod 1929 Außenminister war, ging es bei seiner Außenpolitik um die **Durchsetzung der deutschen Interessen** bei einer gleichzeitigen **Bewahrung des Friedens**. Er strebte also eine **Revision des Versailler Vertrags auf diplomatischem Weg** an.

Außenpolitik Stresemanns

Bei der **Konzeption** seiner Außenpolitik musste er von der schwierigen Position Deutschlands nach der **Niederlage im Ersten Weltkrieg** ausgehen. Eines seiner Hauptziele war es deshalb, die gegenwärtige **außenpolitische Isolation** zu **überwinden**, den eigenen Handlungsspielraum zu erweitern und Deutschland in den **Kreis der europäischen Großmächte zurückzuführen**. Zugleich galt es, die Bestimmungen des **Versailler Vertrags** (Gebietsverluste und -besetzungen, Reparationslasten, Abrüstungsvorgaben) zu **revidieren** oder zumindest abzumildern. Angesichts der Schwäche Deutschlands waren diese Ziele nicht auf dem Weg der Konfrontation zu erreichen. Stattdessen setzte Stresemann auf **vertrauensbildende Maßnahmen** gegenüber den Nachbarn Deutschlands, was insbesondere die **Anerkennung der französischen Sicherheitsinteressen** bedeutete. In seiner Rundfunkansprache bezeichnet Stresemann diese Strategie als „Sicherung des europäischen Friedens unter Verzicht auf manche seelischen Empfindungen des deutschen Volkes" (M 1, Z. 32 ff.).

Konzeption

Ausgangslage, Ziele und Vorgehen

Das seit dem **Vertrag von Rapallo** bestehende gute Verhältnis zur ebenfalls isolierten **Sowjetunion** (vgl. M 1, Z. 15 ff.) sollte, insbesondere mit Blick auf die **wirtschaftliche Zusammenarbeit**, beibehalten und vertieft werden, was sowohl Stresemann selbst als auch der britische „Economist" betonen (vgl. M 1, Z. 6 ff.; M 2, Z. 19 ff.).

Zusammenarbeit mit der Sowjetunion

Zudem strebte Stresemann nach **außenpolitischer Eigenständigkeit** für Deutschland, wenn er zum Beispiel dazu aufruft, sich „daran [zu] gewöhnen, daß Deutschland die Gestaltung des deutschen Geschickes selbst in die Hand nimmt" (M 1, Z. 29 f.). Dabei sollte Deutschland sich weder exklusiv an den Osten noch an den Westen binden, sondern in der Rolle eines „Mittler[s]" (M 1, Z. 42) eine „**Schaukelpolitik**" betreiben, die es erlaube, sich **verschiedene Optionen offenzuhalten**.

West- vs. Ostorientierung

Darüber hinaus war Stresemann daran gelegen, die **deutsche Wirtschaft** mit Unterstützung der USA und Großbritanniens **wiederaufzubauen** und sie gleichberechtigt in die Weltwirtschaft zu integrieren. Dies kam vor allem **Großbritannien** entgegen, das sich über eine wirtschaftliche Erholung und **politische Stabilisierung Deutschlands** eine Überwindung seiner eigenen ökonomischen und politischen Probleme erhoffte (vgl. M 2, Z. 20 ff.).

Stabilisierung der Wirtschaft

Die **Durchführung** von Stresemanns Außenpolitik begann mit der **Beendigung** des aussichtslos gewordenen **passiven Widerstands**

Durchführung

gegen die französische **Besetzung des Ruhrgebiets** im September 1923. Im Jahr darauf folgte mit dem **Dawes-Plan** eine für Deutschland vorteilhafte **Neuregelung der Reparationsfrage** unter amerikanischer Regie, bei der die Alliierten auf eine Gesamtforderung zugunsten steigender Ratenzahlungen verzichteten. Auf diesem Weg erhielt Deutschland wieder **Zugang zum internationalen Kapitalmarkt** und konnte erhebliche amerikanische Kredite aufnehmen.

Neuregelung der Reparationsfrage

Durch die **Garantie seiner Westgrenzen** im **Vertrag von Locarno** 1925, mit dem der endgültige Verzicht auf Elsass-Lothringen und Eupen-Malmédy einherging (vgl. M 1, Z. 32 ff.), trug Deutschland den Sicherheitsinteressen Frankreichs und Belgiens Rechnung. Mit Polen und der Tschechoslowakei wurden zudem **Schiedsverträge** abgeschlossen (vgl. M 1, Z. 37 ff.), in denen Deutschland einer gewaltsamen **Wiederherstellung seiner alten Ostgrenzen eine Absage** erteilte, sich aber die Möglichkeit zu einer **friedlichen Revision** offenhielt. Die kooperative Politik Deutschlands wurde 1926 mit der **Aufnahme in den Völkerbund** belohnt, die eine Rückkehr in die internationale Gemeinschaft als gleichberechtigter Partner bedeutete.

Vertrag von Locarno

Der **Berliner Vertrag** mit der Sowjetunion von 1926, „aufgebaut auf der Absicht, Frieden und Freundschaft zu bewahren“ (M 1, Z. 4), schrieb das seit dem **Rapallo-Vertrag** von 1922 bestehende gute Verhältnis zwischen beiden Staaten fort. Außerdem sorgte er für eine **Kontinuität in** der wirtschaftlichen sowie der geheimen militärischen **Zusammenarbeit** der beiden Staaten.

Berliner Vertrag

Als Fazit kann festgehalten werden, dass Stresemann nur einen **Teil seiner außenpolitischen Ziele erreichte**. Bei seinem Tod 1929 war Deutschland wieder eine anerkannte europäische Großmacht und seine wirtschaftliche Lage hatte sich stabilisiert. Andererseits war die **Revision** der für Deutschland negativen Bestimmungen **des Versailler Vertrags nur in Ansätzen gelungen**, sodass Stresemanns Außenpolitik keine breite öffentliche Anerkennung erfuhr.

Fazit

3 **TIPP** *Anforderungsbereich: II/III, Bewertungseinheiten: AFB II: 5/AFB III: 30*

Die dritte Teilaufgabe stellt einen kursübergreifenden Bezug her. Dem Operator „beurteilen“ zufolge sollen Sie zu der Frage, inwiefern die Außen- und Deutschlandpolitik von Willy Brandt Ähnlichkeiten mit Stresemanns außenpolitischen Vorstellungen aufweist, eine begründete Einschätzung geben. Dazu ist es sinnvoll, vorab die unterschiedlichen Rahmenbedingungen für die Außenpolitik der beiden Staatsmänner zu skizzieren. Danach sollten Sie getrennt voneinander die Unterschiede und Ähnlichkeiten zwischen der Politik Stresemanns und Brandts beleuchten. Abschließend bietet sich auch bei dieser Teilaufgabe ein Fazit an, in dem die unterschiedlichen Aspekte gewichtet werden.

Hinführung zur Beurteilung

Die Namen **Stresemann** und **Brandt** verbindet man beide mit einer versöhnlichen und friedfertigen Außenpolitik. Es kann deshalb interessant sein, die außenpolitische Herangehensweise der beiden Staatsmänner auf **Gemeinsamkeiten und Unterschiede** zu untersuchen.

Rahmenbedingungen

Dabei sollen zunächst einmal deren ganz unterschiedliche **Rahmenbedingungen** in den Blick genommen werden. **Stresemann** agierte als **Repräsentant eines deutschen Nationalstaats** in einem multipolar strukturierten politischen Umfeld. Abgesehen von einigen Einschränkungen aufgrund der Niederlage im Ersten Weltkrieg war **Deutschland souverän** und führte eine **eigenständige Außenpolitik**. **Brandt** dagegen vertrat infolge der **deutschen Teilung** nur einen von zwei deutschen Staaten. Dessen Handlungsspielraum war dadurch begrenzt, dass Europa und weite Teile der Welt von der **Rivalität der Supermächte USA und UdSSR** dominiert wurden. West und Ost standen sich zu diesem Zeitpunkt als starr voneinander getrennte **verfeindete Blöcke** gegenüber. In dieser Situation war die **Bundesrepublik kein eigenständiger Akteur**, sondern bündnispolitisch fest im westlichen Lager verortet und auf die Unterstützung seiner Partner in NATO und EWG angewiesen.

Unterschiede

Es kann also angesichts dieser **Divergenzen** nicht weiter verwundern, dass sich die Außenpolitik von Stresemann und Brandt in vielerlei Hinsicht deutlich unterscheidet. Im Gegensatz zu Stresemann war für **Brandt** die Wiedererlangung eines **Großmachtstatus** für (West-)Deutschland **kein Thema**. Auch stand für ihn, trotz seiner Annäherung an den Osten, die **Westbindung** der Bundesrepublik nicht zur Disposition, während Stresemann sich bündnispolitisch nicht zwischen West und Ost festlegen wollte. Stresemanns Politik zielte langfristig auf die Wiedererlangung verlorener deutscher Gebiete im Osten ab, während für Brandt **territorialer Revisionismus** grundsätzlich **nicht infrage** kam. So erklärte die Bundesrepublik im **Warschauer Vertrag** vom 7. Dezember 1970 explizit, die Oder-Neiße-Linie als deutsch-polnische Grenze zu achten. Schließlich stellte sich für Stresemann nicht das Problem der Beziehungen zu einem zweiten deutschen Staat, während das **Verhältnis zur DDR** ganz **entscheidend** für Brandts außenpolitisches Vorgehen war. Nach dem Motto „**Wandel durch Annäherung**" (Egon Bahr) beabsichtigte er, über eine Verbesserung der Beziehungen zur Sowjetunion und Osteuropa Erleichterungen im innerdeutschen Alltagsleben zu erreichen.

Gemeinsamkeiten

Trotz der genannten Unterschiede lassen sich auch einige **Ähnlichkeiten** zwischen den außenpolitischen Konzeptionen feststellen. Sowohl Stresemann als auch Brandt erkannten die **sicherheitspolitischen Interessen ehemaliger deutscher Kriegsgegner** an (Stresemann gegenüber den Nachbarn im Westen, Brandt gegenüber denen im Osten) und richteten ihre Politik danach aus. Diese war bei beiden auf **Versöhnung** und dauerhaften Frieden angelegt. Beide waren daher bereit, **auf** infolge eines Weltkriegs **verlorene Gebiete** endgültig zu **verzichten**, auch wenn Stresemann seine Verzichtserklärung explizit nur auf die Westgebiete bezog. Beiden trug ihre versöhnliche Politik große **Anerkennung im Ausland** ein, was in der Verleihung des **Friedensnobelpreises** zum Ausdruck kam. Im eigenen Land sah sich dagegen sowohl Stresemann als auch Brandt mit **massiver Kritik** konfrontiert.

Fazit

Die politischen Ansätze der beiden Staatsmänner weisen aufgrund der unterschiedlichen Rahmenbedingungen **im Einzelnen große Differenzen** auf. Gemeinsam ist ihnen zwar das Streben nach Versöhnung mit ehemaligen Kriegsgegnern und das Ziel der **Bewahrung des Friedens** in Europa, jedoch können diese eher **oberflächlichen Übereinstimmungen** nicht überdecken, dass insgesamt die Unterschiede überwiegen.

Außenpolitik im Umfeld des Zweiten Weltkrieges

Aufgabenstellung

1 Fassen Sie die Sicht des Verfassers auf die Sowjetunion zusammen. (25 BE)

2 Erläutern Sie den Zerfall der Anti-Hitler-Koalition und die Entstehung des Kalten Krieges bis 1949 und untersuchen Sie, inwiefern diese Entwicklung im vorliegenden Text vorweggenommen wird. (40 BE)

3 „Stalins Handlungen sind nicht durch ideologische Motive beeinflusst. […] Er wägt alle Faktoren, die bei der Ausdehnung der Interessen oder der Grenzen der Sowjetunion eine Rolle spielen, mit zynischem Realismus ab. Wo Widerstand schwach ist, ergreift er die Initiative. Er stoppt, wo Widerstand stark ist." (Material)
Überprüfen Sie, inwiefern diese Einschätzungen auf die Außenpolitik Hitlers bis 1941 zutreffen. (35 BE)

M 1 Brief des ehemaligen amerikanischen Botschafters William C. Bullitt an US-Präsident Franklin D. Roosevelt (29. Januar 1943)

Viele Leute, Präsident Hoover eingeschlossen, haben in letzter Zeit die Meinung vertreten, dass Stalin seine politische Philosophie geändert habe. Man sagt, er teile Eure Ideen, wie sie in der Atlantik Charta zum Ausdruck kommen […]. Man behauptet, dass er die Idee des Weltkommunismus aufgegeben hat und bereit ist, die Komintern aufzulösen. Man sagt, er wolle keine Annexionen, sondern sei nur an Sicherheit interessiert. Es wird berichtet, dass er entschlossen sei, die Sowjetunion in Richtung Freiheit und Demokratie, Redefreiheit und Religionsfreiheit zu entwickeln. […]

Die Leute, die diese Position vertreten, sagen, dass wir die vollständige und freimütige Zusammenarbeit Stalins erhalten können, wenn wir nur sein Misstrauen gegenüber den USA und Großbritannien überwinden, indem wir unsere Lieferungen von Kriegsmaterial an die Sowjetunion intensivieren, eine zweite Front in Westeuropa errichten und versprechen, Hilfe für den Aufbau der verwüsteten Regionen der Sowjetunion nach dem Krieg zuzusagen. Diese Leute sagen, dass Stalin uns vertrauen wird und mit uns zusammenarbeiten wird, wenn wir ihm vertrauen und ihm dies alles gewähren. […]

Wir finden [für diese Wandlung] keine Beweise; aber wir finden in allen demokratischen Staaten einen intensiven Wunsch zu glauben, dass Stalin sich geändert hat – einen Wunsch, den auch ich teile. Deshalb muss man befürchten, dass diese Sicht der Dinge ein Ergebnis eines fatalen außenpolitischen Fehlurteils ist – eines Fehlurteils, das sich auf Wunschdenken gründet. […]

Die Realität ist, dass die Sowjetunion bis jetzt eine totalitäre Diktatur ist, in der es keine Redefreiheit, keine Pressefreiheit und nur den lächerlichen Schein von Religionsfreiheit gibt; in der überall Angst vor der OGPU[1] herrscht […].

Stalin hat die „Weltrevolution" den Interessen des Sowjetstaates untergeordnet; aber er unterhält immer noch in jedem Land der Welt, entweder offen oder im Geheimen, eine Fünfte Kolonne[2] von sowjetischen Agenten in Gestalt von öffentlich oder im Untergrund operierenden kommunistischen Parteien. Stalin steuert ihre Aktivitäten im Interesse des Sowjetstaates, nutzt sie für Spionage, Propaganda, Verleumdung von Gegnern und politische Einflussnahme durch Mitläufer und manipulierte Schwachköpfe.

Für Stalin steht das Wohl des Sowjetstaats an erster Stelle, und er geht deshalb bei der Ausbreitung des Kommunismus in anderen Ländern vorsichtig vor. Aber es gibt keinen Beleg, dass er die Politik einer Ausdehnung des Kommunismus oder der Kontrolle aller ausländischen kommunistischen Parteien aufgegeben hat. Unter Lenin war die Hauptaufgabe jeder nationalen kommunistischen Partei, die Weltrevolution herbeizuführen. Unter Stalin ist die Hauptaufgabe jeder nationalen kommunistischen Partei, als Fünfte Kolonne dem Sowjetstaat zu dienen. Weltrevolution ist ein sekundäres Ziel.

Stalins Handlungen sind nicht durch ideologische Motive beeinflusst. Er ist hochintelligent. Er wägt alle Faktoren, die bei der Ausdehnung der Interessen oder der Grenzen der Sowjetunion eine Rolle spielen, mit zynischem Realismus ab. Wo Widerstand schwach ist, ergreift er die Initiative. Er stoppt, wo Widerstand stark ist. […]

Wir müssen Stalin deutlich machen […], dass wir einerseits mit der Sowjetunion ehrlich zusammenarbeiten wollen, dass wir es aber nicht zulassen werden, dass aus unserem Krieg, der die Beherrschung Europas durch die Nazis verhindern soll, ein Krieg wird, der die sowjetische Herrschaft über Europa zur Folge hat. Wir müssen die Demokratie in Europa mit aller Entschlossenheit unterstützen und Stalin klar machen, dass wir zwar […] mit einem friedlichen sowjetischen Staat umfassend zusammenarbeiten werden, dass wir aber einem räuberischen Sowjetstaat genauso entschieden Widerstand leisten werden, wie wir zur Zeit gegenüber dem räuberischen Nazistaat Widerstand leisten. […]

Indem Stalin eine Unterscheidung trifft zwischen dem NS-Regime und Deutschland, verfolgt er genau die gleiche Taktik, die Woodrow Wilson 1918 so erfolgreich gegenüber der deutschen öffentlichen Meinung benutzt hat. Gerade wie es Wilsons Ziel war, in Deutschland eine demokratische Regierung zu etablieren, die mit den westlichen Demokratien zusammenarbeiten würde, ist es Stalins Ziel, in Deutschland eine sowjetische Marionettenregierung zu errichten (die anfangs wahrscheinlich nicht völlig kommunistisch wäre), die mit der Sowjetunion zusammenarbeiten wird. Die kommunistische Organisation in Deutschland ist stark, und stark ist auch die propagandistische Anziehungskraft der folgenden Aussage: Wir Deutsche können uns und unser Land retten, wenn wir uns für den Kommunismus entscheiden. […]

Wenn Deutschland kapituliert, werden die USA und Großbritannien immer noch im Krieg gegen Japan sein, der noch lange dauern kann. Es wird keine einzelne Macht oder eine Koalition in Europa geben, die ein Gegengewicht zur Sowjetunion darstellen könnte. Die Sowjetunion wird [dann] in der Position sein, alle ihre Kräfte darauf zu konzentrieren, Europa zu „überrollen", da die Sowjetunion nicht in den Krieg gegen Japan verwickelt ist. […]

Unter diesen Umständen werden die USA und Großbritannien nicht über genügend Streitkräfte und Entschlossenheit verfügen, um der Sowjetunion Widerstand zu leisten und in Europa eine demokratische Ordnung zu errichten oder sogar nur einen Kompromiss mit der Sowjetunion zu erreichen. […]

Wenn Deutschland zusammenbricht, müssen wir erstens in der Lage sein, die Überflutung Europas durch die roten Amöben[3], auf die eine oder die andere Art, zu verhindern, und zweitens in den besetzten oder befreiten Ländern in Europa demokratische Verwaltungen zu errichten, die, wenn sie zusammenarbeiten, stark genug sein werden, die benötigte Verteidigung gegen eine Invasion durch die Sowjetunion zu leisten. […]

Wir müssen deshalb, wenn wir in den besetzten und befreiten Gebieten Verwaltungen organisieren, nicht nur demokratische Verwaltungen errichten, sondern zugleich die Grundlagen für einen Zusammenschluss demokratischer Regierungen in Europa legen, der stark genug ist, die Demokratie in Europa zu bewahren und zu verhindern, dass die Bolschewisten an die Stelle der Nazis als Beherrscher Europas treten. […]

Europa darf nicht zu einem militärischen Vakuum gemacht werden, in das die Sowjetunion eindringen kann. Europa darf keine „militärische Null" werden, sondern muss zu einer starken Kraft werden, die fähig ist, sich gegen die Sowjetunion zu verteidigen. […]

Ein geeinigtes demokratisches Europa, friedlich, aber bewaffnet, ist ein zentrales Element für die Schaffung des Weltfriedens.

Orville H. Bullitt (Hg): For the President. Personal and Secret Correspondence between Franklin D. Roosevelt and William C. Bullitt, Boston 1972, S. 576–585. Übersetzung durch die Verfasser.

Anmerkungen

1 OGPU: sowjetische Geheimpolizei, Vorläuferorganisation des KGB
2 Fünfte Kolonne: Gruppe, die im Auftrag einer fremden Macht auf einen politischen Umsturz im eigenen Land hinarbeitet
3 (rote) Amöben: primitive, einzellige Lebensform; hier abwertend auf die Kommunisten angewandt

Hinweis:

William C. Bullitt (1891–1967), in den 1930er-Jahren Botschafter der USA in der Sowjetunion und Frankreich

TIPP **Inhaltliche Schwerpunkte**

Der vorliegenden Aufgabe liegt das Themenfeld „Der Kalte Krieg – stabile oder labile Weltordnung?“ zugrunde. Dabei spielt besonders das Stichwort „Blockbildung und Blockkonfrontation (Zerfall der Anti-Hitler-Koalition, […] Truman-Doktrin/Zwei-Lager-Theorie, NATO/Warschauer Pakt, Rüstungswettlauf, Koreakrieg, Kubakrise)“ eine zentrale Rolle. Der kursübergreifende Bezug entsteht durch das Themenfeld „Die nationalsozialistische Diktatur – Zerstörung von Demokratie und Menschenrechten in Deutschland und Europa“, bei dem die Stichworte „NS-Außenpolitik im Kontext der internationalen Beziehungen (außenpolitische Ziele der Nationalsozialisten, Kriegsvorbereitung und Expansion, Appeasementpolitik des Westens, Rolle der UdSSR)“ und „Völkermord und Vernichtungspolitik im Rahmen des Zweiten Weltkriegs (rassenideologischer Vernichtungskrieg gegen die Sowjetunion, Rolle von SS und Wehrmacht, Holocaust und Mord an Sinti und Roma […])“ im Mittelpunkt stehen.

Lösungsvorschlag

1 **TIPP** *Anforderungsbereich: I, Bewertungseinheiten: 25*

Die erste Teilaufgabe fordert Sie dazu auf, die Sicht William C. Bullitts auf die Sowjetunion zusammenzufassen. Dazu gehört, dass Sie die Quelle zunächst kurz vorstellen, indem Sie ihren Autor, die Textsorte, das Erscheinungsjahr, den Adressaten, das Thema und die Intention nennen. Im Folgenden müssen Sie dann strukturiert herausarbeiten, wie der Verfasser die Sowjetunion einschätzt. Geben Sie also nicht den gesamten Quelleninhalt wieder, sondern konzentrieren Sie sich auf die Aussagen des ehemaligen Botschafters zur UdSSR. Formulieren Sie möglichst in Ihren eigenen Worten, auch wenn Sie sich an passenden Stellen mit direkten und indirekten Zitaten auf den Text beziehen dürfen.

Einleitung
Autor, Textsorte, Erscheinungsjahr, Adressat, Thema, Intention

Der **ehemalige amerikanische Botschafter** William C. Bullitt wendet sich in dem vorliegenden **Brief** vom 29. Januar 1943 an den amerikanischen **Präsidenten Roosevelt**, um ihm seine Überlegungen zur zukünftigen amerikanischen **Politik gegenüber der Sowjetunion** mitzuteilen. Diese hatte zum Zeitpunkt der Abfassung des Schriftstücks bereits größere Erfolge im Kampf gegen NS-Deutschland erzielt (Schlacht von Stalingrad, 1942/43), was Bullitt zum Anlass nimmt, den Präsidenten **vor** einer **Fehleinschätzung** der Interessen **des Verbündeten Stalin zu warnen**.

Bullitt stellt eingangs die optimistische Position vor, dass **Stalin seine politische Philosophie geändert** und die Idee des **Weltkommunismus aufgegeben** habe sowie die Sowjetunion in Richtung Demokratie entwickeln wolle (vgl. Z. 1 ff.).

Zusammenfassung

vermeintlich geändertes Weltbild Stalins

Diese Einschätzung bezeichnet Bullitt jedoch als „Wunschdenken" (Z. 20), da sich seiner Meinung nach **kein Beweis für einen Kurswechsel** in der Sowjetunion finden lasse. Diese sei nach wie vor eine **totalitäre Diktatur** (vgl. Z. 21). Bullitt räumt lediglich ein, dass die kommunistische **Weltrevolution** in Stalins Denken nur noch eine **untergeordnete Rolle** spiele (vgl. Z. 37 f.), stattdessen stehe „das **Wohl des Sowjetstaats**" (Z. 31) für ihn an erster Stelle. Zur Sicherung von dessen Interessen kontrolliere Stalin die kommunistischen Parteien Europas durch **Spionage und Propaganda** (vgl. Z. 27 ff.), wobei er dort, wo sich Chancen für eine Machtübernahme ergäben, aktiv werde, während er **bei Widerstand** auch ganz **pragmatisch** seine Aktivitäten stoppe (vgl. Z. 41 f.).

Ablehnung der vorgestellten Position als Wunschdenken und Darlegung von Stalins Politik

Nach seiner Darlegung von Stalins Politik rät Bullitt Präsident Roosevelt dringend dazu, der Sowjetunion deutlich zu machen, dass die **USA** zwar **einerseits zu einer ernsthaften Kooperation bereit** seien, **andererseits** aber eine **Beherrschung Europas durch die Sowjetunion nicht hinnehmen** würden (vgl. Z. 46 ff.).

Rat an Präsident Roosevelt

In diesem Zusammenhang **warnt** Bullitt **vor Stalins Strategie**, in Deutschland eine **sowjetische Marionettenregierung zu etablieren**. Der Sowjetführer signalisiere den Deutschen, ein **kommunistisches Deutschland** werde nach der Niederlage besonders geschont, um auf diese Weise bereits vorhandene kommunistische Zellen in Deutschland zu stärken (vgl. Z. 54 ff.).

Warnung vor Stalins Strategie in Bezug auf Deutschland

Man müsse deshalb **verhindern, dass Stalin** den erwartbaren Zusammenbruch Deutschlands dazu nutze, seinen **Einfluss in Europa auszuweiten**. Gerade weil die USA und Großbritannien voraussichtlich noch länger in Asien Krieg führen müssten, gäbe es in Europa **kein Gegengewicht, das die Sowjetunion aufhalten könne** (vgl. Z. 62 ff.). Deshalb sei es besonders wichtig, sofort nach Kriegsende die „besetzten oder befreiten Lände[r]" (Z. 74) zu demokratisieren und damit für ein **starkes Europa** zu sorgen, das sich gegen die Expansionsbestrebungen der Sowjetunion zur Wehr setzen könne (vgl. Z. 75 f.). Darüber hinaus sei ein einiges, demokratisches Europa ein ganz zentrales Element zur **Sicherung des Weltfriedens**.

Plädoyer für Errichtung eines starken Europas

2 **TIPP** *Anforderungsbereich: I/II, Bewertungseinheiten: AFB I: 5/AFB II: 35*

Die zweite Teilaufgabe ist mithilfe unterschiedlicher Operatoren zweigeteilt: Zunächst sollen Sie auf Basis Ihres Hintergrundwissens den Zerfall der Anti-Hitler-Koalition und die Entstehung des Kalten Kriegs bis 1949 erläutern. Beginnen Sie also mit der Darstellung der Beziehung zwischen den beiden Supermächten in der unmittelbaren Nachkriegszeit und konzentrieren Sie sich auf zentrale Aspekte, die bis 1949 zur Teilung in zwei verfeindete Machtblöcke führten. Anschließend müssen Sie dann am Text untersuchen, inwiefern sich die dargestellte Entwicklung darin bereits ankündigt. Zeigen Sie also an passenden Stellen mithilfe direkter oder indirekter Zitate, inwiefern Bullitt schon auf den Kalten Krieg vorausweist.

Zerfall der Anti-Hitler-Koalition und Entstehung des Kalten Kriegs

Als **Anti-Hitler-Koalition** bezeichnet man das während des Zweiten Weltkriegs entstandene **Zweckbündnis zwischen den USA und der UdSSR**. Der Kampf gegen das „Dritte Reich“ als gemeinsamen Feind überdeckte die **gravierenden ideologischen und ökonomischen Differenzen** zwischen den beiden Supermächten, die nach Kriegsende dafür umso deutlicher zutage traten. Im Folgenden sollen deshalb der **Zerfall des Kriegsbündnisses** und die damit einhergehende **Entwicklung des Kalten Kriegs** genauer erläutert werden.

Auseinanderentwicklung nach dem Zweiten Weltkrieg

Noch auf der **Konferenz von Jalta** im Februar 1945 hatten sich die Alliierten über eine **Aufteilung Deutschlands** nach der Kapitulation und auf die Unterstützung eines **selbstständigen polnischen Staats** verständigt. Entgegen dieser Beschlüsse begann die Sowjetunion jedoch bereits **kurz nach Kriegsende** damit, in allen von der Roten Armee besetzten Staaten Osteuropas kommunistische und sowjethörige Regime einzurichten (**Sowjetisierung**). Stalin stellte damit seine vormaligen Verbündeten vor vollendete Tatsachen, was mit dazu beitrug, dass auf der ersten **Nachkriegskonferenz**, die vom 17. Juli bis zum 2. August 1945 als letztes Treffen der „Großen Drei“ (Truman, Stalin und Churchill) **in Potsdam** stattfand, eher unklare **Formelkompromisse** gefunden wurden. Diese konnten von den einzelnen Siegermächten ganz **unterschiedlich ausgelegt** werden, was trotz des Anspruchs, Fragen in Bezug auf Deutschland als Ganzes gemeinsam zu lösen, zu einer **stetigen Auseinanderentwicklung** führte. Allein an der Umsetzung der **Reparationsfrage** zeigte sich der **Gegensatz zwischen USA und UdSSR:** Während die **Vereinigten Staaten** danach strebten, ihre **Besatzungszone möglichst rasch wieder aufzubauen** und an der Weltwirtschaft zu beteiligen, kam es in der sowjetisch besetzten Zone (**SBZ**) zu weitreichenden **Demontagen** der Industrieanlagen. Diese sollten dem **Wiederaufbau** in der stark vom Krieg **zerstörten Sowjetunion** dienen, obwohl man auf amerikanischer Seite auch unterstellte, Stalin spekuliere auf eine **Welle der Armut in Europa**, durch die den **kommunistischen Parteien Auftrieb** verliehen werden könne.

unterschiedliche Ideologien und Ziele

Beide Großmächte waren also darauf aus, sich **Einflusssphären in Europa** zu sichern und verfolgten damit ganz unterschiedliche **Ziele:** Die **UdSSR** wollte den **eigenen Staat bewahren** und dafür einen Ring von **Satellitenstaaten als Puffer** um die Sowjetunion ziehen. Außerdem ging es Stalin aus ideologischer Sicht um eine **Ausbreitung des Kommunismus** und das Vorantreiben der Weltrevolution. Die **USA** dagegen strebten nach einer größtmöglichen **Einflussnahme der US-Wirtschaft auf Europa**, um dadurch ihre **Position als globale Wirtschaftsmacht** aufrechthalten zu können. Darüber hinaus vertraten sie das Ziel, **Demokratie und Liberalismus** auf der ganzen Welt zu etablieren. Es standen sich also ein **demokratisches Politikmodell mit einem kapitalistischen Wirtschaftssystem** und ein **sozialistisches Politikmodell mit Einparteienherrschaft und Planwirtschaft** gegenüber. Beide warfen dem jeweils anderen System vor, seinen Machtbereich ausdehnen und die eigene Weltanschauung verbreiten zu wollen. Die Beziehung der ehemals Verbündeten war also zunehmend von **großem Misstrauen** geprägt.

offizieller Beginn des Kalten Kriegs

Als offizieller **Beginn des Kalten Kriegs** wird oft die Formulierung der **Truman-Doktrin** im März 1947 angegeben, in welcher der US-Präsident eine weitere Ausdehnung des sowjetischen Machtbereichs ablehnte und eine Politik in Aussicht stellte, die die **sowjetische Expansion eindämmen** würde (**Containment**). Die konkrete Umsetzung dieses Vorhabens erfolgte 1948 mit dem **Marshallplan**, der die europäischen Staaten mit wirtschaftlichen Hilfsgeldern stabilisieren sollte. Obwohl die USA auch die Sowjetunion und die osteuropäischen Staaten in ihr Wiederaufbauprogramm einbeziehen wollten, lehnte die Sowjetunion die Unterstützung für sich und ihre Satellitenstaaten ab und gründete als osteuropäisches Gegenstück den **Rat für gegenseitige Wirtschaftshilfe** (RGW). Außerdem formulierte Shdanow, der Parteisekretär der KPdSU, die **Zwei-Lager-Theorie**, nach der sich mit den USA und der UdSSR ein **imperialistisches, antidemokratisches und ein antiimperialistisches, demokratisches Lager** gegenüberstünden. Diese Doktrin versinnbildlicht den zu diesem Zeitpunkt bereits **unvereinbaren Gegensatz zwischen den beiden Blöcken**, die beide für sich in Anspruch nahmen, das einzig richtige Demokratieverständnis zu haben.

Teilung Deutschlands

In Deutschland zeigte sich die **zunehmende Eskalation** des Ost-West-Konflikts am **Streit um Westberlin**. Nachdem die Westmächte im Juni 1948 die **D-Mark** in ihren Besatzungszonen und im Westteil der deutschen Hauptstadt eingeführt hatten, kam es in der SBZ zur Einführung der Ostmark und zur Blockierung aller Zufahrtswege nach Westberlin durch sowjetische Truppen, um die

Westalliierten zur Aufgabe der Stadt zu zwingen (**Berlin-Blockade**). Die USA richteten daraufhin eine Luftbrücke ein, um die Westberliner Bevölkerung mit Lebensmitteln versorgen zu können („**Rosinenbomber**"), weshalb die UdSSR die Blockade ein Jahr später aufgab. Kurze Zeit später war die Konfrontation so weit fortgeschritten, dass die Zweiteilung der Welt durch die **Gründung der Bundesrepublik** am 23. Mai 1949 sowie die **Gründung der DDR** am 7. Oktober 1949 zementiert wurde.

Vorwegnahme der Entwicklung im Brief

unveränderte politische Einstellung Stalins

Im vorliegenden Brief von William C. Bullitt wird die **spätere Entwicklung** bereits an mehreren Stellen **vorweggenommen**. So vertritt der ehemalige Botschafter die Ansicht, dass **Stalin** seine **politische Einstellung nicht geändert** habe („Wir finden [für diese Wandlung] keine Beweise", Z. 16) und weiterhin die Weltrevolution herbeiführen wolle, wenn auch nicht mehr als vorrangiges Ziel. Für die Richtigkeit dieser Aussage spricht, dass der sowjetische Diktator direkt nach dem Ende des Zweiten Weltkriegs die **Etablierung kommunistischer Regierungen** in den osteuropäischen Staaten unterstützte, die dann langfristig von der Sowjetunion kontrolliert wurden.

Gegensatz von USA und Sowjetunion

Bullitt warnt bereits vor einer Sozialisierung ganz Europas, wenn er von einer „Überflutung Europas durch die roten Amöben" (Z. 72 f.) spricht. Allein seine **verunglimpfende Wortwahl** macht hier deutlich, wie **ablehnend** die USA dem **politischen System der Sowjetunion** gegenüberstehen. In die gleiche Richtung weist seine Beschreibung der UdSSR als „totalitäre Diktatur […], in der es keine Redefreiheit, keine Pressefreiheit und nur den lächerlichen Schein von Religionsfreiheit gibt" (Z. 21 ff.). Mit dieser Aufzählung stellt Bullitt die Sowjetunion in einen **klaren Gegensatz zu den Wertvorstellungen der USA**, was die spätere **Unvereinbarkeit der beiden Systeme** schon erahnen lässt.

Hinweis auf spätere Containment-Politik

Als Konsequenz empfiehlt Bullitt eine **Politik der Härte**, um den **Expansionsdrang der Sowjetunion einzudämmen** („dass wir aber einem räuberischen Sowjetstaat genauso entschieden Widerstand leisten werden", Z. 49 f.). Dies lässt sich als Vorwegnahme der späteren **Containment-Politik** der USA interpretieren. Dazu passt auch, dass Bullitt dem Präsidenten rät, „in den besetzten oder befreiten Ländern in Europa demokratische Verwaltungen zu errichten" (Z. 74 f.), was nach der Kapitulation Deutschlands dort tatsächlich von den USA unter anderem mithilfe des **Marshallplans** forciert wurde. Man kann also durchaus festhalten, dass die Quelle die Entwicklungen nach Ende des Zweiten Weltkriegs in Teilen schon vorhersagt.

3 **TIPP** *Anforderungsbereich: II/III, Bewertungseinheiten: AFB II: 5/AFB III: 30*

Die dritte Teilaufgabe stellt schon allein deshalb hohe Ansprüche an Sie, weil das zugrundeliegende Zitat, das Sie auf die Außenpolitik Hitlers beziehen sollen, so umfangreich ist. Es ist aus diesem Grund besonders wichtig, dass Sie es zunächst genau erläutern und in seine einzelnen Bestandteile zerlegen. Nur so wird Ihnen klar, welche Inhalte Sie untersuchen müssen. Fragen Sie sich dann bei jeder Teilbehauptung, ob sie mit Hitlers außenpolitischem Vorgehen übereinstimmt oder nicht. Dabei dürfen Sie für eine Aussage sowohl zustimmende als auch ablehnende Argumente anführen, können sich aber auch klar für eine Seite entscheiden, wenn Ihnen das passender erscheint. Am Ende sollten Sie auf jeden Fall ein differenziertes Fazit ziehen, das Ihre Lösung sinnvoll abrundet.

Einleitung
Erläuterung des Zitats und Bezug auf Hitlers Außenpolitik

Bullitt stellt in seinem Brief an den US-Präsidenten die Behauptung auf, dass **Stalins Vorgehensweise nicht von einer Ideologie beeinflusst** werde. Stattdessen sei er ein zynisch **kalkulierender Machtpolitiker**, dem es nur um die Interessen und Grenzen der Sowjetunion gehe. Wenn man ihm keinen oder nur schwachen Widerstand entgegensetze, werde er in seinem Sinne aktiv, er lasse sich aber **durch starken Widerstand bremsen**. Zwar bezieht sich Bullitt mit seinen Äußerungen auf Stalin, es kann jedoch auch interessant sein, die Übertragbarkeit seiner Thesen auf **Hitlers Außenpolitik** bis 1941 zu überprüfen.

Rolle der Ideologie
Eroberung von „Lebensraum im Osten" als Grundlage für Krieg

Dazu ist zunächst festzustellen, dass die **NS-Ideologie** bei Hitlers Vorgehen eine ganz **entscheidende Rolle** spielte. So war der Krieg, der ab 1941 gegen die Sowjetunion geführt wurde, genauso wie auch schon der 1939 erfolgte Überfall auf Polen vor allem auf das ideologische Konzept des **„Lebensraums im Osten"** zurückzuführen. Nach Hitlers Vorstellung handelte es sich bei der slawischen Bevölkerung um „Untermenschen", die zur Zwangsarbeit verpflichtet und schließlich ausgerottet werden müssten, um **Siedlungsraum für die „arische Herrenrasse"** zu schaffen. Die **„Germanisierung"** der eroberten Gebiete und die **Vernichtung des „jüdischen Bolschewismus"** waren von Anfang an zentrale Ziele des Kriegs im Osten, was die **große Bedeutung der NS-Ideologie** für Hitlers Vorgehen unterstreicht.

Weltanschauungs- und Vernichtungskrieg im Osten

Auch die Art und Weise der **Kriegsführung im Osten** verdeutlicht den ideologischen Charakter des Feldzugs: So offenbarte dessen **Brutalität** (systematische Ermordung von Juden und Kommunisten durch sogenannte Einsatzgruppen, völkerrechtswidrige Erschießung von Kriegsgefangenen, Misshandlung der Zivilbevölkerung), dass das NS-Regime einen **Vernichtungskrieg** führte, der weniger machtpolitisch als vielmehr **ideologisch motiviert** war (Weltanschauungskrieg). Davon zeugte auch die kriegsbegleitende **Propaganda**, die den Kampf gegen die Sowjetunion als „Kreuzzug gegen den Bolschewismus" stilisierte.

Abwägung von Faktoren

Nichtangriffsverträge mit Polen und der Sowjetunion

Dennoch zeigen einige Handlungen Hitlers durchaus auch eine kühl kalkulierende **Abwägung von Alternativen**, die nicht von ideologischen Motiven, sondern eher von taktischen und **machtpolitischen Überlegungen** geprägt war. Dazu zählt zum Beispiel der 1934 mit **Polen** abgeschlossene **Nichtangriffspakt**, der allein dazu diente, den vorgeblichen eigenen **Friedenswillen zu demonstrieren** und einen möglichen polnischen Präventivschlag zu vermeiden. In eine ähnliche Richtung weist der Abschluss des **Hitler-Stalin-Pakts** am 23. August 1939, in dem sich Hitler mit seinem ideologischen Gegner über die Aufteilung Polens verständigte. Dass Hitler beide Verträge skrupellos aufkündigte oder brach, zeigt, dass es ihm damit nur um eine **Absicherung der eigenen Interessen** ging, denen dann zumindest kurzzeitig sogar ideologische Vorstellungen geopfert wurden.

Hitlers Wunsch nach Ausdehnung der Grenzen

Dem Zitat entsprechend verfolgte Hitler außerdem von 1933 an das Ziel, die **Grenzen Deutschlands auszudehnen**. So strebte er – zunächst noch auf friedlichem Weg – eine **Revision des Versailler Vertrags** an, die er zum Beispiel mithilfe einer vertragsgemäßen Volksabstimmung über die **„Rückführung" des Saarlands** im März 1935 erreichte. Weiterhin vertrat er die Idee von einer Weltmachtstellung Deutschlands, das als **„Großdeutsches Reich"** Ansehen und Ehre wiedererlangen sollte.

Rolle von Widerstand

Appeasement-Politik der Westmächte

Auf dem Weg dorthin galt für Hitler zumindest anfangs die von Bullitt aufgestellte Devise „Wo **Widerstand schwach** ist, ergreift er die Initiative". Hitler verkündete bereits im Oktober 1933 den **Austritt Deutschlands aus dem Völkerbund**, um damit Stärke zu demonstrieren und den Beginn seiner Revisionspolitik einzuläuten. Obwohl es sich dabei um einen Bruch der Verträge von Versailles und Locarno handelte, gab es **keinen nennenswerten Widerstand** anderer Mächte, was Hitler zu weiteren Vertragsbrüchen ermutigte. Im März 1935 wurde die **allgemeine Wehrpflicht** eingeführt, die durch ein **Flottenabkommen mit England** drei Monate später internationale Anerkennung erfuhr. Selbst als die **Wehrmacht** im März 1936 **ins entmilitarisierte Rheinland einmarschierte**, gab es abgesehen von verbaler Kritik und einer Verurteilung vor dem Völkerbund **keine Gegenwehr** der Westmächte. Deren **Appeasement-Politik** bestärkte Hitler zu künftigen Expansionen, was beweist, wie zutreffend Bullitts Aussage auch für Hitler ist.

expansionistische Außenpolitik Hitlers

Mit der Zeit wurden dessen außenpolitische Schritte immer aggressiver, was der **„Anschluss" Österreichs** im März 1938 und die **Sudetenkrise** im selben Jahr verdeutlichen. Erst als Hitler mit der

„**Zerschlagung der Rest-Tschechei**" im März 1939 das „Münchner Abkommen" brach, reagierten Frankreich und Großbritannien mit der Aussprache einer **Sicherheitsgarantie für Polen**.

Entfesselung des Zweiten Weltkriegs trotz Widerstand

Auch das hielt Hitler aber nicht von der Entfesselung des Zweiten Weltkriegs durch den deutschen **Überfall auf Polen** im September 1939 ab, weshalb Bullitts Credo „Er stoppt, wo Widerstand stark ist" auf Hitler nur bedingt zutrifft. Dies zeigte zwei Jahre später auch der **Überfall auf die Sowjetunion**, der **trotz** der anhaltenden **Gegenwehr Englands** erfolgte. Es erscheint deshalb zumindest fraglich, dass die Westmächte Hitler durch ein frühzeitiges entschiedeneres Auftreten hätten stoppen können.

Fazit

Alles in allem lässt sich die **Einschätzung Bullitts nur begrenzt auf die NS-Außenpolitik übertragen**. Zwar stimmt es, dass Hitler die politischen und militärischen Gegebenheiten in Europa zunächst in seine Planungen einbezog, jedoch ging es ihm letztendlich von Anfang an nur um die **Verwirklichung seiner ideologischen Vorstellungen**, die er rücksichtslos gegen alle Widerstände und gegen jede Vernunft durchzusetzen gewillt war.

Deutsche Verfassungen im 19. und 20. Jahrhundert

Aufgabenstellung

1 Fassen Sie die Ausführungen von Koch-Weser zusammen. (Material) (25 BE)

2 „Man hat uns […] immer zu lehren gewußt, daß alles dasjenige, was im Jahre 1848 versucht worden wäre, verfehlt gewesen sei, und man hat uns beibringen wollen, daß das ein untauglicher Versuch, und dasjenige, was in den Jahren 1866 und 1870 geschaffen worden ist, die Vollendung gewesen sei." (Material)
Stellen Sie, auch unter Bezugnahme auf die Ausführungen von Koch-Weser (Material), den Versuch der Reichsgründung 1848/49 und die Gründung des Deutschen Reiches 1870/71 einander gegenüber. (45 BE)

3 Bundespräsident Frank-Walter Steinmeier betonte 2019 anlässlich der Feierlichkeiten zum 70. Jahrestag des Grundgesetzes: „Eine Verfassung muss sich gerade dann behaupten, wenn es hart auf hart kommt."
Überprüfen Sie, inwiefern diese Aussage auf die Verfassung der Weimarer Republik für die Jahre 1930 bis 1933 zutrifft. (30 BE)

M Erich Koch-Weser in der deutschen Nationalversammlung (28. Februar 1919)

[W]as die neue Verfassung leisten soll, ist, daß sie uns das sichere und tragfähige Fundament liefert, auf dem alle weitere Arbeit getan werden muß. Meine Partei ist […] gewillt, an diesem Verfassungswerke mitzuarbeiten. […]

Wir gehen nicht nur von der Bismarckschen Verfassung aus, sondern wir ziehen in erster Linie auch die großen Gedanken wieder heran, die im Jahre 1848 unsere Väter bei der Aufstellung einer Verfassung beseelt haben. […]

Meine Damen und Herren! Man hat uns in der preußischen Geschichte immer zu lehren gewußt, daß alles dasjenige, was im Jahre 1848 versucht worden wäre, verfehlt gewesen sei, und man hat uns beibringen wollen, daß das ein untauglicher Versuch, und dasjenige, was in den Jahren 1866 und 1870 geschaffen worden ist, die Vollendung gewesen sei. Wir sehen heute die Dinge anders, als sie uns die Lehrbücher angeben, wir sehen heute, daß eine große und gerade Linie von 1848 auf 1918 führt. […]

[U]nd wir sehen, daß das gigantische Werk Bismarcks schließlich in seinen letzten Zielen nicht hat ausreifen können. Der große und bewundernswürdige Opportunist[1] Bismarck, der die Politik die Kunst des Erreichbaren genannt hat, hat die Verfassung von 1866 und 1870 nicht geschaffen als etwas, was er jemals in seinem Leben als Ideal bezeichnet hätte, sondern er hat sie geschaffen, um das zu erreichen, was damals erreichbar war, und er hat auf Grund von den Gedankengängen, von denen er nach seiner eigenen Entwicklung ausging und von denen er mit Rücksicht auf die Zeitumstände, in denen er lebte, ausgehen mußte, in diese Verfassung die verschiedenartigsten Bausteine hineingearbeitet, nachdem sie leicht behauen waren, um einigermaßen in das Werk hineinzupassen. Er hat versucht, zu vereinen die Reichseinheit mit dem Vielfürstentum, das Parlament mit dem Obrigkeitsstaate, die Demokratie mit dem Gottesgnadentum [...] und die Vormacht Preußens mit der Gleichberechtigung der deutschen Stämme[2]. Daß ein solcher Bau von vornherein schwer zu halten war, daß diese Bausteine auseinanderstrebten oder Gefahr liefen, sich ihre Ecken und Kanten zuzukehren, liegt in der Natur der Sache. [...]

Wenn wir nun daran gehen, das Fundament für eine neue Reichsverfassung zu legen, so werden wir die Bausteine, die Bismarck diesem Werke zugrunde legte, nicht sämtlich wieder gebrauchen können. Wir kennen die Bausteine, die alsbald wieder aus dem Werke heraus gestrebt haben. Diese werden wir verwerfen [...] und hoffen, ein Werk zustande zu bringen, das den Jahrhunderten trotzt.

Der erste und wichtigste Baustein ist die Einheit des Reichs. Ich denke [...], daß doch die Einheit des Reichs nach außen heute von niemand unter uns mehr ernstlich in Frage gestellt wird. [...]

Der zweite Grundstein zu unserem neuen Werk ist die Demokratie. [...]

Meine Damen und Herren! Die beste Ausdrucksform für die Demokratie ist der Parlamentarismus. Wir kennen keine bessere, und wir sind deshalb gewillt, den Parlamentarismus als weiteren Grundstein in das Fundament des neuen Baues einzufügen. [...]

Wir sind [...] der Meinung, daß wir unsern Parlamentarismus durch eine andere Art der obersten Spitze im Reich ergänzen müssen. [...] Wir sind nicht gewillt, den Präsidenten lediglich zu einer Repräsentationsfigur werden zu lassen. [...] Wir wollen aber ebensowenig, wie wir eine Repräsentationsfigur wollen, einen Geschäftemacher, der in den ganzen politischen Dingen hinter den Kulissen seine Finger hat. Was wir erwarten, ist ein Mann, der auf hoher Warte steht und nur dann, wenn die Stunde der Gefahr herangekommen ist, herabsteigt und in den Streit der Meinungen mit ernsten Worten eingreift. Wir wünschen aus diesem Grunde auch, daß der Präsident vom gesamten Volke gewählt wird, damit er in ernster Stunde ein Gegengewicht gegen die Parlamentsroutine bildet. [...]

Die Jahrtausende lange Geschichte unseres Volkes, die fast immer eine Leidensgeschichte gewesen ist, ist nunmehr noch weiter fortgesetzt worden in fünf Jahren des allerschwersten Leides, und wir sind überzeugt, daß dieses gemeinsame Leid uns mehr zusammenführt, als uns die letzten fünfzig Jahre des Glücks, in denen so viel kostbare Gelegenheit versäumt worden ist, zusammengeführt haben. Wir sind der Meinung, daß die deutschen Dichter und Künstler [...] auch in Zukunft dahin wirken werden, daß unser deutsches Volk seine kulturelle und geistige Einheit immer mehr finden wird, und so sind wir überzeugt, daß es Nord und Süd in Deutschland niemals so gehen wird wie den beiden Königskindern, die einander so lieb hatten und nicht zusammen kommen konnten, weil das Wasser zu tief war.[3] [...]

Nein, wenn auch die Wasser der Tiefe zurzeit noch so brausen und wenn uns auch Gewitter und Sturm umgibt, wir sind der Überzeugung, daß es uns hier in gemeinsamer

Arbeit gelingen wird, eine Brücke zu schlagen, und diese Brücke soll, so hoffe ich, die deutsche Verfassung sein.

Verhandlungen der verfassungsgebenden Deutschen Nationalversammlung. Stenographische Berichte. Band 326; Berlin 1920; S. 390–395.
URL: https://www.reichstagsprotokolle.de/Blatt2_wv_bsb00000010_00397.html
URL: https://www.reichstagsprotokolle.de/Blatt2_wv_bsb00000010_00398.html
URL: https://www.reichstagsprotokolle.de/Blatt2_wv_bsb00000010_00399.html
URL: https://www.reichstagsprotokolle.de/Blatt2_wv_bsb00000010_00400.html
URL: https://www.reichstagsprotokolle.de/Blatt2_wv_bsb00000010_00401.html
URL: https://www.reichstagsprotokolle.de/Blatt2_wv_bsb00000010_00402.html

Anmerkung

1 Opportunist: jemand, der sich aus Nützlichkeitserwägungen schnell und bedenkenlos der jeweils gegebenen Lage anpasst
2 Mit Stämmen sind hier die Einzelstaaten des Deutschen Reiches gemeint.
3 Anspielung auf die Volksballade „Es waren zwei Königskinder", in der zwei Liebende nicht zueinander finden können und der eine ertrinkt

Hinweis:

Erich Koch-Weser (1875–1944), ursprünglich Erich Koch, trägt den Doppelnamen seit 1927, deutscher Jurist und liberaler Politiker, u. a. Reichsinnenminister, Reichsjustizminister, Parteivorsitzender der DDP
Die Rechtschreibung entspricht der Textvorlage.

TIPP **Inhaltliche Schwerpunkte**

Im Zentrum der vorliegenden Aufgabe steht das Themenfeld „Die deutsche Revolution von 1848/49 – Markstein auf dem Weg zu Parlamentarismus, Demokratie und Nationalstaat?". Dabei spielen vor allem die Stichworte „Entstehung, Entwicklung und Unterdrückung der liberal-nationalen Bewegung im europäischen Kontext (1813/15–1848)", „Kernprobleme der Revolution: politische Strömungen, soziale und politische Forderungen, Verfassungsfragen (Staatsorganisation, Wahlrecht), nationale Frage (kleindeutsch vs. großdeutsch, Polenfrage)" sowie „Ursachen des Scheiterns der Revolution und bleibende Errungenschaften (Vergleich 1849 und Reichsgründung 1871 – Parallele und Unterschiede)" eine Rolle. Der kursübergreifende Bezug entsteht durch das Themenfeld „Aushöhlung der Demokratie und Errichtung der Diktatur in Deutschland" mit seinen Stichworten „Ursachen des Scheiterns der Weimarer Republik (strukturelle Belastungen und politische Fehlentscheidungen 1930–1933)" sowie „Errichtung des totalitären Staates (Zerstörung von Rechtsstaat, Parlamentarismus und Pluralismus, Einparteienstaat und Führerdiktatur)".

Lösungsvorschlag

1 **TIPP** *Anforderungsbereich: I, Bewertungseinheiten: 25*

Die erste Teilaufgabe fordert Sie auf, die Ausführungen von Erich Koch-Weser vor der deutschen Nationalversammlung zusammenzufassen. Das bedeutet, dass Sie seine Äußerungen strukturiert, komprimiert und in Ihren eigenen Worten wiedergeben müssen. Dazu sollten Sie die vorliegende Textquelle zunächst kurz vorstellen, indem Sie Eckdaten wie den Autor, den Erscheinungszeitpunkt, die Textsorte, das Thema und die Adressaten nennen. Anschließend gehen Sie die Rede chronologisch durch und legen ihre zentralen Aspekte geordnet dar. Verwenden Sie dafür die indirekte Rede (Konjunktiv I), um zu signalisieren, dass Sie die Meinung einer anderen Person zum Ausdruck bringen.

Einleitung
Quelle, Autor, Datierung, Adressaten, Thema

Bei der vorliegenden Quelle handelt es sich um eine **Rede**, die der DDP-Abgeordnete Erich Koch-Weser am 28. Februar 1919 vor der **deutschen Nationalversammlung** gehalten hat. Er konkretisiert darin seine Vorstellungen von der **neu einzuführenden Verfassung**, indem er auf **frühere Verfassungen** von 1848/49 und 1871 zurückblickt. Dabei wehrt er sich dagegen, die Verfassung von 1848/49 als verfehlt und Bismarcks Verfassung als Vollendung zu betrachten.

strukturierte Wiedergabe
neue Verfassung

Zu Beginn seiner Rede betont Koch-Weser, dass die neue Verfassung eine **stabile und sichere Basis** bilden müsse. Seine Partei, die DDP, würde an der Erreichung dieses Ziels tatkräftig mitarbeiten.

Rückblick auf Verfassungsentwurf von 1848/49 und bismarcksche Verfassung von 1870/71

Im Folgenden blickt er auf die Vergangenheit zurück und macht klar, dass man sich bei der Ausarbeitung der neuen Verfassung **nicht an Bismarck orientieren** wolle, sondern vorhabe, an den **Verfassungsentwurf der Paulskirchenabgeordneten** anzuknüpfen (vgl. Z. 4 ff.). Vehement **weist** Koch-Weser die weitverbreiteten Behauptungen **zurück**, die **Verfassung von 1848/49** sei „verfehlt" (Z. 8) und **unbrauchbar gewesen**, während die **bismarcksche Verfassung** von 1871 als „Vollendung" (Z. 10 f.) gefeiert werden könne. Laut dem DDP-Abgeordneten hat Bismarck ohne jeden Idealismus eine Verfassung ausgearbeitet, die zu seiner Zeit möglich gewesen wäre (vgl. Z. 14 ff.). Dieses Verfassungswerk habe **Bestandteile und Interessen** vereinen wollen, die zueinander **im Widerspruch** gestanden hätten (vgl. Z. 22 ff.). Aus diesem Grund sei Bismarcks Verfassung nur **wenig langlebig** gewesen.

Vorstellung der Grundlagen der neuen Verfassung

Im Hinblick auf die neue Verfassung solle man **aus Bismarcks Fehlern lernen** und eine Verfassung schaffen, die die Jahrhunderte überdauern könne (vgl. Z. 30 ff.). Als wichtigste Grundlage dafür sieht Koch-Weser die **Einheit des Landes**, die von niemandem angezweifelt werde (vgl. Z. 33 ff.). Weitere wichtige Bausteine bilden seiner Meinung nach **Demokratie und Parlamentarismus**. Dabei sei die **Rolle des Staatsoberhauptes** von besonderer Bedeutung: Der Präsident dürfe weder auf rein repräsentative Aufgaben beschränkt sein, noch dürfe er mit so umfassenden Machtbefugnissen ausgestattet werden, dass er im Hintergrund alle Fäden der Politik ziehe (vgl. Z. 42 ff.). Vielmehr müsse er als **starker Mann** über den Dingen stehen, sich in **Notsituationen** in die Politik des Landes einschalten und **vom gesamten Volk gewählt** werden (vgl. Z. 46 ff.).

Förderung der inneren Einheit

Koch-Weser vertritt die Ansicht, dass die zurückliegenden fünf **Kriegsjahre das Volk stärker zusammengeschweißt** hätten als die vergangenen fünfzig glücklichen Jahre (vgl. Z. 53 f.). Er geht davon aus, dass der **innere Zusammenhalt** auf geistig-kulturellem Gebiet **durch** das Wirken von Dichtern und Künstlern befördert werde, während auf politischem Gebiet die **Verfassung** „eine Brücke […] schlagen" (Z. 63) könne, um allen Gefahren zu trotzen und die Bevölkerung zu vereinen.

2 **TIPP** *Anforderungsbereiche: I/II, Bewertungseinheiten: AFB I: 5/AFB II: 40*

Der zweiten Teilaufgabe ist ein Zitat aus Koch-Wesers Rede vorangestellt, das bereits auf die von Ihnen verlangte Ausformulierung hinweist. Sie sollen den Versuch der Reichsgründung von 1848/49 und die Gründung des Deutschen Reiches 1870/71 einander gegenüberstellen. Das bedeutet, dass Sie selbst passende Kriterien auswählen und anhand dieser die beiden Ereignisse miteinander vergleichen müssen. Es bietet sich an, hier chronologisch vorzugehen und zunächst die jeweilige Ausgangssituation, dann den Verlauf der Geschehnisse und am Ende die jeweiligen Ergebnisse und Folgen zu betrachten. Vergessen Sie außerdem nicht, sich bei Ihrer Darstellung an geeigneten Stellen auf den Text zu beziehen.

Einleitung
Hinführung zur Gegenüberstellung von 1848/49 und 1870/71

Erich Koch-Weser stellt in seiner Rede den **Versuch von 1848/49**, eine gesamtdeutsche **Verfassung zu etablieren**, der 1870/71 erfolgten **Reichsgründung** gegenüber. Dabei macht er deutlich, dass er die weitverbreitete Behauptung ablehnt, wonach der Verfassungsentwurf der Frankfurter Paulskirche ein „untauglicher Versuch" (Z. 9) und Bismarcks Reichsverfassung die „Vollendung" (Z. 10 f.) gewesen sei. Seine vehemente Parteinahme für eines der beiden Ereignisse lässt es interessant erscheinen, die **Geschehnisse** von 1848/49 und 1870/71 **vergleichend darzustellen**. Dabei soll jeweils sowohl auf die **Ausgangssituation** und den **Verlauf** als auch auf die **Ergebnisse** bzw. die Folgen eingegangen werden.

Betrachtet man die Ausgangslage der Revolution von 1848, muss der 1815 gegründete **Deutsche Bund** erwähnt werden, der einen Zusammenschluss der herrschenden Fürsten in den deutschen Einzelstaaten darstellte und von einem **Dualismus zwischen Preußen und Österreich** geprägt war. Mit seiner restaurativen und konservativen Politik („**System Metternich**") bildete er außerdem ein Bollwerk gegen die Ideen von Liberalismus, Demokratie und nationaler Einheit. Im Gegensatz dazu entwickelte sich in den Einzelstaaten eine **liberal-nationale Bewegung**, die unter anderem auf Zusammenkünften wie dem **Wartburgfest** 1817 und dem **Hambacher Fest** 1832 ihre **Forderungen nach politischer Freiheit und Einheit** artikulierte. Diese fortschrittlichen Kräfte des Wandels wurden jedoch von den konservativen Kräften der Beharrung in ihre Schranken gewiesen und unter anderem durch die **Karlsbader Beschlüsse** von 1819 unterdrückt.

Ausgangslage

1848/49: Entstehung und Unterdrückung der liberal-nationalen Bewegung

Im Vorfeld der Reichsgründung von 1870/71 dagegen war der **deutsch-österreichische Dualismus** durch den Deutschen Krieg von 1866 **beseitigt** worden. Seitdem hatte **Preußen eine Hegemonialstellung** inne und dominierte den im gleichen Jahr gegründeten **Norddeutschen Bund**. Auch Koch-Weser spricht in seiner Rede von einer „Vormacht Preußens" (Z. 24). Während der Wunsch nach einer Reichseinigung vor 1848 vom Volk ausgegangen war, strebte jetzt Otto von **Bismarck** als preußischer Ministerpräsident nach einer staatlichen **Einigung unter Preußens Führung** (kleindeutsche Lösung). Die Liberalen, die im Zuge der gescheiterten Revolution für politische Reformen eingetreten waren, spalteten sich in **Befürworter und Gegner** der von Bismarck betriebenen Politik: Während die **Nationalliberalen** Bismarck unterstützten, stand die **Fortschrittspartei** in Opposition zum preußischen Ministerpräsidenten und seiner als konservativ empfundenen Politik.

1870/71: Streben Bismarcks nach staatlicher Einigung

Mit dem **Ausbruch der Revolution** von 1848/49 kam es Mitte des 19. Jahrhunderts zu einem Versuch, die nationale Einheit durch eine Volksbewegung zu erreichen (**Reichseinigung „von unten"**). Im März 1848 unterstrichen schichtenübergreifende **Massendemonstrationen** in allen Staaten und Städten des Deutschen Bundes die aufgestellten Forderungen nach Pressefreiheit, Volksbewaffnung, liberalen Ministern und Wahlen zu einem gesamtdeutschen Parlament („**Märzforderungen**"). Um eine Eskalation der Volkserhebung zu verhindern, erklärten sich die Herrscher der Einzelstaaten zu **Zugeständnissen** bereit, beriefen prominente Liberale in die Regierung („**Märzminister**") und erlaubten die Wahlen zu verfassunggebenden Versammlungen. Im Mai 1848 trat die frei gewählte **Nationalversammlung in der Frankfurter Paulskirche** zusam-

Verlauf

Revolution von 1848/49

men, um eine **Verfassung** für ein vereinigtes Deutschland **auszuarbeiten**. Darauf bezieht sich Koch-Weser, wenn er in seiner Rede von den „großen Gedanken“ (Z. 5) spricht, „die im Jahre 1848 unsere Väter bei der Aufstellung einer Verfassung beseelt haben“ (Z. 5 f.). Nachdem im Dezember 1848 bereits der **Grundrechtekatalog** der Verfassung verkündet worden war, **scheiterte** dieser erste Versuch der Etablierung einer Demokratie in Deutschland jedoch **am preußischen König Friedrich Wilhelm IV.**, der die ihm von den Parlamentariern angebotene **Kaiserkrone** im April 1849 **ablehnte**. In der Folge gewann die bereits im Herbst 1848 begonnene **Gegenrevolution** die Oberhand, sodass gewährte Verfassungen zurückgenommen wurden und bis Juli 1849 sämtlicher **Widerstand** der Revolutionäre **von den preußischen Truppen niedergeschlagen** werden konnte.

Gründung des deutschen Kaiserreichs 1870/71

Ganz anders lief die **Gründung des Deutschen Reichs** 1870/71 ab: Mithilfe von drei **Kriegen** (1864, 1866 und 1870/71) arbeitete Bismarck auf die Reichseinigung hin und räumte die außenpolitischen Hindernisse, die seinem Ziel entgegenstanden, aus dem Weg. Nach dem **gewonnenen Deutsch-Französischen Krieg** übernahm er die **Verfassung des Norddeutschen Bundes** leicht modifiziert für das neu gegründete Kaiserreich (Koch-Weser spricht hier von „verschiedenartigsten Bausteine[n]“, Z. 20 f.). Als dessen Oberhaupt wurde am 18. Januar 1871 im Spiegelsaal von Versailles der **preußische König Wilhelm I.** auf Grundlage des **Kaiserbriefs** der übrigen deutschen Fürsten ausgerufen. Während die Abgeordneten der Frankfurter Paulskirche gleichermaßen nach Einheit und Freiheit gestrebt hatten, wurde nun die deutsche **Einheit auf Kosten der Verwirklichung von Freiheitsrechten** hergestellt. Dies lag darin begründet, dass es 1870/71 zu keinerlei Mitwirkung des Volks kam, sondern die nationale Einheit durch eine „**Revolution von oben**“ unter der Federführung Otto von Bismarcks verwirklicht wurde.

Ergebnis

1848/49: Phase der Restauration

Mit der **Wiederherstellung des Deutschen Bundes** und seines politischen Systems war die Revolution von 1848/49 gescheitert. Die gemachten **Zugeständnisse** in den Einzelstaaten wurden **zurückgenommen**, die Grundrechte aufgehoben und teilweise Verfassungen durch die Fürsten oktroyiert. Das politische **Engagement des Bürgertums** war damit zunächst einmal **eingedämmt** und die Fürsten konnten die deutsche Einheit langfristig zu ihrem Ziel erklären.

1870/71: Etablierung der Einheit auf Kosten der Freiheit

1870/71 war die **Reichseinigung** zwar **geglückt**, jedoch ging sie nicht mit der Gewährung von Freiheitsrechten einher. Es wurde eine **konstitutionelle Monarchie ohne festgeschriebene Grundrechte** geschaffen, in der Preußen weiterhin die Vormachtstellung behauptete und das **monarchische Prinzip** überwog. Aus diesem Grund ist es Koch-Weser 1919 so wichtig, jetzt eine Demokratie in Deutschland zu etablieren (vgl. Z. 36).

3 **TIPP** *Anforderungsbereich: II/III, Bewertungseinheiten: AFB II: 5/AFB III: 25*

Den Ausgangspunkt der dritten Teilaufgabe bildet ein Zitat des Bundespräsidenten Frank-Walter Steinmeier aus einer Rede, die er anlässlich der Feierlichkeiten zum 70. Jahrestag des Grundgesetzes 2019 gehalten hat. Sie sind nun dazu aufgefordert, seine Aussage auf die Verfassung der Weimarer Republik in den Jahren von 1930 bis 1933 zu beziehen. Am besten führen Sie mit einer Einleitung zur Überprüfung des Zitats hin. In dieser können Sie Steinmeiers Äußerung noch einmal in Ihren eigenen Worten erläutern und einen kurzen Abriss über die Verfassung der Weimarer Republik geben. Anschließend müssen Sie dann darstellen, inwiefern deren Strukturen zum Untergang der Weimarer Republik beigetragen haben, inwiefern dieser aber auch weniger in der Verfassung als vielmehr im Verhalten der Bürgerinnen und Bürger begründet lag. Runden Sie Ihre Darstellung am Ende mit einem bilanzierenden Fazit ab.

Einleitung
Erläuterung des Zitats und Bezug auf Weimarer Verfassung

2019 betonte Bundespräsident Frank-Walter Steinmeier in einer Rede anlässlich der Feierlichkeiten zum 70. Jahrestag des Grundgesetzes, dass eine **Verfassung** sich vor allem **in problematischen Zeiten behaupten** müsse. Obwohl seine Worte auf das Grundgesetz bezogen waren, wecken sie sofort Assoziationen an die erste demokratische Verfassung in Deutschland, die von 1919 bis 1933 Gültigkeit besaß. Die **Weimarer Reichsverfassung**, von der auch Koch-Weser in seiner Rede vor der Nationalversammlung spricht, war von **drei wesentlichen Elementen** geprägt: So wies sie mit der direkten Wahl des Reichspräsidenten und der Möglichkeit zu Volksbegehren und Volksentscheid Elemente einer **direkten Demokratie** auf. Zugleich kam dem Parlament, dem die Regierung verantwortlich war und das das Recht zur Gesetzgebung besaß, eine zentrale Rolle zu. Ausbalanciert wurden diese **demokratischen Elemente** durch die **starke Rolle des Reichspräsidenten**, der den Oberbefehl über die Reichswehr innehatte sowie den Reichskanzler ernennen und entlassen durfte. Außerdem besaß er das Notverordnungsrecht, mit dem er am Reichstag vorbeiregieren konnte und das ihm in Kombination mit dem Recht zur Reichstagsauflösung die Stellung eines „**Ersatzkaisers**“ verlieh. Im Folgenden soll überprüft werden, inwiefern diese Verfassung sich in der **Endphase der Weimarer Republik** zwischen 1930 und 1933 behaupten konnte.

Schwächen der Weimarer Verfassung
Instabilität der Regierungen → Bildung von Präsidialkabinetten

Eines der grundlegenden Probleme der Weimarer Verfassung war ihr **striktes demokratisches Prinzip**. Es gab **keinerlei mäßigende Filter** des reinen Volkswillens wie eine **Sperrklausel** oder die Möglichkeit zum Parteienverbot. So konnten systemfeindliche Parteien und **Splitterparteien** in den Reichstag einziehen und dort die **Bildung regierungsfähiger Mehrheiten erschweren** oder verhindern. Dies geschah nach dem Zerbrechen der Großen Koalition 1930 immer wieder, sodass nur noch mithilfe von **Notverordnungen** des Reichspräsidenten regiert werden konnte. Sobald diesen widersprochen wurde, löste der Reichspräsident den Reichstag und die allein von seinem Vertrauen abhängigen **Präsidialkabinette** auf. Die **Instabilität** der Regierungen in der Endphase der Weimarer Republik und die **Aushöhlung des gewählten Parlaments** lagen also bereits in der Verfassung begründet.

Eine weitere Schwäche der Verfassung bildete das **Recht** des Reichspräsidenten, den **Reichskanzler** auch unabhängig von der Parlamentsmehrheit **zu ernennen**. Gerade in der Endphase der Weimarer Republik kamen dadurch **Männer** an die Macht, die **nicht auf eine Erhaltung der Demokratie aus** waren, sondern entweder eine Präsidialdiktatur errichten wollten (Franz von Papen) oder eine nationalsozialistische Alleinherrschaft anstrebten (Adolf Hitler). Letztere wurde dann spätestens im März 1933 von Hitler etabliert, der mithilfe des grundsätzlich verfassungskonformen „**Ermächtigungsgesetzes**" den Reichstag ausschalten sowie Exekutive und Legislative auf sich vereinen konnte. Die bereits im Februar 1933 erlassene „**Reichstagsbrandverordnung**", mit deren Hilfe die Grundrechte außer Kraft gesetzt wurden, basierte ebenso auf einer **in der Verfassung vorgesehenen Notverordnung**. Die Verfassung wirkt also nicht so, als könne sie sich in den von Steinmeier angesprochenen harten Zeiten behaupten.

Recht des Reichspräsidenten zur Ernennung des Reichskanzlers und Notverordnungsrecht

Zuletzt erwies sich die **starke Rolle des Reichspräsidenten** auch dahingehend als schicksalhaft, als er mit seinen Befugnissen zur **Reichstagsauflösung** die **Wahlerfolge der NSDAP** ermöglichte. Nur durch die in den Jahren 1930 bis 1933 immer wieder angesetzten Neuwahlen, die den Bürgern die **Instabilität der Regierungen** vor Augen führten und den extremistischen Parteien Stimmzuwächse bescherten, konnte Hitlers Partei im Juli 1932 zur stärksten Partei im Reichstag aufsteigen. Indem der Reichspräsident willkürlich Reichstagsauflösungen und Neuwahlen beschließen konnte, trug die Verfassung zur **Schwächung des politischen Systems** bei.

Ermöglichung der Wahlerfolge der NSDAP durch Reichstagsauflösungen

Allerdings muss man die der Weimarer Verfassung vorgeworfenen Fehler, die in einer Notsituation die Demokratie nicht stabilisierten, sondern ihren Fall beförderten, zum Teil auch relativieren. So kamen die **Erfolge der NSDAP** zwischen 1930 und 1932 stets **durch demokratische Wahlen** zustande, zeigen also die weitverbreitete **Ablehnung der Weimarer Republik** in der Bevölkerung. Hier liegt die Schwäche also weniger in der Verfassung begründet, sondern in der **fehlenden demokratischen Überzeugung** der Wählerschaft.

Relativierung der Vorwürfe

Erfolge der NSDAP in demokratischen Wahlen

Ähnliches gilt für die **Position des Reichspräsidenten**, die **nicht** grundsätzlich als **undemokratisch** bezeichnet werden kann. Vielmehr ist es auf die Person **Hindenburgs**, eines monarchistisch und

undemokratische Gesinnung der Führungseliten und des Volks

konservativ denkenden **Vertreters der „alten Eliten**", zurückzuführen, dass er die Verfassung für seine Zwecke ausreizte und somit deren demokratisches Potenzial untergrub. So wäre er nicht gezwungen gewesen, Hitler an die Macht zu bringen. Die **Machtübergabe entsprach** also eher dem **Willen der konservativen Führung**, als dass sie von der Verfassung vorgeschrieben gewesen wäre. Die **verfassungsmäßigen Vollmachten** des Reichspräsidenten konnten zudem **auch positive Auswirkungen** haben, wie es die Anfangsjahre der Weimarer Republik gezeigt hatten, als Friedrich Ebert davon Gebrauch gemacht und damit überhaupt erst das Überleben der Republik gesichert hatte. Es hing also in hohem Maße davon ab, wer das Amt des Reichspräsidenten bekleidete, was wiederum einer **Wahlentscheidung der Bevölkerung** zuzuschreiben war. Dass diese sowohl 1925 als auch 1932 einen Anti-Demokraten zum Reichspräsidenten machte, ist nicht der Verfassung anzulasten.

Fazit

Insgesamt wird an der vorgenommenen Überprüfung also deutlich, dass man die 1930 einsetzende und 1933 vollendete **Zerstörung der Weimarer Republik nicht allein der Verfassung vorwerfen** kann. Zwar hatte diese, wie gezeigt, durchaus ihre Schwächen, allerdings wirkten diese nur in **Kombination mit** einer in den politischen Führungskreisen und auch im Volk **weitverbreiteten antidemokratischen Gesinnung** so gravierend. Selbst oder gerade eine demokratische Verfassung kann also nur im Sinne ihrer Erfinder funktionieren, wenn sie **von überzeugten Demokraten mit Leben gefüllt** wird. Daran mangelte es vor allem in der Endphase der Weimarer Republik, weshalb ja auch oft und nicht ganz zu Unrecht von einer „**Republik ohne Republikaner**" die Rede ist.

Europäische Nachkriegsordnungen

Aufgabenstellung

1 Fassen Sie die Ausführungen Lloyd Georges zusammen. (Material) (25 BE)

2 Untersuchen Sie, inwieweit die Vorstellungen von Lloyd George (Material), insbesondere durch die Bestimmungen des Versailler Vertrages, im Jahre 1919 Wirklichkeit wurden. (45 BE)

3 Lloyd George fordert in seinen Ausführungen, dass das zukünftige Europa vernünftig und stabil organisiert sein solle.
Überprüfen Sie, ob die Entwicklungen in Europa nach dem Zweiten Weltkrieg bis 1955 dieser Forderung Lloyd Georges entsprachen. (30 BE)

M Rede des britischen Premierministers David Lloyd George vor Gewerkschaftsvertretern (5. Januar 1918)

Wir führen keinen Angriffskrieg gegen das deutsche Volk. Ihre Führer haben den Deutschen eingeredet, dass sie einen Verteidigungskrieg gegen ein Bündnis von Rivalen führen, die darauf aus sind, Deutschland zu zerstören. Dies trifft nicht zu. Die Vernichtung oder Zerschlagung Deutschlands oder des deutschen Volkes ist nie, vom ersten Tag dieses Krieges an bis heute, eines unserer Kriegsziele gewesen. Völlig widerwillig und in der Tat ganz unvorbereitet für das schreckliche Martyrium wurden wir gezwungen, in diesen Krieg einzugreifen, um uns selbst zu verteidigen, um die verletzte Rechtsordnung Europas zu verteidigen, um die feierlichsten Vertragsbestimmungen aufrechtzuerhalten, auf denen das Rechtssystem Europas beruht und die Deutschland durch seine Invasion Belgiens brutal mit Füßen getreten hat. Wir mussten in den Krieg eintreten oder an der Seite stehen und zusehen, wie Europa untergeht und brutale Gewalt über […] internationales Recht triumphiert. Es war einzig die Erkenntnis, dass es nur diese fürchterliche Alternative gibt, die das britische Volk gezwungen hat, am Krieg teilzunehmen. Und von dieser Einstellung bei Kriegsbeginn sind die Briten nie abgewichen. Sie haben niemals das Auseinanderbrechen der deutschen Völker oder die Auflösung ihres Staates oder Landes angestrebt. Deutschland hat in der Welt eine bedeutende Stellung eingenommen. Es ist nicht unser Wunsch oder unsere Absicht, für die Zukunft diese Stellung in Frage zu stellen oder zu zerstören, sondern wir wollen vielmehr Deutschland davon abbringen, zu hoffen, eine militärische Gewaltherrschaft errichten zu können, und sicherstellen, dass die Deutschen alle ihre Kraft den großen wohltätigen Aufgaben widmen, die es auf der Welt gibt. […]

Wir sind auch nicht in den Krieg eingetreten, um die kaiserliche Verfassung Deutschlands zu verändern oder zu zerstören, obwohl wir davon ausgehen, dass diese militärische, autokratische Verfassung im 20. Jahrhundert einen gefährlichen Anachronismus darstellt. Unsere Position ist, dass die Errichtung einer wirklich demokratischen Verfassung in Deutschland der überzeugendste Beweis dafür wäre, dass dort der alte Geist der militärischen Gewaltherrschaft […] sein Ende gefunden hat. Dies würde es uns einfacher machen, einen großzügigen demokratischen Frieden mit Deutschland zu schließen. Aber letztlich ist das eine Frage, die das deutsche Volk selbst entscheiden muss. […]

Die Tage des Wiener Kongresses sind lange vorbei. Wir können nicht länger die Zukunft der europäischen Zivilisation von willkürlichen Entscheidungen einiger Diplomaten abhängig machen, die mit Tricks oder Überredung versuchen, die Interessen dieser oder jener Dynastie oder dieses oder jenes Staates durchzusetzen. Die Organisation des neuen Europas muss als Grundlage Überlegungen haben, die auf Vernunft und Gerechtigkeit basieren und die für die Zukunft eine gewisse Stabilität versprechen. Deswegen sind wir der Ansicht, dass in diesem Krieg die Zustimmung der Regierten bei der Regelung der Territorialfragen die Grundlage sein muss.

Official Statements of War Aims and Peace Proposals, December 1916 to November 1918, Washington 1921, S. 226–229 (eigene Übersetzung).

Hinweis:
David Lloyd George (1863–1945), von 1916 bis 1922 britischer Premierminister und einer der Vertreter der Siegermächte in Versailles

TIPP **Inhaltliche Schwerpunkte**

Die Aufgabe betrifft das Themenfeld „Die Weimarer Republik als erste deutsche Demokratie“. Das Stichwort „Ziele, Methoden und Ergebnisse der Weimarer Außenpolitik (Versailler Vertrag, Revisionismus, West- versus Ostorientierung, Strategie Stresemanns, Haltung der Siegermächte und der UdSSR)“ steht dabei im Zentrum. Kursübergreifende Bezüge ergeben sich über das Themenfeld „Der Kalte Krieg – stabile oder labile Weltordnung?“. Eine besondere Rolle spielen dabei die Stichworte „Blockbildung und Blockkonfrontation (Zerfall der Anti-Hitler-Koalition, […] Truman-Doktrin/Zwei-Lager-Theorie, NATO/Warschauer Pakt, Rüstungswettlauf, Koreakrieg, Kubakrise)“ sowie „geteiltes Europa im Kalten Krieg (Deutsche Teilung […] Westeuropa: Allianz mit den USA und Schritte zur Einigung)“.

Lösungsvorschlag

1 **TIPP** *Anforderungsbereich: I, Bewertungseinheiten: 25*

Die erste Teilaufgabe fordert Sie dazu auf, die Ausführungen des Redners zusammenzufassen. Beginnen Sie mit einem Einleitungssatz, in dem Sie den Verfasser, seine Adressaten, die Art der Quelle sowie die Zeit der Veröffentlichung nennen und das Thema umreißen. Führen Sie dann strukturiert unter Verwendung der Fachsprache die Hauptaspekte der Quelle an. Greifen Sie dabei möglichst auf eigenständige Formulierungen zurück. Belegen Sie Ihre Aussagen mithilfe von Zeilenangaben am Text und distanzieren Sie sich von der subjektiven Perspektive der Quelle durch die Verwendung des Konjunktivs.

Einleitung
Quelle, Autor, Datierung, Adressaten, Thema

Bei der vorliegenden Quelle handelt es sich um eine **Rede**, die der britische **Premierminister** David Lloyd George Anfang Januar 1918 vor Gewerkschaftsvertretern gehalten hat. Er setzt sich darin mit den **Kriegszielen** seines Landes sowie der zu schaffenden **europäischen Nachkriegsordnung** auseinander.

Zusammenfassung
Großbritanniens Kriegsgründe und -ziele

Der Premierminister stellt zunächst klar, dass Großbritannien entgegen der deutschen Propaganda **keinen Angriffskrieg** führe und auch nicht die Zerschlagung Deutschlands beabsichtige (vgl. Z. 1 ff.). Vielmehr hätte Großbritannien **gezwungenermaßen in den Krieg eintreten** müssen, um die **deutsche Aggression** gegen die europäische Rechts- und Sicherheitsordnung abzuwehren, die sich in der **Invasion Belgiens** besonders deutlich manifestiert habe (vgl. Z. 6 ff.). Hätte Großbritannien von einer Beteiligung am Krieg abgesehen, so hätte die **deutsche Gewaltpolitik triumphiert** und sich **Europa unterworfen** (vgl. Z. 10 ff.). Ferner verfolge Großbritannien **nicht** das Ziel, **Deutschlands Stellung** im internationalen Mächtesystem zu verändern, das Land zu einer Macht zweiten Ranges **herabzustufen** oder es gar vollends zu zerschlagen (vgl. Z. 15 ff.). Es solle lediglich sichergestellt werden, dass Deutschland sein **politisches Engagement** künftig nicht mehr in militärisch-aggressive, sondern ausschließlich in humane und **zivilisatorische Unternehmungen** lenke (vgl. Z. 19 ff.).

Wunsch nach Demokratisierung Deutschlands

Der Kriegseintritt Großbritanniens sei auch nicht erfolgt, um das **autokratische politische System Deutschlands** zu beseitigen, obwohl Lloyd George dieses als unzeitgemäß einschätzt (vgl. Z. 22 ff.). Allerdings könnten die Deutschen durch den **Übergang zu einer demokratischen Verfassung** die Überwindung ihrer militaristischen Gesinnung demonstrieren. Das würde in den Augen des britischen Premierministers ihre **Aussichten auf** einen für sie **günstigen Friedensschluss** vergrößern (vgl. Z. 27 ff.). Diese Entscheidung müssten die Deutschen jedoch selbst treffen (vgl. Z. 29 f.).

Vorstellungen von künftiger europäischer Friedensordnung

Im Hinblick auf die künftige **europäische Friedensordnung** dürfe man nicht, wie es noch auf dem Wiener Kongress praktiziert worden sei, den konkurrierenden Interessen einzelner Staaten das Feld überlassen (vgl. Z. 31 ff.). Stattdessen müsse man den Prinzipien von „**Vernunft und Gerechtigkeit**" (Z. 35 f.) folgen. Nur dann sei ein langfristig belastbares Mächtesystem zu erwarten (vgl. Z. 36). Bei anstehenden **Gebietsveränderungen** müsse daher unbedingt auf die **Wünsche der betroffenen Bevölkerungen** Rücksicht genommen werden (vgl. Z. 37 f.).

2 **TIPP** *Anforderungsbereiche: I/II, Bewertungseinheiten: AFB I: 5/AFB II: 40*

Die zweite Teilaufgabe verlangt von Ihnen, zu untersuchen, ob die Vorstellungen von Lloyd George zur künftigen Friedensordnung (durch den Versailler Vertrag) realisiert wurden. Strukturieren Sie Ihre Darstellung, indem Sie zuerst darauf eingehen, inwiefern Lloyd Georges Forderungen umgesetzt wurden, und sich anschließend den Bestimmungen widmen, die den Wünschen des britischen Premierministers entgegenstehen. Zur Steigerung der Prägnanz Ihrer Aussagen sollten Sie Textbezüge herstellen. Dies können Sie anhand von Zeilenangaben tun, Schlüsselbegriffe können Sie aber auch wörtlich zitieren. Am Ende Ihrer Ausführungen sollten Sie ein bilanzierendes Fazit ziehen.

Hinführung zur Untersuchung

Lloyd George richtet im Januar 1918 seinen Blick bereits auf die **nach dem Krieg zu etablierende Ordnung in Europa** und legt dar, wie er sich diese vorstellt.

Umsetzung von Lloyd Georges Vorstellungen

Erhalt der staatlichen Einheit Deutschlands

Einige Aspekte der von ihm konzipierten Nachkriegsordnung konnten, vor allem im Rahmen des **Versailler Vertrags**, tatsächlich **umgesetzt** werden. So musste Deutschland gemäß dem Friedensvertrag zwar einige **Gebietsverluste** zugunsten von Nachbarstaaten hinnehmen, doch blieb die **staatliche Einheit** des Landes **erhalten** (vgl. Z. 15 f.). Deutschland behielt also zumindest auf dem Papier seine **Stellung als europäische Großmacht** und hatte jede Möglichkeit, künftig auch faktisch wieder als eine solche anerkannt zu werden. Dies entspricht der Aussage Lloyd Georges, dass es nicht Großbritanniens Absicht sei, „für die Zukunft diese Stellung in Frage zu stellen oder zu zerstören" (Z. 18).

Vermeidung zukünftiger Aggressionen vonseiten Deutschlands

Mit der **Beschränkung der Reichswehr** auf 100 000 Mann, der Abschaffung der Wehrpflicht sowie dem Verbot schwerer und moderner Waffen (Luftwaffe, U-Boote) sollte **künftigen Aggressionen** vonseiten Deutschlands **ein Riegel vorgeschoben** werden.

Lloyd Georges Hoffnung, „Deutschland davon [abzubringen], eine militärische Gewaltherrschaft [zu] errichten“ (Z. 19 f.), ging also in Erfüllung. In einigen deutschen **Grenzregionen** (Westpreußen, südliches Ostpreußen, Oberschlesien und Nordschleswig) wurden, wie vom britischen Premierminister gefordert (vgl. Z. 37 f.), **Volksabstimmungen** über die nationale Zugehörigkeit durchgeführt.

Berücksichtigung des Volks bei Grenzziehungen

Wie es Lloyd George in seiner Rede bereits angedeutet hatte („Dies würde es uns einfacher machen, einen großzügigen demokratischen Frieden mit Deutschland zu schließen.“, Z. 27 ff.), machten die Alliierten die **Parlamentarisierung des Reichs** zu einer Voraussetzung für die Aushandlung eines Waffenstillstands. Mit dem Erlass der sogenannten **Oktoberverfassung** vom 28. Oktober 1918 wurde diese Bedingung zwar eingelöst, jedoch hatte das Kaiserreich zu diesem Zeitpunkt weiterhin Bestand. Erst mit der **Novemberrevolution** von 1918 wurde Deutschland eine **demokratische Republik** (Lloyd George wünscht sich in seiner Rede eine „wirklich demokratisch[e] Verfassung in Deutschland“, Z. 25 f.), was von der Nationalversammlung in der **Weimarer Reichsverfassung** von 1919 schriftlich festgelegt wurde. Der Verfassungswechsel ging also **ohne direkte Beeinflussung durch auswärtige Mächte** vonstatten, sodass der Forderung Lloyd Georges nach **politischer Selbstbestimmung** des deutschen Volks Genüge getan wurde (vgl. Z. 29 f.).

Demokratisierung Deutschlands

Abweichungen von Lloyd Georges Vorstellungen

problematische Kompromissfindung bei Abschluss des Versailler Vertrags

In wichtigen Punkten **wich der Versailler Vertrag** allerdings deutlich von den Vorstellungen des Premierministers **ab**. Entgegen seinem Wunsch nach einer von Vernunft geleiteten neuen Ordnung (vgl. Z. 31 ff.) waren die **Friedensverhandlungen** stark von den **divergierenden Interessen der Alliierten** geprägt. Insbesondere Frankreichs Ziel einer weitgehenden Schwächung Deutschlands belastete die Kompromissfindung. Deutschland **verlor** mehrere **Gebiete** (Elsass-Lothringen, Posen, Westpreußen, Eupen-Malmedy, Hultschiner Ländchen, Memelland), **ohne dass die Bevölkerung dazu befragt worden wäre**. Zudem widersprach das **Verbot des Beitritts Österreichs** zum Deutschen Reich der Maßgabe Lloyd Georges, „das Auseinanderbrechen der deutschen Völker“ (Z. 15 f.) vermeiden zu wollen.

fehlende Berücksichtigung von Vernunft und Gerechtigkeit

Durch diverse **Beschränkungen der staatlichen Souveränität** (Internationalisierung der deutschen Ströme und des deutschen Luftraums, Schaffung alliierter Kontrollbehörden) sowie die **Nichtzulassung zum Völkerbund sprach** man Deutschland, entgegen den Worten des britischen Premierministers (vgl. Z. 17 f.), den **Rang einer gleichberechtigten europäischen Großmacht ab**. Darüber hinaus wurden der **Ausschluss** des Landes **von den Friedensverhandlungen** sowie diskriminierende Vertragsbestimmungen wie der

„**Kriegsschuldartikel**“ und die unbegrenzten **Reparationsverpflichtungen** zumindest in Deutschland als grobe **Verletzung der Grundsätze von „Vernunft und Gerechtigkeit**“ (Z. 35 f.) empfunden. Die von Lloyd George gewünschte „**Stabilität**“ (Z. 36) der Nachkriegsordnung war damit nachhaltig **infrage gestellt**.

Fazit

Als **Fazit** kann festgehalten werden, dass **wesentliche Elemente** der von Lloyd George Anfang 1918 skizzierten Friedensordnung **nicht realisiert** wurden, was die Aussicht auf Erfolg und Dauerhaftigkeit der umgesetzten Bestimmungen stark einschränkte.

3 **TIPP** *Anforderungsbereiche: II/III, Bewertungseinheiten: AFB II: 5/AFB III: 25*

Die dritte Teilaufgabe stellt einen kursübergreifenden Bezug her. Dem Operator „überprüfen“ zufolge sollen Sie die in der Aufgabenstellung enthaltene These auf der Grundlage von Fachkenntnissen kritisch hinterfragen und auf ihre Angemessenheit hin begründet einschätzen. Konkret geht es darum, ob die Neuordnung Europas nach dem Zweiten Weltkrieg den Leitbegriffen „vernünftig“ und „stabil“ folgte. Es bietet sich hier an, in einem ersten Schritt anhand passender Beispiele zu zeigen, inwiefern die europäische Politik der Jahre von 1945 bis 1955 von Vernunft geprägt war, inwieweit die damals getroffenen Entscheidungen aber auch von Unvernunft geleitet waren. In einem zweiten Schritt sollte dann in gleicher Weise die Frage nach der Stabilität untersucht werden. Schließen Sie Ihre Ausführungen am Ende mit einem bilanzierenden Fazit ab.

Einleitung
Hinführung zur Überprüfung

Lloyd George wünscht sich im Januar 1918, dass das zukünftige **Europa vernünftig und stabil organisiert** sein solle. Auch am **Ende des Zweiten Weltkriegs** stellte sich die **Frage nach einer sinnvollen Nachkriegsordnung**. Im Folgenden soll deshalb überprüft werden, ob die europäischen Entwicklungen zwischen 1945 und 1955 Lloyd Georges Forderungen entsprachen.

vernünftige Organisation?
Abstimmung des Vorgehens zwischen den Siegermächten

Zunächst einmal kann man von einer „**vernünftigen**“ **Ordnung** nach dem Zweiten Weltkrieg insofern sprechen, als die Partner der Anti-Hitler-Koalition noch während des Kriegs eine **koordinierte und einheitliche Politik** vereinbarten. So proklamierten Präsident Roosevelt (USA), Premierminister Churchill (Großbritannien) und Kremlchef Stalin (UdSSR) während der **Konferenz von Jalta** im Februar 1945 die „Erklärung über das befreite Europa“, die die **Schaffung demokratischer Strukturen** vorsah. Ebenso beschlossen die „Großen Drei“ (Churchill bzw. Attlee für Großbritannien, Stalin für die UdSSR, Truman für die USA) während der **Konferenz von Potsdam** im Sommer 1945 mit den „**5 D**“ (Denazifizierung, Demilitarisierung, Demokratisierung, Demontage, Dezentralisierung) ein **abgestimmtes Vorgehen gegenüber Deutschland**. Einigkeit bestand vor allem in dem Wunsch, den **Nationalsozialismus konsequent zu verfolgen und zu bekämpfen**, um in Deutschland für demokratische Strukturen zu sorgen. Zu diesem Zweck führten die Siegermächte gemeinsam die **Nürnberger Hauptkriegsverbrecherprozesse** durch.

Kooperation im Alliierten Kontrollrat

Den Siegermächten ging es darum, den Ausbruch eines **neuerlichen kriegerischen Konflikts unbedingt zu vermeiden**, weshalb sie ihre ideologischen Differenzen zunächst beiseiteschoben und versuchten, eine für alle tragbare **Kompromisslösung** zu finden. Aus diesem Grund **verzichteten** sie auch **auf** die Umsetzung von vorher kursierenden Überlegungen wie dem **Morgenthau-Plan**, der Deutschland mit schwer abzuschätzenden Folgen auf die Position eines Agrarstaats herabgestuft hätte. Stattdessen entschieden sich die Alliierten für eine **Aufteilung Deutschlands in vier Besatzungszonen**, die in enger Zusammenarbeit der einzelnen Besatzungsmächte gemeinsam verwaltet werden sollten. Dieser kooperative Ansatz fand in der Gründung des **Alliierten Kontrollrats** auch einen institutionellen Niederschlag.

Ausbruch des Kalten Kriegs

Neben den genannten vernunftgeprägten Entwicklungen führten **gegenseitiges Misstrauen** und der **ideologische Systemkonflikt** zwischen den neuen Hegemonialmächten USA und Sowjetunion schon bald nach dem Ende des Weltkriegs zum **Ausbruch eines Kalten Kriegs** zwischen den beiden Mächten und ihren jeweiligen Verbündeten. Zum ersten Mal explizit formuliert wurde dieser Gegensatz im März 1947, als der US-amerikanische Präsident Truman verkündete, die **USA** würden eine weitere **Ausdehnung des sowjetischen Machtbereichs ablehnen**. Diese **Truman-Doktrin** erfuhr ihre praktische Umsetzung durch die **Containment-Politik**, mit der die sowjetische Expansion eingedämmt werden sollte. Als Antwort darauf verkündete Shdanow, der Parteisekretär der KPdSU, die **Zwei-Lager-Theorie**, nach der sich ein **imperialistisches**, **antidemokratisches Lager** (die USA) und ein **antiimperialistisches**, **demokratisches Lager** (die UdSSR) unversöhnlich gegenüberstünden.

Abschluss von Militärbündnissen und Stellvertreterkriege

Europa zerfiel folglich in **zwei antagonistische Blöcke**, die durch einen „**Eisernen Vorhang**" voneinander getrennt wurden. Die jeweiligen Blockstaaten schlossen sich zu konkurrierenden **Militärbündnissen** zusammen (NATO im Westen, Warschauer Pakt im Osten), die zwar in keine unmittelbaren militärischen Auseinandersetzungen miteinander verwickelt waren, sich aber stattdessen indirekt in **Stellvertreterkriegen** bekämpften. Nach vielversprechenden Ansätzen in der Anfangsphase stand die europäische **Nachkriegsordnung** bald **nicht mehr unter der Ägide der Vernunft**, sondern folgte der Logik der Macht im Kontext des Kalten Kriegs.

Im Hinblick auf die **Stabilität** der europäischen Nachkriegsordnung nach dem Zweiten Weltkrieg lässt sich konstatieren, dass die politischen Spannungen zwischen den beiden Blöcken zwar auf Dauer Bestand hatten, die **Schwelle zum militärischen Konflikt** – abgesehen von außereuropäischen Stellvertreterkriegen – aber **nie überschritten** wurde. Innerhalb der beiden ideologischen Lager entstand zudem eine sich zunehmend verdichtende **wirtschaftliche Kooperation** (Montanunion/EWG versus RGW). Diese Stabilität hatte allerdings **keinen konstruktiven Charakter**, da sie auf gegenseitiger **militärischer** (d. h. primär atomarer) **Abschreckung** beruhte.

Stabilität?

lange Friedenszeit

wirtschaftliche Kooperation

ABER: prekäres Gleichgewicht

Rückblickend könnte man also von einer vernunftgeleiteten und stabilen Nachkriegsordnung höchstens insofern sprechen, dass es nach 1945 bis zum Ende des Kalten Kriegs **keinen großen militärischen Konflikt in Europa** gegeben hat. Dies war allerdings einem prekären „**Gleichgewicht des Schreckens**" zwischen den hegemonialen Großmächten USA und UdSSR geschuldet, was die Rede von „Vernunft" und „Stabilität" wieder relativiert.

Fazit

Hessen Geschichte ▪ Abiturprüfung 2021
Grundkurs ▪ Vorschlag D

Friedenspropaganda und Kriegsvorbereitung

Aufgabenstellung

1 Beschreiben Sie die Positionen, die bezüglich der weltpolitischen Lage von den Arbeitern geäußert wurden. (Material) (30 BE)

2 Erläutern Sie, auch unter Bezugnahme auf das Material, die deutsche Außenpolitik des Kaiserreichs bis 1914. (40 BE)

3 „Anwesende Gäste führten etwa folgendes Gespräch über die Flottenvermehrung. Es sei ja eben die Staatskunst, daß man sich des Vorwandes bedient, den Frieden aufrechtzuerhalten und den Völkern Sicherheit zu gewähren. Nun muß sich jeder sagen, daß man durch solche Mittel den Frieden niemals sichern kann." (Material) Überprüfen Sie, inwiefern diese Behauptung auf die nationalsozialistische Außenpolitik von 1933 bis 1939 zutrifft. (30 BE)

M Hamburger Polizisten berichten, was sie in Kneipen der Stadt belauscht haben (1898 bis 1900)

Von 8 bis 8.35 Uhr besuchte ich die Wirtschaft Timm, Engelstraße und Banksstraße, Ecke. Anwesende Gäste führten etwa folgendes Gespräch über die Flottenvermehrung. Es sei ja eben die Staatskunst, daß man sich des Vorwandes bedient, den Frieden aufrechtzuerhalten und den Völkern Sicherheit zu gewähren. Nun muß sich jeder sagen, daß man durch solche Mittel den Frieden niemals sichern kann. Das Volk wird durch die ihm auferlegten Lasten fast erdrückt, es wird zur Unzufriedenheit erzogen, und diese Unzufriedenheit artet zuletzt in geheimen Verschwörungen gegen die Regierungen aus. Er gehöre der Friedensgesellschaft an, welche sich sagt, daß in allen Ländern Europas Not und Elend im höchsten Grade herrscht. Unsere heutige Arbeitswelt verlange weiter nichts, als ihr Brot erwerben zu dürfen. Viele Menschen vergehen vor Elend, weil die Mittel, welche Arbeit und Verdienst bringen würden, in überflüssiger Weise in kriegerischen Ausrüstungen verwendet werden.

Ein anderer: „[…] Deutschland müsse rüsten, weil es im Falle eines Krieges am schlechtesten gelegen ist. Wir haben einen Feind im Westen und im Osten, der nur auf die Gelegenheit wartet, mit Deutschland anzubinden.[1]"

Erxleben[2], 16. 3. 1898

Von 9.15 bis 10 Uhr wurde die Wirtschaft von Otto, früher Schweer, Rostockerstraße 9, besucht. Daselbst waren circa acht Arbeiter anwesend, die sich unterhielten. Ein Arbeiter sagte: „Die von der Regierung geplante Flottenvermehrung ist eigentlich im Grunde genommen doch ein bißchen zu stark. Denn, nachdem der Reichstag für eine bestimmte Zeit durch Gesetz die Vermehrung der Flotte festgelegt hat, kommt die Regierung bei, stößt das ganze Gesetz über'n Haufen und fordert einfach eine Flotte, die ins Unendliche geht. Woher man aber das Geld zu nehmen gedenkt, darüber läßt man nichts verlauten. Hier heißt es, nur bewilligen; neue Steuern und Abgaben werden sich schon finden, um auf die Kosten zu kommen."

Ein anderer Arbeiter sagt: „Es hört sich eigentlich sehr sonderbar an, wenn die Regierung ihre Forderung [nach Aufrüstung] damit begründet, daß die vorhandene Flotte nicht imstande ist, die deutschen Interessen im Ausland zu schützen. Ja, was heißt denn deutsch? Die Regierung treibt die Weltpolitik, um von wertlosen Kolonien Besitz zu ergreifen: das deutsche Volk doch nicht, sondern die Regierung handelt aus eigener Machtvollkommenheit. Zum Schutz der deutschen Küste ist die vorhandene Flotte ausreichend genug; um Weltpolitik zu treiben allerdings nicht, aber darauf sehnt sich das deutsche Volk nicht. […] Wenn Deutschland sich hinreißen läßt, England in der Flotte gleichzukommen, dann, armes Volk, sieht es in Deutschland traurig aus."

Graumann[3], 13. 11. 1899

Von 9.30 bis 10.15 Uhr wurde die Wirtschaft von Brandt, Borgeschstraße 3, besucht. Daselbst waren circa sechs Arbeiter anwesend, die sich an verschiedenen Tischen unterhielten. Ein Arbeiter sagte: „[…] Wie viele Existenzen werden durch einen solchen Krieg[4] erbarmungslos vernichtet, und wie viele Menschen, die in das fremde Land hinausziehen, kehren als Krüppel und Kranke zurück! Und dies alles, weil ein raub- und beutegieriger Staat es so will. Von großer Wichtigkeit wäre es, wenn über Krieg und Frieden das Volk selbst befragt würde, da würde so manches unsinniges Blutvergießen vermieden werden."

Ein anderer Arbeiter sagte: „England hat im verflossenen Jahrhundert gewissermaßen die Welt beherrscht, weil es durch seine große Seemacht die Oberherrschaft in anderen Erdteilen an sich gerissen hat. Heut scheint den Engländern das Glück nicht mehr so hold zu sein, und ihr Stern ist stark im Erblassen begriffen; und wenn es nicht bald den Frieden sucht, geht es ihm, wie es anfangs des vorigen Jahrhunderts dem großen Korsen[5] ergangen ist, der in seiner Sucht, die Völker Europas seinem Willen zu unterjochen, in sein Verderben rannte und dann elend zugrunde ging. […]"

Graumann, 12. 1. 1900

Von 9.30 bis 10.15 Uhr wurde die Wirtschaft von Schlüter, Amsinckstraße 41, besucht. Daselbst waren circa acht Arbeiter anwesend, die sich an verschiedenen Tischen unterhielten. […]

Ein […] Arbeiter sagte: „Wenn England jetzt in Afrika den Krieg[6] bis zur Erschöpfung fortsetzt, so ist dies lediglich eine Folge der Weltmachtpolitik, die es schon seit alters her betreibt. So wie man heut das englische Vorgehen in Afrika von deutscher Seite verurteilt, wird es die Zeit lehren, daß Deutschland einstmals in die nämliche schiefe Lage geraten wird wie England, weil man hier ebenfalls mit der Weltmachtpolitik zu weit geht und schon jetzt die Erbitterung der fremden Völkerstämme auf sich zieht. Wenn die deutschen Pioniere ihre Kulturaufgabe in Asien, Afrika usw. erfüllt haben werden und man hier glauben wird, der Moment sei gekommen, um die erhofften Glücksgüter zu sammeln, da werden die fremden Völkerstämme sich aufraffen und das Sklavenjoch von sich werfen, und der deutsche Michel hat dann das Nachsehen."

Graumann, 5. 2. 1900

Richard J. Evans (Hg.): Kneipengespräche im Kaiserreich. Die Stimmungsberichte der Hamburger Politischen Polizei 1892–1914, Reinbek bei Hamburg: Rowohlt 1989, S. 396 f., S. 350 f.

Anmerkungen

1 anbinden: mit jemandem Streit anfangen
2 einer der Polizisten, die für die Politische Polizei in Arbeiterkneipen Gespräche belauschten, vgl. Hinweise
3 ein weiterer dieser Polizisten, vgl. Hinweise
4 Gemeint ist der sog. Burenkrieg in Südafrika (1899–1902) zwischen Großbritannien und den holländischen Siedlern (Buren).
5 Gemeint ist der aus Korsika stammende französische Kaiser Napoleon I. (1769–1821).
6 Vgl. Fußnote 4.

Hinweise:

Die Hamburger Politische Polizei schickte von etwa 1892 bis 1914 regelmäßig als Arbeiter verkleidete Polizisten in Hamburger Arbeiterkneipen, um Gespräche zu belauschen. Anschließend berichteten sie über das Gehörte. Bei den Berichten ging es um Stimmungsberichte, nicht um die Überwachung einzelner Personen.
Die Rechtschreibung entspricht der Textvorlage.

TIPP **Inhaltliche Schwerpunkte**

Die beiden ersten Teilaufgaben umfassen zwei Bereiche des Kerncurriculums: zum einen das Themenfeld „Der Erste Weltkrieg – Zerstörung der alten europäischen Ordnung“ mit den Schwerpunkten „außenpolitische Wende von Bismarck zu Wilhelm II.“ und „der Weg in den Ersten Weltkrieg als Folge von aggressivem Nationalismus, Militarismus und europäischen Bündnissystemen (Marokkokrisen, Balkankriege, Julikrise)“; zum anderen das Themenfeld „Imperialismus – Export europäischer Zivilisation?“ mit dem Stichwort „Ursachen, Legitimation und Ziele des Imperialismus (ökonomische, machtpolitische, religiöse Motive, Sozialdarwinismus/Rassismus)“. Durch die dritte Teilaufgabe ergibt sich ein kursübergreifender Bezug, und zwar auf das Themenfeld „Die nationalsozialistische Diktatur – Zerstörung von Demokratie und Menschenrechten in Deutschland und Europa“ mit dem Schwerpunkt „NS-Außenpolitik im Kontext der internationalen Beziehungen (außenpolitische Ziele der Nationalsozialisten, Kriegsvorbereitung und Expansion, Appeasementpolitik des Westens, Rolle der UdSSR)“.

Lösungsvorschlag

1 **TIPP** *Anforderungsbereich: I, Bewertungseinheiten AFB I: 30*

Die erste Teilaufgabe fordert Sie dazu auf, die Positionen zu beschreiben, die von den Arbeitern in Bezug auf die weltpolitische Lage geäußert werden. Dazu sollten Sie die Quelle einleitend kurz vorstellen. Nutzen Sie dafür alle Informationen, die Sie den Textauszügen sowie den Hinweisen und Anmerkungen entnehmen können (Titel, zeitliche Einordnung, Art der Quelle, Autoren, Thema, Kontext). Anschließend sollen Sie die Aussagen der Arbeiter inhaltlich strukturiert in eigenen Worten und fachsprachlich richtig verdeutlichen. Es geht dabei nicht darum, die belauschten Gespräche einfach nur nachzuerzählen, sondern sich auf die Äußerungen mit Bezug zur weltpolitischen Lage zu konzentrieren. Dabei ist es sinnvoll, Ihre Beschreibung nach einzelnen Gesichtspunkten zu gliedern, die von den Arbeitern hauptsächlich angesprochen werden. Auf diese Weise lassen sich Wiederholungen vermeiden. Denkbar sind hier die folgenden Themenbereiche: Aufrüstung der Flotte, England und seine Kolonialpolitik sowie das Streben nach Weltpolitik. Sammeln Sie zu diesen Aspekten aus allen Beiträgen relevante Aussagen und verdeutlichen Sie sie jeweils in einem zusammenhängenden Text.

Einleitung
Quelle, Autoren, Datierung, Thema, Kontext

Bei der vorliegenden Quelle handelt es sich um vier Auszüge aus sogenannten **Stimmungsberichten**, die die **Hamburger Politische Polizei** von 1898 bis 1900 zusammengestellt hat. Als Arbeiter verkleidet belauschten die Polizeispitzel Erxleben und Graumann in verschiedenen Hamburger Gaststätten **Gespräche unter Arbeitern**. Dabei notierten sie, welche Ansichten die Arbeiter zur **weltpolitischen Lage** vertraten. Die besprochenen und aufgezeichneten **Themen** drehen sich um: die Aufrüstung der **Flotte** im Kaiserreich, das Verhältnis zu **England und dessen Kolonialpolitik** sowie um Deutschlands Streben nach **Weltpolitik**.

Äußerungen zur weltpolitischen Lage

Flottenpolitik

Als **Hauptkritikpunkt** der Arbeiter lässt sich die **Flottenpolitik** der Regierung ausmachen. Am Willen des Reichstags vorbei plane die Regierung einen Ausbau der Marine bis „ins Unendliche“ (Z. 23). Die **Ausmaße der geplanten Aufrüstung** seien also unabsehbar. Das Schlimmste daran sei, dass die „kleinen Leute“ den **kostspieligen Flottenausbau** bezahlen müssten. Auf sie würden „neue Steuern und Abgaben“ (Z. 24) zukommen, was ihre **Verelendung** weiter vorantreibe. Dies wiederum berge die Gefahr von zunehmender **Unzufriedenheit des Volks**, die sich schließlich in Form einer Revolution gegen die Regierung richten könne (vgl. Z. 5 ff.). Außerdem sichere die geplante „Flottenvermehrung“ (Z. 19) keineswegs den Frieden, wie es von Regierungsseite behauptet werde (vgl. Z. 3 ff.). Vielmehr bestehe die **Gefahr eines ernsthaften Konflikts mit England** (vgl. Z. 33 f.). Die neue Flotte diene der Regierung lediglich zu ihrer „eigene[n] Machtvollkommenheit“ (Z. 31) und schütze keineswegs „die deutschen Interessen im Ausland“ (Z. 28). In dieser Frage sind sich die **Arbeiter** allerdings **nicht einig**. Manche befürworten die deutsche Aufrüstung, weil das **Kaiserreich** aufgrund seiner geopolitischen Lage in Europa **von Feinden umzingelt** sei (vgl. Z. 13 ff.). Dem halten andere Arbeiter entgegen, dass der Ausbau der Flotte nicht die Sicherung der eigenen Küste zum Ziel habe (dafür würde die bestehende Flottenstärke ausreichen), sondern vom **Wunsch des Kaisers nach Weltpolitik** getrieben sei (vgl. Z. 31 ff.).

England und seine Kolonialpolitik

Die Arbeiter sind sich sicher, dass Deutschland in dem bevorstehenden **Rüstungswettlauf mit England** den Kürzeren ziehen werde, auch wenn Englands große Zeit als Weltmacht vorbei zu sein scheine (vgl. Z. 46 f.). Den erbarmungslosen **Krieg** des Vereinigten Königreichs gegen die Buren in Südafrika kritisieren die Arbeiter als **fatale Folge britischer Weltmachtpolitik** (vgl. Z. 38 ff., 55 ff.). Wenn das Inselreich „nicht bald den Frieden“ (Z. 47 f.) suchen würde, stünde ihm ein Untergang bevor, wie ihn einst Napoleon erlebt habe (vgl. Z. 48 ff.).

Weltpolitik

In den Augen der Arbeiter steht zu befürchten, dass auch das deutsche Kaiserreich in **Kolonialkriege** verwickelt werde, da es begonnen habe, „von wertlosen Kolonien Besitz zu ergreifen“ (Z. 29 f.). Auf diese Weise strebe man eine Weltmachtpolitik an. Allerdings sei diese mit einem großen Risiko behaftet, sobald man anfange, die kolonialisierten Völker auszubeuten. Dann nämlich würde die **indigene Bevölkerung Widerstand leisten** und sich gegen die Kolonialherren erheben (vgl. Z. 61 ff.). In diesem Fall werde auch Deutschlands weltpolitisches Prestigestreben zu einem „**unsinnige[n] Blutvergießen** (Z. 42 f.) führen. Das deutsche Volk sehne sich überdies selbst gar nicht nach Weltpolitik, hätte am Ende jedoch den größten Schaden davon („der deutsche Michel hat dann das Nachsehen", Z. 64).

Fazit

Die Arbeiter beurteilen die weltpolitische Lage insgesamt vornehmlich **kritisch**. Vor allem den geplanten **Flottenausbau lehnen sie** als zu teures Weltmachtstreben **ab**, das – mit Blick auf das Schicksal Englands – zu verlustreichen **Kolonialkriegen** führen werde.

2 **TIPP** *Anforderungsbereich: II, Bewertungseinheiten AFB II: 40*

Die Aufgabenstellung zu Teilaufgabe 2 ist recht umfassend. Sie sollen die gesamte Außenpolitik des deutschen Kaiserreichs von 1871 bis 1914 erläutern. Das heißt, dass Sie die Außenpolitik unter Bismarck (1871–1890) und den „Neuen Kurs" unter Kaiser Wilhelm II. (1890–1914) strukturiert darlegen müssen. Ihre Ausführungen zur „Politik der freien Hand" des Kaisers dürfen hier ruhig etwas mehr Raum einnehmen, da sie – im Gegensatz zur Bismarck-Ära – Anknüpfungspunkte zum Material bieten. Auf dieses sollten Sie sich an geeigneter Stelle immer wieder beziehen. Vergessen Sie nicht, den Bruch zwischen den unterschiedlichen außenpolitischen Vorstellungen und Herangehensweisen zu betonen sowie einzelne konkrete Ereignisse zu erwähnen, die die jeweilige außenpolitische Epoche geprägt haben.

Bismarcks Außenpolitik

außenpolitische Vorstellungen und Ziele Bismarcks

Nach den Einigungskriegen (1864–1870/71) erklärte Reichskanzler Bismarck das neu gegründete **Deutsche Reich**, das zur stärksten Macht in Mitteleuropa aufgestiegen war und dadurch das Misstrauen der anderen Großmächte erregte, für „**saturiert**". Damit machte er deutlich, dass er sich mit dem Erreichten zufriedengab und nicht nach territorialer Expansion strebte, sondern den **Status quo** erhalten wollte. Sein Hauptziel war es dabei, **Frankreich zu isolieren**, das sich nach dem verlorenen Deutsch-Französischen Krieg in den Augen Bismarcks mit Revanchegedanken trug, die das Kaiserreich der Gefahr eines **Zweifrontenkriegs** aussetzten. Um einen solchen zu **vermeiden**, schuf Bismarck ein komplexes **Bündnissystem** der europäischen Großmächte, das gegen das Kaiserreich gerichtete Koalitionen verhindern sollte („Kissinger Diktat" 1877). Zu diesem Zweck **verzichtete** er (abgesehen von einzelnen Gebietserwerbungen deutscher Kaufleute in Afrika 1883/84) **auf** eine imperialistische **Kolonial- und Weltpolitik**.

Die Grundlage von Bismarcks Bündnispolitik bildete der 1879 mit Österreich abgeschlossene **Zweibund**, der 1882 mit Italien zum **Dreibund** erweitert wurde. Durch den **Drei-Kaiser-Vertrag** (1881–1887) band Bismarck Russland und Österreich an das Deutsche Reich. Als sich das deutsch-russische Verhältnis 1887 verschlechterte und eine Hinwendung des Zarenreichs zu Frankreich drohte, vereinbarten Russland und das deutsche Kaiserreich den **Rückversicherungsvertrag**. In dessen „ganz geheimem Zusatzprotokoll" garantierte Bismarck die Neutralität des Kaiserreichs im Falle einer Inbesitznahme der Meerengen durch Russland, obwohl diese Übereinkunft den Balkaninteressen Österreichs entgegenstand. Gleichzeitig förderte Bismarck das Zustandekommen der **Mittelmeer-Entente** zwischen Großbritannien, Österreich-Ungarn und Italien zur Aufrechterhaltung des Status quo im Mittelmeerraum, was wiederum dem Zusatzprotokoll des Rückversicherungsvertrags widersprach. Trotz seiner **Doppelbödigkeit** sorgte Bismarcks Bündnissystem für ein **Gleichgewicht der Mächte** in Europa und die Stabilisierung der Position des Kaiserreichs im weltpolitischen Gefüge.

Bismarcks Bündnissystem

Nach dem erzwungenen Rücktritt Bismarcks 1890 schlug Kaiser Wilhelm II. einen „Neuen Kurs" in der Außenpolitik ein. Seine **außenpolitische Wende**, die eine „Politik der freien Hand" ohne feste Bindungen umfasste, hatte die **Auflösung von Bismarcks Bündnissystem** in Europa zur Folge. Bereits die Nichtverlängerung des Rückversicherungsvertrags mit Russland 1890 veränderte das Machtgefüge der europäischen Großmächte entscheidend, da sie 1894 zu einem **russisch-französischen Militärbündnis** führte. Damit war Frankreich nicht länger isoliert und die von Bismarck gefürchtete **Zwei-Fronten-Konstellation** war eingetreten. Der kolonialpolitische Ausgleich zwischen Großbritannien und Frankreich 1904 sowie die Erweiterung dieser **Entente cordiale** zur **Triple-Entente** aus Russland, Frankreich und Großbritannien 1907 führte bei Deutschland zu einem **Gefühl der „Einkreisung"**. Dieses kommt auch in den Unterhaltungen der Arbeiter zum Ausdruck („Wir haben einen Feind im Westen und im Osten, der nur auf die Gelegenheit wartet, mit Deutschland anzubinden.", Z. 14 f.). Als Konsequenz festigte Deutschland den Zweibund mit seinem einzig verbliebenen Bündnispartner Österreich-Ungarn („**Nibelungentreue**"), was eine **konfliktträchtige Zweifrontenstellung** entstehen ließ (Mittelmächte Deutschland und Österreich vs. Alliierte der Triple-Entente). Das Gefühl, von Feinden umzingelt zu sein, erhöhte in Deutschland die **Bereitschaft**, einen **Präventivschlag zu starten**, was in den Wochen vor Ausbruch des Ersten Weltkriegs zur Eskalation der Krise beitrug.

„Neuer Kurs" Kaiser Wilhelms II.

Auflösung von Bismarcks Bündnissystem

Neben seiner Abkehr von Bismarcks Bündnispolitik zeigte sich der „Neue Kurs“ Kaiser Wilhelms II. durch sein Bestreben, „**Weltpolitik** zu treiben“ (Z. 32). Spätestens ab 1896 hegte Deutschland nun auch **imperialistische Ambitionen** und forderte einen „Platz an der Sonne“ (Reichskanzler Bülow) für sich. Als Großmacht wollte es auch außerhalb Europas an **Macht und Einfluss gewinnen**. Die bisherigen „Schutzgebiete“ des Reichs wurden zu **Kolonien** (Deutsch-Südwestafrika, Deutsch-Ostafrika, Togo, Kamerun). Rentabel waren diese, wie auch die Arbeiter betonen (vgl. Z. 29), nicht, sie galten vor allem als **nationalistische Prestigeobjekte**. Aufstände der indigenen Bevölkerung schlug Deutschland in verheerenden **Kolonialkriegen** nieder, die gegen die Nama und Herrero in **Völkermord** ausarteten (1904–1908). Diese Kolonialkonflikte werden von den Hamburger Arbeitern 1900 bereits vorhergesagt (vgl. Z. 57 ff.). Welt- und Kolonialpolitik

Um im Rahmen des Imperialismus am „Wettlauf um Afrika“ teilnehmen zu können, begann Wilhelm II. ab 1896, die Flotte aufzurüsten. Wie ehrgeizig der Kaiser seine **Flottenpolitik** betrieb, zeigt die Äußerung eines Hamburger Arbeiters, der 1899 der Regierung vorwirft, eine Flotte zu fordern, „die ins Unendliche geht“ (Z. 23). Ziel der kaiserlichen Führung war es, **England** seinen **Rang als führende Seemacht streitig zu machen**, was von den Hamburger Arbeitern abgelehnt wird (vgl. Z. 33 f.), obwohl die Marine bei einem Teil der Bevölkerung, besonders im Bürgertum, durchaus populär war. Flottenpolitik

Das von Wilhelm II. betriebene **Wettrüsten** förderte **Nationalismus und Militarismus** in der Gesellschaft, was sich unter anderem in der Gründung nationalistischer Gesellschaften wie dem Deutschen Flottenverein (1898) niederschlug. Der mit missionarischem Eifer verfolgte **Wunsch nach „Weltgeltung**“ sorgte bei den anderen Großmächten für Irritationen und **diplomatische Verwerfungen** mit dem Deutschen Reich. Nationalismus und Militarismus

Diese führten über **lokale Kriege und Krisen** (Marokkokrisen 1905/06 und 1911; Balkankrisen und -kriege zwischen 1908 und 1913; Julikrise 1914) schließlich zum **Ausbruch des Ersten Weltkriegs** am 1. August 1914. Weg in den Krieg

3 **TIPP** *Anforderungsbereich: II/III, Bewertungseinheiten AFB II: 5/AFB III: 25*

In der dritten Teilaufgabe sollen Sie überprüfen, ob die kritischen Worte der Hamburger Arbeiter über die „Flottenvermehrung“ im Kaiserreich auch auf Hitlers Außenpolitik von 1933 bis 1939 zutreffen. Sie müssen sich also zunächst klarmachen, was in dem Zitat behauptet wird: Der Arbeiter ist der Meinung, dass die Aufrüstung unter dem Vorwand geschehe, Frieden und Sicherheit zu gewährleisten, obwohl eigentlich allgemein bekannt sei, dass auf diesem Weg der Frieden niemals bewahrt werden könne. Nach einer Erläuterung der Behauptung in Ihren eigenen Worten, müssen Sie diese auf die NS-Außenpolitik übertragen. Fragen Sie sich also, inwiefern Hitler eine ähnliche Strategie verfolgte und seine kriegerischen Ziele durch eine Friedensrhetorik tarnte. Es geht hier nicht darum, zu erörtern, ob die Behauptung auf die NS-Außenpolitik zutrifft oder nicht, sondern darum, zu zeigen, in welcher Hinsicht sie mit Hitlers Vorgehen übereinstimmt. Thematisieren Sie also zunächst Hitlers vermeintlich friedenssichernde Maßnahmen bzw. die Friedenspropaganda des NS-Regimes, die beide dazu dienten, das In- und Ausland in Sicherheit zu wiegen. Anschließend sollten Sie dann anhand zentraler Vorgänge und Ereignisse nachweisen, dass Hitler eigentlich von Anfang an den Krieg geplant hatte. Zum Abschluss fassen Sie das Ergebnis Ihrer Überprüfung in einem Fazit zusammen.

Einleitung

Erläuterung des Zitats

Mitarbeiter der Hamburger Politischen Polizei hörten um 1900 in einer Gaststätte mit an, wie Arbeiter die Flottenpolitik der Regierung kritisierten. Verallgemeinert behaupten die Arbeiter, **militärische Aufrüstung** geschehe unter dem **Vorwand**, den **Frieden zu wahren**, aber in Wirklichkeit **sichere sie den Frieden niemals**. Dieser Vorwurf trifft in ähnlicher Form auch auf **Hitlers Außenpolitik** von 1933 bis 1939 zu, was im Folgenden gezeigt werden soll.

Hitlers Friedenspropaganda

Wunsch nach Revision des Versailler Vertrags

Von Beginn an betrieb Hitler eine ausgefeilte **Friedenspropaganda**, um sowohl das Ausland als auch die eigene Bevölkerung über seine eigentlichen Bestrebungen hinwegzutäuschen. Als Hauptziel seiner Außenpolitik gab er (wie schon seine Vorgängerregierungen in der Weimarer Republik) die **Revision des Versailler Vertrags** aus. Alle Schritte zur Aufhebung der darin festgelegten Beschränkungen rechtfertigte er als friedenssichernde Maßnahmen: Deutschland solle lediglich wieder **international gleichberechtigt** sein und in **freier Selbstbestimmung** für seine Sicherheit sorgen können („Friedensrede" im Reichstag im Mai 1933). Dieser Wunsch stieß beim westlichen Ausland, vor allem bei Großbritannien, auf offene Ohren, da man dort die Bestimmungen des Versailler Vertrags als zu strikt empfand und aufgrund eigener innen- und wirtschaftspolitischer Schwierigkeiten eine außenpolitische Deeskalation befürwortete (**Appeasement-Politik**).

vermeintliche Friedenspolitik Hitlers

Seine vermeintliche Friedfertigkeit unterstrich Hitler durch das im Juli 1933 mit dem Vatikan abgeschlossene **Konkordat**, das einen enormen **Prestigegewinn** für das NS-Regime darstellte. Selbst den **Austritt Deutschlands aus dem Völkerbund** im Oktober 1933 rechtfertigte Hitler damit, auf diese Weise dem Frieden und der Sicherheit Deutschlands besser dienen zu können. Drei Monate später demonstrierte Hitler seinen vorgeblichen eigenen Friedenswillen mit dem Abschluss eines **Nichtangriffspakts mit Polen**

(Januar 1934). Einen weiteren innen- und außenpolitischen Erfolg erzielte er im März 1935, als nach einer **Volksabstimmung im Saarland**, bei der sich eine große Mehrheit für eine „Rückkehr" ins Deutsche Reich ausgesprochen hatte, das Gebiet gemäß dem Versailler Vertrag wieder ins Reich eingegliedert werden konnte. Selbst nach Aktionen, die den Bestimmungen des Versailler Vertrags zuwiderliefen, wie zum Beispiel der **Wiedereinführung der allgemeinen Wehrpflicht** im März 1935, betonte Hitler immer wieder seine friedlichen Absichten und seine Verhandlungsbereitschaft. Dies brachte ihm nicht nur breite **Zustimmung** im Volk, sondern auch **internationale Anerkennung** aus dem Ausland (Flottenabkommen mit England im Juni 1935). Höhepunkt von Hitlers Friedenspropaganda waren die **Olympischen Sommerspiele 1936** in Berlin, die der Diktator dazu nutzte, Deutschland vor aller Welt als machtvolles, aber friedliebendes Land darzustellen.

Adressaten von Hitlers Friedenspropaganda

Adressat seiner Friedenspropaganda war neben dem **Ausland** immer auch die **deutsche Bevölkerung**, vor der die aggressiven **Kriegspläne** der eigenen Regierung **verschleiert** werden sollten, um bei Ausbruch eines Kriegs die ausländischen Mächte des Angriffs bezichtigen zu können. Selbst wenige Tage vor der Entfesselung des Zweiten Weltkriegs versuchte Hitler noch, seine Gegner über seine wahren und weitgehenden Absichten zu täuschen, indem er mit der UdSSR, die er zu diesem Zeitpunkt längst geplant hatte zu überfallen, den **Hitler-Stalin-Pakt** abschloss. Dieser hatte allerdings vornehmlich die Verständigung der beiden Mächte über eine künftige Aufteilung Polens zum Inhalt, kann also als Paradebeispiel für Hitlers **nur scheinbare Friedfertigkeit** dienen.

Hitlers „wahres Gesicht"

von Beginn an kriegerische Ausrichtung der Politik

In Wirklichkeit wollte Hitler nie den Status quo in Europa erhalten. Bereits seit 1933 appellierte er immer wieder an den **Wehrwillen des Volkes**, der sowohl in Schule und Unterricht sowie der Hitlerjugend als auch bei massenwirksamen **Propagandaveranstaltungen** beschworen wurde. 1936 verlangte er in einer geheimen Denkschrift („**Vierjahresplan**") von Wirtschaft und Militär, in vier Jahren kriegsbereit zu sein. Dazu schloss er im selben Jahr **kriegsrelevante Bündnisse** (mit Italien die „Achse Berlin-Rom" und mit Japan den Antikominternpakt). Außerdem unterstützte er bereits vor Ausbruch des Zweiten Weltkriegs **kriegerische Konflikte**. Zum Beispiel nahm der deutsche Luftwaffenverband „Legion Condor" von 1936 bis 1939 – streng geheim – aufseiten des faschistischen Generals Franco am **Spanischen Bürgerkrieg** teil.

zunehmende Expansionspolitik

Wie rücksichtslos Hitler seine **expansiven Ziele** zu verfolgen gedachte, offenbarte er 1937 vor Spitzen der Wehrmacht und des Auswärtigen Amts, als er den Krieg als Mittel zur Gewinnung von „**Lebensraum im Osten**" nannte („**Hoßbach-Protokoll**"). Um diese Pläne in die Tat umsetzen zu können, ergriff Hitler eine Vielzahl von Maßnahmen, die sein „wahres Gesicht" zeigten. So ließ er im März 1936 entgegen den Bestimmungen des Versailler Vertrags und des Vertrags von Locarno die **Wehrmacht ins entmilitarisierte Rheinland einmarschieren** und erzwang nur zwei Jahre später den „**Anschluss**" **Österreichs**. Sein nächstes außenpolitisches Ziel, die **Eingliederung des Sudetenlands**, erreichte er in einer Mischung aus Friedensrhetorik (Forderung nach Selbstbestimmungsrecht der deutschen Minderheit im Sudetenland) und Drohungen (Einmarsch in die Tschechoslowakei). Das daraufhin ohne Mitsprache der Tschechoslowakei zwischen Deutschland, Frankreich, Großbritannien und Italien beschlossene „**Münchner Abkommen**" vom 30. September 1938 verfügte die Abtretung des Sudetenlands an Deutschland und stellt den Höhepunkt der Appeasement-Politik dar. Kurz darauf, am Tag nach der **Pogromnacht** vom 9. November 1938, bekannte Hitler sich vor Journalisten öffentlich zur **Ausrichtung auf Krieg und Völkermord**. Bislang hätten ihn die Umstände gezwungen, „nur vom Frieden zu reden." Jetzt müsse das Volk auf Gewalt und den „Endsieg" eingeschworen werden (Rede Hitlers vor der deutschen Presse am 10. November 1938).

Ende der Appeasement-Politik

Sichtbares Zeichen für das Ende der Friedenspropaganda waren dann im März 1939 die „**Zerschlagung der Rest-Tschechei**" und im April 1939 die **Kündigung des Nichtangriffspakts** mit Polen sowie des Flottenabkommens mit England. Nur wenige Monate später ließ Hitler dann keinen Zweifel mehr an seinen kriegerischen Plänen, als er mit dem **deutschen Überfall auf Polen** am 1. September 1939 den Zweiten Weltkrieg begann.

Fazit

Friedenspropaganda zur Verschleierung von Kriegsvorbereitung

Die Gegenüberstellung von Hitlers Außenpolitik in ihrer **öffentlichen Darstellung** und **tatsächlichen Zielsetzung** zeigt, dass die Kritik der Wirtshausgäste an der Flottenpolitik im Kaiserreich erst recht auf die nationalsozialistische Außenpolitik zutrifft. Unter dem **Vorwand**, den **Frieden** zu sichern, bereitete Hitler seinen **aggressiven Expansionskrieg** vor. Damit bestätigt sich an Hitlers Außenpolitik einmal mehr, dass militärische Aufrüstung „den Frieden niemals sichern kann" (Z. 5), wie es auch Hamburger Arbeiter 1898 befürchteten.

Einheit und Freiheit für Deutschland

Aufgabenstellung

1 Fassen Sie zusammen, wie sich Rotteck in der Frage der Gestaltung der Einheit Deutschlands positioniert. (Material) (25 BE)

2 Erläutern Sie, auch unter Bezugnahme auf die Position Rottecks (Material), Forderungen und Bestrebungen nach Einheit und Freiheit in Deutschland von 1815–1848/49. (40 BE)

3 „Ich will die Einheit nicht anders als mit Freiheit, und will lieber Freiheit ohne Einheit, als Einheit ohne Freiheit …" (Material)
Überprüfen Sie anhand der Politik der Bundesrepublik Deutschland von 1949 bis 1990, inwiefern das Verhältnis beider deutscher Staaten zueinander vom Streben nach Einheit und Freiheit bestimmt wurde. (35 BE)

M 1 Rede von Karl Rotteck auf einem Fest in Badenweiler, gehalten am 11. Juni 1832, abgedruckt in der Zeitung „Der Freisinnige" am 16. Juni 1832

Das Fest, das wir heute begehen, ist, wenn ich seinen Charakter richtig auffasse, einem Familienfest ähnlich, verglichen mit einem Gemeindefest. Es ist ein Fest des badischen Oberlands[1], d. h. der durch nähere Berührung, Gemeinschaft der Interessen und vielfache persönliche Verbrüderung sich innigst angehörigen Bewohner dieses schönen und segenreichen Teils unsers badischen Vaterlandes; nicht eben ein Gesamtfest für Baden oder gar für ganz Deutschland; es verhält sich zu einem deutschen Fest, wie das der Familie zu jenem der Gemeinde. Gleichwie aber bei edleren Familienfesten auch von Angelegenheiten der Gemeinde, als der größeren Familie, liebend gesprochen wird, also mögen auch wir unsern Gefühlen und Wünschen für ganz Baden und Deutschland hier eine Stimme geben. Ich bringe hiernach den Trinkspruch aus auf die Selbständigkeit Badens …

Liegt in solchem Trinkspruch ein Widerstreit gegen das heut überall laut ausgerufene Lösungswort „Einheit Deutschlands", und gegen die geliebten drei Farben[2], welche man allenthalben neben oder ohne die besondern Landesfarben jubelnd aufpflanzt? – Der Begriff der Einheit Deutschlands ist gar verschiedener Bestimmung empfänglich, eine nähere Erklärung dürfte hier not tun.

Demnach sage ich: Ich bin für Deutschlands Einheit; ich wünsche, verlange und fordre sie, insofern sie in äußern Dingen die deutsche Nation als Achtung gebietende

Macht auftreten läßt, welche das übermütige Ausland von Beleidigung unsrer Nationalrechte abschrecke, und insbesondre jeden Angriff […] abwende; und insofern sie in einheimischen Dingen der deutschen Nation diejenigen Vorteile des bürgerlichen Verbandes[3], welche nach Maß der Ausdehnung immer fruchtbringender werden, im vollsten Maße, d. h. nach der vollen Ausdehnung der deutschen Erde sichere, als die Freiheit des Verkehrs und Handels, der Niederlassung und zumal auch des freien Wortes in allen Ländern der deutschen Zunge, d. h. der deutschen Presse. – Aber ich will keine Einheit, welche uns in Gefahr setze, nach außen etwa in einen Kriegszug gegen die uns natürlich Verbündeten (allgemeiner Beifall), überhaupt unsern teuersten Interessen und innigsten Gefühlen entgegen geschleppt zu werden, oder welche in einheimischen Dingen, in Sachen der Gesetzgebung und Verwaltung uns Bewohner des […] Rheinlandes nötige, mit dem Maße der Freiheit und Vernunftmäßigkeit uns zu begnügen, welchen etwa für Pommern oder Österreich taugen oder von den Machthabern alldort für hinreichend erkannt werden mag. Ich will die Einheit nicht anders als mit Freiheit, und will lieber Freiheit ohne Einheit, als Einheit ohne Freiheit … ich will keine Einheit unter den Flügeln des preußischen oder des österreichischen Adlers (allgemeiner lauter Beifall); ich will keine unter einer etwa noch zu stärkenden Machtvollkommenheit des so wie gegenwärtig organisierten Bundestages (lautester Beifall), und will auch keine unter der Form einer allgemeinen deutschen Republik (abermaliger Beifall), weil der Weg, zu einer solchen zu gelangen, schauerlich, und der Erfolg oder die Frucht der Erreichung höchst ungewisser Eigenschaft erscheint. … Ich will also keine in äußern Formen scharf ausgeprägte Einheit Deutschlands – ein Staaten-Bund ist, laut dem Zeugnis der Geschichte, zur Bewahrung der Freiheit geeigneter als die ungeteilte Masse eines großen Reiches – sondern neben der freilich unerläßlichen Reform der gegenwärtig bestehenden antipopulären[4] Verfassung unsrer Bundesautorität – nur eine innere, aber lebenswarme Einheit oder Vereinigung der Völker Deutschlands, welche gegenüber der drohend bestehenden Vereinigung der Fürsten und jener der Aristokraten Deutschlands zum Schirme der Volksrechte geschlossen werde.

Dietmar Stübler (Hg): Deutschland – Italien 1789–1849. Zeitgenössische Texte, Leipzig 2002, S. 176 ff.

Anmerkungen

1 badisches Oberland: Bezeichnung für ein Gebiet im äußersten Südwesten des Großherzogtums Baden, das an Frankreich grenzt
2 die geliebten drei Farben: Gemeint sind die Farben Schwarz-Rot-Gold.
3 bürgerlicher Verband, *hier:* bürgerliche Gesellschaft
4 antipopulär, *hier:* gegen das Volk gerichtet

Hinweise:

Karl Rotteck (1775–1840), Jura-Professor in Freiburg, Mitarbeit an der badischen Landesverfassung von 1818, ab 1818 Abgeordneter im badischen Landtag

Das Fest, anlässlich dessen Rotteck seine Rede hielt, wurde zur Feier des 14. Jahrestages der badischen Verfassung gehalten. Im Vorfeld hatte er verhindert, dass badische Burschenschaftler die schwarz-rot-goldene Fahne aufzogen.

Die Rechtschreibung entspricht der Textvorlage.

TIPP **Inhaltliche Schwerpunkte**

Die vorliegende Aufgabe bezieht sich schwerpunktmäßig auf das Themenfeld „Die deutsche Revolution von 1848/49 – Markstein auf dem Weg zu Parlamentarismus, Demokratie und Nationalstaat?“. Dabei stehen die Stichworte „Entstehung, Entwicklung und Unterdrückung der liberal-nationalen Bewegung im europäischen Kontext (1813/15–1848)“ sowie „Kernprobleme der Revolution: politische Strömungen, soziale und politische Forderungen, Verfassungsfragen (Staatsorganisation, Wahlrecht), nationale Frage (kleindeutsch vs. großdeutsch, Polenfrage)“ im Zentrum. Ein kursübergreifender Bezug ergibt sich über das Themenfeld „Deutschland von der Teilung zur Einheit“ mit den Stichworten „Entwicklung der innerdeutschen Beziehungen (Hallsteindoktrin, Neue Ostpolitik)“ sowie „Revolution in der DDR und Prozess der deutschen Einigung (Glasnost und Perestroika, oppositionelle Bewegung in der DDR und Mauerfall, der Weg zur Vereinigung der beiden deutschen Staaten im internationalen Kontext)“.

Lösungsvorschlag

1 **TIPP** *Anforderungsbereich: I, Bewertungseinheiten: 25*

Die erste Teilaufgabe fordert Sie auf, zusammenzufassen, wie sich Karl Rotteck zur Frage der Gestaltung der Einheit Deutschlands positioniert. Sie müssen die vorliegende Textquelle also vollständig durchdringen und selbstständig herausfiltern, an welchen Stellen er der Frage nach der Einheit Deutschlands nachgeht. Erzählen Sie nicht einfach alles nach, was Rotteck in seiner Rede erwähnt, sondern konzentrieren Sie sich nur auf die gefragten Aspekte, die Sie komprimiert und strukturiert in Ihren eigenen Worten wiedergeben müssen. Bevor Sie dies tun, sollten Sie die behandelte Quelle kurz vorstellen, indem Sie ihren Autor, ihren Erscheinungszeitpunkt und -ort, die Textsorte, die Adressaten und das Thema nennen. Auch auf den historischen Kontext können Sie zumindest knapp verweisen.

Einleitung

Quelle, Autor, Datierung, Kontext,

Bei der vorliegenden Textquelle handelt es sich um eine **Rede**, die der **badische Landtagsabgeordnete** Karl Rotteck am 11. Juni 1832, etwas über eine Woche nach dem Hambacher Fest, bei einer Feierlichkeit in Badenweiler gehalten hat und die fünf Tage später in der Zeitung „Der Freisinnige“ abgedruckt wurde.

Adressaten,

Er richtet sich mit seiner Rede an die Bürgerinnen und Bürger des badischen Orts, gleichzeitig aber auch an die **Leserschaft der liberalen Zeitung**.

Thema

Rotteck spricht sich in seiner Rede für die **Einheit Deutschlands** aus, betont allerdings, dass diese nur unter der **Gewährung von Freiheitsrechten** verwirklicht werden solle. Aus diesem Grund plädiert er für einen losen **Staatenbund** anstelle eines festen Bundesstaats.

Rotteck nimmt ein Fest zur Feier des 14. Jahrestags der badischen Verfassung zum Anlass, seine Position zur überall geforderten Einheit Deutschlands darzulegen. Er macht klar, dass er selbst die **Einheit** aus zwei Gründen **befürwortet:** Einmal würde diese nach außen **achtunggebietend** wirken und andere Mächte von Respektlosigkeiten gegenüber Deutschland oder Angriffen abhalten (vgl. Z. 18 ff.). Zum anderen würde die Einheit auch **wirtschaftliche und gesellschaftliche Vorteile** bringen, da sie **Handelsfreiheit** ermöglichen und zur Sicherung der **Pressefreiheit** beitragen könne (vgl. Z. 21 ff.).

Position Rottecks zur Einheit
Gründe für Befürwortung der Einheit

Allerdings schränkt Rotteck seinen Wunsch nach Einheit ein, wenn diese auf Kosten der Freiheit herbeigeführt werde. Für ihn steht die **Freiheit eindeutig an erster Stelle** und er will „lieber Freiheit ohne Einheit, als Einheit ohne Freiheit" (Z. 33). Er nennt deshalb mehrere **Bedingungen, unter denen die Einheit für ihn nicht infrage käme:** So lehnt er sie ab, wenn sie einen **Krieg mit Verbündeten** heraufbeschwören würde, wenn damit zu starke **Eingriffe in Gesetzgebung und Verwaltung** Badens einhergehen würden und wenn die Einheit eine **Dominanz von Preußen oder Österreich** nach sich ziehen würde (vgl. Z. 25 ff.). Zudem stellt Rotteck sich **gegen** eine Organisation der Einheit im Rahmen des bestehenden **Deutschen Bundes**, hält aber auch eine **Republik** für schwer zu verwirklichen und in ihrem Ergebnis zu unsicher (vgl. Z. 35 ff.).

Einschränkungen des Wunsches nach Einheit

Insgesamt plädiert Rotteck für einen **Staatenbund**, der ihm zur **Bewahrung der Freiheitsrechte** geeigneter erscheint als das Aufgehen aller Einzelstaaten in einem Bundesstaat (vgl. Z. 39 ff.). Dabei ist ihm wichtig, dass der Bund der deutschen Staaten eine **Vereinigung des deutschen Volks** und nicht der deutschen Fürsten darstellt, da nur dadurch die Rechte der Bevölkerung verteidigt werden könnten (vgl. Z. 44 ff.).

Plädoyer für Staatenbund

2 **TIPP** *Anforderungsbereich: I/II, Bewertungseinheiten: AFB I: 5/AFB II: 35*

In der zweiten Teilaufgabe sollen Sie die Forderungen und Bestrebungen nach Einheit und Freiheit in Deutschland von 1815 bis 1848/49 erläutern. Es liegt hier nahe, wie in der vorliegenden Musterlösung chronologisch vorzugehen und die zentralen Ereignisse der Vormärz-Zeit sowie der Revolution von 1848/49 auf Grundlage Ihrer unterrichtlichen Kenntnisse strukturiert darzustellen. Allerdings spricht auch nichts dagegen, eine thematische Einteilung vorzunehmen, die sich zum Beispiel an den im Text genannten Aspekten (Bundesstaat vs. Staatenbund, Freiheitsrechte, preußisch-österreichischer Dualismus) orientieren kann. Für welche Herangehensweise Sie sich letztlich entscheiden, bleibt Ihnen freigestellt, in jedem Fall ist es wichtig, dass Sie sich immer wieder auf die Positionen von Rotteck beziehen, die Sie in der ersten Teilaufgabe erarbeitet haben. Vergessen Sie dabei nicht, Ihre Textverweise durch direkte oder indirekte Zitate zu belegen.

Streben nach Einheit und Freiheit (1815–1848/49)

Karl Rotteck erwähnt in seiner Rede, dass die „Einheit Deutschlands" (Z. 13) gerade in aller Munde sei und von vielen Personen gefordert werde. Doch nicht nur nach einer **nationalen Einigung** wurden in der ersten Hälfte des 19. Jahrhunderts immer mehr Rufe laut, sondern auch nach damit einhergehenden **Freiheitsrechten** für das Volk, denen auch Rotteck eine herausragende Bedeutung zumisst (vgl. Z. 32 f.). Im Folgenden soll die **Entwicklung dieser Forderungen und Bestrebungen** von 1815 bis 1848 /49 deshalb genauer erläutert werden.

Ergebnisse des Wiener Kongresses

In den Jahren 1814/15 trafen sich Vertreter der europäischen Großmächte auf dem **Wiener Kongress**, um nach den Koalitionskriegen gegen Napoleon eine **Neuordnung Europas** zu beschließen. Dabei war es das Ziel der versammelten Fürsten, die vorrevolutionären Verhältnisse wiederherzustellen und ein Kräftegleichgewicht in Europa zu schaffen. Für die deutschen Staaten bedeutete das die Gründung des **Deutschen Bundes** (den Rotteck ganz klar als „drohend bestehend[e] Vereinigung der Fürsten", Z. 45 f., ablehnt) unter der Führung Österreichs („System Metternich"). Dieser lose Fürstenbund war als **Bollwerk gegen** die Ideen von **Liberalismus, Demokratie und nationaler Einigung** gerichtet. Gleichzeitig bildeten Russland, Österreich und Preußen die **Heilige Allianz** zur gemeinsamen Abwehr revolutionärer Bestrebungen in ihrem jeweiligen Einflussgebiet.

Entstehung der liberal-nationalen Bewegung

In den Augen des deutschen Bildungsbürgertums und der Studenten, die in den Befreiungskriegen gegen die napoleonische Fremdherrschaft gekämpft hatten, war dies gleichbedeutend mit dem **Scheitern** ihrer Vorstellungen von einem **Nationalstaat** und einer **Bundesverfassung**. Die beschlossenen Regelungen stellten demzufolge eine herbe **Enttäuschung für die Patrioten** dar. Auch Rotteck äußert sich negativ über die „Machtvollkommenheit des so wie gegenwärtig organisierten Bundestages" (Z. 35 f.). Ab 1815 engagierten sich folglich viele Studenten in **Burschenschaften**, die sich für **demokratische Reformen und die nationale Einheit** einsetzten, die auch Rotteck befürwortet (vgl. Z. 17). Nur zwei Jahre später fand anlässlich des vierten Jahrestags der Völkerschlacht von Leipzig und des 300. Jahrestags von Luthers Thesenanschlag das **Wartburgfest** als erstes deutsches Nationalfest statt. Kundgebungen und Forderungen nach politischer Einheit und Freiheit verdeutlichten bei diesen Feierlichkeiten die **gewachsene liberal-nationale Bewegung** mit ihren verschiedenen Strömungen.

Als am 23. März 1819 der **reaktionäre Schriftsteller** und Diplomat August von Kotzebue durch den Studenten Sand **ermordet** wurde, nutzte die Obrigkeit diese Tat zur Verabschiedung **repressiver Maßnahmen**. Die **Karlsbader Beschlüsse** verboten Burschenschaften und Turnvereine, sorgten für eine Pressezensur und ließen Universitäten überwachen sowie Oppositionelle verfolgen. Infolge dieser Unterdrückung **flaute die Nationalbewegung** in den 1820er-Jahren **ab** und viele ihrer Anhänger zogen sich ins Private zurück. Erst als 1830 im Zuge der **Juli-Revolution in Frankreich** ein liberaler Herzog zum Bürgerkönig ernannt wurde, der an eine Verfassung gebunden war, **flammte die liberale Bewegung** auch in Deutschland **wieder auf**. Zwei Jahre später fand mit dem **Hambacher Fest** die erste politische Massendemonstration mit über 20 000 Teilnehmern in Deutschland statt. Die **Forderungen nach einem deutschen Nationalstaat auf Grundlage einer Verfassung** waren nun nicht mehr zu überhören, weshalb die Obrigkeiten mit verschärften politischen Repressionen und polizeistaatlicher Überwachung reagierten. Danach gab es zwar noch **vereinzelte Aufstände** in deutschen Staaten wie zum Beispiel den Sturm radikaler Studenten auf die Frankfurter Hauptwache im Jahr 1833, jedoch behielten die **konservativen Kräfte** der Beharrung zunächst **die Oberhand**.

Unterdrückung der liberal-nationalen Bewegung

Die Wünsche der Liberalen nach politischer Einheit und Freiheit blieben also weiterhin unerfüllt. Allerdings wurde 1834 unter preußischer Führung der **deutsche Zollverein** gegründet, der zumindest auf **wirtschaftlichem Gebiet** für eine **Einigung** sorgte. Diese dürfte Rotteck zufriedengestellt haben, da auch er sich 1832 die „Freiheit des Verkehrs und Handels“ (Z. 24) gewünscht hat. Dass die wirtschaftliche Einigung allerdings **ohne Österreich** stattfand, offenbarte den im Vormärz herrschenden **preußisch-österreichischen Dualismus**, der genauso wie die Zugehörigkeit des Vielvölkerstaats Österreich zum Deutschen Bund eine gesamtdeutsche Einigung erschwerte. Auch Rotteck befürchtet dementsprechend, dass eine deutsche Einheit zu einem „Kriegszug gegen die uns natürlich Verbündeten“ (Z. 26 f.) führen könnte, womit er die deutschsprachigen Gebiete Österreichs meinen dürfte.

wirtschaftliche Einigung

Als im Februar 1848 der französische Bürgerkönig abgesetzt und in Frankreich die Republik ausgerufen wurde, war das die Initialzündung für eine **Volkserhebung in Deutschland**. In südwestdeutschen Einzelstaaten wurden Forderungen nach Pressefreiheit, Volksbewaffnung, liberalen Ministern sowie Wahlen zu einem gesamtdeutschen Parlament laut („**Märzforderungen**“) und kurz darauf kam es in allen Staaten des Deutschen Bundes zu schichtenübergreifenden **Massendemonstrationen**. Es ist gut vorstellbar, dass sich auch

Märzrevolution 1848

Rotteck an diesen beteiligt hätte, da er bereits 1832 mit der Forderung nach Pressefreiheit aufgetreten ist (vgl. Z. 24 f.). Um eine Eskalation der Situation zu verhindern, kamen die Fürsten den Aufständischen mit **Zugeständnissen** entgegen, setzten liberale Minister ein („**Märzminister**") und ließen die Bildung verfassunggebender Versammlungen zu. Im Mai 1848 trat die frei gewählte verfassunggebende **Nationalversammlung in der Frankfurter Paulskirche** zum ersten Mal zusammen und stellte sich der Herausforderung, die Einzelstaatlichkeit zu überwinden und eine **Verfassung** mit garantierten Grund- und Menschenrechten für ein vereinigtes Deutschland **auszuarbeiten**.

Frankfurter Paulskirche und Scheitern der Revolution

Problematisch war hierbei nicht nur die Frage nach der **Staatsform** (konstitutionelle Monarchie oder Republik), sondern auch nach den **Grenzen des zu schaffenden Nationalstaats** (mit Österreich oder ohne Österreich). Nach langen Diskussionen einigte man sich auf die Etablierung einer **konstitutionellen Monarchie in Form eines Bundesstaats** und eine Reichseinigung ohne die Gebiete des Habsburgerreichs unter der Führung Preußens (**kleindeutsche Lösung**). Zwar spricht sich auch Rotteck gegen eine Republik aus (vgl. Z. 37), jedoch wendet er sich noch vehementer gegen einen deutschen Bundesstaat (vgl. Z. 40). Man kann also davon ausgehen, dass er mit diesen Entscheidungen nicht vollkommen einverstanden gewesen wäre. Besonderes Augenmerk legten die Abgeordneten der Frankfurter Paulskirche auf einen **Grundrechtekatalog** in der Verfassung, der im Dezember 1848 verkündet wurde, was sicher den Gefallen Rottecks gefunden hätte, der Freiheit sogar vor das Ziel der Einheit gestellt hat (vgl. Z. 32 f.). Allerdings scheiterte die ausgearbeitete Verfassung im April 1849 daran, dass **König Friedrich Wilhelm IV.** von Preußen die ihm von den Parlamentariern angebotene **Kaiserkrone ablehnte**. Dies hätte Rotteck, der schon 1832 eine Einheit „unter den Flügeln des preußischen oder des österreichischen Adlers" (Z. 34) gefürchtet hat, eventuell sogar erleichtert. Da sich bereits im Oktober 1848 vor allem in Preußen und Österreich die **Gegenrevolution** formiert hatte, konnten bis Juli 1849 auch die letzten Widerstände der **Volkserhebung** mithilfe der preußischen Armee **niedergeschlagen** werden. Damit war das liberale Streben nach Einheit und Freiheit vorerst im Keim erstickt.

3 **TIPP** *Anforderungsbereich: II/III, Bewertungseinheiten: AFB II: 5/AFB III: 30*

Der dritten Teilaufgabe liegt ein Zitat aus Rottecks Rede zugrunde, welches auf das Spannungsverhältnis bei der Verwirklichung von nationaler Einheit und politischer Freiheit hinweist. Die Aufgabenstellung verlangt nun von Ihnen, sich der bundesrepublikanischen Politik von 1949 bis 1990 zuzuwenden und zu überprüfen, inwiefern in dieser Zeit das Verhältnis der beiden deutschen Staaten zueinander vom Streben nach Einheit und Freiheit bestimmt wurde. Um der recht komplexen Aufgabe gerecht zu werden, sollten Sie sich vor der Ausformulierung Ihrer Lösung eine klare Struktur überlegen. Am besten teilen Sie die bundesrepublikanische Politik in unterschiedliche Phasen ein und erläutern jeweils, wie deren Vertreter sich im genannten Zeitraum zu Freiheit und Einheit positionierten. Ziehen Sie dann am Ende ein differenzierendes Gesamtfazit.

Hinführung zur Überprüfung
Spannungsverhältnis zwischen Einheit und Freiheit

Schon Rotteck wägt in seiner 1832 gehaltenen Rede **Einheit und Freiheit** gegeneinander ab und stellt sich klar auf die Seite der Freiheit, wenn er erklärt, dass er sogar lieber auf die Einheit verzichten würde, als diese ohne die Freiheit zu verwirklichen (vgl. Z. 32 f.). Seine Äußerung weist also deutlich auf ein **Spannungsverhältnis** zwischen Einheit und Freiheit hin. Auch in der Zeit der deutschen Teilung zwischen 1949 und 1990 musste sich die Bundesrepublik immer wieder mit diesem auseinandersetzen. Es ist deshalb interessant, zu untersuchen, wie sich die unterschiedlichen **bundesrepublikanischen Regierungen** zur Frage der Einheit positionierten und welche Auswirkungen dies auf die **Beziehung beider deutscher Staaten** zueinander hatte. Dazu soll die bundesrepublikanische Politik in drei Phasen unterteilt werden: die **Kanzlerschaft Konrad Adenauers** von 1949 bis 1963, die Ära des „Wandels durch Annäherung“ (Egon Bahr) und der Neuen Ostpolitik unter **Willy Brandt** von 1963 bis 1974 sowie den Prozess der **Wiedervereinigung** 1989/90.

Phase 1
„Politik der Stärke“ von Konrad Adenauer

Die **Regierungszeit Konrad Adenauers** war ganz klar vom **Streben nach Freiheit** dominiert. So räumte Adenauer der Wiedererlangung der vollständigen Souveränität **Vorrang vor dem langfristigen Ziel einer Wiedervereinigung** ein. Sein erklärtes Ziel war eine konsequente **Westintegration**, die er unter anderem über eine Wiederbewaffnung der Bundesrepublik erreichen wollte. Seiner Meinung nach wirke die wirtschaftliche und politische Stärke des Westens als „Magnet“ auf den Osten und führe langfristig zu einer deutschen Wiedervereinigung. Nach dieser „**Politik der Stärke**“ war es entscheidend, die Bundesrepublik eng an den Westen anzubinden, um auf diesem Weg Freiheitsrechte zurückzugewinnen, die dann auf lange Sicht den Ostteil Deutschlands anziehen und eine Wiedervereinigung ermöglichen würden.

Alleinvertretungsanspruch und Westintegration

Ihre praktische Umsetzung erfuhr diese politische Theorie zunächst einmal durch die **Gründung der Bundesrepublik**, die die deutsche Teilung auf mehrere Jahre zementierte. Ausgangspunkt der Beziehung zum ostdeutschen Teilstaat war der von Adenauer verkündete **Alleinvertretungsanspruch**, mit dem die Bundesrepublik für sich die alleinige Befugnis reklamierte, für das deutsche Volk zu sprechen. Ab 1955 gipfelte dieser Ansatz darin, dass die Bundesrepublik Beziehungen zu Drittstaaten ablehnte, die die DDR anerkannten (**Hallstein-Doktrin**). Vor einem solchen Hintergrund wurde 1952 auch das bis heute kontrovers diskutierte Angebot Stalins abgelehnt, die Wiedervereinigung eines neutralen Gesamtdeutschlands zu akzeptieren (**Stalin-Note**). Adenauer und die Westmächte interpretierten Stalins Vorstoß vorwiegend als **Störmanöver gegen die Westintegration** sowie als Wunsch der Sowjetunion, ihre Macht auf ganz Deutschland auszuweiten. Die Ablehnung zeigt also deutlich, dass für die Bundesrepublik ihre **Integration in die westliche Gemeinschaft Vorrang vor der Herstellung der Einheit** hatte. Die Zusammenarbeit mit den Westmächten erfolgte sowohl auf wirtschaftlichem (Montanunion 1951/52) als auch auf politischem Gebiet (Deutschlandvertrag 1952/53) und fand ihren vorläufigen Abschluss mit der Vereinbarung eines **westdeutschen Verteidigungsbeitrags**, der 1956 mit der Aufnahme der Bundesrepublik in die **NATO** einherging. Von einer Wiederherstellung der deutschen Einheit war man zu diesem Zeitpunkt demnach weit entfernt.

Phase 2
„Wandel durch Annäherung"

Dies änderte sich erst im Laufe der 1960er-Jahre, als es nach der Beilegung der Kuba-Krise im Oktober 1962 und der damit einhergehenden **Tauwetterperiode** in den internationalen Ost-West-Beziehungen zunehmend schwieriger wurde, die Hallstein-Doktrin aufrechtzuerhalten. Im Zuge dieser Entwicklungen formulierte Egon Bahr seine Theorie vom „**Wandel durch Annäherung**", die besagte, dass man durch eine **Zusammenarbeit mit der DDR** die Freiheitsrechte auf den Osten ausweiten und damit einer **Wiedervereinigung näherkommen** wollte.

Neue Ostpolitik Willy Brandts

Seine praktische Umsetzung erfuhr dieser politische Ansatz unter der Kanzlerschaft **Willy Brandts** (1969–1974), der durch die Formel von den „zwei Staaten in Deutschland" mit der Doktrin von der Nicht-Existenz der DDR brach und über seine **Neue Ostpolitik** einen Weg suchte, sich dem Osten anzunähern. Zunächst geschah dies über Verträge mit der UdSSR (**Moskauer Vertrag** 1970) und Polen (**Warschauer Vertrag** 1970), in denen die **Unverletzlichkeit der bestehenden Grenzen** aller Staaten in Europa und ein genereller **Gewaltverzicht** festgeschrieben wurden. Das damit hergestellte Vertrauen ermöglichte den Abschluss einer Reihe von Verträgen, die den **Status Westberlins** betrafen (Viermächteabkommen 1971) und **Reiseerleichterungen** von West nach Ost schufen (Transitabkommen 1971, Verkehrsvertrag 1972). Im Dezember 1972 wurde schließlich der **Grundlagenvertrag** zwischen der Bundesrepublik und der DDR abgeschlossen, in dem **gutnachbarliche Beziehungen** zwischen den beiden deutschen Teilstaaten vereinbart wurden, die das Verhältnis der beiden Staaten normalisierten. Insgesamt verfolgte Brandt, ebenso wie seine Vorgänger, das Motto **„Einheit durch Freiheit"**, auch wenn er weniger rigoros als noch Adenauer am Vorrang der Freiheit festhielt.

Phase 3

Prozess der Wiedervereinigung

In einer letzten Phase der deutsch-deutschen Politik kam es schließlich mit dem **Prozess der Wiedervereinigung** zu einer Umsetzung des Ziels **„Einheit durch Freiheit"**. Ihren Anfang nahm diese Entwicklung mit den **Protesten in der DDR**, bei denen die Demonstranten mit der Forderung nach mehr Freiheitsrechten auf Grundlage des Abschlussprotokolls der KSZE-Konferenz von Helsinki auftraten. Diese sogenannten **Montagsdemonstrationen** einzelner oppositioneller Gruppen weiteten sich zu **friedlichen Massendemonstrationen** aus, die schließlich den **Fall der Berliner Mauer** am 9. November 1989 herbeiführten. Im Anschluss daran wurden vermehrt **Forderungen nach einer deutschen Wiedervereinigung** laut, die der westdeutsche Bundeskanzler Helmut Kohl aufgriff und Ende November einen **Zehn-Punkte-Plan** zur langfristigen Realisierung einer deutschen Wiedervereinigung auf Grundlage einer demokratisch reformierten DDR vorlegte. Unter dem fortbestehenden **Druck der Bevölkerung** galten seine Pläne jedoch bald als überholt und die Regierung der Bundesrepublik trat fortan für eine **rasche Wiedervereinigung** ein. Spätestens bei den ersten **freien Wahlen in der DDR** im März 1990 zeigte der deutliche **Wahlsieg der „Allianz für Deutschland"**, dass die DDR-Bevölkerung sich mehrheitlich einen deutschen Gesamtstaat wünschte. Umgesetzt wurde dieser dann offiziell mit dem **Beitritt der DDR zur Bundesrepublik** am 3. Oktober 1990. Die DDR wurde auf diesem Weg Teil des Geltungsbereichs des Grundgesetzes, sodass eine „Einheit durch Freiheit" erzielt worden war.

Fazit

Zusammenfassend lässt sich konstatieren, dass in allen drei genannten Phasen die **Freiheit stets als wichtiger erachtet** wurde **als die Einheit**, sodass letztere nicht infrage gekommen wäre, wenn man dafür Freiheitsrechte hätte aufgeben müssen. Allerdings wurde das **Streben nach Einheit** je nach politischer Ausrichtung der Regierung **unterschiedlich stark gewichtet:** Während die Wiedervereinigung für **Adenauer** eher ein **nachgeordnetes Fernziel** darstellte, rückte sie unter Willy **Brandt** wieder **mehr in den Fokus** und wurde nach dem Mauerfall unter Helmut **Kohl** zum **Hauptziel** der Deutschlandpolitik.

Hessen Geschichte ▪ Abiturprüfung 2021
Leistungskurs ▪ Vorschlag B

Revolutionen in Deutschland

Aufgabenstellung

1 Beschreiben Sie, wie Karl Hampe die revolutionären Ereignisse in Deutschland bewertet. (Material) (25 BE)

2 Stellen Sie den Übergang vom Kaiserreich zur Republik in Deutschland von 1918/19 dar und untersuchen Sie, ob die Befürchtungen Hampes (Material) in dieser Zeit Wirklichkeit wurden. (40 BE)

3 „Man sieht, daß auf die Republik hingearbeitet wird.“ (Material)
Begründen Sie, warum die Monarchie als Staatsform in Deutschland erst 1918 und nicht schon 1848/49 beseitigt wurde. (35 BE)

M 1 **Auszug aus dem Kriegstagebuch Karl Hampes (hier: 1918)**

Dienstag, den 5. November [1918]
[…] Die Aufhebung der Zensur und Versammlungsbeschränkung – der reine Wahnsinn im Kriege! – wirkt weiter niederdrückend auf die innere Einheit. In Stuttgart ist ein Soldatenrat gewählt, in München fordern die Unabhängigen[1] die sofortige „Verkündigung des Friedens“, in Kiel sind ernste Kämpfe gewesen, bei denen auf die Menge, insbesondere auch Soldaten und Mariner, scharf geschossen werden mußte, so daß es zahlreiche Tote und Verwundete gab. Bei der steten Umschmeichelung des unverständigen Volkes, ohne straffe Diktatur, ist der letzte Verteidigungskampf gar nicht zu führen. Unser armes Volk muß offenbar erst durch lange Leiden zu einer vernünftigen Staatsgesinnung kommen. […]

Freitag, den 8. November [1918]
Erst jetzt habe ich mir die Zeitungen der letzten Tage verschafft und mit Schrecken ersehen, daß wir schon halb im Bürgerkriege stehen. In Kiel und den drei Hansestädten[2] sind schwere Unruhen ausgebrochen; die sozialistischen Massen fühlen ihre Stunde gekommen […]. Offenbar ist viel planmäßige Vorbereitung dabei. Allenthalben Einsetzung von Arbeiter- und Soldatenräten, die die radikalsten Forderungen stellen und zum Beispiel in Hamburg wirklich das Heft in der Hand zu haben scheinen. Selbst in Bremen sind die Zivilgefängnisse geöffnet! Abends weitere Nachrichten, daß in München und Darmstadt (letzteres erst mündliche Nachricht, hat sich als falsch herausgestellt) die Republik ausgerufen sei. Die starke Beteiligung der Soldaten ist das Gefährliche. Man sieht, daß auf die Republik hingearbeitet wird. Den unitarischen[3] Zug, der sich damit verbindet, könnte man sich gefallen lassen, aber er trägt das

Gepräge des Bolschewismus und der internationalen Verbrüderung. Hielten unsre Nerven und unsre Einheit genügend aus, so könnte man auch auf Ansteckung in den Ententeländern und dann glimpflicheren Frieden hoffen; aber dazu läßt unser innerer Zusammenbruch nicht Zeit. – Nun hat die Sozialdemokratie bis heute Mittag ein Ultimatum namentlich in der Abdankungsfrage gestellt, will bei Ablehnung aus der Regierung austreten. Das bedeutet noch weitere Entfachung des Bürgerkrieges. Erfüllung aber führt wohl etwas später auch dazu, da die Sozialdemokratie sich den immer radikaleren Forderungen nicht versagen kann oder will. Das Mißtrauen bleibt bei mir doch stets, daß selbst ein Scheidemann die Parteiziele letzten Endes verfolgt und die vaterländischen Töne das nur verdecken. Welche Entscheidung für den Kaiser! [...] Bei den Regierenden allenthalben Schwäche, die in der Lage begründet sein mag, aber weitere Auflösung hervorruft. Es ist zum Heulen. [...]

Samstag, den 9. November [1918]

[...] [I]n Köln Ausschreitungen und Plünderungen; und ruhigere Umwälzungen in vielen andern Städten. Elende Verbrecher werden aus den Gefängnissen befreit und auf die Menschheit losgelassen! Bolschewistisch ist die Bewegung doch wohl nur deshalb noch nicht, weil alles sich duckt, Polizei, Militär, Beamtenschaft sich ihr zur Verfügung stellt. Es muß Parole[4] von oben sein, um Blutvergießen zu vermeiden. [...]

Die Abdankung war wohl eine Notwendigkeit geworden. [...] Leider ist zu befürchten, daß sie jetzt keine Lösung mehr für die inneren Unruhen bringt. Die Unabhängigen mit ihren Räten haben die Macht geschmeckt; sie werden über die Monarchie hinwegschreiten. Die Herrschaft des Pöbels scheint für eine Zeit lang besiegelt. Ein Trost ist noch, daß Berlin sich hält. Jene Herrschaft würde Knechtung der Freiheit bringen. – Es ist ein furchtbares Gefühl: Zu der Knechtung, in die wir morgen oder übermorgen unsern Feinden gegenüber geraten, die uns jeglichen Willen aufzwingen können, kommt diese innere Knechtung, wenn nicht doch noch ein Umschwung, ein Aufraffen erfolgt, das wenigstens diese Aufruhrregierungen unter die Reichsleitung beugt.[...] Gegen diesen Zwang werden ja auch Gegenströmungen nicht ausbleiben, und dann wird gewaltsame Behauptung der Machthaber mit ähnlichen Mitteln wie in Rußland versucht werden. Dabei hört man natürlich nicht auf, von Mündigkeit und politischer Reife unsres Volkes zu reden, weil bei der Umwandlung bisher noch nicht viel Blut geflossen ist; ähnlich wie in Rußland anfangs. [...]

Sonntag, den 10. November [1918]

Der elendeste Tag meines Lebens! Was ist aus Kaiser und Reich geworden! Nach außen steht uns Verstümmelung, Willenlosigkeit, eine Art Schuldknechtschaft bevor; im Innern brutale Klassenherrschaft unter trügerischem Schein der Freiheit, Bürgerkrieg, Hungersnot, Chaos. Berlin ist der Revolution ohne ernstliche Gegenwehr verfallen; über das Thronrecht der Hohenzollern ist man zur Tagesordnung übergegangen; Scheidemann, der es nach Abdankung des Kaisers und Kronprinzen erhalten wollte, hat vom Reichstagsgebäude aus die Republik verkündet, Liebknecht vom Schloßbalkon aus. Einige Offiziere haben sich gewehrt und haben es ehrenvoll mit dem Leben bezahlt. Sonst anscheinend auch hier völliges Versagen der Behörden. Auch hier sind Verbrecher befreit. Man erfährt wohl das Schlimmste nicht einmal! So geht es weiter im Reiche. In Darmstadt soll der Großherzog[5] gefangen sein, weil er den Verzicht weigerte. In Karlsruhe ist auch die Republik verkündet. Was man mit dem Großherzog gemacht hat, steht dahin. Von Mannheim-Ludwigshafen ist die Bewegung gestern Abend auch nach Heidelberg gedrungen.

Karl Hampe: Kriegstagebuch 1914–1919, hg. v. Folker Reichert und Eike Wolgast, 2. Aufl. München: Oldenbourg 2007, S. 770–775.

Anmerkungen

1 Unabhängige: Anhänger der Unabhängigen Sozialdemokratischen Partei Deutschlands (USPD), die sich 1917 von der SPD abgespalten hatte
2 drei Hansestädte: Hamburg, Bremen, Lübeck
3 unitarisch, *hier:* auf die Errichtung eines zentralistisch aufgebauten Deutschlands abzielend
4 Parole, *hier:* Anweisung
5 Gemeint ist der Herrscher des Großherzogtums Hessen.

Hinweis:

Karl Hampe (1869–1936) von 1903 bis 1934 Professor für mittelalterliche Geschichte an der Universität Heidelberg
Die Rechtschreibung entspricht der Textvorlage.

TIPP **Inhaltliche Schwerpunkte**

Die vorliegende Aufgabe bezieht sich hauptsächlich auf das Themenfeld „Die Weimarer Republik als erste deutsche Demokratie“. Dabei steht das Stichwort „Entstehungsbedingungen und innenpolitische Entwicklung (Novemberrevolution, Parteien, Verfassung, Krisenjahr 1923, Stabilisierung, Präsidialregierungen und nationalsozialistische ‚Machtergreifung‘)“ im Mittelpunkt. Der Übergriff auf ein anderes Kurshalbjahr ergibt sich mit der dritten Teilaufgabe zum Themenfeld „Die deutsche Revolution von 1848/49 – Markstein auf dem Weg zu Parlamentarismus, Demokratie und Nationalstaat?“. Dabei sind besonders die folgenden Stichworte von Bedeutung: „Entstehung, Entwicklung und Unterdrückung der liberal-nationalen Bewegung im europäischen Kontext (1813/15–1848)“, „Kernprobleme der Revolution: politische Strömungen, soziale und politische Forderungen, Verfassungsfragen (Staatsorganisation, Wahlrecht), nationale Frage (kleindeutsch vs. großdeutsch, Polenfrage)“ sowie „Ursachen des Scheiterns der Revolution und bleibende Errungenschaften (Vergleich 1849 und Reichsgründung 1871 – Parallele und Kontraste)“.

Lösungsvorschlag

1 **TIPP** *Anforderungsbereich: I, Bewertungseinheiten: 25*

In der ersten Teilaufgabe sollen Sie beschreiben, wie Karl Hampe die revolutionären Ereignisse in Deutschland im November 1918 bewertet. Das heißt, dass Sie in Ihren eigenen Worten zusammenfassend wiedergeben müssen, wie Hampe sich zu den Geschehnissen am Ende des Ersten Weltkriegs positioniert. Stellen Sie in einer Einleitung die Quelle zunächst kurz vor, indem Sie ihren Autor, die Textsorte, die Entstehungszeit und das Thema nennen. Legen Sie anschließend Hampes Bewertung strukturiert und komprimiert dar. Verwenden Sie dazu die indirekte Rede (Konjunktiv I) und verweisen Sie an geeigneten Stellen auf den Text.

Einleitung
Quelle, Autor, Datierung, Thema

In den vorliegenden Auszügen aus seinem **Kriegstagebuch**, das Karl Hampe in den Jahren von 1914 bis 1919 verfasst hat, schildert der Universitätsprofessor die **revolutionären Ereignisse** vom 5. bis 10. **November 1918** und unterzieht sie einer **kritischen Bewertung**.

strukturierte Wiedergabe
Wahrnehmung von Zerfallserscheinungen

Hampes Haltung gegenüber der beginnenden Revolution ist geprägt von der **Sorge um die Stabilität** Deutschlands. Er beklagt den zunehmenden Verlust des inneren Zusammenhalts des Landes (vgl. Z. 2 f.) und **befürchtet bürgerkriegsartige Verhältnisse** wie in Russland (vgl. Z. 50 ff.). Aufgrund der Schwäche der staatlichen Organe, die sich etwa in der Aufhebung von Zensur und Versammlungsbeschränkungen sowie dem **Nachgeben gegenüber den zunehmenden revolutionären Tendenzen** zeige, prognostiziert er weitere Auflösungserscheinungen in Staat und Gesellschaft (vgl. Z. 2 f., 7 ff., 32 ff.). Seiner Meinung nach könnten nur **diktatorische Maßnahmen** die Lage beruhigen und eine „Herrschaft des Pöbels“ (Z. 44) verhindern. **Symptome des Zerfalls** sind für ihn der Zusammenbruch der bisherigen staatlichen Ordnung, die **Gründung von Arbeiter- und Soldatenräten** sowie vielerorts chaotische und anarchische Zustände (vgl. Z. 15 ff.).

Befürchtung einer zukünftigen Radikalisierung

Eine **Radikalisierung** wie unter den Bolschewisten in Russland sei nur deshalb **noch nicht eingetreten**, weil sich die Institutionen des Staats wie Polizei, Beamtenschaft und Militär in den Dienst der revolutionären Bewegung stellen würden (vgl. Z. 38 ff.). Der Verfasser sieht die **Abdankung des Kaisers** im Nachhinein als „eine Notwendigkeit“ (Z. 41) an, vermutet aber, dass sie **zu spät** erfolgt sei, um an den Verhältnissen noch etwas zu verändern. Er befürchtet, dass die **Sozialdemokraten**, wenn sie erst einmal an der Regierung seien, den **radikalen sozialistischen Strömungen nachgeben** würden (vgl. Z. 29 ff.). Es sei deshalb nötig, die **Räteherrschaft unter**

die Reichsleitung zu zwingen und so einer Unterdrückung durch linksradikale Kräfte zu entgehen (vgl. Z. 48 ff.).

Entsprechend seiner Lagebeschreibung blickt Hampe **pessimistisch** in die Zukunft: **Von den Kriegsgegnern drohe** dem Land **Unterwerfung**, „Verstümmelung [und] Schuldknechtschaft" (Z. 57). Ein Überspringen der Revolution auf die Länder der Kriegsgegner und damit ein **milderer Frieden** seien **nicht zu erwarten**, da der eigene Zusammenbruch zu schnell gehe (vgl. Z. 23 ff.). Im Lande selbst stünden somit die **Gewaltherrschaft der Arbeiterklasse** sowie bürgerkriegsartige und chaotische Verhältnisse bevor (vgl. Z. 58 f.). Die verbreitete Auffassung, dass die Deutschen politisch vernünftiger seien als die Russen, teilt Hampe nicht und befürchtet eine **ähnliche Entwicklung wie im bolschewistischen Russland** (vgl. Z. 52 ff.).

negative Zukunftsvisionen

2 **TIPP** *Anforderungsbereich: I/II, Bewertungseinheiten: AFB I: 5/AFB II: 35*

Die zweite Teilaufgabe mit dem Operator „darstellen" erfordert das Aufzeigen von Sachverhalten sowie von deren Zusammenhängen und Bezügen. Konkret geht es hier um den Übergang vom Kaiserreich zur Republik in der Zeit von 1918/1919, den Sie mithilfe Ihres im Unterricht erworbenen Wissens strukturiert erläutern müssen. Ferner wird durch den Operator „untersuchen" von Ihnen verlangt, dass Sie auf der Grundlage Ihrer vorherigen Ausführungen überprüfen, ob und inwieweit die Befürchtungen Hampes Wirklichkeit geworden sind. Gehen Sie hier – unter Zuhilfenahme des Materials – sowohl auf Aspekte ein, mit denen Hampe recht behalten hat, als auch auf Gesichtspunkte, die er falsch einschätzt. Ziehen Sie dann ein abschließendes Fazit, das Ihre Darstellung sinnvoll abrundet.

Übergang vom Kaiserreich zur Republik 1918/19

bevorstehende Kriegsniederlage

Als am 9. November 1918 durch den MSPD-Politiker Philipp Scheidemann von einem Fenster des Reichstags die **Republik ausgerufen** wurde, war dies das deutlichste Zeichen einer **Zeitenwende**, die sich in den Tagen und Wochen zuvor angebahnt hatte. Nach über vier zermürbenden Kriegsjahren war das Deutsche Reich im Herbst 1918 militärisch am Ende. Noch im März desselben Jahres hatte das deutsche Heer nach dem siegreichen **Abschluss des Kriegs mit Russland** eine letzte große **Offensive an der Westfront** gestartet. Trotz anfänglicher Erfolge, die ein letztes Mal die Hoffnung auf einen Sieg im Weltkrieg hatten aufkeimen lassen, wurde schnell deutlich, dass der **Krieg** im Westen **nicht mehr zu gewinnen** war.

Parlamentarisierung des Reichs

Am 29. September 1918 drängte die Oberste Heeresleitung (OHL) auf Betreiben von General Erich Ludendorff auf die Aufnahme von **Waffenstillstandsverhandlungen** durch die Reichsregierung, was einem **Eingeständnis der militärischen Niederlage** gleichkam. Die Alliierten machten hierfür jedoch eine **Parlamentarisierung** des

Reichs **zur Bedingung**, weshalb am 28. Oktober 1918 die sogenannte **Oktoberverfassung** erlassen wurde, die das Kaiserreich von einer obrigkeitsstaatlichen in eine **parlamentarisch-demokratische Monarchie** verwandelte. Das bedeutete, dass nun erstmals eine Reichsregierung gebildet wurde, die von den Mehrheitsverhältnissen im Reichstag statt wie bisher vom Kaiser abhängig war. Allerdings wurden diese Veränderungen rasch von dem **wachsenden innenpolitischen Druck** und den sich zuspitzenden Ereignissen überholt.

Ausbruch und Verlauf der Revolution

Ende Oktober befahl die Seekriegsleitung um der Ehre willen trotz der bereits feststehenden Niederlage und der laufenden Bemühungen um einen Waffenstillstand ein **letztes Auslaufen der Kieler Flotte**. Dies hatte am 3. November 1918 einen **Matrosenaufstand** zur Folge. Im kriegsmüden Deutschen Reich weitete sich diese Revolte zu einer **Revolution** aus, die von Kiel ausgehend immer mehr Städte erfasste. Vielerorts bildeten sich **Arbeiter- und Soldatenräte**, die ein **sofortiges Kriegsende** und die **Abdankung des Kaisers forderten**. Um die Revolution einzudämmen und der Reichsregierung wieder die Kontrolle zu verschaffen, verkündete Reichskanzler Max von Baden am 9. November 1918 eigenmächtig den **Thronverzicht Kaiser Wilhelms II.**, der daraufhin ins Exil nach Holland floh. Anschließend übergab Max von Baden dem Sozialdemokraten Friedrich Ebert (MSPD) das Amt des Reichskanzlers. Wenige Stunden später erfolgte die **doppelte Republikausrufung:** Philipp Scheidemann (MSPD) verkündete von einem Balkon des Reichstags die „Deutsche Republik“, während Karl Liebknecht (USPD/Spartakusbund) etwa zeitgleich die „Freie Sozialistische Republik“ nach russischem Vorbild proklamierte. Einen Tag später wurde aus je drei Vertretern von USPD und MSPD der „**Rat der Volksbeauftragten**“ als provisorische Regierung gebildet, die faktisch unter der Leitung Friedrich Eberts stand.

parlamentarische Demokratie vs. Räterepublik

Aus Angst vor einer Eskalation schloss sich Ebert am 10. November 1918 mit General Wilhelm Groener zusammen („**Ebert-Groener-Pakt**“), was eine **Kooperation** von Reichsregierung und Oberster Heeresleitung **zur Abwehr des Bolschewismus** und zur Sicherstellung der öffentlichen Ordnung bedeutete. In den folgenden Tagen und Wochen wurde weiter um die künftige politische Verfasstheit des Landes gerungen, ehe der **Reichsrätekongress**, der vom 16. bis zum 21. Dezember 1918 in Berlin tagte, sich für eine **parlamentarische Demokratie** und gegen eine Herrschaft der Räte entschied. Trotzdem war der Kampf um das politische System Deutschlands noch nicht beendet: Als am 28. Dezember 1918 das Militär gegen aufständische Matrosen in Berlin eingesetzt wurde, zeigte sich mit dem **Austritt der USPD-Mitglieder** aus dem „Rat der Volksbeauftragten“ und der **Gründung der KPD** am 1. Januar 1919 deutlich die **Spaltung innerhalb der Arbeiterbewegung**.

An der Entlassung des Berliner Polizeipräsidenten Emil Eichhorn (USPD), der die meuternden Matrosen unterstützt hatte, entzündete sich im Januar 1919 ein Aufstand linksradikaler Kräfte („**Spartakusaufstand**"), der jedoch **von Freikorps-Truppen niedergeschlagen** wurde. Im Zuge dessen kam es zu zahlreichen **Gewalttaten und Morden**, denen am 15. Januar 1919 so prominente Spartakisten wie Karl Liebknecht und Rosa Luxemburg zum Opfer fielen.

Gründung der Weimarer Republik

Inmitten dieses revolutionären Chaos fand am 19. Januar 1919 die **Wahl zur verfassunggebenden Nationalversammlung** statt, die die SPD als stärkste Partei für sich entscheiden konnte. Mit der Verabschiedung der in den Folgemonaten erarbeiteten **Weimarer Reichsverfassung** im August 1919 wurde schließlich die Weimarer Republik als **parlamentarische Demokratie nach westlichem Muster** gegründet, die bis 1933 Bestand haben sollte.

Untersuchung von Hampes Befürchtungen

Betrachtet man rückblickend Hampes **Tagebucheinträge aus der Revolutionszeit**, wird deutlich, dass einige seiner **Befürchtungen** Wirklichkeit wurden, manche seiner Erwartungen sich aber auch nicht erfüllten.

Bestätigung

Zunächst einmal ist es nicht von der Hand zu weisen, dass das Deutsche Reich mit dem **Waffenstillstand** vom 11. November 1919 **harte Friedensbedingungen** hinnehmen musste. Hampes Rede von einer „Knechtung, in die wir morgen oder übermorgen unsern Feinden gegenüber geraten" (Z. 46 f.), ist also nicht vollkommen übertrieben. Auch hinsichtlich des im Juni 1919 unterzeichneten **Versailler Vertrags**, für den Hampe Begriffe wie „Verstümmelung, Willenlosigkeit, eine Art Schuldknechtschaft" (Z. 57) wählt, sind seine Sorgen nicht ganz unbegründet. So musste Deutschland große **Gebietsverluste** hinnehmen und sich den **Reparationsforderungen** der Siegermächte beugen, die die Weimarer Republik nicht nur finanziell, sondern auch psychologisch auf Jahre hinaus **schwer belasteten**. Außerdem ist es durchaus berechtigt, von einer Art „Bürgerkrieg" (vgl. Z. 13, 28, 58 f.) zu sprechen, wenn es zum Beispiel um den „**Spartakusaufstand**" und seine Folgen geht. Gerade die sich daran anschließenden **politischen Morde** lösten reichsweite **Unruhen und Aufstände** aus, die erst im Mai 1919 von Reichswehrverbänden und Freikorps endgültig niedergeschlagen werden konnten.

Relativierung

Auf der anderen Seite haben sich viele von Hampes **Befürchtungen** im Nachhinein als **übertrieben** erwiesen. So kam es nie zu der von Hampe vage in Aussicht gestellten „Ansteckung in den Ententeländern" (Z. 24 f.), da **weder in Frankreich noch in Großbritannien revolutionäre Entwicklungen** nach dem Vorbild Russlands zu erkennen waren. Zudem wurde die von Hampe prophezeite „Herrschaft des Pöbels […] für eine lange Zeit" (Z. 44) nicht Wirklichkeit. Vielmehr wurde schnell deutlich, dass die MSPD **keine Diktatur**

des Proletariats anstrebte, sondern dass ihr daran gelegen war, die Revolution möglichst rasch in geordnete Bahnen zu lenken. Dafür scheute sie auch nicht vor einer **Zusammenarbeit mit den „alten Eliten“** („Ebert-Groener-Pakt“) zurück, die ihr später den Vorwurf einbrachte, die Revolution verraten zu haben. Allerdings erwirkte sie dadurch eine **Absicherung der Demokratie**. Hampes Behauptung, dass „die Sozialdemokratie sich den immer radikaleren Forderungen nicht versagen kann oder will“ (Z. 29 f.), muss also zurückgewiesen werden. Seine Befürchtungen von einer „brutale[n] Klassenherrschaft“ (Z. 58) und einer „gewaltsame[n] Behauptung der Machthaber mit ähnlichen Mitteln wie in Rußland“ (Z. 51) bewahrheiteten sich trotz der teilweise blutigen Unruhen letztlich nicht. Des Weiteren erscheint die Sorge Hampes vor vollkommener „Willenlosigkeit“ (Z. 57) Deutschlands nach dem Krieg im Hinblick auf die **Regelungen des Versailler Vertrags** übertrieben: Zwar wurden dem Deutschen Reich durchaus harte Friedensbedingungen auferlegt, jedoch durfte es seine **Souveränität behalten**, was ihm die Möglichkeit gab, im Laufe der Zeit aus eigener Kraft in den Kreis der europäischen Großmächte zurückzukehren.

Insgesamt fällt Hampes Blick in die Zukunft also **zu pessimistisch** aus: Anstelle der von ihm befürchteten anarchisch-bolschewistischen Zustände wurde bereits wenige Wochen nach Ausbruch der Revolution unter Zuhilfenahme der „alten Eliten“ eine **parlamentarische Republik** gegründet. Und auch **außenpolitisch** kam Deutschland im Vergleich zu Hampes düsteren Prognosen **noch recht glimpflich** davon. Fazit

3 **TIPP** *Anforderungsbereich: II/III, Bewertungseinheiten: AFB II: 5/AFB III: 30*

Die dritte Teilaufgabe fordert Sie, ausgehend von einem Zitat aus Hampes Kriegstagebuch, dazu auf, zu begründen, warum die Monarchie in Deutschland 1848/49 erhalten geblieben ist und erst 1918 abgeschafft wurde. Nehmen Sie sich also am besten zunächst die Revolution von 1848/49 vor und stellen Sie dar, warum es damals nicht gelungen ist, eine Republik in Deutschland zu etablieren. Anschließend sollten Sie sich dann dem Jahr 1918 zuwenden und erläutern, warum die Monarchie damals beendet werden konnte. Runden Sie Ihre Ausführungen zum Schluss mit einem vergleichenden Fazit ab.

Nachdem am 7. November 1918 König Ludwig III. als erster Monarch in Deutschland vor der Revolution geflohen und von Kurt Eisner (USPD) in Bayern die Republik ausgerufen worden war, **entsagten** in den nächsten Tagen und Wochen **sämtliche Monarchen im Deutschen Reich ihren Thronen**. Kaiser Wilhelm II., der kurz nach seiner **erzwungenen Abdankung** am 9. November 1918 in

Einleitung
Hinführung zur Begründung

Holland Zuflucht gesucht hatte, verzichtete am 28. November 1918 offiziell auf den Thron, drei Tage später der Kronprinz auf die Nachfolge. Damit war nach der **Ausrufung der Republik** durch Philipp Scheidemann die Monarchie in Deutschland endgültig beseitigt. Innerhalb kurzer Zeit war in der Novemberrevolution von 1918 also eingetreten, was 1848/49 ausgeblieben war. Im Folgenden soll deshalb dargelegt werden, **warum die Monarchie in Deutschland** nicht schon 1848/49, sondern **erst 1918 abgeschafft wurde**.

Revolution von 1848/49 vs. Revolution von 1918/19

Begründung

Gründe für Beibehaltung der Monarchie 1848/49

Zunächst einmal lebte 1848/49 der größte Teil der Bevölkerung in **monarchisch regierten Teilstaaten**, ohne diese Staatsform infrage zu stellen. Selbst während der Revolution **forderte nur ein kleiner Teil** der Revolutionäre die **Abschaffung der Monarchie**. Die überwiegende **Mehrheit** strebte deren **Konstitutionalisierung** an, dachte aber nicht daran, sie durch eine Republik zu ersetzen. Gerade in Anbetracht der Tatsache, dass zu diesem Zeitpunkt in mächtigen Einzelstaaten wie Preußen oder Österreich noch keine Verfassungen existierten, wirkte schon eine **konstitutionelle Monarchie** sehr modern und **fortschrittlich**. So vertrat auch der Großteil der Abgeordneten in der Frankfurter Paulskirche die Auffassung, mit den Fürsten zusammenarbeiten zu wollen. Nur eine **radikale Minderheit von Republikanern** und Demokraten setzte sich für eine Beseitigung der Monarchie ein. Die **Bereitschaft zur Kooperation mit den Fürsten** hatte ihren Grund auch darin, dass diese sich zu Beginn der Revolution kompromissbereit gezeigt und den „Märzforderungen" der Revolutionäre nachgegeben hatten. Es waren liberale Minister („Märzminister") ernannt und Wahlen zu verfassunggebenden Versammlungen erlaubt worden. Viele dieser **Zugeständnisse** wurden zwar während der bereits im Herbst 1848 einsetzenden **Gegenrevolution** zurückgenommen, doch fürchtete das Bürgertum die sozialrevolutionären Tendenzen der Revolution. Dies steigerte seine Bereitschaft, sich den **monarchischen Regierungen** zu unterwerfen. Hieran zeigte sich die **politische Unerfahrenheit** der Abgeordneten, die das Nachgeben der Fürsten zu schnell als Erfolg gewertet hatten und zudem davon überfordert waren, sich **zugleich um Einheit und Freiheit kümmern** zu müssen. Als König Friedrich Wilhelm IV. schließlich im April 1849 die ihm von der Nationalversammlung angebotene **Kaiserkrone ablehnte**, war der revolutionäre Druck bereits so abgeflaut, dass die **preußische Armee** bis Juli 1849 sämtliche Widerstände beseitigen und die **Volkserhebung** endgültig **niederschlagen** konnte. Der Versuch, eine Republik in Deutschland zu etablieren, musste zu diesem Zeitpunkt also als **gescheitert** betrachtet werden.

Hatte die Monarchie im gesamten 19. Jahrhundert als die „normale“, weitgehend als alternativlos betrachtete Staatsform gegolten, wandelte sich im Laufe der Kaiserzeit das politische Bewusstsein. Aus diesem Grund fanden sich am Ende des Ersten Weltkriegs **breitere Massen** hinter der Forderung nach einer **Abschaffung der Monarchie**. Verstärkt wurde diese Tendenz durch die großen Belastungen wie **Krieg und Hungersnot**, die zu einem erheblichen **Ansehensverlust der monarchischen Staatsform** sowie des Kaisers und schließlich zur Forderung nach dessen Rücktritt führten. Denn trotz der Parlamentarisierung von 1918 auf Druck des Kriegsgegners („Oktoberverfassung“) betrachteten viele den Kaiser, dessen **Abdankung von US-Präsident Wilson implizit gefordert** worden war, und die **Monarchie als ein Hindernis** auf dem Weg **zum ersehnten Frieden**. Als Anfang November im Militär eine Revolte ausbrach, die sich zur **Revolution** ausweitete, war die Chance, dass Deutschland zumindest eine repräsentative Monarchie bleiben könnte, verspielt. Nach der „**Urkatastrophe**“ **des 20. Jahrhunderts**, die der Erste Weltkrieg mit seinen zahlreichen weltbewegenden Einschnitten bedeutete, hatte sich die alte Ordnung überlebt und die **Monarchie ihre Glaubwürdigkeit verloren**.

Gründe für Beseitigung der Monarchie 1918

Somit stellte sich 1918 in Deutschland nicht mehr, wie noch 1848/49, die Frage nach Monarchie oder Republik, sondern nur noch nach **Räterepublik oder parlamentarischer Demokratie** nach westlichem Vorbild. Spätestens mit der Etablierung der Weimarer Reichsverfassung trug letztere schließlich den Sieg davon.

Fazit

Appeasement-Politik im Jahr 1970?

Aufgabenstellung

1 Fassen Sie Zundels Ausführungen zum Treffen zwischen Brandt und Stoph zusammen. (Material) (25 BE)

2 Erläutern Sie, auch mit Bezug auf das Material, die Entwicklung der innerdeutschen Beziehungen von 1949 bis 1973. Berücksichtigen Sie dabei die Politik der Bundesregierung. (40 BE)

3 Laut dem Zeitschriftenmagazin „Der Spiegel" verglich der CSU-Vorsitzende Strauß auf einem CSU-Parteitag im April 1970 „den SPD-Bundeskanzler Brandt mit Briten-Premier Neville Chamberlain, dessen Appeasement-Politik gegenüber Hitler zum Ausbruch des Zweiten Weltkriegs beigetragen hatte".
Überprüfen Sie, ob Parallelen zwischen der Ostpolitik Brandts und der Appeasement-Politik Chamberlains bestanden. (35 BE)

M 1 Kommentar von Rolf Zundel am 27. März 1970 in der westdeutschen Wochenzeitung „Die Zeit"

Nun haben wieder die kühlen Analytiker, die nüchternen Datenverarbeiter das Wort. Sie müssen das Treffen von Erfurt auf seinen Stellenwert in der Innen- und Außenpolitik untersuchen, Erfolg und Mißerfolg abwägen. Zu Recht, denn eine Binsenweisheit lautet: Politik ist ein nüchternes Geschäft. Nie aber war es schwieriger, nüchtern und kühl zu bleiben, als vorige Woche in Erfurt. […]

Die Begegnung des Bundeskanzlers mit dem Vorsitzenden des DDR-Ministerrates, Willi Stoph, ist ursprünglich gewiß nicht als die zentrale Aktion der deutschen Ostpolitik angelegt gewesen; sie hatte wohl eher die Funktion, die Gespräche in Moskau und in anderen osteuropäischen Staaten abzusichern und zu stützen, nicht zuletzt deshalb, weil in Deutschland der Gegensatz der Systeme am schroffsten und jegliche Entspannungsbemühung am schwierigsten ist. […] Die Reise Brandts nach Erfurt jedoch setzte Gefühle frei, an deren Existenz man eigentlich nicht mehr recht geglaubt hatte. […]

Über die Grenze rollte der Zug, vorbei am Todesstreifen, an Stacheldrahtverhauen und am Minengürtel; von Uniformierten nirgendwo eine Spur. Im Grenzbahnhof Gerstungen steigen die offiziellen Reisebegleiter der DDR zu. Auf dem Bahnsteig wehen die Flaggen der beiden Staaten […].

Der Zug rollt weiter, und was nun geschieht, war in keinem Protokoll verankert. In allen Orten und Städten, durch die Brandt fährt, stehen Menschen in den Vorgärten, in denen die letzten Reste des Schnees liegen, am Fenster, auf der Straße, einige stumm und ohne sich zu rühren. Ein Arbeitstrupp in schweren Stiefeln, die Hände in den Taschen, blickt dem Zug nach. Aber die meisten, vor allem die Frauen, winken.

Über dem Wald tauchen die Mauern der Wartburg[1] auf. Der Bahnhof Eisenach ist leer, an rauchgeschwärzten Mauern prangt ein rotes Transparent: „Die DDR ist unser sozialistisches Vaterland." Ein Bahnbeamter, nicht ganz sicher, ob es seine Dienstvorschriften erlauben, hebt den Arm ein wenig und läßt ihn, während er sich umsieht, schnell wieder sinken. Eine Frau läßt ein Bettlaken flattern, im Dachfenster einer Fabrik drängen sich junge Burschen, lachend und winkend. Und als der Zug langsam auf dem Erfurter Bahnhof einrollt, ruft ein Mann herüber: „Endlich kommt ihr!" […]
Gerade in dem Augenblick, als Brandt und Stoph vor den Glastüren des Hotels angekommen sind, werden Rufe laut, schwellen an zu einem Schrei. Hunderte haben die Absperrung durchbrochen, einige Volkspolizisten, unterstützt von einigen Zivilisten, versuchen die Menge zu stoppen, sie werden mitgerissen. Erst vor dem Hotelportal gelingt es, den Ansturm zum Stehen zu bringen. Und während Brandt und Stoph hinter gläsernen Flügeltüren verschwinden, Volkspolizisten und Männer in Ledermänteln sich gegen die Flut stemmen, Hände gestreckt werden, eine alte Frau mit der hochgehaltenen Handtasche winkt, beginnen die Sprechchöre „Willy Brandt, Willy Brandt." […]

An diese Demonstration sind viele Vermutungen und Spekulationen geknüpft worden. Ein DDR-Funktionär versuchte, sie so zu erklären: „Den Genossen ist gesagt worden, sie sollten zu Hause bleiben, damit alles ohne Gedränge und ruhig ablaufen kann, und nun sind die Falschen gekommen." „Die Omas und Halbstarken", so meinte abschätzig ein kommunistischer Journalist. Westliche Beobachter dagegen machten flugs eine Anti-SED-Demonstration daraus. Beides ist vermutlich falsch. Hier wurde wohl nicht für oder gegen ein System demonstriert; die ältere Frau, die so kräftig die Handtasche geschwenkt hatte und blaue Flecken und zerrissene Strümpfe vergaß – „Daß ich das noch erleben durfte" –, wollte dabei sein, wenn Deutsche wieder mit Deutschen reden. […]
Die Wochen zwischen der Erfurter Begegnung und dem zweiten Treffen in Kassel[2] werden noch manche harte, öffentlich geführte Auseinandersetzungen zwischen der Regierung und der Opposition bringen – so wie auch in Ostberlin, allerdings hinter verschlossenen Türen, diskutiert werden wird. […]

Der Weg zu einem „geregelten Nebeneinander", gar zu einem „friedlichen Miteinander" liegt nach Erfurt nicht plötzlich als glatte Straße vor der deutschen Politik. „Niemand", so formulierte es Brandt im Bundestag, „kann es nach dem gestrigen Tage wissen – ich weiß es jedenfalls nicht –, ob langsam eine Verbesserung der Beziehungen zwischen den getrennten Teilen möglich sein wird." Diese Warnung ist notwendig, gerade weil die Emotionen so stark, die Hoffnungen so groß, fast zu groß sind.

Rolf Zundel: Seit Erfurt ist alles anders, in: Die Zeit Nr. 13 /1970, URL: https://www.zeit.de/1970/13/seit-erfurt-ist-alles-anders/komplettansicht (abgerufen am 16. 04. 2020).

Anmerkungen

1 Die Wartburg ist eine Burganlage in der Nähe von Eisenach (vgl. Wartburgfest 1817).
2 Am 21. 05. 1970 fand ein zweites deutsch-deutsches Gipfeltreffen in Kassel statt.

Hinweise:
Rolf Zundel (1928–1989), von 1959 bis 1989 politischer Redakteur bei der Wochenzeitung „Die Zeit"
Franz Josef Strauß (1915–1988), Vorsitzender der CSU von 1961 bis zu seinem Tod
Die Rechtschreibung entspricht der Textvorlage.

TIPP **Inhaltliche Schwerpunkte**

Die Aufgabe gehört zum Themenfeld „Deutschland von der Teilung zur Einheit" und berücksichtigt daraus besonders das Stichwort „Entwicklung der innerdeutschen Beziehungen (Hallsteindoktrin, Neue Ostpolitik)". Der kursübergreifende Bezug resultiert aus der dritten Teilaufgabe, die sich auf das Themenfeld „Die nationalsozialistische Diktatur – Zerstörung von Demokratie und Menschenrechten in Deutschland und Europa" bezieht. Besondere Berücksichtigung erfährt hier das Stichwort „NS-Außenpolitik im Kontext der internationalen Beziehungen (außenpolitische Ziele der Nationalsozialisten, Kriegsvorbereitung und Expansion, Appeasementpolitik des Westens, Rolle der UdSSR)".

Lösungsvorschlag

1 **TIPP** *Anforderungsbereich: I, Bewertungseinheiten AFB I: 25*

Die erste Teilaufgabe verlangt von Ihnen eine Zusammenfassung der vorliegenden Textquelle. Stellen Sie diese dazu zunächst kurz vor, indem Sie alle formalen Informationen auswerten, die Sie der Quelle, aber auch Anmerkungen zum Text und weiteren Hinweisen (Überschrift, Quellenangabe) entnehmen können. Nennen Sie dann Autor und Art der Quelle, den Titel, das Erscheinungsdatum, die Adressaten, das Thema, die Intention und den Kontext. Anschließend konzentrieren Sie sich auf wesentliche Aussagen zu Brandts Besuch in Erfurt, die Sie komprimiert und in eigenen Worten wiedergeben sollten. Verwenden Sie dabei den Konjunktiv der indirekten Rede.

Einleitung
Autor, Quelle, Datierung, Thema, Kontext, Adressaten, Intention

Rolf Zundel kommentiert am 27. März 1970 in der westdeutschen Wochenzeitung „Die Zeit" die kurz zuvor erfolgte erste **deutsch-deutsche Begegnung** zwischen dem damaligen Bundeskanzler Willy Brandt und dem Vorsitzenden des DDR-Ministerrats Willi Stoph in Erfurt. Unter dem Titel „Seit Erfurt ist alles anders" betont Zundel, wie **positiv** die **DDR-Bevölkerung** auf das Treffen **reagiert** habe, und setzt sich mit der **politischen Bedeutung der Begegnung** auseinander. Er wendet sich mit seinem Bericht an die westdeutsche Bevölkerung, die er an dem Ereignis teilhaben lassen und für die **Diskussion** sensibilisieren will, **wie richtig mit dem geteilten Deutschland umzugehen ist**.

Zundel beginnt seinen Kommentar mit der Feststellung, wie schwer es sei, dieses historische Treffen nüchtern und sachlich zu bewerten (vgl. Z. 4 f.). Politisch hätten die innerdeutschen Gespräche nur dazu dienen sollen, **Verhandlungen** mit der UdSSR und anderen Ostblockstaaten **vorzubereiten**. Doch Brandts Besuch in der DDR habe **ungeahnte Gefühle freigesetzt** (vgl. Z. 6 ff.).

Zusammenfassung

Emotionalität der deutsch-deutschen Begegnung

Brandts Zug sei auf seiner Fahrt nach Erfurt, vorbei an den tödlichen Grenzsicherungsanlagen, von vielen Menschen bemerkt worden, die ihn größtenteils **freudig und offen**, teilweise mit Winken **begrüßt** hätten. Manche DDR-Bürger hätten aber auch eher **zurückhaltend oder unsicher** reagiert (vgl. Z. 18 ff.). Der Bahnhof Eisenach sei zwar menschenleer und mit einem sozialistischen Plakat behängt gewesen, aber die Menschen in der Umgebung hätten ihre **Freude über Brandts Ankunft** begeistert kundgetan. Bei der Ankunft von Brandt und Stoph vor dem Hotel sei geradezu ein **Tumult** entstanden, dem die Volkspolizei kaum habe Herr werden können. Jubelnde Menschen hätten Brandt mit Sprechchören empfangen und ihrer **Freude über die erste deutsch-deutsche Begegnung** Ausdruck verliehen.

Reaktionen der DDR-Bürger auf Besuch Brandts

Zundel bewertet die Sympathiebekundungen für Brandt **weder** als politische Demonstration **gegen das DDR-Regime noch für die** parlamentarische Demokratie der **Bundesrepublik**, sondern eher als **Ausdruck der Freude** über eine Annäherung von Deutschen aus Ost und West (vgl. Z. 39 ff.).

Bewertung der Reaktionen durch Zundel

Regierung und Opposition in der Bundesrepublik würden das Treffen nun vor der nächsten Begegnung von Brandt und Stoph im Mai in Kassel **heftig diskutieren**. Dabei habe Brandt im Bundestag bereits **vor zu großen Erwartungen** hinsichtlich einer tatsächlichen Verbesserung der deutsch-deutschen Beziehungen **gewarnt** (vgl. Z. 55 ff.).

(politische) Folgen des Treffens

2 **TIPP** *Anforderungsbereiche: I/II, Bewertungseinheiten: AFB I: 5/AFB II: 35*

Bei der zweiten Teilaufgabe ist Ihr Lernwissen gefragt. Sie müssen hier, wie es der Operator „erläutern" verlangt, die Entwicklung der deutsch-deutschen Beziehungen von 1949 bis 1973 mithilfe Ihrer im Unterricht erworbenen Kenntnisse verdeutlichen. Dabei gibt die Aufgabenstellung vor, dass Sie die Politik der Bundesregierung mitberücksichtigen müssen. Es bietet sich also an, Ihre Ausführungen inhaltlich grob nach zwei Phasen zu strukturieren: nach Adenauers „Politik der Stärke" (1949–1963) und dem „Wandel durch Annäherung" (Egon Bahr) mit der Neuen Ostpolitik Brandts (1963–1973). Wo es sich inhaltlich anbietet, sollten Sie auf Textstellen aus Zundels Artikel verweisen.

Nach der **Gründung von Bundesrepublik und DDR** im Jahr 1949 blieb **Deutschland** vierzig Jahre lang **geteilt**. Die beiden deutschen Staaten integrierten sich ihrem jeweiligen politischen System entsprechend im **Kalten Krieg** in die westliche bzw. östliche Hemisphäre und standen sich an der Nahtstelle des „**Eisernen Vorhangs**" unversöhnlich gegenüber. Auch Zundel betont, dass „in Deutschland der Gegensatz der Systeme am schroffsten […] ist" (Z. 10 f.). Als **politische Konkurrenten** wetteiferten die beiden Teilstaaten darum, jeweils die bessere Weltanschauung zu vertreten.

Deutsch-deutsche Beziehungen von 1949 bis 1973

Teilung Deutschlands im Kontext des Kalten Kriegs

Die Bundesrepublik Deutschland beanspruchte, auch vor dem Hintergrund des **Wiedervereinigungsgebots** im Grundgesetz, der einzig rechtmäßige deutsche Staat zu sein und das gesamte deutsche Volk zu vertreten. Infolgedessen **verweigerte** sie der **DDR** und ihrer Regierung die **Anerkennung**. Außerdem wies sie, in Übereinstimmung mit den Westmächten, Stalins vermeintliches Angebot zur Wiedervereinigung eines neutralen Gesamtdeutschlands (**Stalin-Note** von 1952) als bloßes, gegen die Westintegration gerichtetes **Störmanöver** zurück. Der **Alleinvertretungsanspruch** führte ab 1955 dazu, die Aufnahme von diplomatischen Beziehungen durch Drittstaaten zur DDR als „unfreundlichen Akt" gegenüber der Bundesrepublik zu sanktionieren. Nur die UdSSR war von dieser **Hallstein-Doktrin** ausgenommen.

Grundlagen der Deutschlandpolitik

Von 1949 bis 1963 bestimmte Bundeskanzler Konrad **Adenauer** (CDU) die Deutschlandpolitik der Bundesregierung. Er praktizierte gegenüber dem Osten eine „**Politik der Stärke**", die die eigene politische und wirtschaftliche Kraft („Wirtschaftswunder") und die allmähliche Schwächung der UdSSR und des Ostens als beste **Voraussetzungen für eine zukünftige Wiedervereinigung** ansah.

Adenauers „Politik der Stärke"

Die **Massenflucht aus der DDR** in den 1950er-Jahren schien Adenauers Position zu bestätigen. Doch am 13. August 1961 riegelte die DDR durch den **Bau der Berliner Mauer** ihre Grenzen zum Westen ab. Damit manifestierte sie mithilfe von „Todesstreifen, […] Stacheldrahtverhauen und […] Minengürtel[n]" (Z. 14 f.) die deutsche Teilung.

Mauerbau 1961

Als im Oktober 1962 die Kuba-Krise beigelegt werden konnte, verbesserten sich im Zuge dieser **internationalen Tauwetterperiode** auch die deutsch-deutschen Beziehungen. Die „Strategie des Friedens" des amerikanischen Präsidenten J. F. Kennedy inspirierte Egon Bahr (SPD) 1963 zu der neuen deutschlandpolitischen Leitlinie „**Wandel durch Annäherung**". Statt der bisherigen Konfrontation mit dem Osten wollte man ihm nun entgegenkommen, um ihn zu verändern.

Bahrs „Wandel durch Annäherung"

Im Sinne dieses Konzepts erfolgte eine Reihe deutsch-deutscher **Konsultationen und Vereinbarungen**. Am Anfang stand 1963 das

erste Schritte zur Annäherung

Passierscheinabkommen, das Willy Brandt (SPD) als Oberbürgermeister von Berlin mit der DDR aushandelte. Ab 1969 konnte Willy Brandt als Bundeskanzler einer sozialliberalen Koalition mit der FDP unter der Prämisse des „Wandels durch Annäherung“ seine **Neue Ostpolitik** umsetzen.

Brandts „Neue Ostpolitik“ und die Ostverträge

In deren Rahmen kam es erstmals zu **deutsch-deutschen Begegnungen** führender Politiker, denen zahlreiche schwierige **Verhandlungen und Auseinandersetzungen** auf innenpolitischer Ebene folgten, wie es auch Zundel in seinem Artikel vorhersagt (vgl. Z. 54). Willy Brandt und der Vorsitzende des DDR-Ministerrats Willi Stoph trafen sich 1970 in Erfurt (vgl. Material) und Kassel. Danach entstanden bis 1973 **Verträge und Vereinbarungen** mit Moskau, Warschau, Ostberlin und Prag. Diese **Ostverträge** garantierten die bestehenden Grenzen und einen gegenseitigen Gewaltverzicht.

Grundlagenvertrag mit der DDR

Nach dem **Viermächteabkommen** über Berlin (1971) und dem **Transitabkommen** (1971), das Reisen zwischen der Bundesrepublik und Westberlin erleichterte, stellte 1972 der **Grundlagenvertrag** mit der DDR das deutsch-deutsche Verhältnis auf ein neues Fundament. Neben einem **Gewaltverzicht** wurden **gutnachbarliche Beziehungen** sowie **menschliche Erleichterungen** vereinbart und die Bundesrepublik gab ihren mit der Hallstein-Doktrin verfestigten Alleinvertretungsanspruch auf. Fortan existierten **zwei gleichberechtigte deutsche Staaten** nebeneinander, die den besonderen Charakter ihres Verhältnisses (die Bundesrepublik erkannte die DDR völkerrechtlich nicht als Ausland an) unter anderem durch die **Einrichtung Ständiger Vertretungen** anstelle von Botschaften in Bonn und Ostberlin zum Ausdruck brachten. Der Grundlagenvertrag ermöglichte es auch, dass die Bundesrepublik und die DDR 1973 als zwei selbstständige Staaten in die **UNO** aufgenommen werden konnten. Die damit eingetretene **Normalisierung der Beziehungen** zwischen beiden deutschen Staaten war für Brandt nach seinem Besuch in Erfurt im März 1970 keineswegs vorhersehbar, wie es seine von Zundel zitierte Äußerung vor dem Bundestag beweist („Niemand […] kann […] wissen […], ob langsam eine Verbesserung der Beziehungen […] möglich sein wird.“, Z. 55 ff.).

Folgen der „Neuen Ostpolitik“

Schon 1971 erhielt Willy Brandt für seine Verständigungspolitik den **Friedensnobelpreis.** Gleichwohl kritisierte die CDU/CSU-Opposition die Neue Ostpolitik heftig, worauf auch Zundel in seinem Kommentar hinweist, wenn er „harte, öffentlich geführte Auseinandersetzungen“ (Z. 50) prophezeit. Doch selbst die **Beschwerden der Opposition** beim Bundesverfassungsgericht in Karlsruhe konnten die Ostverträge nicht verhindern.

3 **TIPP** *Anforderungsbereiche: II/III, Bewertungseinheiten: AFB II: 5/AFB III: 30*

Die dritte Teilaufgabe wählt als Aufhänger ein Zitat aus dem Nachrichtenmagazin „Der Spiegel" vom April 1970, in dem Franz Josef Strauß Willy Brandt mit Chamberlain vergleicht. Daraus erwächst für Sie die Aufgabe, zu überprüfen, ob Parallelen zwischen Brandts Ostpolitik und Chamberlains Appeasement-Politik bestanden. Dazu sollten Sie zunächst kurz erläutern, was es mit Chamberlains Beschwichtigungspolitik auf sich hatte. Brandts Ostpolitik haben Sie bereits in Teilaufgabe 2 behandelt, sodass Ihnen eine ausreichende Grundlage für den Vergleich zur Verfügung steht. Finden Sie im Folgenden durch kritisches Hinterfragen Parallelen und Unterschiede zwischen Brandts Ostpolitik und Chamberlains Appeasement-Politik. In einem abschließenden Fazit fassen Sie Ihr Ergebnis knapp zusammen.

Einleitung
Erläuterung des Zitats

Rolf Zundel erwartet im Anschluss an das Treffen in Erfurt eine heftige innenpolitische Auseinandersetzung um die Ostpolitik (vgl. Z. 49 ff.). Ein Beispiel für die **Kritik der Opposition** am SPD-Bundeskanzler ist Franz Josef Strauß' **Vergleich Brandts mit Neville Chamberlain**, dem für seine Appeasement-Politik gegenüber Hitler bekannten britischen Premier. Strauß dürfte Brandt damit ähnliche **Vorwürfe** machen wollen, wie sie gegen Chamberlain von seinen Zeitgenossen erhoben wurden: **Zugeständnisse** würden von der Gegenseite **als Schwäche** angesehen werden, weshalb sie sich nicht beschwichtigen lasse, sondern stattdessen zu weiteren Forderungen ermuntert fühle. Die Gegner der **Appeasement-Politik** warfen Chamberlain also vor, **Hitlers Expansionspolitik gefördert** und den Ausbruch des Zweiten Weltkriegs heraufbeschworen zu haben. Bezogen auf Brandts Ostpolitik würde das bedeuten, dass sich der Osten durch ein **anbiederndes Entgegenkommen des Westens** erst recht nicht von der unterstellten Expansion seines imperialistischen Sozialismus werde abbringen lassen. Um überprüfen zu können, inwiefern der **Gleichsetzung von Brandts Ostpolitik mit Chamberlains Appeasement-Politik** durch Strauß zuzustimmen ist, soll die Beschwichtigungspolitik des britischen Premierministers zunächst kurz erläutert werden.

Chamberlains Appeasement-Politik

Chamberlain und die Westmächte ließen Hitler bei seiner **Revision des Versailler Vertrags** gewähren, um den **Frieden in Europa zu bewahren**. Sie duldeten Deutschlands Austritt aus dem Völkerbund 1933, die Aufrüstung des Heeres, die Einführung der allgemeinen Wehrpflicht 1935, den Einmarsch ins entmilitarisierte Rheinland 1936 und den „Anschluss" Österreichs im März 1938. **Höhepunkt** ihrer Appeasement-Politik war ihre Bereitschaft, auf der **Münchner Konferenz** im September 1938 der Abtretung des Sudetenlands von der Tschechoslowakei ans Deutsche Reich zuzustimmen, die Hitler unter Berufung auf das Selbstbestimmungsrecht der Völker gefordert hatte. Hitler **ließ sich jedoch** selbst durch diese Zugeständnisse **nicht beschwichtigen**. Er besetzte im März 1939 auch den Rest der Tschechoslowakei und begann im September 1939 mit dem **Überfall auf Polen** den Zweiten Weltkrieg. Spätestens zu diesem Zeitpunkt war die **Appeasement-Politik** der Westmächte vollends **gescheitert**.

Parallelen

Grundsätze der jeweiligen Politik

Grundsätzlich ist Brandts Ostpolitik durchaus mit Chamberlains Appeasement-Politik **vergleichbar**. Beide machten **Zugeständnisse** (Gewaltverzicht, weitgehende staatliche Anerkennung), statt Forderungen zu stellen, um mit ihrem Gegenüber **ins Gespräch zu kommen** und sein Verhalten zu beeinflussen. Nur auf diese Weise glaubten sie, den **Frieden bewahren** zu können.

Beschwichtigungspolitik als gemeinsame Entscheidung

Wie Chamberlain, der die anderen Westmächte und vor allem Frankreich hinter sich wusste, traf **Brandt** seine außenpolitischen Entscheidungen nicht allein. Die **westlichen Verbündeten**, vor allem die USA, unterstützten ihn und befürworteten sein Vorgehen. Es wäre also falsch, Brandt eine Abkehr von Adenauers Westintegration vorzuwerfen. Er **stellte Deutschlands Westbindung zu keinem Zeitpunkt infrage**, sondern strebte auf dieser Basis eine Annäherung an den Osten an. Dies entsprach der **allgemeinen Entspannungspolitik**, die auch die USA gegenüber der UdSSR verfolgten und die sich zum Beispiel in Abkommen zur Rüstungsbegrenzung (SALT-I-Vertrag von 1972) oder der KSZE-Konferenz in Helsinki (1973–1975) zeigte.

Zugeständnisse als Bestätigung historischer Tatsachen

Vergleichbar scheinen auch Brandts und Chamberlains jeweilige **Zugeständnisse** zu sein, insofern sie nur bestätigten, was schon der **politischen Realität** entsprach. So verzichtete Brandt durch die **Anerkennung der Oder-Neiße-Linie** als deutsche Ostgrenze auf eine Wiederherstellung der Grenzen von 1937, die faktisch mit der Westintegration längst aufgegeben worden waren. Genauso hätte ein weiteres **Festhalten an der Hallstein-Doktrin** und damit an der Nichtanerkennung der DDR nur den westdeutschen Handlungsspielraum verengt, **ohne** damit dem Ziel der **Wiedervereinigung näherzukommen**. In ähnlicher Weise akzeptierte Chamberlain anfänglich Hitlers Revision des **Versailler Vertrags**, dessen Bestimmungen aus britischer Sicht sowieso längst als **überzogen und ungerecht** beurteilt worden waren. Allerdings ging **Hitler** bald **über eine bloße Revisionspolitik hinaus**, was von Großbritannien und Frankreich dennoch weiterhin, wenn auch unter Androhung von Konsequenzen, geduldet wurde.

Unterschiede

Der zuletzt genannte Punkt macht bereits deutlich, dass es neben den genannten Parallelen auch **gravierende Unterschiede** zwischen der Ostpolitik Brandts und der Appeasement-Politik Chamberlains gibt.

So erscheint es unangemessen, der Sowjetunion 1970 zu unterstellen, ebenso auf eine Expansion aus zu sein wie das NS-Regime in den 1930er-Jahren. Während **Hitler**, unter anderem in „Mein Kampf“, keinen Hehl daraus machte, dass er die Deutschen als „Volk ohne Raum“ betrachtete, das sich „**Lebensraum im Osten**“ erobern müsse, hatte die **UdSSR** zumindest in Bezug auf Europa **keine expansiven Ziele**. Es ist also historisch unzulässig, die beiden Staaten in dieser Hinsicht gleichzusetzen.

Hitlers Expansionsdrang vs. fehlende expansive Ziele der UdSSR

Demzufolge unterscheidet sich auch die **Art der Zugeständnisse** von Brandt und Chamberlain. **Chamberlain** war gewillt, selbst militärischem Druck von Hitler nachzugeben und **gewaltsame Grenzveränderungen hinzunehmen** („Anschluss“ Österreichs, „Zerschlagung der Rest-Tschechei“). Demgegenüber **durchbrach Brandt** nur den **prekären Status-quo**, indem er auf die osteuropäischen Staaten zuging und ihnen ihre Existenzberechtigung zugestand, **ohne** damit weitreichende oder gar gewaltsame **Grenzverletzungen zu akzeptieren**. Dies hängt sicher auch damit zusammen, dass bei der Neuen Ostpolitik die **Handlungsinitiative** stets von **Brandt** ausging und er diese auch behielt. Er hatte die Situation also wesentlich mehr unter Kontrolle als **Chamberlain**, der größtenteils **von Hitler vor vollendete Tatsachen** gestellt wurde. Diese konnte er entweder akzeptieren oder einen Krieg riskieren, sodass ihm **weitreichende Zugeständnisse** lange Zeit als das geringere Übel erschienen.

weitreichende Zugeständnisse Chamberlains vs. kontrollierte Annäherung Brandts

Ein letzter, nicht unbedeutender Unterschied ist es, dass Brandt durch seine Annäherung an den Osten **langfristig** dessen **Veränderung** anstrebte. Nicht umsonst fand seine Politik unter dem Slogan „**Wandel durch Annäherung**“ statt, die **von der DDR-Führung** aufgrund ihres revolutionären Veränderungspotenzials durchaus **als Bedrohung wahrgenommen** wurde. Nichts dergleichen lässt sich bei **Hitler** finden, der das **Prestige ausnutzte**, das ihm das Entgegenkommen der Westmächte bescherte, und weiter unbehelligt seine **expansiven Ziele** verfolgte.

Hoffnung auf grundlegende Veränderung im Osten vs. kurzfristiges Verzögern von Hitlers Expansionsdrang

Fazit

Obwohl man **Brandts Ostpolitik** also mit den Grundsätzen einer Beschwichtigungspolitik durchaus vergleichen kann, **entspricht** sie, wie die gravierenden Unterschiede zeigen, insgesamt **nicht der historischen Appeasement-Politik** Chamberlains. **Strauß** vergleicht Brandt mit Chamberlain, weil er die **Neue Ostpolitik ablehnt** und ihr deshalb polemisch dieselbe unheilvolle Wirkung vorhersagt, wie sie Chamberlains Appeasement-Politik hatte. Damit hofft er, den **politischen Gegner zu diskreditieren** und seine Politik der Aussöhnung mit dem Osten als Fehler aussehen zu lassen.

Hessen Geschichte ▪ Abiturprüfung 2022
Grund- und Leistungskurs

Um Ihnen die Prüfung 2022 schnellstmöglich zur Verfügung stellen zu können, bringen wir sie in digitaler Form heraus.

Sobald die Original-Prüfungsaufgaben 2022 freigegeben sind, können sie als PDF auf der Plattform **MyStark** heruntergeladen werden (Zugangscode vgl. Farbseiten vorne im Buch).

Prüfung 2021

www.stark-verlag.de/mystark

PRÜFUNGS-ANGST

STOPP DIE PANIK

Mit der Fußsohlen-Methode

Prüfungen können Angst- und Fluchtsituationen sein. Dein Körper schüttet Adrenalin aus und dämpft das Gefühl in den Füßen. Z. B. beim Weglaufen ist es gut, wenn man die Füße nicht spürt. Eine Prüfung ist aber **keine Gefahrensituation**. Signalisiere deinem Körper, dass du nicht weglaufen musst, und bring das Gefühl in deine Füße zurück:

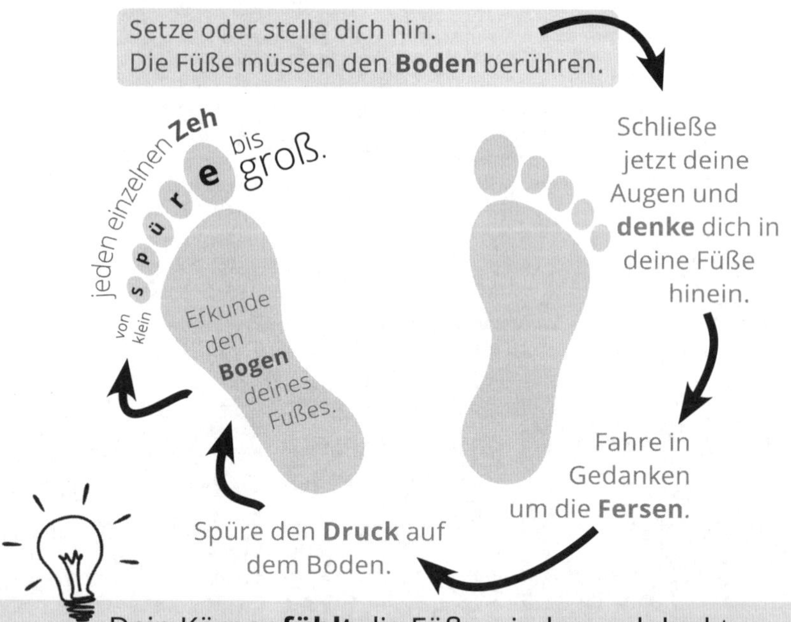

Dein Körper **fühlt** die Füße wieder und denkt, er sei in keiner Panik-Situation, sondern in **Sicherheit**.